Von Bengel bis Blumhardt

JULIUS ROESSLE

Von Bengel bis Blumhardt

Gestalten und Bilder aus der Geschichte des schwäbischen Pietismus

VERLAG ERNST FRANZ METZINGEN WÜRTT.

6. Auflage 1981
ISBN 3-7722-0046-X

Herstellung: Heinzelmann Druck-Service, Metzingen

INHALT

Zur Einführung

Württemberg ist nicht nur das Land der Dichter und Denker, sondern auch die Heimat von Menschen, die in Gottes Wort tief gewurzelt waren. Ihre Segensspuren sind weithin heute noch sichtbar. In der Geschichte der Kirche werden sie die »Schwabenväter« oder die »Württembergischen Väter« genannt. Sie alle bekannten sich bewußt zum Pietismus. In den letzten Jahrzehnten hat man viele scharfe Urteile über den Pietismus gefällt und ihm vorgeworfen, daß er keine rechte Theologie habe. Wer so urteilt, kennt die Gedankenwelt eines Bengel, Oetinger oder Michael Hahn nicht. Im übrigen haben die Schwabenväter von Hedinger bis Blumhardt manchen wertvollen Beitrag zum Verständnis der biblischen und reformatorischen Theologie geliefert. Es sei nur daran erinnert, daß wir durch Blumhardt die biblischen Wunder und die Geistesgaben der ersten Christenheit neu verstehen lernten. Man hat den Pietismus für so manche Verfallserscheinung in der Landeskirche verantwortlich machen wollen. Wer das behauptet, weiß nicht, daß gerade die Vertreter des Pietismus im Zeitalter der Orthodoxie und der Aufklärung, vor allem aber auch im 19. Jahrhundert, da der Abfall vom Glauben schon ein großes Ausmaß angenommen hatte, um eine Neubelebung der Kirche und der Gemeinden gerungen haben. Stimmt es uns nicht nachdenklich, wenn wir bereits bei *Philipp Matthäus Hahn* den Ruf nach Evangelisation hören? Er sagt in einer seiner Predigten: »Wenn nur ein Fürst oder Konsistorium auf den Gedanken fiele, einen Fonds auszusetzen und Anstalten zu machen zu einer Mission wie bei den Katholiken, daß geistvolle Männer im Land und außer demselben wie die Apostel herumreisten, hie und da predigten, acht bis vierzehn Tage oder länger nach Befinden der Umstände an einem Ort blieben, wo Aufnahme ist, in etlichen Jahren wiederkämen und die Brüder besuchten wie in der Apostelgeschichte; das müßte

Nutzen haben ...« Hahns Gedanken haben *Samuel Hebich* und *Elias Schrenk* wieder aufgegriffen und zum Segen der evangelischen Christenheit ausgeführt.

Die Schwabenväter standen zu allen Zeiten an der Kampffront Gottes. Darum wußten sie um die Wirklichkeit Satans und seiner dämonischen Kräfte und Mächte. Ihre Waffe im Kampf und Streit war einzig und allein das Wort Gottes, wobei sie an der Lehre von seiner göttlichen Inspiration festhielten.

Noch eine andere wichtige Tatsache wird im Leben und Wirken der Schwabenväter deutlich. Sie wußten um die Notwendigkeit einer Bekehrung, ohne die es keine Rettung für Zeit und Ewigkeit gibt. Wir haben viele Zeugnisse über ihre Bekehrung. Bengel sagte einst: »Die Gnade ist überschwenglich und hat vielerlei Anwürfe (Angriffspunkte). Wenn wir alle Beispiele von Bekehrungen beisammen hätten, so würde sich eine große Mannigfaltigkeit zeigen, wie bald dieser, bald jener Spruch der Heiligen Schrift, bald dieser, bald jener Punkt der heilsamen Lehre den Anfang zur Rettung der Seelen gemacht hat, bis es hieß: Was sollen wir tun?« Sie haben zu einer Zeit, da man der Forderung nach einer wahrhaftigen Umkehr aus dem Weg ging, nicht geschwiegen, sondern das Zeugnis der Bibel klar verkündigt: »Es sei denn, daß jemand von neuem geboren werde, so kann er das Reich Gottes nicht sehen.« Dabei lag ihnen eine treiberische Verkündigung fern. Bengel schrieb einmal sehr treffend: »Es ist um die Bekehrung einer Seele nichts, das sich erzwingen läßt. Und ist besser, wenn eine einzige Taube selbst geflogen kommt, als wenn viele in den Schlag eingetrieben werden.«

Bei aller Zurückhaltung gegenüber einem ungesunden und schwärmerischen Geist war ihrem Zeugnis eine herzliche Liebe und ein mahnender Ernst eigen. So lesen wir in einer der Weinsberger Predigten von Oetinger: »Darum, o Mensch, besinne dich allhier; steh still und geh nicht weg, du habest dich denn deinem Heiland noch heute übergeben, unter seinen Schafen zu sein und nicht unter den Böcken. Du stehst im Wachsen, entweder im Acker zum Licht oder zum verzehrenden Feuer. Das ist das größte Elend, daß du nicht wissen willst, in welchem Acker du wächst, und ob du himmlische oder höllische Kraft an dich ziehst. Bringe nicht dem Tode Frucht, sondern Heiligung sei deine Frucht. Sieh zu, daß du erfunden werdest als ein Holz zu dem großen Gebäude Gottes in seiner Liebe und nicht als ein Holz zum Fußschemel Jesu.« Vor allem muß hier auch auf den großen Erweckungsprediger *Ludwig Hofacker* hingewiesen werden. Er hat seinen Lebensberuf mit den Worten bezeichnet: »Es ist noch zu rufen mit aller Kraft, mit allem Eifer, daß die ganze Welt es hört; es ist noch in den Sünderhaufen hineinzurufen, daß es durch die verstocktesten Herzen dringt: Jesus nimmt die Sünder an! Das muß unsern Hauptberuf ausmachen.«

Die Botschaft, daß sich der Sünder zu Jesus Christus bekehren muß, darf in Kirche und Gemeinde nicht verstummen, wenn sie ihren biblischen Auftrag treu ausrichten wollen. *Philipp Friedrich Hiller* sagt in seinem Liederkästlein über das Wort des Paulus: »Mir ist Barmherzigkeit widerfahren«: »Ein Unbekehrter ist in seinem Sinn viel zu hochmütig, daß er das sagen sollte von Herzen; aber ein Bekehrter spricht vor Gott und Menschen davon.« Dann folgt sein Lied, das ungezählten Menschen zum Segen geworden ist:

Mir ist Erbarmung widerfahren,
Erbarmung, deren ich nicht wert!
Das zähl' ich zu dem Wunderbaren;
mein stolzes Herz hat's nie begehrt.
Nun weiß ich das und bin erfreut
und rühme die Barmherzigkeit.

Noch ein letztes ist von den Schwabenvätern zu sagen, das sie unserer oft so mutlos gewordenen Christenheit lieb und teuer machen muß: Sie glaubten an den Sieg Gottes und das Kommen seines Königreiches. Bei ihnen allen kann man diesen Glauben wahrnehmen, bald verhalten und innig bei *Bengel,* bald offen und freudig bewegt bei *Phil. Matth. Hahn,* der die Botschaft vom Königreich zum Hauptthema seiner Theologie gemacht hat. *Phil. Friedr. Hiller* ist durch sein Lied: »Jesus Christus herrscht als König« der Vorsänger dieser Hoffnung geworden.

Die Botschaft vom Königreich Gottes ist im schwäbischen Pietismus nie verstummt. Immer wieder klingt sie auf. In den Zeiten einer neuerwachten Bereitschaft der Gemeinde, dem Herrn im Werke der Mission zu dienen, singt *Chr. G. Barth:*

Zieht fröhlich hinaus zum heiligen Krieg!
Durch Nacht und durch Graus erglänzet der Sieg.
Ob Wetter auch toben, erschrecket nur nicht,
blickt immer nach oben! Bei Jesus ist Licht.

Albert Knapp bekennt: »Es geht das Reich Jesu doch seinen stillen Gang in den Armen und Unbekannten fort, und während sich auf der einen Seite die Fakultäten der Vernunftsleute streiten, auf der anderen Seite die äußerliche Kirche der Eingriffe des weltlichen Staates mühsam und seufzend sich erwehrt, schreitet unter diesen Machenschaften der Weltkinder die kleine Schar still dahin, der das Kreuz Jesu Christi zur Gerechtigkeit, seine Auferstehung zur Lebensquelle wird, und das Reich Gottes gewinnt ohne das alles dennoch sein freudiges Wachstum, und der Herr, der seine Auserkorenen überall zu sammeln weiß, herrscht mitten unter seinen Feinden.«

Zuletzt hat *Johann Christoph Blumhardt* die Botschaft vom Sieg Jesu Christi mit Vollmacht verkündigt. In seiner Auslegung des Gleichnisses von der bittenden Witwe sagt er: »Der Herr wird es vollführen und sein Blut nicht umsonst vergossen, nicht umsonst den Mörder gerichtet und nicht umsonst sich zur Rechten seines Vaters erhöht haben. Er wird den Sieg behalten. Er wird sein Volk erretten aus allen seinen Nöten.«

Israel hat einst die Gräber der Propheten geschmückt und das gegenwärtige Wort verachtet. Auf solche Art wollen wir die Schwabenväter nicht ehren. Wenn wir von ihnen sprechen, dann soll es immer nach dem Wort der Schrift geschehen: »Gedenket an eure Lehrer, die euch das Wort Gottes gesagt haben; ihr Ende schauet an und folget ihrem Glauben nach!«

I

Aus der Geschichte Württembergs

im 17. und 18. Jahrhundert

Durch den Friedensschluß von Münster und Osnabrück im Jahre 1648 war der furchtbare dreißigjährige Krieg beendigt worden. Dem dankbaren Empfinden der Menschen, die damals nur zaghaft in die Morgenröte einer neuen Zeit zu blicken wagten, hat *Paul Gerhardt* Ausdruck verliehen, wenn er in seinem Liede singt:

Gott Lob, nun ist erschollen
das edle Fried- und Freudenwort,
daß nunmehr ruhen sollen
die Spieß' und Schwerter und ihr Mord.
Wohlauf und nimm nun wieder
dein Saitenspiel hervor,
o Deutschland, und sing Lieder
im hohen, vollen Chor!
Erhebe dein Gemüte
zu deinem Gott und sprich:
Herr, deine Gnad' und Güte
bleibt dennoch ewiglich.

Auch das damalige Herzogtum Württemberg hatte schwer unter dem Krieg gelitten. Es zählte vor dem Ausbruch des Krieges 450 000 Einwohner und nach seiner Beendigung nur noch etwa 166 000. Allerdings war das Gebiet des Herzogtums wesentlich kleiner als das heutige Württemberg. Die Hohenloher und Ellwanger Gebiete und die der freien Reichsstädte

Gmünd, Heilbronn, Eßlingen, Reutlingen, Rottweil und Weil der Stadt, dazu weite Gebiete in Oberschwaben sind erst in den Jahren 1803, 1805 und 1806 zu Altwürttemberg gekommen. Crailsheim, Ravensburg und Ulm wurden durch den Wiener Frieden von 1809 Württemberg einverleibt.

Die Regierung des Landes lag in den Händen von Herzog *Eberhard III.*, der 41 Jahre lang (1633 – 1674) die Geschicke des Herzogtums leitete. Nach der Schlacht bei Lützen (1632), in der die Schweden siegten, schloß sich Württemberg ihnen an; doch schon zwei Jahre darauf (6. September 1634) wurde das schwedische Heer in der Schlacht bei Nördlingen vernichtend geschlagen. Von den 6000 Württembergern, die an der Schlacht teilgenommen hatten, deckten beinah 4000 das Schlachtfeld. Die kaiserlichen Truppen drangen in Württemberg ein, das nun der Schauplatz der entsetzlichsten Greueltaten wurde. Die Einwohner waren der Raubgier, dem Blutdurst und dem wütenden Glaubenseifer der wilden Kriegshorden preisgegeben. Wer konnte, floh in die unwegsamen Wälder. Städte und Dörfer wurden niedergebrannt, Felder, Weinberge und Obstgärten verwüstet, Brunnen verschüttet und Nahrungsvorräte vernichtet. Wer nicht geflohen war, wurde oft auf unmenschliche Weise mißhandelt und verstümmelt. Kein Alter und kein Geschlecht wurde geschont. Besonders hart ging man mit den Pfarrern und Schullehrern um. Zu allem kam über das schwer heimgesuchte Land noch Hungersnot und mit ihr die Pest.

Herzog Eberhard war nach Straßburg geflohen. Den größten Teil seines Landes hatte der Kaiser an seine Generale verschenkt oder für sich in Besitz genommen. Dem Herzog gehörte nur noch die Bergfestung Hohentwiel, die von *Konrad Widerholt* bis zum Kriegsende tapfer und mutig verteidigt wurde. Durch den Westfälischen Frieden wurde das Land in seiner früheren Größe dem Herzog wieder zugeteilt. Nur langsam zogen die kaiserlichen Besatzungstruppen und die verhaßten Mönche aus dem Land. Allmählich kehrten viele Flüchtlinge in ihre angestammte Heimat zurück. Der Herzog bemühte sich in der Zusammenarbeit mit klugen und treuen Räten, zu denen auch *Johann Valentin Andreä* gehörte, das zerrüttete Land wieder aufzubauen.

Im Jahr 1674 starb Herzog Eberhard III. Er war ein um sein Land und Volk treubesorgter Fürst. Sein Sohn und Nachfolger, Herzog *Wilhelm Ludwig* starb bereits 1677. Er hinterließ einen Sohn, der erst ein Jahr alt war. Für ihn führte Herzog *Friedrich Karl* von Württemberg-Winnental die Regierungsgeschäfte. Im Jahr 1693 wurde Herzog *Eberhard Ludwig* für mündig erklärt. Unter der Regentschaft von Herzog Friedrich hatte Württemberg sehr durch die häufigen Raubzüge des Königs *Ludwig XIV.* von Frankreich zu leiden. Wieder hatten Krieg, Hungersnot und Seuchen dem Land schweren Schaden zugefügt. Der junge Herzog Eberhard Ludwig dachte nicht daran, die Wunden des Krieges zu heilen. Ihm ging es vor allem um Vergnügen und Sinnenlust. Der leichtfertige französische Hof Ludwigs XIV. galt ihm als das Muster feiner Bildung, dem er nachzueifern trachtete. Der Herzog war mit der Markgräfin *Johanna Elisabeth* von Baden-Durlach verheiratet. Das hinderte ihn nicht, in ein außereheliches Verhältnis zu einem Fräulein *Wilhelmine von Grävenitz* zu treten, die aus Mecklenburg an den Hof gekommen war. Sie brachte den Herzog dahin, daß er seine Gemahlin betrog und sich mit ihr heimlich trauen ließ. Dies geschah im Jahr 1707 außerhalb des Landes und durch einen auswärtigen Pfarrer. Nach seiner Rückkehr erklärte er dem Geheimen Rat gegenüber, daß die Grävenitz seine Gemahlin sei und ließ dies auch im November 1707 öffentlich bekanntmachen. Die Versuche des Konsistoriums, die Angelegenheit aus der Welt zu schaffen, schlugen fehl. Die Hofkapläne *Malblanc* und *Oechslin* bemühten sich, durch persönliche Vorstellungen den Sinn der Dame zu ändern. Sie hatten aber keinen Erfolg. Der Pfarrer *Zorer* in Urach verweigerte der Mutter und der Schwester der Mätresse das heilige Abendmahl. Auf eine Anfrage des Hofkaplans Malblanc, wie er sich zu verhalten habe, wenn er aufgefordert werde, dem Herzog das heilige Abendmahl zu reichen, erwiderte das Konsistorium, er solle »sein Gewissen bewahren, von Christi Wort und Befehl nicht weichen, sondern tun, wie es einem gewissenhaften und rechten Theologen zustehe«. So verweigerte Malblanc dem Herzog das Abendmahl, und auch die Grävenitz wurde als vom Abendmahl ausgeschlossen betrachtet.

Da der Widerstand offensichtlich zu groß war, gab der Herzog nach und sandte die Grävenitz ins Ausland. Ja, im Jahr 1711 wurde eine Scheintrauung der Grävenitz mit einem Grafen von Würben auf allerhöchsten Befehl durch den Pfarrer Maurer von Tieringen vollzogen. Der Herzog hielt es aber am Ende nicht ohne seine Mätresse aus; er reiste ihr nach und führte sie als Frau Landhofmeisterin ins Land zurück. Kennzeichnend für die Verblendung des Fürsten ist die Tatsache, daß er den pietistischen Professor *Andreas Adam Hochstetter* aus Tübingen nötigte, die freigewordene Stelle des Hofpredigers anzunehmen, weil er hoffe, »mit ihm in den Himmel zu kommen«.

Der Grävenitz zulieb wurde Ludwigsburg (1704–1718) erbaut und die Residenz von Stuttgart weg dorthin verlegt. Nicht der Herzog, sondern die Landhofmeisterin von Grävenitz regierte das Land. Sie verteilte Ämter an ihre Verwandten oder an Ausländer, ja sie verkaufte sie an den Meistbietenden. Alle Gelder, auch die Privatkasse des Herzogs standen ihr zur Verfügung. Sie ließ sich vom Herzog Land, Dörfer, Schmuck und Geld schenken. Er übergab ihr Stetten im Remstal, ferner die Herrschaft Welzheim, Brenz und Gochsheim. Noch im Jahr 1728 erbaute sie das Schloß Freudental, nachdem sie den Ort ebenso wie Unterboihingen mit unterschlagenem Geld an sich gebracht hatte. Sie errichtete eine eigene Regierung und ernannte einen Superintendenten über das Kirchen- und Schulwesen »in ihren Landen und Orten« mit dem Auftrag, bei seinen Kirchenvisitationen »für alles zu sorgen, was der Ehre Gottes und seiner Gemeinde förderlich, auch zur Erhaltung oder Herstellung christlicher Zucht und Ehrbarkeit nötig und nützlich« sei. Die in ihren Gemeinden angestellten Geistlichen mußten der gnädigen Herrin allsonntäglich im Kirchengebet gedenken. Sie hatte früher einmal dasselbe auch bezüglich der württembergischen Gemeinden verlangt. Sie war aber vom Konsistorium abgewiesen worden. Schließlich wäre sie zufrieden gewesen, wenn man wenigstens in der Hofkirche für sie gebetet hätte. Da soll ihr der Hofprediger Osiander erwidert haben, ihr Wunsch sei längst erfüllt. Davon habe sie noch nichts gehört, entgegnete die Gräfin. »O doch«, erwiderte Osiander, »wir gedenken Ihrer jedesmal in der siebenten Bitte des Unservaters.« Nachdem sie über zwanzig Jahre den Herzog beherrscht und das Land ausgesogen hatte, wurde sie auf Hohenurach gefangen gesetzt und später des Landes verwiesen.

Während der Regierung von Herzog Eberhard Ludwig wanderten etwa 4–5000 Waldenser unter der Führung ihres Pfarrers und Kriegsobersten *Henri Arnaud* in Württemberg ein. Es entstanden die Waldensergemeinden Groß- und Klein-Villars, Dürrmenz mit Schönenberg, Sengach und Corres, Pinache mit Serres, Lucerne (Wurmberg) in der Maulbronner Gegend, Nordhausen in der Brackenheimer Landschaft und bei Heimsheim und Calw die Gemeinden Perouse und Neuhengstett. Im Jahr 1710 wurde nach dem Vorbild, das *August Hermann Francke* gegeben hatte, das Stuttgarter Waisenhaus gegründet und im Jahr 1723 die Konfirmation eingeführt.

Herzog *Karl Alexander* (1733–1737) stand bei dem Tod seines Vetters Eberhard Ludwig als kaiserlicher Feldmarschall in österreichischen Diensten. Er war schon im Jahr 1712 in Venedig zur römisch-katholischen Kirche übergetreten. Bei seinem Regierungsantritt hatte er versprochen, in Sachen der Religion im Lande nichts ändern zu wollen. Seine ersten Regierungsmaßnahmen ließen das Beste von ihm erwarten. Er berief tüchtige Männer wie *Moser* und *Bilfinger* zu seinen Räten und verlegte die Residenz von Ludwigsburg wieder nach Stuttgart. Es gelang ihm aber trotzdem nicht, das volle Vertrauen des württembergischen Volkes zu gewinnen. Durch seine ständige Geldverlegenheit war er in die Hände eines Geldmaklers *Süß Oppenheimer* geraten, der durch sein gewalttätiges und übermütiges Auftreten und durch seine Finanzmißwirtschaft sich den Haß des Landes zuzog. Da der Herzog zudem seine katholische

Einstellung mehr und mehr zum Ausdruck brachte, lebhafte Beziehungen zu dem Grafen *Friedrich Karl von Schönborn*, dem Bischof von Würzburg und Bamberg, unterhielt, die evangelische Schloßkapelle in Ludwigsburg für den katholischen Gottesdienst herrichten ließ, Schweizer Kapuziner ins Land rief und die Stellen der katholischen Feldpatres vermehrte, gärte es mächtig im Volk. Aus aufgefangenen Schriftstücken des württembergischen Generals *von Remchingen* und des würzburgischen Geheimrats *Fichtel* ging hervor, daß in Württemberg eine Verfassungsänderung geplant werde. Im Volk verbreitete sich die Sorge und Furcht, daß der Herzog das Land katholisch mache. Im März 1737 hatte der Herzog eine Reise nach Würzburg und Danzig vor, die man dahin auslegte, daß er sich nur scheue, die dunkle Tat selber auszuführen. Da starb der Fürst unerwartet an einem Schlaganfall. Dem freilich verwerflichen und verderblichen Finanzberater des Herzogs wandte sich der öffentliche Haß zu, bei dem man vor Grausamkeit nicht zurückschreckte. Die Losung des Tages hieß: »Der Jude muß hängen!« Der berühmteste Jurist des Landes, Professor *Chr. Fr. Harpprecht* hatte den Mut zu erklären, daß man nach den Reichs- und Landesgesetzen Süß Oppenheimer nicht zum Tode verurteilen könne. Man solle ihm seinen Raub abnehmen, soweit erwiesen sei, daß er ihn sich zu Unrecht aus Landesmitteln erworben habe; im übrigen sei er des Landes zu verweisen. Die Ansicht von Professor Harpprecht drang nicht durch, und Süß Oppenheimer wurde öffentlich hingerichtet. Um Süß Oppenheimer hat sich der bekannte Stuttgarter Stadtpfarrer *Georg Konrad Rieger* seelsorgerlich sehr bemüht. Ein Erfolg war seiner hingebenden Sorge um den zum Tode Verurteilten nicht beschieden.

Herzog *Karl Eugen*, der Sohn des Herzogs Karl Alexander und der sittenlosen Maria Augusta von Thurn und Taxis war beim Tod seines Vaters erst neun Jahre alt. Seit 1741 wurde er am Hof *Friedrichs des Großen* erzogen. Als er im Jahr 1744 im Alter von sechzehn Jahren für mündig erklärt worden war, erhielt er von dem Preußenkönig folgenden Brief: »Denken

Sie nicht, das Land Wirtemberg sei für Sie geschaffen, sondern glauben Sie, daß die Vorsehung Sie hat geboren werden lassen, um das Volk darin glücklich zu machen. Ziehen Sie immer den Wohlstand desselben Ihren Vergnügungen vor. Wenn Sie schon in Ihrem zarten Alter Ihre Wünsche dem Wohl Ihrer Untertanen aufzuopfern wissen, so werden Sie nicht nur die Freude Ihres Landes, sondern auch die Bewunderung der Welt sein. – Sie sind das Oberhaupt der bürgerlichen Religion in Ihrem Lande, die in Rechtschaffenheit und allen sittlichen Tugenden besteht. Es ist Ihre Pflicht, die Ausübung derselben, besonders der Menschlichkeit, zu befördern, welche die Haupttugend jedes denkenden Geschöpfes ist. Die geistliche Religion überlassen Sie dem höchsten Wesen. In diesem Stück sind wir alle blind und irren auf verschiedenen Wegen. Wer unter uns wäre so kühn, daß er den rechten bestimmen wollte! Hüten Sie sich also vor dem Fanatismus in der Religion, der Verfolgungen bewirkt ...«

Vier Jahre später heiratete er die sechzehnjährige Nichte Friedrichs des Großen, die Herzogin *Elisabeth Sophia Friederike von Brandenburg-Bayreuth.* Man hatte sich anfangs von dieser Ehe nur Gutes für das Land Württemberg versprochen. Es wurde aber leider eine sehr unglückliche Ehe. Seit 1756 lebten die beiden Ehegatten getrennt, und im Jahr 1759 wurde die Ehe geschieden. Die Herzogin beschloß ihr einsames Leben in Bayreuth im Jahr 1780.

Herzog Karl Eugen, der reiche Gaben besaß, war für die Fragen und Probleme einer neuen Zeit aufgeschlossen. Er hatte viel Kunstsinn, der sich bald im Bau prachtvoller Schlösser und herrlicher Anlagen betätigte. Daneben machten sich aber auch mancherlei Mängel in seinem Charakter bemerkbar. Er war eitel, genußsüchtig und brutal. Vor allem konnte er rücksichtslos auf der Durchführung seiner einmal gefaßten Pläne bestehen.

Am Hof des jungen Herzogs entfaltete sich bald ein überaus verschwenderisches Leben; große Feste und Lustbarkeiten wurden gefeiert und kosteten riesige Summen. Die Finanzkraft des Landes wurde dadurch übermäßig in Anspruch genommen. Der Wohlstand der Bürger ging zurück, und unter dem Einfluß des sittenlosen Hofes schwand die altwürttembergische Ordnung mehr und mehr dahin.

Justinus Kerner gibt in seinem »Bilderbuch aus meiner Knabenzeit« eine farbenprächtige Schilderung der Vergnügungssucht des Herzogs: »Während meiner ersten Kindheit regierte noch Herzog Karl Eugen. Er hatte in Ludwigsburg seine Sommerresidenz, und in dieser Zeit füllten sich die weiten, menschenleeren Gassen, Linden- und Kastanienalleen meiner Vaterstadt mit Hofleuten in seidenen Fräcken, Haarbeuteln und Degen und mit den glänzenden Uniformen und Grenadierkappen des herzoglichen Militärs, gegen welche die wenigen anderen Bewohner in bescheidenen Zivilröcken verschwanden. Das prachtvolle Schloß mit seinen weiten Plätzen und Gärten, der nahe Park mit dem Favoriteschlößchen, die schattenreichen Alleen von Linden- und Kastanienbäumen, die in weiten Reihen auf die Stadt zuliefen und in der Stadt selbst die schönsten Schattengänge voll Blüten und Duft bildeten, der große weite Marktplatz mit seinen Arkaden waren oft der Schauplatz der Vergnügungen dieses weltlustigen Fürsten, Zeugen von Festen, die, gedenkt man ihrer in jetziger Zeit, einem nur wie bunte Träume erscheinen. So fanden in der dem Schlosse gegenüber gelegenen Favorite die ungeheuersten Feuerwerke statt mit einem Aufwande, der dem am Hof von Versailles gleichkam.

In seinen früheren Zeiten schuf der Herzog oft im Winter, in den sein Geburtstag fiel, Zaubergärten ähnlich denen, die in den Erzählungen von »Tausend und eine Nacht« vorkommen. Er ließ in der Mitte des Herbstes über die schönen Orangengärten von 300 m in der Länge und 30 m in der Breite ein ungeheures Gebäude von Glas errichten, das sie vor der Einwirkung des Winters schützte. In ihm verbreiteten zahllose Öfen Wärme. Das ganze Gewölbe des großen Gebäudes trug das schönste Grün, und es hing so in der Luft, daß man keinen einzigen Pfosten bemerkte. Da bogen sich Orangenbäume unter dem Gewicht ihrer Früchte; da ging man durch Weingärten voll Trauben wie im Herbst, und Obstbäume boten ihre reichen Früchte dar. Andere Orangenbäume wölbten sich zu Lauben, der ganze Garten bildete ein frisches Blätterwerk. Mehr als dreißig Becken spritzten ihre kühlen Wasser, und hunderttausend Glaslampen, die nach oben einen prachtvollen Sternenhimmel bildeten, beleuchteten nach unten die schönsten Blumenbeete. In diesem Zaubergarten nun wurden die großartigsten Spiele, dramatische Darstellungen und Ballette und Tonstücke von den größten Meistern der damaligen Zeit aufgeführt. Das war noch die Zeit der stürmischen Periode dieses Herzogs, wo er bei einem solchen Feste einmal in weniger als fünf Minuten für fünfzigtausend Taler Geschenke in geschmackvollen Kleinodien an die anwesenden Damen austeilte.

Auf dem großen Marktplatz, auf dem die Oberamtei, das Haus meiner Geburt, stand, wurden venetianische Messen gehalten. Der ganze Platz war zeltartig mit Tüchern bedeckt, Verkäufer und Käufer waren maskiert. Es war ein buntes Gewimmel von Masken, welche die tollsten Aufzüge und Spiele ausführten, worunter nicht das stärkste ein riesenhafter Heiducke des Herzogs war, der, in die Maske eines Wickelkindes gekleidet, in einer Wiege herumgeführt und mit Brei von einer Amme, die ein Zwerg war, gespeist wurde. Von den Fenstern des Oberamteigebäudes konnte man den Marktplatz am besten überschauen; daher nahm der Herzog in solcher Zeit mit seiner Gemahlin Franziska den Aufenthalt daselbst.

Meine Eltern mußten da jedesmal Raum schaffen, ja auch die unteren Gelasse des Hauses, wo die Schreibstuben waren, mußten geleert werden. Der Herzog mit seinem goldbordierten Hütchen, seiner mit Buckeln versehenen, gepuderten Frisur mit einem Zöpfchen, seinem kirschroten Rocke, seiner gelben Pattenweste, seinen gelben Hosen, hohen Stiefeln und Stiefelstrümpfen, und die Herzogin in weitem Reifrocke mit schlanker Taille, hoher, gepuderter Frisur, auf der hoch oben eine gelbe Bandschleife wie ein Kanarienvogel saß, sind meine ganz im Nebel schwimmenden traumhaften Erinnerungen.«

Während des Siebenjährigen Krieges stand der Herzog auf der Seite Österreichs und gegen Preußen. Der Krieg ging für Württemberg ruhmlos aus, wie er auch ohne Begeisterung begonnen hatte. Ein trübes Kapitel in der Lebensgeschichte des Herzogs bildete der berüchtigte Soldatenhandel. Er verkaufte an die Holländisch-Ostindische Kompanie das sogenannte Kapregiment und empfing für dreitausend Menschen neunhunderttausend Gulden. Im Jahr 1787 marschierten sie von Ludwigsburg ab, um nach dem Kapland verschickt zu werden und von dort später nach Hinterindien. Die meisten von ihnen sind an Tropenfieber und Seuchen fern der Heimat gestorben. Auf ihren Abschied aus Württemberg dichtete *Christian Friedrich Schubart* das Kaplied:

Auf, auf, ihr Brüder, und seid stark!
Der Abschiedstag ist da.
Schwer liegt er auf der Seele, schwer,
wir sollen über Land und Meer
ins heiße Afrika.

Ein dichter Kreis von Lieben steht,
ihr Brüder, um uns her;
uns knüpft so manches teure Band
an unser deutsches Vaterland,
drum fällt der Abschied schwer.

Dem bieten graue Eltern noch
zum letzten Mal die Hand;
den kosen Bruder, Schwester, Freund,
und alles schweigt, und alles weint,
todblaß von uns gewandt.

Viel Geld brauchte der Herzog für seine prachtvollen Bauten, wie das neue Residenzschloß in Stuttgart (1746–1760), die Solitude, Schloß Hohenheim und die Jagdschlösser Grafeneck und Einsiedeln. Unwürdige Minister wie Graf *Mont-*

martin und der Kirchenratsdirektor *Wittleder,* ein früherer sächsischer Unteroffizier, scheuten nicht vor den verwerflichsten Mitteln zurück, um dem Herzog die Mittel für seine verschwenderische Lebenshaltung zu beschaffen. Die Landschaftskasse wurde beschlagnahmt. Männer, die gegen die Rechtsbeugung Einspruch erhoben, wurden verhaftet und in harter Gefangenschaft gehalten. Dies Los traf den tapferen Landschaftskonsulenten *Johann Jakob Moser* und ebenso den Tübinger Oberamtmann *Johann Ludwig Huber.* Der Dichter Christian Friedrich Schubart, der den Herzog durch Spottgedichte gereizt hatte, mußte dies mit zehnjähriger harter Haft auf dem Asperg büßen.

Dem Volk wurden verfassungswidrige Steuern auferlegt. Der Tabak- und Salzverkauf wurde verpachtet und das Lotteriespiel eingeführt. Auf besonders schamlose Weise wurde der Ämterverkauf betrieben. Hinzu kamen willkürliche Aushebungen für das Heer, mancherlei Frondienste und hohe Wildschäden, die den Bauern nicht ersetzt wurden. Die Unzufriedenheit im Land war so groß, daß die Landschaft beim Kaiser protestierte. Im Jahr 1770 kam der sogenannte »Erbvergleich« zustande. Der Herzog mußte sein Heer auf viertausend Mann vermindern und die alten Rechte und Freiheiten des Landes wiederherstellen.

An seinem 50. Geburtstag ließ der Herzog von allen Kanzeln eine Bekanntmachung verlesen, in der er reumütig seine Fehler bekannte und dem Land eine bessere Zukunft versprach. Es heißt in dieser Bekanntmachung: »Da Wir aber Mensch sind und unter diesem Wort von dem so vorzüglichen Grad der Vollkommenheit beständig weit entfernt geblieben, und auch für das Künftige bleiben müssen, so hat es nicht anders sein können, als daß teils aus angeborner menschlicher Schwachheit, teils aus nicht genugsamer Kenntnis und sonstigen Umständen sich viele Ereignisse ergeben, die, wenn sie nicht geschehen, wohl für jetzo und das Künftige eine andere Wendung genommen hätten. Wir bekennen es freimütig, denn dies ist die Schuldigkeit eines Rechtschaffenen, und entladen uns damit einer Pflicht, die jedem Rechtdenkenden, besonders aber den Gesalbten dieser Erde, für beständig heilig sein und bleiben sollte. Wir sehen den heutigen Tag als eine zweite Periode Unseres Lebens an, Wir sehen den heutigen Tag als einen erneuerten Geburtstag der Liebe, des Gehorsams, der Treue, des Vertrauens Unserer lieben und getreuen Untertanen an, ja, Wir sehen ihn an, diesen Tag, als von Gott geschenkt, um alle Unsere wahrhaft getreue Diener und alle Uns so nahe am Herzen liegende liebe Untertanen landesväterlicher Gnade, Huld und Vorsorge versichern zu können.«

Diese Sinnesänderung des Herzogs führte man auf den Einfluß seiner zweiten Gemahlin, der Reichsgräfin *Franziska von Hohenheim*, zurück. Der bekannte Pfarrer *Flattich* gibt allerdings einen anderen Grund an: »Ich antwortete dem Herrn v. S., es sei bekannt, daß Serenissimus eine sehr große Furcht vor dem Tode habe und deswegen länger zu leben wünsche. Weil er nun glaube, daß ihm niemand als Gott sein Leben verlängern könne, so suche er gut zu regieren und sich bei gemeinen Leuten wohl dranzumachen, daß sie um Verlängerung seines Lebens zu Gott bitten möchten.«

Franziska von Hohenheim, der man mit Recht einen veredelnden Einfluß auf den Herzog zuschrieb, wurde im Jahr 1748 als Tochter eines Herrn von Bernardin in Adelmannsfelden bei Ellwangen geboren. Sie war in dürftigen Verhältnissen aufgewachsen und in jungen Jahren an den bayreuthischen Kammerherrn von Leutrum verheiratet worden. Wenige Jahre später trat sie in den Gesichtskreis des Herzogs. Es kostete Franziska schwere Seelenkämpfe, bis sie dem Drängen des Herzogs nachgab und sich nach der Auflösung ihrer seitherigen Ehe (1772) an die Seite des Herzogs stellte. Der Herzog scheute kein Opfer, um die Stellung seiner Geliebten zu erhöhen. Im Jahr 1785 wurde sie von Kaiser Josef II. zur Reichsgräfin von Hohenheim ernannt. Nach dem Tod der Herzogin Elisabeth Sophia Friederike (1780) glaubte er sein »Franzele« zur rechtmäßigen Gattin erklären zu können. Der Widerstand der katholischen Kirche, die die Wiederverheiratung eines Katholiken mit einer geschiedenen Protestantin verbot, machte zunächst des Herzogs Ehepläne unmöglich. Langen und fruchtlosen Verhandlungen mit der katholischen Kirche machte der Herzog ein Ende, indem er sich 1784 heimlich mit ihr trauen ließ. Am 2. Februar 1786 gab er bei einem großen Empfang in der Akademie seine Eheschließung mit Franziska von Hohenheim bekannt und ernannte sie zugleich zur regierenden Herzogin.

Franziska vereinigte mit natürlicher Anmut einen gebildeten Geist. Diese Eigenschaften, die sich mit geschickter Anpassung an die Launen des Herzogs vereinigten, bilden das Geheimnis ihres bleibenden Einflusses auf den Herzog. Mit feinem Takt vermied sie, sich in die Staatsangelegenheiten einzumischen. Dadurch gelang es ihr, die ungestümen Leidenschaften des Herzogs zu mäßigen. Mit ihr verlebte der Herzog einen ruhigen Lebensabend auf Schloß Hohenheim, das er im Jahr 1772 angefangen hatte für sie zu bauen. Unter den vielen Gästen, die nach Hohenheim eingeladen wurden, befanden sich auch oft *Johann Friedrich Flattich* und *Philipp Matthäus Hahn.* Es ist merkwürdig, daß sich der so ganz in den Gedanken des Absolutismus bewegende Fürst diesen beiden Pietistenpfarrern, zu denen sich ja auch noch *Friedrich Christoph Oetinger* gesellte, in besonderer Weise verbunden fühlte. Noch merkwürdiger ist es, daß diese Männer ihm auch oft die Meinung sagen durften, ohne in Ungnade zu fallen. Bei einem Besuch auf Schloß Solitude begegnete Flattich eines Tages im Schloßgarten einem Diener, der sich wegen eines kleinen Vergehens beim Herzog melden sollte. Flattich traf den Herzog mit der Peitsche in der Hand, mit der er den Diener züchtigen wollte. Kurz entschlossen trat Flattich dazwischen: »Durchlaucht, das sind Narrenpossen. Kommen Sie lieber mit mir herein in Ihr Kabinett; wir haben von wichtigeren Dingen zu reden.« Und der Herzog gehorchte.

In der zweiten Hälfte seiner Regierung richtete der Herzog sein Augenmerk in besonderer Weise auf das Werk der Erziehung und die Pflege der Wissenschaft. Im Jahr 1770 hatte er auf der Solitude ein Waisenhaus für Soldatenkinder errichtet, das er aber innerhalb von zwei Jahren zu einer Akademie umgestaltete, die er 1775 nach Stuttgart verlegte. Als »Herzogliche Hohe Karls-Schule« wurde sie im Jahr 1781 von Kaiser Joseph II. zur Universität erhoben. Zu den berühmtesten Schülern dieser Akademie gehörten *Friedrich Schiller* und der Bildhauer *Johann Heinrich Dannecker*.

Mit allem Eifer widmete er sich den Regierungsgeschäften, brachte Ordnung in die Verwaltung und steuerte der Willkürherrschaft der Beamten. Seine Herablassung und seine Leutseligkeit erwarben ihm erneut die Liebe des württembergischen Volkes, in dessen Gedenken er noch Jahrzehnte als »Karl Herzog« fortlebte. Er starb nach mehr als fünfzigjähriger Regierung auf Schloß Hohenheim. In der letzten Zeit seiner Krankheit stand ihm neben seinem Beichtvater *Benedikt Maria Werkmeister* der evangelische Pfarrer *Christian Gottlieb Göz* aus Plieningen besonders nahe. Göz war es, zu dem der Herzog, der achtzehn Tage unter großen Schmerzen mit dem Tode rang, die bekannten Worte gesprochen hat: »Pfarrer, Sterben ist kein Kinderspiel!« Bereits im Jahr 1784 hatte er für sich eine Grabschrift aufgesetzt, die hier folgen möge, weil sie geeignet ist, einen Eindruck von seiner Lebensauffassung zu vermitteln:

Freund, ich genoß die Welt,
genoß sie in ihrer ganzen Fülle,
ihre Reize rissen mich dahin,
blindlings folgte ich dem Strom.
Gott, welch ein Anblick,
als mir die Augen aufgingen!
Tage, Jahre flossen dahin,
und des Guten wurde nicht gedacht.
Heuchelei, Falschheit vergötterten
die niedrigsten Handlungen,
und der Schleier, der die Wahrheit bedeckt,
war wie dicker Nebel,
den die stärksten Strahlen der wohltätigen Sonne
nicht unterdrücken konnten.

Was bleibt mir übrig? Ach Freund,
dieser Stein bedecke mein Grab
und damit alles Vergangene!
Herr, wache du für meine Zukunft!

Nach dem Tod des Herzogs zog sich Franziska zunächst auf ihr Schloßgut Sindlingen bei Herrenberg zurück. Dort hat sie *Michael Hahn* eine Zuflucht gewährt. Vielleicht ist sie die »Standesperson«, von der nachstehendes Urteil über Michael Hahn berichtet wird: Es sei so eigen, wenn der Mann den Mund aufmache, werde einem so weit ums Herz.

Ihre letzten Lebensjahre brachte sie auf ihrem Witwensitz, dem Schloß Kirchheim u. T., zu. Dort ist sie am Neujahrstag 1811 im Alter von 63 Jahren gestorben. Ihren Wunsch, an der Seite ihres Mannes beigesetzt zu werden, hat König *Friedrich I.* nicht erfüllt. Sie fand ihre letzte Ruhestätte in einem Gewölbe der Kirchheimer Stadtkirche.

Der Pietismus erlangt Heimatrecht in der württ. Kirche

Philipp Jakob Spener, der Vater des Pietismus, erstrebte eine Reform des kirchlichen und gemeindlichen Lebens durch die Neubelebung des Katechismusunterrichtes, die Einführung der Konfirmation und die Einrichtung der sogenannten »collegia pietatis«, das heißt der regelmäßigen Zusammenkünfte ernster Christen außerhalb des öffentlichen Gottesdienstes. Seine Gedanken, die er vor allem in seiner Schrift »Pia desideria oder herzliches Verlangen nach gottgefälliger Besserung der wahren evangelischen Kirche samt einigen dahin einfältig abzweckenden christlichen Vorschlägen« (1675) ausgeführt hat, fanden auch in Württemberg manchen Widerhall. Hier hatte der fromme und gelehrte *Johann Valentin Andreä* (1586–1654) in der Zeit des dreißigjährigen Krieges durch seine fleißige Aufbauarbeit in der Kirche überaus günstige Verhältnisse geschaffen. Er war seit 1639 als Hofprediger und Konsistorialrat in Stuttgart tätig und bemühte sich nach der Schlacht bei Nördlingen, das weithin verwüstete kirchliche Leben wieder zu ordnen. Durch seine Kirchenkonventsordnung von 1644 suchte er die Ideale seiner Jugend, die teilweise von dem reformierten Genf her bestimmt waren, zu verwirklichen. Seinen Plan, nach dem Genfer Vorbild in den Gemeinden Presbyterien einzurichten, konnte er nicht verwirklichen. Er mußte sich mit Kirchenkonventen begnügen, in denen Vertreter der kirchlichen und bürgerlichen Gemeinde saßen. Umsomehr drang er in seinen theologischen und pädagogischen Schriften auf eine Verinnerlichung und Vertiefung des christlichen Lebens. Seine letzten Lebensjahre, die er im Kloster Bebenhausen und in Stuttgart verbrachte, waren von müder Resignation überschattet. Mit traurigem Herzen schaute er in die Zukunft. Von der lutherischen Kirche konnte er sagen, daß ihre Theorie die reinste, aber ihre Praxis die schmutzigste, ihre Lehre die beste, aber ihr Leben das schlechteste und ihr Bekenntnis herzmäßig, aber seine Anwendung herzlos sei. Der Scheinglaube und der gewohnheitsmäßige, unheilige und für verdienstlich geltende Abendmahlsgenuß sei an den Zuständen schuld. Es fehle der Kirche seiner Zeit am lebendigmachenden Glauben, der sich allein auf Jesus Christus gründet. Spener hat sein Urteil über Andreä in die Worte gefaßt: »Könnte ich jemand zum Besten der Kirche von den Toten erwecken, es würde Valentin Andreä sein.«

Spener hat sich im Jahr 1662 einige Monate in Württemberg und vor allem in Tübingen aufgehalten. Er begleitete damals den Grafen Johann Jakob von Rappoltsweiler, der an der Hochzeitsfeier der Prinzessin Charlotte Christine mit dem Fürsten Georg Christian von Ostfriesland teilnehmen wollte. Von Stuttgart aus unternahm Spener eine Reise nach Neuenstadt am Kocher, um die dortige Bibliothek zu besichtigen. Von Juni bis Oktober weilte er in Tübingen und war Gast bei dem Professor *Johann Andreas Frommann.* Er hielt auch zwei Kollegien, die von mehreren Grafen, Edelleuten und vornehmen Studenten besucht wurden. Vermutlich hat Spener über die Heraldik gelesen. Mit den Professoren *Tobias Wagner, Christoph Wölfflin, Johann Adam Osiander* und *Balthasar Raith* unterhielt er freundschaftliche Beziehungen. Mit Raith las und besprach er die kurz zuvor erschienene »Wächterstimme aus dem verwüsteten Zion« von *Theophil Großgebauer* (1626 bis 1661). Die Wächterstimme ist wohl das Buch, das Spener bei der Abfassung seiner »Pia desideria« am meisten beeinflußt hat. Auch mit *Johann Andreas Hochstetter* (1637–1720), den *August Hermann Francke* den »württembergischen Spener« genannt hat, ist er damals in Verbindung getreten. Hochstetter hat später bezeugt, er wisse niemand auf Erden, den er mehr liebe als Spener. Mit gründlicher theologischer Bildung vereinigte er eine innige Frömmigkeit. Er war ein Mann des Friedens. Durch seine milde Beurteilung der aufkommenden pietistischen Bewegung hat er der württembergischen Kirche viele schwere Kämpfe und Auseinandersetzungen erspart. Hochstetter trat sehr für die Collegia pietatis ein und empfahl ihre Duldung dringend vom Standpunkt der Seelsorge aus. Mit seiner Ansicht stand er zunächst allein. Nur der energische Hofprediger *Hedinger* unterstützte seine Bestrebungen. Hochstetter starb im Jahr 1720 als Prälat von Bebenhausen. Anderthalb Jahre vor seinem Ende suchte er sich selbst seine Grabstätte aus. »Seht«, sprach er zu seinen Angehörigen, »wie freue ich mich, in die Kammer meines Grabes zu kommen; denn sie ist meine Brautkammer, daraus mich mein Heiland mit unaussprechlicher Freude ausführen wird. Ach lebt so, daß ihr in das Grab nicht kommt als in ein Gefängnis!« Er schloß jene Stunde mit dem Lied »O wie selig seid ihr doch, ihr Frommen!« Sein Losungswort war: »Nur selig!«

In der Folgezeit hat Spener manchen Einfluß auf die württembergische Kirche ausüben dürfen. Einige Anordnungen des Kirchenregimentes, zum Beispiel das Dringen auf eine gute Katechisation, auf die Einführung der Konfirmation und die Anmeldung zum heiligen Abendmahl sind auf ihn zurückzuführen. Spener hat Württemberg in gutem Gedächtnis behalten. In seinen »Theologischen Bedenken« schreibt er einmal: »Der Herr lasse Ihr Land, wie es sonsten in dem Leiblichen vor andern so reichlich gesegnet ist, auch mehr und mehr erfüllt werden mit geistlichem Segen, daß Ihr Licht auch andern hinkünftig leuchte!«

Soweit sich feststellen läßt, sind anscheinend die ersten Privatversammlungen um 1680 im Steinlachtal, auf den Fildern, in der Gegend um Calw und anderswo gehalten worden. Aus dem Jahr 1684 erfahren wir, daß Pfarrer Zeller in Göppingen Stunde hält. Auf dem Synodus von 1692 beschäftigte man sich zum erstenmal eingehend mit dem Pietismus und den Konventikeln (sogenannten Stunden und Versammlungen). Für die künftige Stellung des Pietismus in Württemberg war das Edikt von 1694 wichtig und entscheidend. In ihm wurde von der Kirchenleitung erklärt, daß die Spener'schen Gedanken keineswegs als Ketzereien zu betrachten seien. Dem Drängen der erweckten Kreise auf die Heranbildung »frommer, gottseliger Leute bei Kirchen und Schulen« wird in dem Edikt Verständnis entgegengebracht. Auch in Tübingen, wo man sich lange gegen den Pietismus gewehrt hatte, kommt um die Jahrhundertwende das Stundenwesen auf. Hier war es der Professor *Christoph Reuchlin* (1660–1707), der seit 1705 in seinem Hause eine Stunde abhielt. Er berichtet darüber: »Ich habe ungefähr seit dreiviertel Jahren hier am Sonntag nach der Abendpredigt auf Bitten und Begehren einiger meiner Beichtkinder, die den Sonntag gern zu ihrer Erbauung angewendet, aber auch befunden, daß sie es unter sich allein, ohne eine Leitung, nicht so nützlich, wie sie wollen, tun können, eine Versammlung oder Collegium pietatis – wie man's nennen will – gehalten und darin den Psalter in der Ordnung behandelt, nach der Erklärung denen, so etwas zu ihrem mehreren Unterricht fragen wollten, nach Vermögen geantwortet und die ganze Handlung mit einem Lied angefangen und beschlossen, da sich dann zwischen dreißig bis vierzig Personen eingefunden.« Bei den Angriffen, die man gegen ihn richtete, berief er sich auf das Wort des Herrn: »Wo zwei oder drei versammelt sind in meinem Namen, da bin ich mitten unter ihnen.« Er fügte seiner Verteidigung noch die Worte hinzu: »Wo aber Christus ist, da ist kein schädliches Konventikel.« *Andreas Adam Hochstetter* hat ihm im Jahr 1707 die Grabrede gehalten. Er sagt in ihr: »Die Kinder der Bosheit haben aus dem Namen der gottseligen Leute einen Spott- und Scheltnamen errichtet, daß zum Beispiel ein Mann, ein Bürger oder Student oder Edelmann, der nicht mehr mit frißt, sauft, flucht, spielt, der seinen Nächsten, wenn er sündigt, brüderlich bestraft, spotts- oder ernstweise ein Pietist, das heißt nach ihrer Meinung ein Ketzer heißen muß. Es sind aber heilige Leute. War nicht unser seliger Dr. Reuchlin ein Gerechter? Man hat ihn geschmäht, so hat er gesegnet; man hat ihn gelästert, so hat er gefleht; man hat ihn verfolgt, so hat er erduldet.« Auch im Tübinger Stift hatte der Pietismus inzwischen Fuß gefaßt. Die »Repetentenstunde« wurde von den Professoren *Reuchlin* und *Weismann* kräftig gefördert. Der 1738 in Stuttgart gestorbene Prälat *Oechslin* war von 1701–1707 als Repetent im Stift zu Tübingen tätig. Er schreibt im Blick auf jene Jahre: »Meine glückseligste Zeit in der Welt für meine Seele war diejenige, als Gott durch ein Paar Kollegen im Repetentenkollegium eine Erweckung nicht nur im Stipendium (Stift), sondern in ganz Tübingen gemacht, die gewiß gleich einem Donner viele hundert Seelen bewegt und ihres Seelenheils wegen aufmerksam gemacht.«

Es fehlte in der neuen Bewegung allerdings auch nicht an Auswüchsen, die durch kirchenfeindliche und separatistische Kreise in sie hineingetragen wurden. So fügte ein Sporergeselle *Johann Georg Rosenbach* aus Heilbronn dem Pietismus viel Schaden zu; denn er führte in den Erbauungsstunden, die er an verschiedenen Orten im Land und auch in Stuttgart abhielt, eine aufreizende Sprache. Er warf mit Ausdrücken wie Baalspfaffen, Pharisäer, Säue und Bauchdiener kräftig um sich.

Die Ausschreitungen, welche Rosenbachs Auftreten hervorriefen, führten zu seiner Ausweisung. Er starb 1747 in Herrnhut. In einem Edikt von 1706 wurden alle Konventikel, die von Separatisten und Schwärmern abgehalten wurden, streng untersagt. Erbauungsstunden, die von Geistlichen geleitet wurden, blieben auch weiterhin erlaubt. Man gestattete sogar in dem Edikt, daß »an Sonn- und Festtagen, ein Nachbar oder Befreundter, doch ohne Zulaufen andern Volks, zu dem andern komme, um sich mit Singen, Beten, Lesung guter Bücher und christlichem Gespräch aneinander zu erbauen. Doch sollen die Geistlichen jedes Orts ihre fleißige Aufsicht haben, damit nichts Sektierisches oder Ungebührliches mit unterlaufe«. Auch das Edikt von 1707 erlaubte die von Pfarrern geleiteten Erbauungsstunden und den erweiterten Hausgottesdienst; es setzte aber auf die Abhaltung der verbotenen Konventikel die Strafe der Landesverweisung.

Eine längere Reise, die *August Hermann Francke* im Jahr 1717 durch Württemberg unternahm, trug wesentlich zur Stärkung des Pietismus bei. Francke kam, nachdem er Ingelfingen und Schwäbisch-Hall besucht hatte, am 11. November in Stuttgart an, wo er von seinem Schüler und Freund, dem Hofprediger *Samuel Urlsperger,* begrüßt wurde. Das herzogliche Konsistorium und das Kirchenratskollegium hatten Francke gebeten, »er möge die Mühe auf sich nehmen, die bevorstehende Vormittagspredigt in der Stiftskirche zu halten«. Die Kirche war daher von vielen erwartungsvollen Hörern gefüllt. Unter ihnen befand sich auch die Herzogin, eine besondere Verehrerin Franckes. Inzwischen war Francke von zwei Stiftspfarrern in seiner Wohnung abgeholt worden. Als er die Kirche betrat, eröffnete ihm der Stiftsprediger, daß er soeben einen herzoglichen Befehl erhalten habe, nach dem er bei Strafe der Amtsenthebung selbst zu predigen habe. Francke beruhigte den bestürzten Stiftsprediger, setzte sich in den Kirchenstuhl und hörte der Predigt zu. Der Herzog, der merkte, daß er sich ungeschickt benommen hatte, sandte an Francke einen Hofrat, der sich bemühen sollte, die Angelegenheit wieder in Ordnung zu bringen. Als nun Francke dem Hofrat gegenüber bemerkte, daß er die Schmach für seine Person wohl erdulden könne, aber doch an die Folgen denken müsse, wenn sein König davon erfahre, war die Verlegenheit bei Hofe sehr groß. Der Herzog ließ sofort mitteilen, es sei sein persönlicher Wille, daß der Herr Professor am nächsten Sonntag predige. Francke kam diesem Wunsch nach. Die Kirche war überfüllt. Der ganze herzogliche Hof war anwesend. Sogar die Landhofmeisterin, die damals den Herzog beherrschende Mätresse von Grävenitz, war erschienen.

Samuel Urlsperger war von der Begegnung mit Francke tief beeindruckt. Er schrieb seinem Freund *Philipp Heinrich Weißensee* (1673 – 1767) in Blaubeuren, dem Dichter des Liedes »Jesu, hilf beten und bete, du Treuer«: »Laßt uns jetzt dieser Erweckung, die Gott durch diesen Mann getan, hurtig und getrost nachgehen und das Werk des Herrn mit mehr Brunst ausrichten. Ich kann nicht leugnen, daß mir das Herz lacht, sooft ich an diesen Mann denke, ja sein Gedächtnis bringt mir allezeit Kraft. Wohlan, da dieser Knecht alles von seinem Herrn hat, auf den wir von ihm gewiesen werden, so wollen wir auch getrost hingehen.«

Johann Albrecht Bengel war nach Stuttgart geeilt, um Francke, den er vor vier Jahren in Halle kennengelernt hatte, zu begrüßen. Er ist danach mit ihm nach Denkendorf zurückgereist. In einem Brief an den Pfarrer Hofholz in Zavelstein gibt Bengel einen kurzen Bericht über sein Zusammentreffen mit Francke: »Ein schönes Exempel eines in der rechten Kraft beharrenden Mannes haben wir auch allhier unlängst an Herrn Professor Francke und durch denselben eine stattliche Aufmunterung gehabt. In allem dringt er auf Buße und Glauben, und in dem Umgang hat er eine ungemeine Gabe, mit großer Freundlichkeit die Gemüter zu gewinnen ... Als er allhier in das Collegium (die Klosterschule) getreten, mußte ein Alumnus (Schüler) in seiner Allocution (Ansprache) diese seine Reise mit dem Zug einer über viele Felder gehenden und überall eine fruchtbare Feuchtigkeit mitteilenden Wolke vergleichen. In Stuttgart bin ich auch bei seinem Besuch des Waisenhauses gewesen, da ich mich denn verwunderte, wie der Mann mit den Kindern so kindlich umgehen und gleich mit einem paar Fräglein ... auf das Innerste des Christentums kommen kann. Meinem Kinde hat er auf mein Begehren, desgleichen desselben Mutter, als sie sich auf meine Anweisung bei Gelegenheit unter den Weg gestellt, mit Handauflegung einen herzlichen Segen gegeben. Übrigens ist er sehr content (befriedigt) aus dem Württembergischen abgereist.« Um die Weihnachtszeit kam Francke nach Blaubeuren, wo er bei dem Prälaten *Bilfinger* wohnte. Mit dem Klosterpräzeptor Weißensee und mit Bilfinger sprach er viel über die großen Hoffnungen einer besseren Zeit, die man nicht nur ersehnen, sondern auch durch treue Arbeit mit herbeiführen müsse. *Friedrich Christoph Oetinger,* der damals als Schüler in Blaubeuren weilte, berichtet über Franckes Aufenthalt: »Er hielt den Alumnen (Schülern) schöne eindringliche Reden, welche mich sehr tief gerührt haben. Wir schrieben auch in Ulm Franckes Predigten nach, und Francke ließ mich hernach von Halle aus immer grüßen.« Von Blaubeuren reiste Francke weiter nach Bebenhausen, wo er den greisen Prälaten Johann Andreas Hochstetter begrüßte. Hochstetter war es, der ihm Israel als Gegenstand des Gebetes besonders ans Herz legte. Aus dieser Anregung ist die Judenmission entstanden. In Tübingen erwies die Universität dem berühmten Gast alle Ehre. Auf Bitten des Kanzlers D. *Johann Wolfgang Jäger* predigte Francke auch in der Stiftskirche.

Langsam, aber stetig breitete sich die pietistische Bewegung im Lande aus. So kam es, daß Altwürttemberg in seinem kirchlich lebendigen Teil der Bevölkerung ein ausgesprochen pietistisches Gepräge zeigte. Man hat mit Recht behauptet, daß Württemberg wohl kaum jemals so viel pietistische Pfarrer gehabt habe wie im achtzehnten Jahrhundert. Schon im Jahr 1724 konnte der berühmte Naturforscher und Dichter *Albrecht von Haller* schreiben: »Im Württembergischen ist der Glaube tiefer in des Volkes Herzen als anderswo und zeigt sich auch im gemeinen Leben; der Gottesdienst ist eifrig, die geistlichen Gesänge allgemein und alles der Frömmigkeit gemäßer.«

Der katholische Herzog *Karl Alexander* (1733–1737) bekämpfte den Pietismus als »ein Übel und Unkraut«. Unter seiner Regierung geschah es, daß Pfarrer *Johann Jakob Kuhn*, der seit 1729 in Zainingen auf der Alb wirkte, wegen seiner erwecklichen Predigten schweren Verfolgungen ausgesetzt war. Der Herzog ließ ihn auf Grund einer verleumderischen Anklage plötzlich verhaften, nach Stuttgart bringen und zu Festungsarbeit verurteilen. Kuhns Frau wurde in das Ludwigsburger Arbeitshaus eingewiesen. Seine Unschuld kam aber an den Tag, worauf er wieder mit Ehren in sein Amt eingesetzt wurde. Die pietistische Bewegung war durch solche Maßnahmen nicht mehr zu unterdrücken. Pfarrer *Flattich* hat einmal als Ursache für das schnelle Umsichgreifen des Pietismus in Württemberg folgende Erklärung gegeben: »Wenn man seinen Hund den ganzen Tag schlägt, so geht er durch und sucht einen anderen Herrn, bei dem er es besser hat. Auf die gemeinen Leute schlägt jeder zu, der Herzog, die Soldaten, die Jäger, darum gehen sie durch zu Christus, und wer Christus sucht, der ist ein Pietist.«

Zwei Bewegungen drohten im achtzehnten Jahrhundert dem schwäbischen Pietismus gefährlich zu werden. Die eine ging aus von *Johann Friedrich Rock* (1678–1749), dem Sohn eines Pfarrers aus Oberwälden bei Göppingen. Seit 1702 trat dieser Mann in Stuttgart auf und eiferte in seinen Versammlungen gegen allerlei Schäden und Mißbräuche in der Landeskirche. Er trennte sich mehr und mehr von der Kirche. Wegen des Ediktes von 1707, das allen separatistischen Kreisen strenge Strafmaßnahmen androhte, wanderte er nach dem Isenburgischen aus. Dort schloß er sich der Gemeinde der Inspirierten an, in der er bald eine führende Rolle spielte. In den Gemeinden wurden durch besondere »Werkzeuge« prophetische Zeugnisse verkündigt, die mit unnatürlich starker Stimme und in kurzen Sätzen stoßweise ausgesprochen wurden. Die Kirche wurde als abgefallenes Babel verworfen. Man vermied es,

Taufe und Abendmahl in der Kirche zu empfangen. Rock hat in der Zeit von 1715 – 1742 nicht weniger als siebenundzwanzig Reisen nach Württemberg unternommen. Im Jahr 1735 suchte Rock mit einigen Gefährten auch Bengel auf. Da Bengel auf seine Gedanken nicht einging, sandte ihm Rock nach seiner Abreise eine vom 17. September datierte Weissagung, in der er ihm unter Androhung göttlicher Strafgerichte seinen Hochmut vorwarf. *Friedrich Christoph Oetinger* hat in seinen Jugendjahren lange Zeit schwer um eine klare Stellung zu Rock und seiner Inspirationsgemeinde gerungen. Er schreibt in seiner Selbstbiographie: »Um jene Zeit geschah es auch, daß ich in Göppingen, meiner Geburtsstadt, mit den sogenannten Inspirierten in Berührung kam, die gerade dort sich oft einfanden; denn Friedrich Rock, ihr Führer, war aus dem Göppinger Amt gebürtig. Ich fühlte mich zu ihnen hingezogen, weil ich ja in Bebenhausen mich entschlossen hatte, der Welt völlig abzusagen. Nun war in ihrer Versammlung ein Rektor aus Memmingen namens Keßler zugegen. Dieser erzählte mir, wie viele Menschen durch die Reden der Inspirierten ergriffen und zu einem andern Entschluß gebracht worden seien. Dies machte mich auf die Sache sehr aufmerksam. Ich dachte: Diese Leute leiden Bande, Gefängnis und Streiche um ihres Bekenntnisses willen; unsere Pfarrer und Dekane aber leiden niemals etwas; jene sehen also den Aposteln viel ähnlicher als die Pfarrer. Daraus erwuchs das Verlangen, die Sache aufs genaueste zu prüfen und nach der Wahrheit Gottes zu erforschen, ob sie Knechte Gottes oder von ihrem eigenen Geist betrogen seien. Ich verschaffte mir daher ihr Buch von den Inspirationen und las alles durch. Ich hielt den Beruf und die Reden aller Propheten dagegen, fand aber, daß die Inspirierten wohl viele Redensarten aus den Propheten angenommen, doch aber keinen solchen Stil, keine solche Vollmacht hätten, von den Dingen des Königreichs (Gottes und Christi) zu zeugen, und ihre Moral kam mir wohl gut, aber zu volksmäßig vor. In den Propheten sah ich ein heiliges Schauspiel der höchsten und niedrigsten Dinge zu einer solchen Szene verbunden, daß ich die Reden der Inspirierten damit in keinen Vergleich setzen konnte.«

Oetinger konnte bei allem Ringen um Klarheit in dieser Sache sich nicht entschließen, die Inspirierten zu verdammen. Erst durch Gebet und Flehen kam er von ihnen los. Es ist interessant, was Oetinger über den Ausgang der Angelegenheit berichtet: »Von den Inspirierten sagte ich nun da und dort getrost, ich sei von ihnen los. Als sie es erfuhren, ordneten sie eine Gesandtschaft an mich nach Tübingen ab und drohten mir mit dem Gericht Gottes. Aber die Antwort, die ich ihnen gab, hat sie bald abgefertigt.«

Wie sehr auch die große Öffentlichkeit durch das Auftreten Rocks bewegt wurde, zeigt die Tatsache, daß man sich selbst am Hof für die Sache der Inspirierten interessierte. Rock wurde von dem Grafen von Grävenitz, dem Bruder der herzoglichen Mätresse, zu einem Gespräch eingeladen. An ihm nahm Prälat Oechslin teil. Die Grävenitz, die hinter einer spanischen Wand verborgen war, hörte dem Gespräch zu. Rock versuchte, das Gespräch auf die Sünden des herzoglichen Hofes zu bringen. Oechslin ging aber nicht darauf ein. Seit den vierziger Jahren trat in den Inspirationsgemeinden ein Stillstand ein. Die Zahl der Mitglieder ging zurück. Rock richtete vor seinem Tod noch einen Abschiedsgruß an die vorhandenen Gemeinden und Kreise. Er starb am 2. März 1749.

Eine weitere Bedrohung der gesunden Entwicklung des Pietismus in Württemberg stellte das Auftreten der *Herrnhuter* dar. Bereits im Jahr 1729 kam *Christian David,* ein führendes Mitglied der Brüdergemeine, nach Württemberg. Er besuchte in Großheppach den Vikar *Gottfried Hehl,* der ihn in die dort bestehende Privatversammlung einführte. Es entstand eine langdauernde Verbindung zwischen den Großheppacher Gläubigen und den Herrnhutern. Hehl wurde schon damals für die Brüdergemeine gewonnen. Im Jahr 1733 lernte er den *Grafen von Zinzendorf* selbst kennen. Er berichtet über einen Besuch, den er bei Zinzendorf machte: »Er saß sehr tief in seiner Arbeit im Schreiben, da ich bei ihm stand. Endlich richtete er sich auf und sah mir sehr genau in die Augen und ich ihm desgleichen und das ganz stillschweigend. Nach einer Weile sagte er: ›Nun, wenn Sie Zeit haben, so besuchen Sie uns einmal in Herrnhut!‹ Das war mir auch genug gesagt, und ich nahm es für meinen ersten Beruf zur Brüdergemeine an.« Seit 1734 stand dann Hehl in ihrem Dienst. Er ist nach einem »stillen Vorsabbat« am 4. Dezember 1787 in Litiz in Nordamerika gestorben.

Im Sommer des Jahres 1730 kamen zwei weitere Herrnhuter, *David Nitschmann* und *Friedrich Riedel*, nach Tübingen und fanden dort freundliche Aufnahme. Sie besuchten zunächst die beiden Magister *Reuß* und *Steinhofer* und einige Tage später *Dr. Weismann*, den Kanzler *Pfaff* und Professor *Camerer*. Über Camerer berichteten sie nach Herrnhut: »An ihm fanden wir einen ehrwürdigen Vater, der uns sehr freundlich aufnahm, sich über die Erzählung von Herrnhut freute und herzlich wünschte, daß sich des Herrn Werk immer mehr unter uns vermehren möchte.« Im Jahr 1733 kam Zinzendorf selbst nach Württemberg, um sich von der theologischen Fakultät in Tübingen ein Zeugnis ausstellen zu lassen, daß die Brüdergemeine mit dem lutherischen Bekenntnis übereinstimme und als ein Teil der lutherischen Kirche anzusehen sei. Seine Reise durch Württemberg glich einem Triumphzug. In Tübingen sprach er mehrmals in Erbauungsstunden und in Stuttgart hielt er eine Versammlung, an der viele Prälaten und fast alle Pfarrer der Stadt teilnahmen. Zinzendorf schrieb an seine Gemahlin: »Ist die Schmach und Not in der Lausitz groß, so ist die Erhebung meiner Person in diesem Land mir gewiß tausendmal ängstlicher und plagt mich bis zum Sterben.« Er erhielt das von der Tübinger Fakultät erbetene Zeugnis. In der Zwischenzeit hatte der als Begleiter des Grafen nach Württemberg gekommene *Martin Dober* in Tübingen eine Versammlung von Studenten, Magistern und anderen Gläubigen ins Leben zu rufen. *August Gottlieb Spangenberg*, der 1734 Württemberg besuchte, konnte nach Herrnhut mitteilen: »In Tübingen brennt das Feuer, das der Herr angezündet, ungemein erfreulich. Es sind wohl dreißig Brüder in dem fürstlichen Stipendio (Stift); die hat der Herr erweckt, sich unter einander zu bauen.« Im gleichen Jahr kam auch Zinzendorf noch einmal nach Tübingen, um sich unter die Zahl der württembergischen Theologen aufnehmen zu lassen. Bereitwillig wurde seinem Gesuch entsprochen. Er predigte zweimal in Tübingen. Seinen Wunsch, die Prälatur in St. Georgen zu erhalten, lehnte der katholische Herzog Karl Alexander jedoch ab. Nachdem sich Zinzendorf von dem Berliner Oberhofprediger *Daniel Ernst Jablonski* zum Bischof der böhmisch-mährischen Brüder hatte weihen lassen, wurden die Württemberger ihm und seiner Gemeinde gegenüber vorsichtiger. Noch einmal kam Zinzendorf im Jahr 1739 nach Württemberg und predigte an verschiedenen Orten des Landes. In der Folgezeit beschränkte man sich nicht mehr auf die Fühlungnahme mit den bestehenden Stundenkreisen, sondern legte Wert auf die Errichtung eigner Gemeinschaften. Es gelang Zinzendorf, eine Reihe junger Theologen für sich zu gewinnen. *Oetinger* und *Steinhofer* traten in nähere Verbindung mit der Brüdergemeine, andere wie Hehl, Schweickhardt, Waiblinger schlossen sich hernach der Gemeinde ganz an. Oetinger hielt sich ebenfalls längere Zeit in Herrnhut auf. Er erkannte dort aber bald, daß die Gemeinde mehr und mehr von der biblischen Linie abkam und daß »vor dem vielen Singen, Betstunden- und Bandenhalten und vor so vielen gemeinschaftlichen Mitteilungen ihrer unechten Gaben ihnen fast keine Zeit übrigblieb, Gottes Wort zu lesen und des lautern Sinnes für sich selbst gewiß zu werden, viel weniger solchen andern mitzuteilen.« Oetinger verließ »unter viel ausgestandenem Kummer« die Gemeinde in Herrnhut und übernahm im Jahr 1738 die Pfarrstelle Hirsau. In seiner Gemeindearbeit erwuchsen ihm mannigfache Schwierigkeiten durch Herrnhutische Kreise. Sie versuchten, Leute, die in seine Stunde kamen, für sich zu gewinnen. Die Machenschaften gegen ihn gingen von dem Hauslehrer des damaligen Vogts in Calw aus. Oetinger klagt über diesen: »Der Informator (Hauslehrer) des Herrn Vogts ist ein solcher bornierter

Eiferer auf die herrnhutischen Schranken, daß ich seinesgleichen noch nicht gesehen. Es geschieht mir aber recht mit meiner Gutherzigkeit; ich habe sie ihm gleichsam zugeführt, nun führt er sie gleichsam von mir ganz ab. Keine Schrifterkenntnis ist da, und so erfüllt er die Gemüter mit einer imaginativen (phantasievollen) Art des Vortrags, dadurch sie von der Schrift abkommen.« *Georg Konrad Rieger* ließ kurz vor seinem Tod Oetinger auffordern, daß er gegen die Herrnhuter zeugen möchte. Oetinger ist dieser Aufforderung in seiner Schrift »In Form des Buchs Hiob abgefaßtes Gespräch eines Mystici, eines Weltweisen und eines Gesetzeseiferers mit einem um die Wahrheit Bekümmerten über die Lehren und Anstalten der Neumährischen Brüder« (1748) nachgekommen. Einige Jahre vorher hatte schon Professor Weismann in der zweiten Ausgabe seiner Kirchengeschichte seine Bedenken gegen Zinzendorf und seine Gemeinde offen ausgesprochen.

Das entscheidende Wort aber sprach *Johann Albrecht Bengel*. Zinzendorf hatte ihm einstmals am 2. April 1733 in Begleitung von Oetinger und Steinhofer einen Besuch in Denkendorf abgestattet und sich mit ihm eingehend über die Offenbarung des Johannes unterhalten. Oetinger berichtet: »Dieser (Bengel) demonstrierte ihm (Zinzendorf) sein Glaubens- und Hoffnungssystem sehr kräftig vor; allein sein System der Liebe erzitterte davor so sehr, daß er damals wie vor den Kopf geschlagen war. Er ging zur Tür hinaus.« *Karl Hermann*, der verdienstvolle Bengelbiograph, bemerkt dazu treffend: »Ein in der Tat unvergeßlicher Zwischenfall! Zinzendorf erfaßt instinktiv die Größe des Angriffs, der hier aus biblischem Denken heraus auf ihn gerichtet war.« Zinzendorf blieb noch einen Tag in Denkendorf. Über das Gespräch zwischen Bengel und Zinzendorf an jenem Tage schreibt Oetinger: »Den andern Morgen früh kam Herr Bengel wieder und stellte die Herrlichkeit Jesu über seine Gemeinden in einen neuen Sehungsort, wo dem gnädigen Herrn (Zinzendorf) die Einwürfe und noch übrigen Zweifel von selbst wegfielen, so daß diese zwei Tage unter die wichtigsten zählten, weil im Zusammenhang mit vorangeregten Umständen das ein Tag neuer und unerhörter Aufschlüsse der Schrift und göttlichen Wahrheiten war, die Herrnhut ein besonders Angenehmes sein werden.« Am anderen Tag reiste Zinzendorf weiter. Er nahm mit einem Bruderkuß von Bengel Abschied. Die beiden Männer haben sich im Leben nicht wiedergesehen. Bei aller Hochachtung und Liebe, die Bengel dem Grafen Zinzendorf entgegenbrachte, konnte er sich doch mit dessen Schriftverständnis nicht einverstanden erklären. Er hat lange mit seinem Urteil über Zinzendorf zurückgehalten »als einer, der gern alles Richtens überhoben ist«. Nur in vertrautem Kreis äußerte Bengel seine Bedenken über die Herrnhuter. Seinem Schwiegersohn *Reuß* schrieb er einmal, daß Zinzendorf »kein sattsames Licht zu so großen Unternehmungen habe und daß er zu seinem Zweck, den er durchaus für gut halte, sich bisweilen solcher Mittel bediene, gegen welche vieles einzuwenden ist. Je mehr mir von der Sache bekannt wird, je mehr werde ich von der Richtigkeit dieser zwei Sätze überzeugt. Die Sache kann kein gutes Ende nehmen.« Und wieder einige Jahre später schreibt er dem Präzeptor *Krauß* in Nagold: »Suchen Sie Ihre Weide in der Heiligen Schrift. Diese hat schon manche scheinbare Verirrungen überwährt, und die Zinzendorfische ungeheure Neuerung wird vor derselben auch zergehn wie Wachs vor dem Feuer. Glauben Sie: ich bin von Jugend auf im Urteilen vorsichtig, langsam und so schüchtern gewesen, daß ich viele Leute unwillig oder mich bei ihnen verächtlich gemacht habe; aber da Gott mir in dieser Sache eine Festigkeit des Herzens verleiht, so achte ich mich schuldig, andere zu stärken, die mich fragen.« Im Jahr 1742 hatte ihn der Staatsrat Moser zu einer schriftlichen Widerlegung der Herrnhuter aufgefordert. Er schrieb daher »Anmerkungen von der sogenannten Brüdergemeine«, die aber nur für den Freundeskreis bestimmt waren. In dieser kleinen Schrift vergleicht Bengel das Unternehmen Zinzendorfs mit »einem Gartenwerk im Gewächshause, da wohl etwas vor der Zeit zuwege gebracht werden könne; aber der Garten selbst trage etwas später viel schmackhaftere Früchte in Menge«. Im übrigen kritisierte er Zinzendorfs Geringschätzung der Prophetie, des Gesetzes, der Auferstehung, der Schriftforschung und vor allem die Zweideutigkeit der Ausdrücke in der Trinitätslehre. Bengel schwieg daraufhin wieder lange Zeit. Da man aber von seiten der Herrnhuter das Gerücht ausgesprengt hatte, er habe sich verpflichtet, nichts mehr gegen die Brüdergemeine zu schreiben, veröffentlichte er im Jahr 1751 seine Schrift »Abriß der so genannten Brüdergemeine«. In ihr unterzog er die Lehre, dann aber auch die ganze Sache einer sorgfältigen Prüfung. Bengel sagt in seiner Schrift: »Alle einzelnen guten Seelen lasse ich mit alle dem Wert, den sie in Gottes Augen haben; jedoch im ganzen ist es eine leidige Sache. Herrnhut tut nicht gut. – Ich suche keines Menschen Schimpf, Verdruß oder Schaden, sondern wahre Besserung; ich begehre niemand etwas aufzubürden, sondern zu erleichtern, niemand abzuschrecken, sondern herumzuholen. Wer einen gesunden Goût (Geschmack) hat, wird merken, daß nichts in meinen Worten aus Bitterkeit, sondern alles aus der Liebe herrühre. Ich weiß alle Stunden nicht, wann, der mich gemacht hat, zu sich hinnimmt und begehre deswegen durchaus kein Wort anders zu setzen, als wie es ihm gefällig ist.« Wenn Bengel das Reden vom »Lämmlein« und die einseitige Betonung der Bluttheologie, aber auch die Anmaßung, Herrnhut sei *die* Gemeinde, sei das Philadelphia der Offenbarung des Johannes, mit allem Ernst ablehnte, so war dies eine notwendige Kritik aus biblischer Schau. Die Brüdergemeine darf nicht vergessen, welche Läuterung sie gerade der besonnenen Haltung Bengels verdankt. Die weitere Ausbreitung der Herrnhuter in Württemberg wurde durch Bengels Schrift ohne Zweifel gehemmt. Umso ruhiger und stiller konnten sich seitdem die pietistischen Versammlungen in Württemberg entwickeln.

Von entscheidender Bedeutung für das Verhältnis von Kirche und Pietismus in Württemberg wurde das im Jahr 1743 veröffentlichte Generalreskript. Sein Verfasser war der Konsistorialpräsident *Georg Bernhard Bilfinger* (1693 – 1750). Ihm, der von der Leibniz-Wolffischen Philosophie beeinflußt und für tolerante Gedanken sehr aufgeschlossen war, verdankt die württembergische Landeskirche jenes Reskript (herzoglichen Erlaß), das eine gesegnete innerkirchliche Wirksamkeit der Privatversammlungen ermöglichte. Das Reskript beginnt mit einer ernsten Ermahnung an alle Gemeindeglieder, die öffentlichen Versammlungen der Kirche nicht gering zu achten und zu bedenken, »daß unser lieber Herr und Heiland das Predigtamt gestiftet und erhalten habe, damit seine Lehre öffentlich in der Gemeinde gehört, die Sakramente nach seiner Einsetzung gespendet, ein gemeinschaftliches Gebet vor Gott gebracht und damit eine öffentliche Gemeinschaft der Gläubigen erhalten werde.« Dann wird auf die Wichtigkeit der Hausandachten hingewiesen. Über die besonderen Zusammenkünfte wird in dem Reskript gesagt: »Wenn nun die Pflicht des öffentlichen Gottesdienstes und die Haltung des häuslichen, welchen der Vorzug gebühre und die auf wirklichen Befehl des Herrn gegründet seien, erfüllt werde, so sei man ja nicht gewillt, die besonderen Zusammenkünfte, welche von einigen christlichen Personen in Absicht auf geistliche Handlungen geschehen, überhaupt hier zu verwerfen oder zu verbieten, man wolle sie vielmehr mit dem vorsichtigsten Unterschied prüfen, das Gute behalten und fördern, die Abwege aber anzeigen, absondern und soviel als möglich verhüten.« Und nun kommen die besonderen Verhaltungsmaßregeln für den Ortspfarrer gegenüber den Konventikeln, wie er sich vor aller Parteilichkeit in acht nehmen, für die richtige Pflege des häuslichen Gottesdienstes auch ferner sorgen und für die Erbauungsstunden nicht eine andere Sprache und mystische Gedankengänge wählen solle. Auch die gottesfürchtigen Lehrer werden ermahnt, ja nicht ihre Kunst und Weisheit dabei zu zeigen, sondern Liebe und Geduld zu üben und nur mit Wissen und unter Aufsicht des Ortspfarrers solche Versammlungen zu besuchen. Den Stundenleuten wird ans Herz gelegt, sich zu prüfen, aus welcher Gesinnung heraus sie die Zusammenkünfte veranlassen und halten wollen. Alle Versammlungen sind dem Ortspfarrer anzuzeigen. Ihm ist jederzeit freier Zutritt zu gestatten. Er hat die Versammlungen zu überwachen. Separatisten und verdächtige Personen dürfen nicht zugelassen werden. Die Ehefrauen sollen nicht ohne Wissen und Willen ihrer Ehemänner, Kinder und Hausangestellte nur mit der Erlaubnis der Eltern und der Hausväter an den Versammlungen teilnehmen. Die Zahl der Teilnehmer wird auf fünfzehn Personen beschränkt. Dies erwies sich oft als eine lästige Fessel. *Philipp Matthäus Hahn,* der die Geschichte seiner Erbauungsstunden in Kornwestheim beschrieben hat, berichtet, daß er wegen des großen Zudrangs nicht weniger als fünf Stundenkreise in seiner Gemeinde einrichten mußte. Die Schranken, die das Gesetz zog, waren recht eng, und doch hat man damals in Württemberg einen entscheidenden Schritt getan: Man hat in der Staatskirche eine freie Verbindung suchender und gläubiger Gemeindeglieder zugelassen. In anderen Gebieten Deutschlands dagegen haben die Kämpfe um das Recht, Privatversammlungen abhalten zu dürfen, noch weit bis ins neunzehnte Jahrhundert hinein gedauert.

Der Pietismus ist freilich nur in Altwürttemberg und in den früheren Reichsstädten Eßlingen und Reutlingen recht heimisch geworden. Im Frankenland hat er über ein Jahrhundert hindurch kaum Fuß fassen können. Der württembergische Adel hat sich dem Pietismus nicht in dem Maß angeschlossen, wie dies in Norddeutschland der Fall war. Sein Hauptträger war in Württemberg das gesunde Bürger- und Bauerntum.

Am Eingang der Geschichte des württembergischen Pietismus steht die edle Gestalt eines *Johann Reinhard Hedinger.* In ruhiger und sachlicher Weise hat er die neue Bewegung im Konsistorium vertreten und mit *Johann Andreas Hochstetter* manche Maßnahme zur Hebung des kirchlichen und gemeindlichen Lebens einleiten dürfen. Es war eine besonders freundliche Fügung Gottes, daß Hochstetter nach dem frühen Heimgang Hedingers (1704) noch sechzehn Jahre der württembergischen Kirche erhalten blieb und seinen Einfluß geltend machen konnte. *Georg Konrad Rieger* hat durch seine kraftvollen Predigten den Boden vorbereitet, auf dem der Pietismus gedeihen konnte, und *Johann Albrecht Bengel* hat in seiner tieffrommen und besonnenen Art der pietistischen Bewegung in Württemberg das Gepräge gegeben, das sie bis heute bewahrt hat. Einen anderen Typ des schwäbischen Pietismus stellen Männer wie *Oetinger, Fricker* und *Philipp Matthäus Hahn* dar. Sie haben mit ihren theologischen und theosophischen Gedanken, die vor allem Oetinger zu einem gewaltigen System zusammengefaßt hat, jene Pietisten angezogen, die der schwäbischen Eigenart zum Sinnen und Grübeln folgten. Es bleibt beachtenswert, daß sich der Philosoph *F. W. J. Schelling* durch den Stadtpfarrer *Pregizer* in Haiterbach Oetingers Werke sammeln und zusenden ließ. Andere, die mehr in Bengels Bahnen wandeln, wie *Hiller,* der Lieblingssänger des schwäbischen Pietismus, *Steinhofer, Burk, Brastberger, Storr* und *Roos* haben durch ihre Persönlichkeit und ihre Schriften auf kleinere und größere Kreise der schwäbischen Stundenleute tiefgehenden Einfluß ausgeübt. Der Pietismus erfuhr dann Ende des achtzehnten Jahrhunderts eine Neubelebung durch den hochbegabten *Johann Michael Hahn,* der ein in manchen Punkten von der Kirchenlehre abweichendes Lehrsystem entwickelt hat. Es nötigt noch heute jedem, der sich mit ihm beschäftigt, große Bewunderung ab. Die von ihm und später von *Immanuel Kolb* geleiteten Gemeinschaften haben sich als ein Salz der Kirche erwiesen. Der Altpietismus erfuhr besonders auf der schwäbischen Alb eine entscheidende Erneuerung, die von der Lehrerfamilie *Kullen* in Hülben ausging. Den gleichen Dienst erwies dem Altpietismus und der württembergischen Kirche der geistesgewaltige Prediger *Ludwig Hofacker.* Eine neue Lebensbewegung im Pietismus stellen die Kreise dar, die sich um den Stadtpfarrer *Pregizer* scharen. Um die Wende vom achtzehnten zum neunzehnten Jahrhundert war das Verhältnis der Kirche zum Pietismus durch die Neigung des Kirchenregiments und vieler Pfarrer zur Aufklärung getrübt. Zu jener Zeit hielten Männer wie *C. A. Dann, K. Fr. Harttmann* und andere die Verbindung zwischen Kirche und Pietismus aufrecht. Im Zeitalter von Hegel und Strauß standen pietistische Theologen in vorderster Linie im Kampf um Bibel und Bekenntnis. Männer wie *Albert Knapp, Wilhelm Hofacker, Gottlieb Scholl* und andere haben viel dazu beigetragen, daß der Pietismus der Kirche nicht entfremdet wurde. In *Sixt Karl Kapff* besaß der Pietismus einen angesehenen Vertreter in der Kirchenleitung. Der schwäbische Pietismus findet noch einmal eine eigenwillige Prägung in dem Pfarrer *Christoph Blumhardt,* dem Mann der großen endgeschichtlichen Hoffnung. Sein Ruf »Jesus siegt!« ist in pietistischen Kreisen noch nicht verklungen.

Eine Sonderstellung im schwäbischen Pietismus nimmt die Gemeinde *Korntal* ein. Sie war Jahre lang der Mittelpunkt und Versammlungsort vieler Stundenleute. Ihr Gründer und Vorsteher *Gottlieb Hoffmann* wurde einst von dem Prälaten *Flatt* gefragt, wie er eigentlich so viele verschiedenartige Elemente in seiner Gemeinde vereinigen wolle. Er erwiderte ihm: »Sie alle, die verschiedenen Glieder der Gemeinde, möchte ich in dem Mörser der Liebe zerpulvern und dann wieder ebensoviele Menschen daraus bilden.« Von sich selbst hat er bekannt: »Ich bin als Pregizerianer erweckt worden, ich möchte als Michelianer wandeln und endlich als Herrnhuter sterben.«

Die Versuche, eine bestimmte Ordnung für die Stundenkreise aufzustellen und sie zu Verbänden zusammenzufassen, lassen sich bis in die Zeit vor 1800 verfolgen. Pfarrer *Johann Jakob Eytel* (1742 – 1788), der lange Jahre in Neubulach wirkte, hatte elf Punkte aufgestellt, die dem Aufbau des Stundenwesens dienen sollten. Es seien von diesen Punkten zwei genannt: »Jede Gemeinschaft sollte sich so gut, als sie kann, an andere anschließen und ja den Partei- und Sektengeist nicht über sich herrschen lassen« (9). »Jährliche Visitationen von andern rechtschaffenen Brüdern wären sehr gut und nötig« (11). Ähnliche Gedanken versuchte *Johannes Kullen* in Hülben zu verwirklichen. Im Oktober 1814 gab er einen »Verbesserten Gemeinschaftsplan für die Gemeinschaften auf der Alb und in der Gegend von Tübingen« heraus. In ihm heißt es: »In den kleinen Gemeinden nach des seligen Speners Einrichtungen ist man in den Stand gesetzt, die Rechte der Gemeinde nach Matthäus 16, 19 zu genießen und zu üben. Die Versammlungen dürfen wir nicht als eine von der Kirche getrennte Gemeine, sondern als einen Sauerteig in der Kirche ansehen. Der Herr scheint auch jetzt dadurch seine Kirche stützen zu wollen, daß er rechts und links kleine Seitengebäude hinbauen läßt. Wir müssen uns aber mit allem Ernst in acht nehmen, daß unsere Gemeinschaft keine Sekte werde, sondern es muß uns darum zu tun sein, daß wir mit allen Heiligen immer genau verbunden bleiben. Um nun einander in allen Teilen gliedliche Handreichung zu tun, wollen wir alle vier Wochen zusammenkommen und uns über die Wahrheiten des Evangeliums und unser Verhalten dazu aussprechen, wobei wir nach des Apostels Mahnung, Philipper 2, 1 – 11, einer den andern höher halten wollen als uns selbst.« Die Monatsversammlungen, die bald überall im Lande Nachahmung fanden, haben sich bis heute als eine besonders gesegnete Einrichtung erwiesen.

Die Hahn'schen Gemeinschaften wurden von *Immanuel Kolb* nach dem Heimgang von *Anton Egeler* (1850) neu organisiert und zusammengefaßt. Unter seiner Mitwirkung entstand die »Ordnung für den Besuch der Gemeinschaften«. Im Jahr 1851 trat auf Einladung von Prälat Kapff eine Landeskonferenz pietistisch gerichteter Pfarrer und Gemeindeglieder zusammen, aus der die alljährlich abgehaltene »Brüder- und Missionskonferenz« hervorging. Am 19. März 1857 tagte in Stuttgart ein Gemeinschaftsausschuß, an dem hauptsächlich Vertreter der altpietistischen Gemeinschaften teilnahmen. Die Leitung der monatlichen Zusammenkünfte des Ausschusses übernahm Pfarrer *Werner* in Fellbach, dem auch die Schriftleitung der »Erbaulichen Mitteilungen« übertragen wurde. Das Dissidentengesetz von 1872 gab den verschiedenen Gemeinschaften neue Möglichkeiten des Zusammenschlusses.

Johann Reinhard Hedinger

der Wegbereiter des schwäbischen Pietismus (1664 – 1704)

Hedinger war eine der großen christlichen Persönlichkeiten, an denen die württembergische Kirche wahrlich nicht arm ist. *Eberhard Weismann,* der zeitgenössische Kirchengeschichtsschreiber hat über ihn geurteilt: »Hedinger war ein großartiger Mann, herrlichen Gemüts, von überaus vortrefflichen Talenten, von männlicher Beredsamkeit, unerschrockenem Geist, lauterem Herzen, bewundernswerter Gelehrsamkeit, mit einem Wort: ein Schmuck des Vaterlandes und der Kirche, ein Mensch, dessen Andenken wie ein duftender Weihrauch immer lieblich und im Segen bleiben wird. Alle Einsichtsvollen und Wohlgesinnten glaubten und bekannten, daß nicht ohne göttliches Gericht diese Säule des Vaterlandes gefallen sei.«

Er wurde am 7. September 1664 in Stuttgart als Sohn des Kanzleiadvokaten *J. R. Hedinger* geboren. Seine Mutter *Christiana* war die Tochter des württembergischen Hofpredigers und Prälaten Johann Schübel von Hirsau. Als Hedinger vier Jahre alt war, starb der Vater. Die Mutter verheiratete sich wieder mit dem Kanzleiadvokaten Johann Bernhard Schmoller, der dem Knaben ein liebreicher und treuer Vater wurde.

Im Alter von fünf Jahren wurde er bereits in das Stuttgarter Pädagogium aufgenommen. Auf die Frage des Magisters Fischer, was er denn werden wolle, antwortete der aufgeweckte Knabe: »Ich will ein Doktor werden!« Im Jahr 1677 kam er dann auf die Klosterschule in Hirsau und zwei Jahre später nach Bebenhausen bei Tübingen. Noch vor Ablauf der vorgeschriebenen Schulzeit wurde er in das Tübinger Stift aufgenommen. Mit zwanzig Jahren bestand er die Magisterprüfung. Er widmete sich dann dem Studium der Theologie mit solchem Eifer, daß er nach anderthalbjähriger Studienzeit die theologische Prüfung ablegen konnte. Zunächst war er in einigen Gemeinden des Landes als Vikar tätig, bis er 1687 den herzoglichen Befehl erhielt, den Prinzen Johann Friedrich von Württemberg als Prediger und Sekretär auf einer Reise nach Frankreich zu begleiten. Er kehrte aber bald mit dem Prinzen wieder zurück, da sich Frankreich im Kriegszustand befand. Nach kurzem Aufenthalt in der Heimat trat er eine neue Reise an, die ihn durch Norddeutschland, Holland, Dänemark und Schweden führte. Hier konnte er viele führende Persönlichkeiten des kirchlichen Lebens kennenlernen. In Hamburg besuchte er Pastor *Abraham Hinkelmann,* den Vertreter eines milden Pietismus, in Franeker den berühmten Schriftausleger *Campegius Vitringa* und in Kopenhagen *Johann Lassenius,* dessen Andachtsbuch »Heiliger Perlenschatz« soeben im Druck erschienen war. Auch an einem Mann wie dem bekannten Mystiker *Peter Poiret,* der mit der Kirche gebrochen hatte, ging er nicht vorüber. Im August 1688 reiste er nach England und versah in London für zwei Monate das Amt des erkrankten Hofpredigers Menken. Er hatte Gelegenheit, mit bedeutenden Theologen in Oxford und Cambridge in Verbindung zu treten. Vor allem aber beschäftigte er sich eingehend mit dem Leben und der Verfassung der englischen Kirche. Eine schwere Erkrankung, die ihn auf der Heimreise befiel, hielt ihn zwei Monate in Berlin fest. Er fand freundliche Aufnahme und Pflege in dem Haus des berühmten Rechtslehrers *Samuel Pufendorf,* der mit ihm verwandt war. Hier lernte er auch *Philipp Jakob Spener,* den Vater des deutschen Pietismus kennen und lieben.

Im Jahr 1691 kehrte er mit reichen Kenntnissen und Erfahrungen in seine schwäbische Heimat zurück. Im April des folgenden Jahres mußte er als Feldprediger des Herzogs Friedrich Carl von Württemberg den Feldzug gegen Frankreich mitmachen. Nach der Niederlage, die der Herzog bei Oetisheim erlitt, floh Hedinger nach Heilbronn, wo er von neuem erkrankte.

Als er von seiner Krankheit genesen war, verheiratete er sich im Jahr 1694 mit *Christina Barbara Zierfuß* aus Kirchheim/Teck. Wenn die Ehe auch kinderlos blieb, so war sie doch glücklich und vorbildlich zugleich. Beide Ehegatten wußten sich in der Liebe zu Jesus verbunden. Noch im gleichen Jahr erhielt er einen Ruf als Professor des Natur- und Völkerrechts an die Universität Gießen. Wie in vielen Gegenden Deutschlands, so war auch in Gießen eine heftige Auseinandersetzung über den Pietismus ausgebrochen. Hedinger, der dem Pietismus freundlich gegenüberstand, wurde in die Wirren mit hineingezogen. Sein Gegner war vor allem *Gottfried Arnold,* der bekannte Liederdichter. Hedinger erschien vielen wider seinen Willen als ein Feind des Pietismus. Die unerwartete Berufung als Hofprediger und Konsistorialrat nach Stuttgart empfand er dankbaren Herzens als eine Befreiung aus unerquicklichen Verhältnissen.

Am 13. August 1699 hielt er seine Antrittspredigt in Stuttgart. Sie ließ den unerschrockenen Streiter Jesu Christi erkennen. Als Text hatte er die Worte gewählt: »Aber ich bin nicht von dir geflohen, daß ich nicht dein Hirte wäre; so habe ich den bösen Tag nicht begehrt, das weißt du« (Jeremia 17, 16). Nachdem er in einem besonderen Teil ausgeführt hatte, »wie von einem Prediger, der mit vollem Segen des Evangeliums in seiner Gemeinde wirken wolle, ein in Gott gestärkter, unerschrockener und unverdrossener Mut erfordert werde, den er auch als Zeuge wider die Sünde sich bewahren müsse«, rief er dem Herzog zu, »bewahre, großer Fürst, der Seele teures Pfand, das Gott mit seinem Blut so kostbar hat erworben!« Er bat sich dann die Gnade aus, frei vor ihn hintreten und ihn demütigst erinnern zu dürfen, was sein zeitliches und ewiges Wohl befördern könne. In seiner Predigt verhehlte er auch nicht, »daß einen treuen Propheten, der in die jämmerliche Zerrüttung des Hoflebens nach dem gemeinen Schrot mit erleuchteten und zugleich betrübten Augen öfters eingesehen, ein herzliches Grauen ankommen müsse.« Man hat noch lange in schwäbischen Landen von der gewaltigen Predigt Hedingers gesprochen, denn das merkte jedermann, daß die Posaune einen hellen und deutlichen Ton von sich gab. Was er in seiner Antrittspredigt gesagt hatte: »Gottlob, den Teufel fürchte ich nicht, scheue auch keine Arbeit«, das bewährte er in seiner Amtsführung. Er hielt, was er versprochen hatte, »daß es sein einziges Vorhaben sei, seine noch übrige Lebenszeit für die Bekehrung so vieler armen Seelen, für die Ausbreitung der allerheiligsten Lehre Gottes, für die Befestigung seiner seligmachenden Wahrheit und für das Heil der streitenden Kirche treulich zu arbeiten, mutwillens keinen durch Vorenthaltung der heilsamen Wahrheit zu versäumen und dazu womöglich den geraden Weg zu gebrauchen. Solche Freudigkeit, Gott und der Kirche zu dienen, werde er sich durch keine Menschenfurcht und Liebe rauben lassen; Ehre und Schande, gute und böse Gerüchte seien in seinen Augen geringe Reizungen, von dem gelegten Grunde zu weichen.«

Hedinger kannte keine Menschenfurcht. Unerschrocken und tapfer verkündigte er am Hof das Evangelium von dem gekreuzigten Herrn und Heiland. Er scheute sich auch nicht, dem Herzog gegenüber die Sünde mit Namen zu nennen. Das schwäbische Volk hat lange Zeit manche Geschichte aus der seelsorgerlichen Tätigkeit Hedingers in gutem Gedächtnis behalten.

Der Herzog hatte eines Tages eine Anordnung getroffen, bei der er selber den Eindruck hatte, daß ihm sein Hofprediger Vorhaltungen machen werde. Er gab daher den Schildwachen vor dem Schloß den Befehl, daß niemand bei ihm vorgelassen werden dürfe. Hedinger erschien in seinem Amtsornat vor dem Schloß. Er bestand darauf, daß man ihn einlasse. Als die Wachen mit gekreuzten Gewehren ihn am Eintritt hindern wollten, drückte er die Gewehre hinunter und ging gemessenen Schrittes in das Zimmer des Herzogs, der sich aber sofort in ein anderes Zimmer zurückzog. Hedinger folgte ihm auch in dieses und einige andere Zimmer nach, bis der Herzog nicht weiter konnte. Da trat er ernst und feierlich vor seinen Fürsten und redete so herzlich auf ihn ein, daß er tatsächlich seine Anordnung aufhob.

Mit den französischen Sitten, die am herzoglichen Hof sich breit machten, kam auch die Sonntagsentheiligung auf. Der Herzog versäumte häufig den Vormittagsgottesdienst. Eines Sonntags wollte der Herzog unmittelbar vor dem Beginn des

Gottesdienstes mit einer Dame ausfahren. Hedinger, der davon gehört hatte, stellte sich dem herzoglichen Wagen in den Weg und sagte zu seinem Fürsten, daß er sich durch eine solche Entheiligung des Sonntags an dem Herrn versündige. Da der Herzog Anstalten machte weiterzufahren, trat Hedinger vor die Pferde hin und sprach: »Wenn Ew. Durchlaucht mit einem Käpplein voll Blutes gedient ist, dann fahren Sie nur zu! Ich fürchte den Tod nicht.« Der Herzog gab sich geschlagen und ließ den Wagen ausspannen.

Ein anderes Mal war der Herzog besonders über Hedinger erbost, der es gewagt hatte, ihn wegen seiner Sünden zu strafen und zur Buße zu ermahnen. Er bestellte seinen Hofprediger, und zwar ausdrücklich allein, zu einer Aussprache auf das Schloß. Gleich bei seinem Eintritt schaute ihn der Herzog betroffen an und rief ihm zu: »Hedinger, warum kommt Er nicht allein?« – »Ich bin allein, Ew. Durchlaucht!« – »Nein, Er ist nicht allein!« – »Und dennoch bin ich allein!« Der Herzog, immer auf die rechte Seite Hedingers blickend, bestand aber darauf, daß er nicht allein sei. Da erwiderte ihm Hedinger, dem nun eine Ahnung kam, es könnte eine höhere Hand mit im Spiele sein: »Ja, ich bin wahrhaftig allein gekommen, Ew. Durchlaucht. Sollte es aber dem großen Gott gefallen haben, in dieser Stunde einen Engel neben mich zu stellen, so weiß ich es nicht!« Da winkte ihm der Herzog mit der Hand und entließ ihn mit allen Zeichen tiefster Erschütterung.

Durch seine Wirksamkeit war in Stuttgart eine Erweckung entstanden, die er durch seine Lieder und Schriften zu fördern suchte. Einige Lieder Hedingers konnte man noch lange Zeit in den württembergischen Gesangbüchern finden, so zum Beispiel das Lied:

Das, was christlich ist, zu üben,
nimmst du, Menschenkind, zu leicht.
Ist dir nichts zurückgeblieben?
Hast du denn das Ziel erreicht?
Traue nicht dem falschen Schein,
willst du nicht betrogen sein!

Hast du alles wohl erwogen,
dich auf Gottes Wort bezogen?

Aus einem anderen Lied sei folgende Strophe mitgeteilt:

Welch eine Sorg' und Furcht
soll nicht bei Christen wachen,
und sie behutsam, klug
und wohlbedächtig machen!
Mit Furcht und Zittern, heißt's,
schafft eurer Seelen Heil!
Wenn kaum der Fromme bleibt,
wo bleibt des Sünders Teil?

In seinem Lied vom rechten Gebrauch der Zeit heißt es:

Eben jetzo schlägt die Stunde,
die ich lebend hingebracht;
sollt' ich nicht mit Herz und Munde,
Herr, zu danken sein bedacht,
daß ich deinem Paradies,
das dort blühet hell und süß,
und der sel'gen Schar der Frommen
nun ein Schrittlein näher kommen?

Besonders schön ist ein längst vergessenes Sterbelied von Hedinger:

Laß zum Labsal, wenn ich schmachte,
Herr, dein Blut zugegen sein!
Wenn ich keines Dings mehr achte,
wenn die Augen fallen ein:
Ei, so kommt, ihr süßen Quellen,
meinen Hingang zu bestellen,
daß bei dunkel wordnem Licht
mir's an Trost gebreche nicht!

Lasse dies mein Herz erquicken,
wenn es sterbend langsam schlägt,
daß es könne dich erblicken,
wie dein Leib die Tropfen trägt,
die du in des Ölbergs Garten,
meiner Rettung abzuwarten,
und zur Tilgung meiner Last
reichlich ausgeschüttet hast.

Drücke mir die Augenlider
sanft mit deinen Händen zu.
Senke friedlich mich darnieder
in des Grabes stille Ruh.
Laß aus deines Leibs Erblassen
Labsal mich und Hilfe fassen
und mit dir aus Angst und Leid
fahren in die Herrlichkeit.

Die packende Art der Verkündigung und den seelsorgerlichen Ernst Hedingers lassen auch seine Schriften erkennen. Im Jahr 1700 erschienen seine »Christlich wohlgemeinten Erinnerungen, die Unterrichtung der Jugend in der Lehre von der Gottseligkeit betreffend«. Sein Andachtsbuch »Passionsspiegel oder zwölf andächtige Betrachtungen über das Leiden und Sterben Jesu Christi« (1702) war der Herzogin *Magdalena Sibylla von Württemberg* gewidmet, der Mutter des Herzogs Eberhard Ludwig. Von dieser frommen Frau, die Hedinger in herzlicher Glaubensgemeinschaft verbunden war, besitzen wir eine Reihe inniger Meditationen, die unter dem Titel »Das mit Jesus gekreuzigte Herz« erschienen sind. Ein Abschnitt aus dem Vorwort Hedingers zu seinem Passionsspiegel möge hier folgen und einen Eindruck vermitteln von der herzgewinnenden Art, mit der er für seinen Herrn geworben hat: »Mehr ist nicht übrig, als daß ich euch samt und sonders vor dem Angesicht des Gekreuzigten erinnere, seine Wunden mit keinerlei mutwilligen Sünden wieder aufzureißen oder sein teures Blut mit beharrlicher Ungerechtigkeit zu verunreinigen. Bittet diesen euren Jesus, daß er euch von seinem Geist das nötige Maß, seine reich erworbenen Gnadenschätze und eure Pflicht zu erkennen, mitteile, euren schwachen Glauben in aller Anfechtung stärke, die strauchelnden Kniee, gewisse Tritte zu tun, befestige, das Reich der Finsternis zerstöre, hingegen die Zahl der Heiligen, welche ihm in der Wahrheit dienen, vermehre und die, welche leiden sollen, wenn das Gericht angehen wird am Hause Gottes, mit standhafter Geduld waffne! Er drücke sein schönstes Bild in unsere Seelen und entzünde sie mit himmlischer Liebe, welche zu erwerben er sich in den bittersten Tod gegeben hat, damit wir darein verwandelt und als kostbar Erlöste einmal recht frei werden mögen von der schnöden Dienstbarkeit und Besudelung, dadurch das Bild und Name Gottes und der Bund der Gnaden an so vielen verloren Gehenden leider geschändet wird. Haltet ewiglich im Gedächtnis den Gekreuzigten und sterbet mit ihm täglich, so werdet ihr auch mit ihm leben!«

Sein bekanntestes Werk ist die »Erklärung des Neuen Testamentes«, das in seinem Todesjahr 1704 erschien. Es ist eine Ausgabe des Neuen Testamentes mit Erklärungen und Nutzanwendungen. Spuren reformierter Theologie, vor allem der des holländischen Theologen *Vitringa,* sind nicht zu verkennen. *Bengel* hat Hedingers Werk so hoch bewertet, daß er seine eigene Arbeit im »Gnomon« nur als eine Erweiterung der »Erklärung des Neuen Testamentes« betrachtete. Der Tübinger Theologe *Johann Tobias Beck* hat über Hedingers Werk geurteilt: »Die körnigen, kurzen, schlagenden, oft schneidenden Nutzanwendungen, in welchen er die herrschenden Sünden straft und auch die Schäden des geistlichen Standes trifft, haben dieses Werk an vielen Seelen zu einem gesegneten gemacht und zu einem tieferen und erbaulichen Verständnis des Schriftwortes beigetragen.«

Hedinger hat in seinem Leben manchen Kampf für die Sache seines Herrn durchgefochten. Den schwersten Kampf, aber auch den schönsten Sieg erlebte er in seiner Sterbestunde.

Längere Zeit vor seinem Sterben hatten ihn schon bange Ahnungen heimgesucht. Viele Dinge, die er sah, wurden ihm zu ernsten Predigern, die ihn an den Tod erinnerten. Sah er ein Glas, so dachte er: Dein Leben ist zerbrechlich wie Glas. Sah er Berge oder Eichen, so gemahnten sie ihn an ihre lange Dauer und seine eigene Vergänglichkeit. Er konnte »der Todesprediger gar nicht los werden«. Als nun am 16. Dezember 1704 die letzte Krankheit mit Macht über ihn hereinbrach, war alles Todesgrauen wie ein Schatten von ihm gewichen. Er rief seine Angehörigen ans Bett und sprach zu ihnen: »Welch ein elender Mann wäre ich, wenn ich mich jetzt erst bekehren und unter vielen Ängsten auf der Ärzte Gesichter Achtung geben müßte, was sie von meiner Krankheit urteilen, und wie lange meine Buß- und Lebenszeit etwa noch währen könne. So aber kann ich mich mit süßer Ruh in den Arm und Schoß meines Jesu, dem meine Seele anhängt, als ein Kind hinlegen und mein schon längst bestimmtes Stündlein mit Freuden erwarten. Ich weiß, mein vielleicht baldiges Ende ist kein Gericht Gottes über mich, sondern es wird offenbar werden, was Gott mit meinem Sterben beabsichtigt. Wie mir die Lästerungen, an denen es mir in meinem Leben nie gemangelt hat, nichts geschadet, so werden mich diese noch viel weniger nach meinem Tod aus den Armen meines Jesu herausreißen können, vielmehr wird dadurch das Ehrenkleid und der Schmuck, womit mein Heiland mich zieren wird, nur herrlicher und glänzender gemacht werden. Indessen ist Gott, vor dessen Angesicht ich vielleicht bald erscheinen werde, mein Zeuge, daß ich dem wahrhaftigen Frieden allezeit nachgejagt, also auch von keinen Feinden weiß, als von solchen, welche dem Reich Christi zuwider sind. Zwar bin ich bereit, wenn Gott es so will, gern und willig noch den Angstkarren zu ziehen; doch halte ich dafür, daß ich das Meinige nunmehr in der Welt getan, und wenn Gott mich nicht mehr tüchtig erkennt, noch weiter etwas zu seinem Preise zu tun oder zu leiden – o wie gerne trete ich dann ab von der Warte!«

Sein Sterben zog sich über die Weihnachtstage hin. Aus den Händen seines Kollegen, des Hofpredigers *Johann Friedrich Hochstetter*, ließ er sich das heilige Abendmahl reichen und bat ihn, daß er ihm die Leichenpredigt halte. Bei der Trauerfeier solle Hochstetter drei Punkte herausstellen, die ihm gegenüber mancherlei Anschuldigungen besonders wichtig seien: 1. Er sei sich nicht bewußt, in seiner Verkündigung eine falsche Lehre vorgetragen zu haben. Im Leben und Sterben halte er an der evangelischen Wahrheit fest. 2. Er sei kein Zerstörer aller guten Ordnung gewesen. Es sei ihm immer ein Anliegen gewesen, daß die alte Kirchenordnung wieder hergestellt werde. 3. Er verwerfe allen Zwang der Gewissen. Es bleibe sein Grundsatz, daß man mit schwachen und irrenden Brüdern gelind umgehen müsse.

Hedinger erfreute sich in seiner Leidenszeit einer felsenfesten Heilsgewißheit, die ja unserem Geschlecht heute weithin abgeht. Zu einem Freund, der ihn mit dem Hinweis trösten wollte, daß die Krankheit nicht so ernst sei, erwiderte er: »Mein Trost ist dieser: Ich weiß, daß ich ein getreuer Knecht meines Jesu bin und daß mein Name im Buch des Lebens geschrieben steht.«

Kurz vor seinem Heimgang bat er den Kapellmeister Schwarzkopf, ihm einige Lieder auf der Harfe vorzuspielen. Vor allem erquickte er sich an dem Gesang »Jesu, hilf siegen, du Fürste des Lebens!« Nach der letzten Strophe rief er aus: »Viktoria! Viktoria! Der Sieg ist errungen!« Am andern Tag ließ er noch einmal den Kapellmeister zu sich bitten, und wieder mußte er ihm einige Glaubenslieder vorspielen. Als sein Kollege Hochstetter eintrat, rief er ihm zu: »Inter jubila moriar!« (Mit Jubelgesang will ich sterben!). Zuletzt wünschte er, daß man ihm Luthers Lied »Mit Fried und Freud fahr' ich dahin« anstimme.

Am letzten Abend seines Lebens sang man ihm Sterbelieder vor. Ein Freund rief ihm zu: »Der Sabbat bricht an!« Der Sterbende antwortete: »Ich bin längst darauf bereitet!« Am 28. Dezember, zwischen ein und zwei Uhr nachts, nahte sein

Ende. Um sein Lager waren die Pfarrer der Stadt und die Ärzte versammelt. Mit starker Stimme richtete er Abschiedsworte an sie über die Notwendigkeit einer ernstlichen Buße und Bekehrung. Er schloß mit den Worten: »Und nun gehe ich dahin, wo man nicht mehr mit Worten reden, sondern Gott von Angesicht zu Angesicht schauen und dem erwürgten Lamm Reichtum und Weisheit, Stärke und Ehre, Preis und Lob darbringen wird von Ewigkeit zu Ewigkeit!« Am Sonntagmorgen ist er dann gegen sechs Uhr still und ruhig entschlafen. Nun war die Stunde gekommen, von der er in einem seiner Lieder singt:

O liebe Todeskammer,
eröffne mir die Tür!
Ich klopfe mit dem Hammer
und sehne mich nach dir.

Du aber, Überwinder
des Todes, führe mich
wie alle Gotteskinder
im Sterben über sich!

Du bleibest meine Freude,
du siegelst meinen Stein;
dein bleib' ich, wenn ich scheide
und modre, ganz allein!

Mit ihm war in der Hälfte seiner Tage, wie der Psalmist sagt (Psalm 102, 25), ein Mann dahingegangen, der als eine Prophetengestalt voll glühenden Eifers für Gottes Sache, voll unbestechlichen Wahrheitsernstes und doch voll priesterlichfürbittender Milde in schwäbischen Landen nicht vergessen werden sollte.

Georg Konrad Rieger

der Verfasser der »Herzenspostille« (1687 – 1743)

Rieger war ein Geistesverwandter Bengels. Seine besondere Bedeutung lag auf dem Gebiet der Predigt. Als Prediger überragte er seine Zeitgenossen nicht nur durch seine Gedankenfülle, sondern auch durch den tiefen Ernst, der sich in seinen Zeugnissen findet.

Georg Konrad Rieger wurde am 7. März 1687 als Sohn eines Weingärtners in Cannstatt geboren. Der Vater war nach dem Zeugnis des Sohnes ein »redlicher Mann« und die Mutter eine »gute Beterin«, in welcher »ein ungefärbter Glaube und ein einfältiger Sinn nach Christo« wohnte. In dem begabten Knaben wurde schon früh der Wunsch lebendig, ein Diener des Wortes zu werden. Der Vater war lange Zeit mit dem Verlangen seines Sohnes nicht einverstanden, da ihm die Ausbildungskosten zu hoch erschienen. Eines Tages, so wird erzählt, befanden sich Vater und Sohn im Garten, um die Obstbäume zu reinigen. Der Sohn erneuerte seine Bitte. Da sagte der Vater ärgerlich: »Nun soll unser Herrgott entscheiden. Sieh, ich werfe dieses Messer in jenen Baum. Bleibt es darin hängen, so magst du studieren. Fällt es aber herunter, dann wird nichts daraus.« Das Messer blieb in der Rinde des Baumes stecken. Da willigte der Vater ein.

In den Klosterschulen zu Blaubeuren und Maulbronn wurde nun der junge Rieger für das Studium der Theologie vorbereitet. Als Student in Tübingen schloß er sich besonders eng an den Professor *Andreas Adam Hochstetter* an, der durch seine vermittelnde Stellung zwischen Kirche und Pietismus einen segensreichen Einfluß auf Württemberg ausgeübt hat.

Nach vollendetem Studium war er eine Zeitlang Hauslehrer und unterrichtete die Kinder des Professors Harpprecht in Tübingen. Im Jahr 1713 wurde er Repetent in Tübingen und zwei Jahre später Vikar in Stuttgart. In die Zeit seines Stuttgarter Dienstes fiel der Besuch, den *August Hermann Francke* in Württemberg machte. Rieger legte ihm damals die Frage vor: »Wie predige ich am erbaulichsten?« Francke erwiderte ihm: »Ich muß allemal so predigen, daß, wann mich einer nur dieses einige Mal hörte und darüber stürbe, er nicht nur etwas, sondern den ganzen Weg zur Seligkeit in der rechten Ordnung, wie es im Herzen aufeinandergeht, auf einmal gehört hat.«

In jene Zeit muß seine Bekehrung gefallen sein, über die er ausführlich in der »Herzenspostille« in einer Predigt über Matthäus 20, 1 – 16 spricht. Es heißt hier: »Ach, wie ist es doch nichts als Gnade im Anfang, Fortgang und Ausgang des Christentums. Wir sind zuvor umgeben, umfangen und umringt von lauter Gnade. Fremd von den Testamenten der Verheißungen, außer der Bürgschaft Israels, ohne Christus, ohne Gott, ohne Hoffnung in der Welt. Wie war ich in meinem unbekehrten Zustand so müßig und Gott so unnützlich! Wie brachte ich mein Leben so vergeblich zu! Was hab' ich von derselben Zeit für Frucht? – deren ich mich jetzt schäme. Was habe ich erarbeitet, was ist durch mich gehackt, beschnitten, geheftet, gebunden, gepflanzt und gebessert worden? Ach, was für edle Stunden habe ich verderbt, die besser hätten sollen und können angewendet werden! Wie sind meine besten Jahre versäumt und zersplittert worden! Wie ging eine Zeit nach der andern herum, da ich keinen Schritt Gott näher kam, da ich noch stand, wo ich gestanden, noch müßig stand, noch am Markt der Tändeleien stand! Es ließ sich einer nach dem andern berufen, es wurde hie einer und dort einer bekehrt; ich aber blieb unbewegt stehen, als wäre ich in eine Salzsäule verwandelt. Endlich kam die Stunde. O eine merkwürdige und selige Stunde, die sechste, die neunte, die elfte Stunde, die ich mein Lebtag nicht vergessen will, da der Beruf Gottes mit Kraft und Nachdruck, mit Schelten und Locken, mit Bestrafen und Einladen an mich geschah! Die Worte: Was stehst du hier den ganzen Tag müßig? warfen mich nieder in den Staub. Und die Worte: Gehe du auch hin, gehe noch jetzt hin in den Weinberg! richteten mich wieder auf meine Füße. Ich bewegte mich denn und ging. Ich ging vom Markt in den Weinberg, vom Welt- und Sündendienst in den Dienst Gottes. Ich wurde nun aus einem Müßiggänger ein Arbeiter. Ich kam vom Markt in den Weinberg und Lustgarten Gottes. Ich streckte mich und fing an, die empfindenden Kräfte zu gebrauchen und Gott zu dienen. Ich war nun, um was der verlorene Sohn so sehnlich bat, einer der Tagelöhner Gottes. Wie kam mir das so glücklich und ansehnlich vor! Und wem habe ich es zu danken: meinem Müßiggang, meinem unnützen Dastehen, meinem Wollen und Laufen, meinen werklosen Werken? O nein! sondern Gottes Erbarmen, dem Hausvater, seinem Ausgehen, seinem Anblick, seinem Ruf. Gott hat uns selig gemacht und berufen mit einem heiligen Ruf, nicht nach unsern Werken, sondern nach seinem Vorsatz und Gnade, die uns gegeben ist in Christus Jesus, wie es Paulus erkennt und preist. Von Gottes Gnaden bin ich nun, was ich bin, und seine Gnade an mir ist nicht vergeblich gewesen. Der himmlische Hausvater ist aus eigner Bewegnis auch nach mir ausgegangen. Aus Gnaden ist er mir erschienen, da ich nicht nach ihm fragte. Aus Gnaden hat er mich beschämt und bestraft, aus Gnaden mich selber zu seinem Dienst tüchtig gemacht.«

Inzwischen hatte ihn die Kirchenbehörde zum Klosterpräzeptor in Bebenhausen ernannt; ihn aber zog es mehr zum Predigtamt. Gottes Gedanken und Wege schienen nun andere zu sein. Da erhielt er zu seiner Freude die Mitteilung, daß die Behörde doch eine andere Entscheidung getroffen habe. Er wurde zum Pfarrer in Urach ernannt. Mit großem Eifer wirkte er in seiner ihm anvertrauten Gemeinde. Vor allem nahm er sich der Jugend an, richtete öffentliche Kinderlehren ein und hielt nach Speners Beispiel in seinem Hause Gemeinschaftsstunden. Nach nur dreijähriger Tätigkeit mußte er Urach wieder verlassen. In seiner Abschiedspredigt bekannte er: »Es mögen wenige Predigten auszunehmen sein, darin ich nicht den ganzen Prozeß der Bekehrung eines Menschen aus dem Naturzustand unter das Gesetz, endlich zur Gnade und neuen Gehorsam gebracht habe. Ich bekenne demnach selber, daß ich immer und überall zuerst das Gesetz gebrauche, dem Menschen seine Gestalt zu zeigen, ihm sein äußerst verderbtes Herz zu offenbaren und ihn zu nötigen, nach einer Errettung zu verlangen. Diese habe ich ihm alsobald in Christus Jesus gezeigt, zu welchem das Gesetz den Menschen mit der Hand hinführet. Diesen Christus den armen Gewissen anzupreisen und den Gläubigen die unendlichen Schätze der Gnade in ihm zu ihrer Freude aufzuschließen und weit auszubreiten, war recht meine Nahrung und Weide. Wie habe ich meinen Mund so oft mit Freuden aufgetan und bezeugt, daß das wahre Christentum keine Last, sondern der allerglückseligste, ruhigste, fröhlichste und vergnügteste Zustand sei.«

Die nächste Stätte seiner Wirksamkeit war Stuttgart. Er war zum Professor am Gymnasium und zum Mittwochprediger an der Stiftskirche ernannt worden. Mit seinem Amt war keine Gemeindeseelsorge verbunden; dagegen erhielt er vom Konsistorium den Auftrag, in seinen Mittwochpredigten das Evangelium des Matthäus auszulegen, über das er im Lauf der Jahre wohl über tausend Predigten gehalten hat. Er schloß sich in seinen Auslegungen gern an Bengel an, von dem er zu sagen pflegte, daß der Vortrag dieses Gottesmannes unter allen zeitgenössischen Predigern dem apostolischen am nächsten komme. Eine Reihe seiner Matthäuspredigten sind auch veröffentlicht worden. Im Jahr 1733 erschienen Predigten über Matthäus 18, 11 – 14 nebst einem Anhang über Matthäus 10, 42. Rieger war auch sonst schriftstellerisch tätig. Viel Segen, der weit ins vorige Jahrhundert hineinreichte, hat er durch sein Büchlein gestiftet: »Die württembergische Tabea oder das merkwürdige äußere und innere Leben und Sterben der weiland gottseligen Jungfer Beata Sturmin« (1730).

Im Jahr 1733 nahm er den Ruf in die arbeitsreiche Stadtpfarrstelle an St. Leonhard an und rückte neun Jahre später in das Dekanat an der Hospitalkirche vor.

Als Stadtpfarrer an St. Leonhard wurde er mit der seelsorgerlichen Betreuung des verhafteten Finanzrats *Süß Oppenheimer* beauftragt. Rieger versuchte vergeblich, in dem Angeklagten das Gefühl seiner Schuld zu wecken. Am Sonntag vor der Hinrichtung Oppenheimers, am 4. Februar 1738, predigte er über den Text: »Da es nun Abend ward, sprach der Herr des Weinbergs zu seinem Schaffner: Rufe die Arbeiter und gib ihnen den Lohn und heb an an den letzten bis zu den ersten!« Aus der Predigt, die ein bedeutsames Dokument der Zeitgeschichte ist, sei ein Auszug mitgeteilt: »Von was anderem redet man unter uns jetzt und allenthalben, von was schreibt man in und außer Land, als von einem Sünder, den das Unglück verfolgt, den seine Sünden gefunden haben wie ein Feind, auf dessen böse Arbeit ein fürchterlicher Lohn erfolgen soll? Wenn jedermann, klein und groß, jung und alt, an allen Ecken und auf allen Straßen davon schwätzt, soll man nicht auch auf der Kanzel davon reden dürfen, wohin es am nächsten gehört, und wovon man die Gemeinde billig unterrichten sollte, wie sie ein solches Exempel anzusehen und zu gebrauchen habe? Meint ihr denn, es sei mit dem vielen Plaudern davon, mit euren mancherlei Urteilen, mit euren vermengten Affekten ausgerichtet? Es gehört noch etwas Mehreres dazu. Und was denn? Ich frage euch: Rührt euch nicht auch die Not dieses armen Mannes? Habt ihr nicht auch Mitleid mit seiner unglückseligen Seele? Tut's euch nicht auch weh, daß man ihm schon vor vier Wochen und jetzund wieder auf ein neues die Mittel zu seiner geistlichen Errettung angeboten und er dieselben bisher noch in verstocktem Unglauben verworfen hat? Ach, treibt euch dieses verblendete Judenherz nicht auch zum Gebet als zu dem einigen, was uns doch noch übriggelassen ist? Wie viele sind wohl unter euch allen, die den allmächtigen und barmherzigen Gott angerufen haben, er wolle sich selbst an diesen starken Sünder machen und ihn seinem Sohn zur Beute geben, damit die überschwengliche Größe seiner Kraft nach der mächtigen Wirkung seiner Stärke zum Preis und Ehre des großen Namens Jesu Christi erschallen möge in alle umliegenden Länder? Habt ihr alle, frage ich, hieran gedacht? Habt ihr Einfältigen, daß ich mit euch einfältig rede, auch nur ein Vaterunser für ihn gebetet? Das ist: habt ihr in

Absicht auf ihn zum Vater im Himmel gesagt: Jetzt will ich das Gebet meines Heilandes Jesu Christi sprechen und will darin insonderheit suchen, daß du doch durch dieses armen Mannes endliche Bekehrung deinen Namen wollest geheiligt werden lassen, daß doch in sein bisher verschlossenes Herz dein Reich kommen und eindringen wolle, daß doch dein Wille auch an diesem Menschen geschehe, welcher ist, daß niemand verloren werde, sondern jedermann sich zur Buße kehre und lebe. Seht, dieses ist unsre Pflicht und Schuldigkeit, wenn er auch diese Stunde noch unser Feind und Verfolger wäre. Christus befiehlt es: Bittet für die, die euch beleidigen und verfolgen! Also tut es fein zu Haus! Wir wollen aber auch sogleich auf der Stelle mit einander beten.« – Rieger sprach nun ein ergreifendes Gebet für den Verurteilten und wandte sich dann wieder an die Gemeinde: »So fahret fort daheim; denn solche Liebe sind wir einem Juden um eines einigen Juden willen, um Jesu Christi, unseres hochgelobten Heilandes willen, schuldig!«

Wenige Monate nach seiner Ernennung zum Dekan an der Hospitalkirche fing er an zu kränkeln. Er arbeitete aber trotzdem unermüdlich weiter. Am 21. März 1742 konnte er sein berühmtestes Werk, die »Herzenspostille oder zur Fortpflanzung des wahren Christentums im Glauben und Leben über alle Fest-, Sonn- und Feiertagsevangelien gerichtete Predigten« vollenden. Das Werk erschien im gleichen Jahr in der Buchhandlung des Waisenhauses zu Züllichau. *Johann Jakob Moser* erzählt über dieses Waisenhaus in seinen »Hanauischen Berichten von Religionssachen« folgendes: »Anno 1719, in einem sehr teuren Jahre, legte *Sigmund Steinbart,* Bürger und Nadler zu Züllichau im schlesischen Herzogtum Crossen, ohne einen Groschen dazu vorrätig zu haben, ein Waisenhaus an, welches unter dessen Herrn Sohns Aufsicht noch im Segen blühet. Es sind in denen ersten einundzwanzig Jahren bei dreihundert arme und verlassene Kinder aufgenommen und die Anstalt nachher so eingerichtet worden, daß auch andere Kinder gegen billiges Kostgeld wohl allda erzogen werden können.« Rieger nennt in der Vorrede zu seiner Herzenspostille den Prediger am Waisenhaus *Johann Christian Steinbart* seinen »geliebten Bruder«. Einen Neudruck der Herzenspostille veranlaßte der Erweckungsprediger des Minden-Ravensberger Landes, *Johann Heinrich Volkening*. Sie erschien im Jahr 1843. Wer ein wenig in Riegers Postille liest, wird bald dem Urteil Palmers beipflichten, daß Rieger »in die Reihe der begabtesten Prediger nicht nur seiner engeren Heimat, sondern auch der ganzen evangelischen Kirche Deutschlands« zu stellen ist. Was Rieger mit seinen Predigten erreichen wollte, hat er selbst mit den schönen Worten zum Ausdruck gebracht: »Ich suche die Glaubenslehre *und* Lebenspflichten abzuhandeln. Ich behalte den Faden meines Textes immer in der Hand zu desto leichterer und deutlicherer Überzeugung der jedesmaligen Wahrheiten. Ich trachte den Verstand des Menschen ebenso zu unterrichten als seinen Willen zu bessern, zu neigen, zu heiligen.«

Als Rieger am 22. März 1743 von einer Amtshandlung nach Hause ging, konnte er vor Atembeschwerden kaum noch seine Wohnung erreichen. Es war sein letzter Ausgang. Von diesem Tag an nahm seine Krankheit mehr und mehr zu. Am Osterfest sprach er zu seiner Frau: »Liebes Kind, ich sterbe und hätte noch vieles zu reden; aber halte dich an Christum allein und behalte ihn!« Abends bei zunehmender Schwäche bekannte er: »Es ist bei mir immer das alte. Ich bin eben der arme Sünder, der errettet worden ist, der arme Sünder, den er selig gemacht hat, und wenn man's tausendmal umkehrt, so ist es immer das alte. Mir ist nichts groß und nichts ansehnlich als Jesus allein.« Er lag schon in den letzten Zügen, als noch ein Stuttgarter Bürger kam und mit bewegtem Herzen dem Sterbenden bekannte, »wie durch ihn seine Seele errettet und zur Buße und zum Glauben an den Herrn Jesum gebracht worden, was er ihm vor dem Herrn und allen gegenwärtigen heiligen Engeln zu seiner Ehre und Krone jetzt und in der Ewigkeit vor dem Richterstuhl Jesu Christi bezeugen wolle und müsse.«

Riegers letzte Worte lauteten: »Ich bin ein armer Sünder, und die letzte Nachricht von mir soll sein: Jesus Christus hat ihn selig gemacht.« Er entschlief am 16. April 1743 in den Morgenstunden unter dem herzlichen Gebet seines Beichtvaters. Auf seinen Grabstein ließ man die Worte setzen:

An Aarons Tage starb ein Aaron unsrer Zeit,
er war von Jugend auf dem Dienst des Herrn geweiht;
wie stark sein Geist, sein Glaub', sein Licht und Recht gewesen,
das kann ein jeder noch aus seinen Schriften lesen.

Johann Albrecht Bengel

der Klosterpräzeptor von Denkendorf (1687 – 1752)

Die württembergische Kirche hat einen großen Vorzug, den von allen Gegenden Deutschlands nur noch der Niederrhein mit ihr teilt: eine ungebrochene Entwicklung des religiösen Lebens. Nach der Reformation ist in ihr weder der Formglaube der Rechtgläubigkeit, noch der Vernunftglaube der Aufklärung allein herrschend gewesen. Der Herr hat ihr immer wieder Männer geschenkt, in denen sein Wort Leben wurde und die Verständnis für das Recht persönlicher Gläubigkeit und Frömmigkeit besaßen.

Johann Albrecht Bengel gehört zu jenen Männern, die dazu beigetragen haben, daß eine Brücke zwischen der Kirche und dem Pietismus geschlagen wurde. Es war wohl nicht von ungefähr, daß seine Mutter eine Urenkelin des württembergischen Reformators *Johann Brenz* gewesen ist und daß er am Geburtstag seines großen Ahnen, am 24. Juni 1687 in Winnenden das Licht der Welt erblickte. Sein Vater war der Pfarrer *Albrecht Bengel,* ein frommer und gelehrter Mann, der eifrig und treu seine Gemeinde versorgte. Bengel war bei seiner Geburt so schwach, daß man ihm die Nottaufe geben mußte. Dennoch gedieh er unter der Pflege der Mutter und der Obhut des Vaters. Früh nahm sich der Vater der Erziehung seines Kindes an. Noch im Alter wußte sich Bengel der »leichten und anmutigen Lehrart« seines Vaters zu erinnern. Aber nicht lange durfte er sich solcher väterlicher Fürsorge erfreuen. Im Jahr 1693 brach eine gefährliche ansteckende Krankheit in der Gemeinde aus, welcher der Pfarrer, der unermüdlich und ohne Furcht die Kranken besucht hatte, in seinem 43. Lebensjahr erlag. Was damals in der Seele des Kindes vorging, hören wir aus Aufzeichnungen, die Bengel später gemacht hat. Er sagt: »Ich erinnere mich noch von meiner Kindheit her, daß, als mein seliger Vater mir frühzeitig gestorben, ich die feste Überzeugung in meinem Herzen gehabt habe, daß ich ihn wollte mit meinem Gebet beim Leben behalten haben, wenn man mich angewiesen hätte, Gott um Fristung seines Lebens zu bitten.«

Ein Freund seines verstorbenen Vaters, der Präzeptor *Spindler,* nahm den Knaben in sein Haus auf und unterrichtete ihn mit anderen Schülern. Nicht lange darauf wurde er mit seiner Mutter und einem Bruder von weiterem Verlust betroffen. Plündernde Heere Ludwigs XIV. durchzogen damals süddeutsche Gaue, und bei einem Einfall französischer Truppen in Winnenden wurde das Haus der Pfarrwitwe ein Raub der Flammen. Damals verbrannte auch die wertvolle Bibliothek, die der Vater angesammelt hatte. Der Sohn bemerkt in seinem Lebenslauf, es sei ihm »hierdurch die Gelegenheit genommen worden, bei seiner natürlichen feurigen Lernbegierde sich vor der Zeit zu zerstreuen und das Viele dem Gründlichen vorzuziehen.«

Der Knabe folgte seinem Präzeptor nach Marbach, und nachdem auch diese Stadt von den Franzosen verbrannt worden war, nach Schorndorf. Zur rechten Zeit, als Bengel zwölf Jahre alt geworden war, wurde sein väterlicher Freund als Gymnasiallehrer nach Stuttgart versetzt. Bengel zog mit ihm und hatte nun in Stuttgart die beste Gelegenheit zur gründlichen Vorbereitung für den Besuch der Universität. Mit dreizehn Jahren wurde er in das obere Gymnasium aufgenommen. Er erlangte gute Kenntnisse in den alten und neuen Sprachen und in der Mathematik. Bedeutsam ist, was er im Rückblick auf seine Gymnasialjahre geschrieben hat: »Mein bester und größter Lehrer war Gott selbst. Er hat mich in diesem gefährlichen Alter mit seiner stetigen Wache vor Abweichungen bewahrt und mir das tiefe Gefühl von der Wichtigkeit der ewigen und unsichtbaren Dinge eingeprägt. Ob ich wohl von meinesgleichen und noch älteren Mitschülern geliebt wurde, so ging doch immer etwas Wichtiges in meinem Herzen vor, welches machte, daß ich das Ernsthafte dem Läppischen und göttliche Dinge allen andern vorzog. Wenn die äußeren Verführungen an mich wollten, so wachte eine tief in meiner Seele liegende und allezeit bereite Warnung auf und unterdrückte nicht nur die verborgenen Fehler, sondern hielt auch diese Anläufe ab. Nicht ohne besondere Vorsehung Gottes verfiel ich auf solche geistliche Bücher wie *Arnds* »Wahres Christentum«, *Joh. Gerhards* »Heilige Betrachtungen«, die mir dergestalt gefielen, daß ich alle freie Zeit auf das Lesen derselben und der heiligen Schrift verwandte. Diese Bücher und die Predigten, wie auch die ersten Gänge zum heiligen Abendmahl hatten eine heilsame Wirkung zum kindlichen Gebet und zum Verlangen, bald bei Christus zu sein. Und dieser trefflichen Schule, darin mich Gott selber geführt, schreibe ich es zu, daß auch meine anderen Studien guten Fortgang hatten.« Ein andermal bekannte er: »Meine Jugend war ein Meer des Erbarmens, soviel Gnade, daß hundert alte Adam darin hätten ersäuft werden mögen. Das sage ich nicht zu meinem Ruhm, sondern zur Demütigung.«

Noch nicht sechzehn Jahre alt, bezog Bengel im Frühling 1703 die Universität Tübingen. Er fand Aufnahme in dem theologischen Stift und erlangte mit siebzehn Jahren als Primus aller Kandidaten die damals übliche Magisterwürde. Neben den philosophischen Studien beschäftigte er sich auch eingehend mit Mathematik. Sie ist ihm auch in späteren Jahren wichtig geblieben und eine Quelle der Ordnung und der Gründlichkeit für ihn geworden. Die alten heidnischen Schriftsteller las er mit Begeisterung. In die Philosophie drang er mit allem Ernst ein und studierte vor allem die Schriften von *Baruch Spinoza.*

Es ist interessant, wie Bengel in späteren Jahren das Studium der Philosophie beurteilt hat. Er sagt: »Man sucht es dabei dahin zu treiben, daß man das, was man in göttlichen und geistlichen Dingen glauben sollte, nicht mehr glauben müsse, sondern solches wissen könne. Gott aber hat es immer aufs Glauben geführt; dem Mose hat er einen Kredit gemacht mit dem Versprechen: Das Volk wird dir glauben ewiglich. Auf Mose haben sich die Propheten, und auf die Propheten hat sich der Herr selbst und haben sich die Apostel berufen. Nun aber unterminiert man auf das gefährlichste den Glauben eben damit, daß man alles auf das Wissen führt. So wird man zum Glauben untüchtig. Wenn man vorher einen Goût in der Schrift hat und hernach erst hinter die Philosophie kommt, geht es schon an; sonst aber ist es gefehlt.«

Bengel verdankte während seiner Studienzeit besonders viel dem Professor *Reuchlin*. Er rühmte von Reuchlins Vorlesungen, daß sie wie ein kühler Morgentau und voll Kraft und Leben gewesen seien. Wenn man aus seinen Vorlesungen gekommen, dann sei es einem gewesen, als habe man eine vortreffliche Bußpredigt gehört. Aber auch dem Professor *Andreas Adam Hochstetter,* einem Freund *Speners,* war er zeitlebens dankbar.

Besonderen Fleiß wendete er auf das Studium der heiligen Schrift. Die Beschäftigung mit ihr war ihm eine heilige Sache. Es blieb nicht aus, daß er mit mancherlei Zweifeln an der Wahrheit des göttlichen Wortes zu kämpfen hatte: »Weil der Wille bei mir zwar folgsam war, aber im Verstand mancher Zweifel entstand, den ich zu entdecken und mir benehmen zu lassen, zu schüchtern war, so hatte ich im Innern manche Mühseligkeit, die mich ohne Nutzen abmattete und mir nicht nur im äußern eine beständig nachgehende Blödigkeit zuzog, sondern auch das Vermögen, meine Mienen zu regieren, schwächte, dagegen aber auch die Wirkung hatte, daß oft unbekannte, angefochtene Leute bei dem ersten Blick die Hoffnung eines Mitleidens und ein Vertrauen zu mir faßten und äußerten. Dazwischen bekam ich doch von der göttlichen Leutseligkeit die innigsten Friedensblicke, insonderheit bei den ersten Gängen zum heiligen Abendmahl des Herrn, welche die heilsame Wirkung hatten, daß sie zu kindlichem Gebet und zum Verlangen, bei Christo zu sein, mich antrieben.«

Eine besondere Not bereitete ihm die Meinung, er müsse alles in sich genau so wiederfinden, wie er es in der heiligen Schrift, besonders in den Bußpsalmen las. »In meiner Jugend hab' ich viel Not damit gehabt, weil ich mich mit demselben Maß messen wollte und es durch erzwungene Bewegungen herausbringen. Ich achte, es könnten zehn andere den Weg passieren mit derjenigen Not und Jammer, die ich gehabt habe.«

In große Bedrängnis kam er durch seine Zweifel an der Reinheit des griechischen Textes des Neuen Testamentes. Er fand in alten Handschriften oft verschiedene Lesarten, die, mochten die Abweichungen auch geringfügig erscheinen, ihm die Frage aufdrängten: Haben wir denn überhaupt einen zuverlässigen griechischen Text? Er wagte es aber nicht, mit anderen darüber zu sprechen; er ließ sich vielmehr durch die Ungewißheit über den Grundtext zum fleißigen Gebet und zum treuen Festhalten an den biblischen Grundwahrheiten antreiben. Die Forschungsarbeit nach dem richtigen Text und dem rechten Verständnis des Neuen Testaments hat ihn sein Leben lang nicht mehr losgelassen.

Im dritten Jahr seines Studiums fiel Bengel in eine langwierige und ernstliche Krankheit, während der er zu Maulbronn von seiner Mutter, die sich inzwischen wieder mit dem Klosterverwalter *Glöckler* verheiratet hatte, treu gepflegt wurde. Man erwartete sein Ende. Er wurde aber durch das Wort: »Ich werde nicht sterben, sondern leben und des Herrn Werke verkündigen!« mächtig gestärkt und durfte von seiner Krankheit genesen.

Nach vierjährigem Studium wurde Bengel im Jahr 1707 examiniert und kam zunächst als Vikar nach Metzingen bei Urach. Im folgenden Jahr wurde er als Repetent in das theologische Stift zu Tübingen berufen. Er konnte sich nun erneut seinen wissenschaftlichen Studien widmen. Fast fünf Jahre lang blieb er als Repetent im Stift. Als nun im Jahr 1713 in dem ehemaligen Kloster Denkendorf ein Seminar für künftige Theologiestudenten errichtet wurde, berief man Bengel zum Klosterpräzeptor und Pfarrer der Gemeinde. Da der Unterricht nicht sogleich aufgenommen wurde, hatte er Gelegenheit, eine Reise durch einen größeren Teil Deutschlands zu machen. Von März bis Oktober bereiste er Franken, Sachsen, Thüringen, Hessen und die Pfalz. Er besuchte dabei eine Reihe von Universitäten und Gymnasien. Daneben bemühte er sich auch, die Stillen im Lande kennen zu lernen. Christliches Leben begegnete ihm unter den verschiedensten Formen. Mit geduldigem Herzen lernte er aus den Besonderheiten und Absonderlichkeiten doch denselben einigen Geist spüren. Er gewann so die edle Toleranz des Denkens und Liebens, die ihn vor vielen seiner Zeitgenossen ausgezeichnet hat. Die tiefsten Eindrücke und die wertvollsten Erinnerungen durfte er in Halle sammeln, das damals ein Zentrum des geistlichen Lebens in Deutschland war. Vor allem fühlte er sich von *August Hermann Francke* angezogen. Neben Francke wirkten damals die Professoren *Breithaupt* und *Anton*. Er schreibt über seine Eindrücke an einen Vetter: »Was mir am meisten gefällt, ist die Harmonie dieser Männer untereinander, welche sie namentlich auch durch gemeinschaftliches Gebet zu unterhalten suchen. Überhaupt leben die Gläubigen hier auf einem viel vertraulicheren Fuß miteinander, als ich es an andern Orten gesehen habe, und hiedurch wird mehr als durch alles andere der geistlichen Schläfrigkeit vorgebaut. Ich schätze es für eine große Gnade Gottes, daß ich so viele herrliche, lebendige Beispiele davon sehen kann, was die Kraft des Herrn aus dem Menschen zu machen vermag. Bis dahin war ich fast nur für mich allein ein Christ, hier aber lerne ich einsehen, was es um die Gemeinschaft und Verbindung der Heiligen ist.« Und in späteren Jahren kommt er noch einmal auf die Erfahrungen in Halle zu sprechen: »Wer weiß, ob man in der ganzen Christenheit wieder drei Kollegen zusammenbringen könnte, als zu Halle Breithaupt, Anton und Francke gewesen. Sie sind durch das Kreuz zusammengefügt worden. Und die Anstalten im

Waisenhaus waren eine bequeme Gelegenheit, daß es immer fein munter und aktiv bei ihnen zuging, daß sie als in una familia beisammen waren und auf solche Weise miteinander zu tun hatten, wie denn diese Weise fast die beste und tauglichste ist.«

Im November 1713 trat Bengel sein Amt als Präzeptor in Denkendorf an. Dabei war es ihm ein ernstliches Anliegen, seinen künftigen Schülern durch Erziehung und Unterricht zu wahrem und bleibendem Gewinn zu verhelfen. Mit Gebet ging er an seine Arbeit heran. Noch kurz vor seinem Tod berichtete er über die erste Nacht, die er in Denkendorf zubrachte: »Was bei meinem Aufzug nach Denkendorf in der ersten Nacht zwischen meinem Gott und mir vorgegangen, hat bei mir einen guten Grund meines ganzen Aufenthalts daselbst gegeben.«

Am 7. und 8. Dezember 1713 fand die feierliche Einweihung der neuen Lehranstalt statt, bei welcher Bengel als jüngster der Lehrer am andern Tag seine Antrittsrede hielt. Er sprach dabei in lateinischer Sprache über das Thema: »Fleiß in der Gottseligkeit, das zuverlässigste Hilfsmittel zur Erwerbung echter Gelehrsamkeit.« In seiner Rede führte er aus: »Wer wahre Gelehrsamkeit erlangen will, wird seine Rechnung am sichersten finden, wenn er sich der Frömmigkeit recht befleißt. Ich möchte darum nicht dafür angesehen werden, daß ich der Frömmigkeit Unrecht tue, weil ich sie zu einer Dienerin der Gelehrsamkeit mache. Sie ist vielmehr die Herrin ... Sie ist das Ziel, dem wir gerade durch unsere Studien zusteuern sollten, und soviel jedes von beiden zur echten Gottesverehrung beiträgt, soviel Wert ist ihm zuzuschreiben ... Ein frommer Mensch hat einen gnädigen Gott, und weil er Gott hat, so hat er die Quelle der Weisheit, die Quelle des Lichts, die Quelle des Guten, die Quelle des Wahren. Aus dieser einen Quelle schöpfte der Moses, dem das ganze heidnische Altertum all seine Gelehrsamkeit, obwohl ohne sein Wissen, verdankt, davon abgesehen, was es unglücklicherweise verfälscht hat. Aus derselben Quelle hat vor Moses geschöpft Joseph und nach ihm Daniel. Und beide haben durch den Schmuck einer vollendeten wissenschaftlichen Bildung bei den berühmtesten Nationen hervorgeleuchtet. Ja alle, die nur irgend jemals mit echter Weisheit begabt waren, haben Gott selbst zum Lehrmeister gehabt, den sie mit reinem, keuschem, kindlich ergebenem Herzen verehrten. Es ist nicht zu viel gesagt, den Guten fällt alles Gute zu von dem guten Gott. Da dies edlere Seelen, selbst unter den Heiden, die von Gott fern waren, anerkannt haben, haben sie jeden Heilsbegierigen gelehrt, die göttliche Hilfe sich durch Gebet und Gehorsam zu verschaffen ... Ist bei euch das Herz gottgeweiht, so werdet ihr auch den Kopf, den Träger des Wissens, und den Dienst der Augen und Finger Gott weihen, dem allein Wahren, Mächtigen und Weisen. Mit solcher innerer Stellung zu Gott tretet heran an ein ernsthaftes Studieren und haltet es auch in diesem Stück so, daß das Wissen euch helfe zum Frommsein, die Frömmigkeit wieder zu allem. Damit schließe ich!«

Bengels Wohnung lag im Süden des Klosterhofes neben dem Chor. Hier im stillen Denkendorfer Klosterhof war nun für ein Menschenalter seine Arbeitsstätte. Und seine Studierstube hat viel treues und gründliches Arbeiten gesehen. Manche Unterredung des Präzeptors mit seinen Schülern hat dort stattgefunden.

Er wußte, daß jeder, der erziehen will, zuvor selbst erzogen sein muß. Darum hat er sich selbst als Lehrer in strenge Zucht genommen. Aus den ersten Jahren seiner Denkendorfer Tätigkeit ist ein Zettel erhalten geblieben, auf dem er die Grundsätze seiner Selbsterziehung aufgezeichnet hat. Sie lauten: »Gebet und Danksagung. Selbstbetrachtung. Arbeitsamkeit. Eifer, die Klosterschüler in ihren Kenntnissen zu fördern. Weise Sparsamkeit, vornehmlich im Bücherkaufen. Mäßigkeit. Aufblick zum Herrn unter der Arbeit. Sorgfältige Aufmerksamkeit auf die leisesten Gedanken und Neigungen. Bemühung, überall ein erbauliches Beispiel zu geben. Andacht im Gebet. Zweckmäßige Anwendung der Vakanztage. Viel denken, wenig schreiben. Kleinigkeiten fahren lassen. Sich bemühen, überall nützliche Gespräche anzuknüpfen. Sorge für den äußern Anstand. Wer andern Klugheitslehren zu geben hat, fasse sich auf eine solche Weise, daß sie mit wenigen Worten recht viel umfassen, voraussetzen und nach sich ziehen.«

Nur durch solche Treue und Gewissenhaftigkeit konnte Bengel neben der pünktlichen Erfüllung seiner Amtsaufgaben und einer Korrespondenz, die sich jährlich auf etwa zwölfhundert Briefe belief, so viele oft umfangreiche Schriften veröffentlichen.

Wie das eigne Leben, so hat Bengel auch die Arbeit seiner Schüler genau geregelt. Gleich in den ersten Tagen verfaßte er einen Plan über das Ziel der Schule und eine Anweisung für seine Schüler. Sie trug die packende Überschrift: »Dic cur hic, das heißt: Sag, warum du hier bist!« In seiner Erziehung wußte er strenge Regeln mit großer Freiheit im einzelnen wohl zu vereinigen. Er hat einmal das schöne Wort gesprochen: »Mit vielen Auslegungen und Zumutungen die Kinder überhäufen, ist nicht ratsam, sonst werden sie gegen alles verschlossen und widrig gesinnt. Ein Brunnenmacher räumt nur die Hindernisse aus dem Weg, so läuft das Wasser von selbst.« Auch von harten Strafen hielt er nicht viel; denn sie verbittern. »Aber dennoch habe ich schon einem manchen die Wahrheit gesagt. Nur tue ich's gerne im Verborgenen, wenn ich einen allein vor mir habe.«

Mehr als dreihundert Schüler hat Bengel während seiner fast dreißigjährigen Tätigkeit in Denkendorf unterrichtet und damit durch seine Schüler, die meistens später im württembergischen Kirchendienst standen, eine reiche Saat des Segens ausgestreut. Unter den Theologen, die von Bengel unterrichtet oder durch seine Schriften angeregt worden sind, nennen wir: Oetinger, Burk, Storr, Steinhofer, Hiller, Fricker, Ph. M. Hahn, Flattich, K. H. Rieger und Roos.

Bald nach seinem Amtsantritt, am 5. Juni 1714, verehelichte er sich mit *Johanna Regina Seeger,* der Tochter eines Landschaftseinnehmers in Stuttgart. Er fand in ihr eine treffliche Lebensgefährtin, die bis an sein Ende mit ihm eins gewesen ist und mit ihm demselben Ziel entgegenwanderte. Sie überlebte ihn einige Jahre. Über den Ehestand hat er manches beherzigenswerte Wort geschrieben, wovon eins hier mitgeteilt sei: »Wahre Gebetsgemeinschaft ist zwischen Eheleuten vor allem nötig und sodann ein rechter Wetteifer, welches dem andern in nötiger Toleranz zuvorkommen könne. Je größer der Respekt des einen gegen das andere bleibt, desto zärtlicher bleibt die Liebe. Alle andere Gemeinschaft zwischen Brüdern, Kommilitonen, Nachbarn ist nicht so wie diese, da man Tag und Nacht umeinander ist. Da kann man einander, wenn man sich recht versteht, zur täglichen Erquickung werden. Auch wenn die ersten Süßigkeiten vorüber sind, so ist doch die gegenseitige Gewohnheit zwischen Eheleuten noch süß und nur wie ein alter Wein gegen einen treibigen Most. Ein Ehemann soll gegen sein Eheweib in allen Stücken sich so verhalten, daß er sich dabei vorstelle: Wie, wenn dein Weib heute die Augen zutun würde, was wünschtest du alsdann getan zu haben?«

Aus dieser Ehe stammen zwölf Kinder, von denen sechs im zarten Kindesalter starben. Zwei Söhne und vier Töchter überlebten den Vater. Bei dem mannigfachen Sterben in seinem Kinderkreis bewährte er seinen Glauben. Während ein Töchterlein schwer krank darniederlag, mußte die Mutter eines Nachmittags in dringenden Geschäften nach Stuttgart. Das Kind starb während der Abwesenheit der Mutter. Auf ihre bange Frage beim Heimkommen, wie es dem Kind gehe, antwortete ihr Gatte: »Es liebt und lobt!« Beim Sterben eines Knaben äußerte er sich: »Das meiste, was unsre Zufriedenheit beim Sterben der Unsrigen stört oder hindert, ist, daß die sichtbaren Dinge so viel Macht über uns haben und die ewigen, unsichtbaren uns noch so unbekannt und fremd sind. Sollten wir nur einen Blick tun können in das, was mit einer so hinfahrenden Seele vorgeht, so würden wir nicht das Abscheiden der Unsrigen, wohl aber die Blödigkeit der Trauernden bedauern. Wenn beim Eingang eines Pilgrims in jene bessere Welt die Tür aufgeht, so streicht allemal denen, die es nahe angeht, ein geschwindes Himmelslüftchen entgegen, das sie stärkt, bis die Reihe auch an sie kommt. So sollen wir den

Gnadenwind, der uns anweht, dazu annehmen, daß wir uns anfrischen lassen, nicht die Vorangegangenen zurückzuwünschen, sondern ihnen nachzueilen.«

Hier sei auch noch eine Stelle aus einem Brief mitgeteilt, den der fünfunddreißigjährige Bengel an seine Eltern schrieb, als er eines seiner Kinder bestatten mußte: »Auf dem Kirchhof wurde der Sarg noch einmal geöffnet und die auf dem Bahrtuch geheftet gewesenen Sträuße zu den übrigen getan. Als ich nun des seligen Kindes Gesicht noch einmal sah und die Sonne am hellen Himmel vor mir stund, mußte ich, auf beide deutend, zu denen, die nahe bei mir stunden, sagen: ›Talis erit, so wird das liebe Kind, das jetzt ihm selber nimmer gleichsieht, aussehen wie die Sonne‹. Und in solcher Hoffnung wäre es mir ein Leichtes gewesen, dem Totengräber die Schaufel abzunehmen und des Kindleins Ruhekämmerlein eigenhändig zu beschließen. Nun sind wir abermal vor dem Tor gewesen, und wenn wir uns schon jetzt wieder in die Notwendigkeiten dieses eitlen Lebens einlassen müssen, so sind wir doch wiederum gewisser, daß es sich zu seiner Zeit auch mit unserm wirklichen Eingang schicken werde. Der Name des Herrn sei gelobt!«

Wie er sich selbst im Gehorsam des Glaubens getröstet wußte, so konnte er auch andere als ein rechter Seelsorger stärken und aufrichten. Zu einem Manne, der eine fromme, kranke Frau hatte, sagte er, er habe jetzt ein Heiligtum in seinem Hause. Dies Wort blieb dem Mann unvergeßlich. Bengel wußte: »Es ist keine Zeit kostbarer als die Leidenszeit, denn da arbeitet die Hand Gottes an uns.« Wie eindrücklich ist doch auch sein Wort: »Sein Kreuz kann sich niemand schnitzeln, tragen muß es jeder.«

Neben seiner Unterrichtstätigkeit betrieb er eifrige wissenschaftliche Studien über den griechischen Text des Neuen Testamentes. Wir haben ja bereits gehört, daß ihm der verschiedene Wortlaut in alten Handschriften manche Not bereitet hat. Als er nun in Denkendorf mit seinen Schülern das Neue Testament in griechischer Sprache behandeln mußte, stieß er wieder auf dieselben Schwierigkeiten. Er sah, daß ihn Gott vor eine Aufgabe gestellt hatte. Zwanzig Jahre lang – zwölf Tage nach seiner Hochzeit ist der erste Anfang vermerkt – hat er sich mit der Zusammenstellung und Vergleichung aller erreichbaren Lesarten beschäftigt. Dabei durfte er eine wichtige Entdeckung machen, die seinen Glauben mächtig stärkte. Er fand nämlich, daß die Verschiedenheiten bei weitem nicht so groß waren, daß sie irgendwie den christlichen Glaubensgrund erschüttern konnten. Mit seinen Studien wollte er nicht die Autorität der Schrift erschüttern, sondern sie stärken und befestigen. »Ich stelle einen Sprachmeister vor, aber des Himmelreichs; ich ringe mit Feilenstaub, aber damit der Spiegel des Evangeliums hervorleuchtet.« Nach langen Vorarbeiten konnte er endlich im Jahr 1734 sein griechisches Neues Testament in einer stattlichen großen Ausgabe mit dem wissenschaftlichen Beiwerk herausgeben. Gleichzeitig erschien auch noch eine kleinere Ausgabe, aus der die wissenschaftlichen Anmerkungen weggelassen worden waren. Im Schlußparagraphen der kleinen Ausgabe stehen in lateinischer Sprache die bekannten Worte: »Halte dich ganz an den Text und wende den Text ganz auf dich an!«

Auch die folgenden Schriften Bengels galten der Förderung des Schriftverständnisses. Im Jahr 1736 erschien von ihm unter dem Titel »Richtige Harmonie der vier Evangelisten« eine Vergleichung und Zusammenstellung der Evangelien nach der Zeitfolge der Begebenheiten und Reden des Herrn. Um die Verschiedenheit in der Darstellung zu erklären, brauchte Bengel das treffliche Bild: »Wenn einer eine Stadt von Morgen und ein anderer dieselbe Stadt von Abend her abmalet, so müssen zwar alle beide die höchsten und vornehmlichsten Türme und Gebäude darstellen, im übrigen aber können und müssen beide Bilder sehr stark voneinander unterschieden sein, nach dem der eine diese, der andere jene Teile der Stadt vor Augen hat.«

Sein bekanntestes Werk »Die erklärte Offenbarung Johannis« veröffentlichte er 1740. Mehr als fünfzehn Jahre lang hatte er sich mit dem Gedanken getragen, über die Offenbarung zu schreiben. Im Jahr 1724 kam ihm bei der Vorbereitung auf eine Adventspredigt der Gedanke, daß für die Herrlichkeit des vollendeten Reiches Gottes keine Zeitschranke gesetzt sei, wohl aber für den vorangehenden zur Herrlichkeit führenden Jammer. Mit allem Eifer verfolgte er diesen Gedanken weiter und kam zu der Überzeugung, daß die Zahl sechshundertsechsundsechzig in Offenbarung 13, 18 eine genaue Zeitbestimmung sei und berechnete darnach die Wiederkunft Christi und den Anbruch des Tausendjährigen Reiches auf das Jahr 1836. Mit dieser Jahreszahl hat Bengel, wie die Zukunft lehrte, vielen seiner Anhänger eine große Enttäuschung bereitet. In Herbrechtingen hielt er über die Offenbarung Reden in den Erbauungsstunden. Sie sind unter dem Titel »Sechzig erbauliche Reden über die Offenbarung« im Jahr 1747 herausgegeben worden. Als er einst einem Freund, dem Prälaten *Weißensee* in Denkendorf (gestorben 1767), seine ersten Gedanken über die Offenbarung mitteilte, warnte ihn dieser vor der Beschäftigung mit diesen Gegenständen. Da deutete Bengel auf die Tasse Tee, die er neben sich stehen hatte, in welcher sich noch ein süßer Bodensatz befand, und sagte, er wolle doch bei dem Neuen Testament auch den Zukkerboden, nämlich das letzte Buch, mitnehmen.

Bengels mathematische Anlage, von der wir schon aus seiner Tübinger Zeit gehört haben, trieb ihn zu Studien, deren Frucht seine Schrift »Ordo temporum« aus dem Jahr 1741 ist. Es ist eine chronologische Abhandlung, in der Bengel eine ihm besonders wichtige Zeitlinie von der Erschaffung der Welt und des Menschen bis zu ihrer Vollendung nachzuweisen versuchte.

Sein bedeutendstes Werk aber ist eine Auslegung des Neuen Testamentes, die er unter dem Titel »Gnomon« 1742 herausgab. Gnomon bedeutet so viel wie »Wegweiser« oder »Fingerzeig«. Über das Ziel, das er mit der Herausgabe dieses Werkes im Auge hatte, spricht er sich folgendermaßen aus: »Der bescheidene Titel Gnomon wird, wie ich denke, dem Werke angemessen sein; denn diese Anmerkungen sollen nicht den Leser durch sich selbst befriedigen, sondern durch einen kurzen Fingerzeig in den Text selbst hineinführen.« Die eigentliche Lebensarbeit Bengels an der heiligen Schrift verleugnet sich nicht in diesem Werk. Es wird wenige Bibelauslegungen geben, die es mit Bengels Werk hinsichtlich der Geistestiefe und Inhaltsfülle aufnehmen. Mit Recht nannte der englische Erweckungsprediger *John Wesley* Bengel »das große Licht der christlichen Welt.« Er übersetzte Bengels Werk in die englische Sprache. Bengel hat sein Werk mit dem Gebet geschlossen: »O Gott, durch dein Urteil steht oder fällt, was immer steht oder fällt; schütze das, woran du durch mich hast arbeiten wollen; erbarme dich der Leser und meiner! Dein ist die Herrlichkeit und soll es in Ewigkeit sein!« Bengel hat sich sein Leben lang nicht als Meister, sondern nur als Diener der heiligen Schrift verstanden. In seinem ins Deutsche übersetzten Neuen Testament, das erst nach seinem Tod im Jahr 1753 erschien und um seiner trefflichen Anmerkungen willen lange Jahrzehnte in den Kreisen der »Stillen im Lande« hoch geschätzt wurde, sagt er im Vorwort, daß er bei seinem Dienst am Wort nur einem Aufwärter verglichen werden könne, der in einem Saal auf dem Tisch das von dem Hausherrn hergegebene Licht recht schneuzt (den Docht abschert), daß es hell brenne. Seine tiefe Ehrfurcht vor dem Wort Gottes hat er in diesem Liede bezeugt:

Du Wort des Vaters, rede du
und stille meine Sinnen!
Sag an, ich höre willig zu,
ja, lehre frei von innen,
so schweigt Vernunft mit ihrem Tand
und du bekommst die Oberhand
nach deinem Recht und Willen.
Dir geb' ich all mein Inneres ein,
das wollest du, ja du allein
mit deinem Geist erfüllen.

Um eins, mein Jesu, bitt' ich dich,
um das laß dich erbitten:
Dein Herz, dein Herz, das gib in mich,
ein Herz von guten Sitten,
ein Herz, das wie ein kleines Kind,
einfältig, gütig, rein, gelind,
unschuldig, niederträchtig[1],
ein Herz, das heimlich Leide trägt
und sich in Staub und Asche legt,
ein Herz in Liebe mächtig,

ein Herz, das Gott in Lauterkeit
und Gottes Kinder liebe,
ein Herz, das sanfte Folgsamkeit
und wahre Demut übe,
ein Herz, das mäßig, wachsam, klug,
das ohne Murren, ohne Trug,
mit dem wohl auszukommen,
ein Herz, das allenthalben frei
und ganz von nichts gefangen sei,
die Liebe ausgenommen.

Wohlan, so lebe Gott in mir,
in ihm ich leb' und webe,
damit mein Herz ihn für und für
nach Würden hoch erhebe,
und meine Liebe ganz allein
in Lieb' und Leid, in Lust und Pein
an seiner Liebe hange,
bis ich, nach wohlbestandner Prob',
in vollem Licht, zu Gottes Lob,
die Gottesschau erlange.

[1] das nach Sinnesniedrigkeit (Demut) trachtet

Seine Tochter *Sophia Elisabetha*, die später den Arzt Dr. *Albrecht Reichard Reuß* geheiratet hat, litt zeitweilig an schwermütigen Gedanken. Der Vater suchte die Tochter immer wieder aufzumuntern. So schreibt er ihr einmal: »Suche nur, liebe Sofie Lise, Gottes Angesicht getrost; er wird sich ganz gewiß und zu guter Zeit finden lassen. Wo der Trost an der Kreatur ausgeht, da ist Gottes Licht nahe.« Für diese Tochter hat er das glaubensfrohe Lied »Gott lebet! Sein Name gibt Leben und Stärke« gedichtet. Es erfreut sich auch heute noch in gläubigen Kreisen großer Beliebtheit:

Gott lebet! Sein Name gibt Leben und Stärke,
er heißet der Seinigen Sonne und Schild.
Sobald ich, sooft ich sein Regen bemerke,
so spür' ich mich innig mit Kräften erfüllt.
Sein bin ich ganz eigen,
das muß sich wohl zeigen;
laß alles, was widrig und schrecklich ist, kommen,
mir wird doch mein Ruhm und mein Gott nicht genommen.

In linden und leichten, erträglichen Tagen
vermeinet ein jedes gefasset zu sein;
ist aber ein ernstliches Treffen zu wagen,
so stellet sich furchtsame Blödigkeit ein.
Nur Gottesbekannte
und Schirmesverwandte
sind tüchtig, in allerlei Fällen zu stehen
und allem, was feindlich, entgegenzugehen.

Wer glaubet, der fleucht nicht, es muß ihm wohl gehen,
es birget vor ihm sich die Furcht und Gefahr;
und ehe die Trägen den Gegner ersehen,
so wird er des Siegs und des Preises gewahr.
Er sieht sich berufen
von Stufen zu Stufen;
und weil er auf Gottes Verheißung sich lehnet,
so wird er mit himmlischem Segen gekrönet.

Nachdem Bengel über achtundzwanzig Jahre (1713–1741) auf seiner bescheidenen Stelle in großer Treue gewirkt hatte, wurde er im Frühjahr 1741 auf die freigewordene Prälatur Herbrechtingen befördert. Dort war die Arbeit in Predigt und Seelsorge sein eigentlicher Beruf. Sein Wort drang stark zu den Herzen der Zuhörer, daß sie freudig und dankbar bezeugten, es noch nie so gehört zu haben. Sein Wirken an den Seelen suchte er auch durch Privaterbauung in seinem Hause zu vertiefen. Als Nachschrift in diesen Versammlungen sind die berühmten »Sechzig erbauliche Reden über die Offenbarung Johannis« entstanden. Außerdem erlaubte ihm die Muße der ersten Herbrechtinger Jahre, sein schriftstellerisches Werk zu vollenden. Eine Reihe seiner wichtigsten Schriften sind von hier ausgegangen.

Bengel hatte am 24. Juni 1747 sein sechzigstes Lebensjahr vollendet. Um jene Zeit wurde er aus der Stille seiner Studierstube in die große Öffentlichkeit geführt. Man berief ihn als kirchlichen Vertreter in die Landschaft und das Jahr darauf in deren engeren Ausschuß. Bengel sah die Schäden in der Kirche seiner Zeit. Er hat einmal gesagt: »Unsre jetzige Kirche ist eine so verdorbene Masse, ein so böser Sauerteig, daß die ganze Welt davon könnte durchsäuert werden. Außer den Seelen, die einen Funken neuen Lebens empfangen haben, sind eben die Übrigen weithin ein heidenmäßiger, wilder Ölbaum. Es ist, wie wenn es im Geistlichen dem Winter zuginge, es ist eine elende, kaltsinnige Zeit; es muß ein Wecker kommen.« Er erwartete wenig von äußeren Einrichtungen und menschlichen Ordnungen. Auch von den Versuchen, dem kirchlichen Leben durch Musik aufzuhelfen, hielt er nicht viel: »Sie füllt das Ohr und hindert den innerlichen Herzensgesang. Der Vorwand, daß sie ein äußerliches Mittel sei, die Andacht zu wecken, hat Zeremonien die Türe geöffnet und ist ein Anfang der Wassersucht in den Kirchen.«

Drei Jahre vor seinem Tod wurde er zum Prälaten von Alpirsbach ernannt und gleichzeitig in das Konsistorium berufen. Er mußte nun nach Stuttgart übersiedeln. Zu den vielen amtlichen Geschäften, die er in der Leitung der Kirche zu erledigen hatte, kamen auch manche Enttäuschungen, die ihm die Begegnung und die Zusammenarbeit mit den Mitgliedern des Konsistoriums bereiteten: »Wenn man gewaltig ansehnliche Kirchensäulen betrachtet und bemerkt, wie stark es oft menschelt, muß man sich verwundern über die Langmut und Güte Gottes, der bei dem allem seine Absichten doch herrlich hinausführt.«

Trotz aller Gebrechen in der Kirche und ihrer Leitung hielt er treu zu ihr und suchte ihr nach besten Kräften zu raten und zu helfen. »Es taugt nicht«, war seine Überzeugung, »wenn man auf und davongeht und den verführten Karren der Kirche gar stehen läßt oder durch gesetzliches Stürmen und Poltern helfen will; denn letzteres wäre dem Geist des Evangeliums, der ein Geist der Liebe ist, zuwider, und ersteres würde ein völliges Zurücksinken in ein wildes, blindes Heidentum zur Folge haben.«

Die Stundenleute hatten bis zuletzt an ihm einen edlen Freund und Beschützer. Er sah in der »Stunde« eine »besondere Gabe unserer Zeit, die man nicht dämpfen soll«. Schon im Jahr 1741 hatte er an seinen Freund *Weißensee* geschrieben: »Was die Privatversammlungen betrifft, so wäre zu wünschen, daß man wackere Seelen nicht unter dem Vorwande bürgerlicher Ordnung zu hart einschränke, sondern sie zu der Zeit, da andere ihren weltlichen Lustbarkeiten nachgehen, die Freiheit genießen lassen möchte, unterweilen sich auf ihre Weise in Gottes Wort miteinander zu erbauen. Auch ich halte sie für einen Schwarm, aber in gutem Sinne, und halte es für einen Schaden, wenn er, statt geschickt gefaßt zu werden, verscheucht wird.« Er fühlte sich zwar nicht berufen, als »Stundenhalter« zu wirken. So schrieb er einst an seinen Schwiegersohn Dr. Reuß: »Ich vergleiche mich mit einem Blümlein, das einzeln an einer Mauer herausgewachsen ist; andere sind aufgegangen wie die Blumen in einem Garten, die sich deswegen auch in die Gemeinschaften viel ungezwungener schicken können.« Ein andermal konnte er schreiben: »Ich bin wie ein Ortlaiblein[1], das nirgends angebacken ist, eine vereinzelte Kirche, dringe mich niemand auf und nehme niemand zum Muster an. Was andere in Gemeinschaft tun, da kann ich mit Freuden zusehen; aber wenn ich anders handeln wollte, so käme es eben affektiert (gemacht) heraus. Ich bin wie ein Reichsstädtlein immer für mich gewesen.« Wo man jedoch seinen Dienst begehrte, da hat er sich ihm nicht entzogen. Auf allen seinen Stellen, in Denkendorf, in Herbrechtingen und zuletzt in Stuttgart, hat er in seinem Hause Erbauungsstunden für wahrheitssuchende Seelen abgehalten. Zur Verteidigung der Erbauungsstunden, die von vielen Eiferern oft heftig bekämpft wurden, konnte er sagen: »Ich begreife nicht, was man gegen den Besuch der Privatversammlungen hat. Warum soll denn ein jeder für sich bleiben und fromm sein? Es ist eben, wie wenn Leute über Feld gehen und ich wollte befehlen: Geht ja nicht miteinander, sondern einer einen Büchsenschuß hinter dem andern!«

Hier muß auch noch ein Wort über das innere Leben Bengels gesagt werden. Er war bei aller Gelehrsamkeit, durch die er sich in theologischen Kreisen einen bedeutenden Ruf erworben hatte, ein schlichter und überaus demütiger Mann. Dafür nur einige Beispiele. Als er im Jahr 1748 in Tübingen vor einem Kreis erweckter Studenten eine Ansprache hielt, sagte er: »Wenn ich zur Zeit meines Klosterpräzeptorats einen rechtschaffenen Klosterschüler sah, so habe ich ihn immer für höher geachtet als mich selbst; denn ich dachte: Dieser Mensch hat noch nicht so viel versäumt, noch nicht soviel Gnade verschleudert als ich. Machen Sie daher, meine lieben jungen Freunde, daß Sie nicht auch so sagen müssen.« Während seines Tübinger Aufenthalts begrüßte ihn ein Bauersmann aus der Nachbarschaft und bezeugte seine Freude, daß er ihn einmal von Angesicht zu Angesicht gesehen habe. Bengel erwiderte ihm: »Ach, mein lieber Mann, Ihr habt jetzt einen armen Sünder weiter gesehen, der von Gottes Erbarmung leben muß.« Ein Jahr vor seinem Tod verlieh ihm die theologische Fakultät der Universität Tübingen die Würde eines

[1] So nannte man einen Laib, der an keiner Stelle mit andern zusammengebacken war.

Doktors der Theologie. Bengel meinte nach dieser Auszeichnung: »Es dünkte David gut sein, daß er des Königs Eidam würde. Vorher hatte er ohne Zweifel nicht daran gedacht. So geht mir's bei dem Doktorwerden.«

Bengel war ein brüderlicher Mensch. Dafür sei nur ein Beispiel angeführt. Einmal war bei ihm ein sehr weltlich eingestellter Dekan zu Besuch, als ein christlicher Freund aus bäuerlichen Kreisen bei Bengel einkehrte. Bengel erhob sich sofort, während der Dekan sitzen blieb, ging dem Besucher freundlich entgegen, grüßte und küßte ihn und wandte sich an den etwas verdutzt dreinschauenden Dekan mit den Worten: »... sondern ehret die Gottesfürchtigen« (Psalm 15, 4). Hier möge auch noch ein Wort von Bengel über die Nächstenliebe erwähnt werden, das treffend seine Art kennzeichnet: »Man sollte viel vertraulicher miteinander handeln nach dem Naturgesetz: ›Behandle den andern als einen, der auch ein Mensch ist‹; wie man zum Beispiel in Pestzeiten oder andern Nöten miteinander handelt und des geringen äußerlichen Unterschieds vergißt. Wenn man so mit einem Menschen handelt, so kann man ihn gleichsam gefangen führen und nach Belieben mit ihm umgehen.«

Bengel war ein Mann des Gebetes. Das zeigen vor allem die in seinen Schriften eingestreuten Gebete. Er war der Erhörung seines Gebets gewiß: »Gott antwortet auf unsre Gebete nicht mit Worten, sondern mit der Tat, wie auch wir mit einem Bettler nicht viel diskutieren, sondern ihm eben ein Almosen geben.« Es ist noch ein Gebet vorhanden, das er für seinen eignen Gebrauch aufgezeichnet hat:

Großer Gott, himmlischer Vater,

ich lobe Dich und preise Deinen Namen. Du hast Dich in Deinem Wort und in Deinen Werken geoffenbart als den lebendigen Gott. Du hast uns in Deinem eingebornen Sohn zu Deinen Kindern angenommen und Deinen heiligen Geist als das Pfand des ewigen Erbes gegeben.

Ich bitte Dich, erbarme Dich mein und laß mich in der Vergebung der Sünden und deren Versicherung getrost einhergehen auf dem Wege, da ich wandeln soll.

Vergib mir die Versäumnis so vieles Guten an mir selbst und an andern in den so hoch gestiegenen Tagen meiner Wallfahrt und erstatte es durch Deine Gnade. Vergib mir, daß ich so viel Untugend, teils gröblich genug, teils allermeist durch innerliche Abweichung von Deiner Zucht begangen und folglich oft auch andere geärgert habe.

Erinnere mich zu jeder Zeit, daß das Ziel meiner Wallfahrt nicht ferne sei, und erhalte mich in der nötigen Wachsamkeit, daß du mich wachend findest, wann Du kommst. Laß mich den besten Augenblick, ob derselbe auch eben jetzt wäre, nicht übergehen.

Handle mit mir nach Deinem väterlichen Rat, nach der Treue, deren Du Dir selbst bewußt bist, nach der Macht, durch die ich allein zur Seligkeit bewahrt werden muß. Sonst ist's um mich geschehen.

Ach heile mich, reinige mich, stärke mich, regiere mich durch Deine Gnade und laß mich ein Gefäß Deiner Barmherzigkeit sein für mich selbst und ein Werkzeug Deiner Kraft an andern.

Gib mir, daß ich andächtig, ernsthaft, liebreich, sanftmütig, demütig, mäßig, keusch, vorsichtig, wachsam, unverdrossen, vergnügsam, nicht leichtsinnig, argwöhnisch, unartig und träge sei. Mache mein Herz in allen Dingen fest, und laß mir Deine Wahrheit begegnen zu rechter Zeit.

Segne mich, mein Weib, Kinder, Enkel, Tochtermänner, Bruder, Schwägerin, Dödle, Gevatter, Verwandte, Bekannte, Hausgenossen, Vorgesetzte, Kollegen, Nachbarn, Wohltäter und diejenigen, die sich meiner dürftigen Fürbitte anbefohlen haben. Und wem unter ihnen sein Stündlein am nächsten ist, dem gib die wahre Bereitschaft, in der Gerechtigkeit Deines Sohnes Jesus Christus vor Dir zu bestehen. Siehe auf die Klosterjugend und hiesige Gemeinde, auf diejenigen, die mich jemals gehört haben und unter mir gestanden sind.

Sooft mir etwas einfällt, da ich mir zuvor bei Dir Rat holen soll, so bewahre mich, daß ich nicht in eignem Willen zufahre.

Laß Deine Wahrheit mir begegnen in aller meiner Arbeit und laß dieselbe zur Erbauung gedeihen. Regiere auch alle äußeren Umstände so, daß ich von aller ängstlichen Überlegung frei bleibe. Beschütze Deine evangelische Kirche auch bei uns, wie auch die ganze Christenheit und breite die Erkenntnis des Heils in aller Welt aus zu Deinem Lobe. Beweise Deine Gnade an den Regenten sonderlich in der Christenheit und an der Regierung dieses Landes und an allen Obrigkeiten.

Stehe denjenigen bei, die zur Ehre Deines Namens irgend etwas vornehmen. Kann ich es ertragen und werde ich es nicht mißbrauchen, so lasse mir den Trost Deines Heils mächtig aufgehen, ehe ich hinfahre. Doch dem sei, wie Du willst. Nimm mich nur in Deinem Frieden an bei Dir in Deiner Ewigkeit. Amen.

In seiner ernsten und würdevollen Erscheinung war er eine »lebendige Predigt« für seine Umwelt. Das bestätigt Pfarrer *Härlin* (1742 – 1818), der lange Jahre in Neubulach, Erpfingen und Weilheim wirkte und sich treu zu den Gemeinschaftsleuten hielt. Er berichtet aus seinen Kindertagen: »Im Jahr 1748 hielt Herzog Karl an einem ausnehmend festlichen Tag, den er beging, offene Tafel. Ich war damals ein Knabe von sechs Jahren und wurde unter der Aufsicht meines Vaters neben andern Schülern auch in den Saal gelassen, wo die Tafel gehalten wurde. Die Pracht war unbeschreiblich. Ich gaffte als ein sinnliches Geschöpf alles um mich herum mit offenem Munde an, bis der selige Propst Bengel mir unter die Augen kam. Daß es Bengel war, wußte ich nicht; ich habe damals diesen Namen noch nicht nennen hören. Von dem Augenblick an, als dieser Mann mir und ich ihm wechselweise mit den Augen begegnete, verschwand vor meinen Augen alle Herrlichkeit, die ich angaffte, wie ein Nebel, den die Sonne mit ihrer Kraft verscheucht. Nicht als ob mein Gewissen beunruhigt worden wäre, denn ich hatte von Kindheit an einen bewahrten Gang; sondern ich ward wie von dem kräftigen Magnet durch die Augen, die voll Licht und Leben waren, und durch die Stirn, auf der ich das Wort Ewigkeit zu lesen meinte, in eine andere Sphäre hingezogen. Damals konnte ich freilich meine Empfindungen nicht erklären, aber von dem Augenblick an bat ich Gott mit kindlichen Seufzern, er möchte mich in der Welt auch zu einem Manne machen, der so ein schwarzes Kleid und Kräglein trage, weil ich damals meinte, solche Männer allein dürften wohl vor Gott hintreten. Bloß dieser Anblick, dessen sich Gott damals als eines Mittels der tröstlichen Herablassung in meiner Seele bediente, erregte eine große Veränderung in meinem ganzen Herzen. Ich betete, ohne eine Not von außen oder innen zu haben, die verborgene Majestät Gottes in meinem Geist an. Bengel wurde, wo ich ihn von ferne wandeln sah, ein Trost meiner Augen. Ich lief, wenn ich ihn auf der Straße wandeln sah, auf den nämlichen Steinen, die sein Fuß betrat, und diese Schritte waren mir wie der Schatten Petri, der vielen zur Genesung half. Bis in das achtzehnte Jahr aber wurde ich weder mit seinen Schriften noch mit seinen Anhängern bekannt. Dann aber las ich die Reden Bengels über die Offenbarung und wurde von den Kräften der zukünftigen Welt, die in diesen Reden walten, mächtig angezogen.«

Bengels Leben neigte sich dem Ende zu. Im Jahr 1751 hatte er seinen »Abriß der sogenannten Brüdergemeine« erscheinen lassen, in dem er ohne alle Gehässigkeit durch wörtliche Anführung von Zitaten aus *Zinzendorfs* Reden und Liedern aufzuzeigen versuchte, wo die Gemeinde von der heiligen Schrift und der lutherischen Lehre abwich. Die Schrift war zugleich eine Mahnung, daß man doch in Herrnhut zur gesunden biblischen Lehre zurückkehren möge. Auch seine Arbeit »Das Neue Testament zum Wachstum in der Gnade und Erkenntnis des Herrn Jesu Christi nach dem revidierten Grundtext übersetzt und mit dienlichen Anmerkungen begleitet« hatte er beendet. Da brachte der Anfang des Jahres 1752 Bengel allerlei

Krankheitsnöte, von denen er sich aber wieder erholen durfte. Am 24. Juni konnte er bei erträglicher Gesundheit im Kreis der Familie seinen Geburtstag feiern. Aber von diesem Tag an nahmen seine Kräfte zusehends ab. Am 26. Oktober konnte er das Lager nicht mehr verlassen, und zwei Tage später zeigte sich eine ernste Brust- und Unterleibsentzündung. Die körperliche Schwäche nahm zu. Sein Geist aber blieb kräftig und lebendig. Als er in der vorletzten Nacht seines Lebens mit den Seinigen, die um sein Krankenlager versammelt waren, das heilige Abendmahl feierte, begann er trotz seiner großen Schwäche mit dem Glaubensbekenntnis, dem Beichtgebet und einer Fürbitte. In seinem Gebet vergaß er nichts. Er betete für die Kirche, die Amtsbrüder, sein engeres Vaterland Württemberg, für das herzogliche Haus, für die Landstände und zuletzt für seine Angehörigen. Zu Beginn der Feier wurden einige Verse aus dem Lied »O Jesu Christ, mein schönstes Licht« gesungen, und zum Schluß stimmte man das Lied »Wer weiß, wie nahe mir mein Ende« an. Nach der Abendmahlsfeier befiel ihn eine starke Fieberhitze. Die Stunden gingen dahin unter öfterem Lesen aus Gottes Wort und beständigem Gebet. Einmal sagte er zwischendurch: »Die Gnade Gottes haben wir nicht gepachtet, sondern sie ist uns zum Gebrauch gegeben. Diejenigen, welche das erstere meinen, kann Gott oft sehr leer machen, und das tut er nicht zu ihrem Schaden.« Eines seiner letzten Worte lautete: »Ich werde eine Weile vergessen sein, aber wieder ins Gedächtnis kommen.« Als ihm sein Schwiegersohn *Ph. David Burk* im letzten Augenblick noch zurief: »Herr Jesu, Dir leb' ich, Dir leid' ich, Dir sterb' ich, Dein bin ich tot und lebendig; mach mich, o Jesu, ewig selig! Amen«, da hat er bei den Worten: »Dein bin ich!« mit der rechten Hand auf die Brust gezeigt, um seine Übereinstimmung mit diesem Bekenntnis anzuzeigen. Kurz darauf ist er am 2. November 1752 morgens zwischen ein und zwei Uhr sanft entschlafen. Am Sonntag, den 5. November, fand seine Beisetzung in Stuttgart statt. Stiftsprediger *Dr. Tafinger* hielt die Leichenpredigt über den Text Hebräer 7, 24. 25: »Christus hat darum, daß er ewiglich bleibt, ein unvergängliches Priestertum. Daher kann er auch selig machen immerdar, die durch ihn zu Gott kommen, und lebt immerdar und bittet für sie.« Tafinger hatte diesen Text gewählt, weil Bengel auf seinem Sterbebett das Bekenntnis abgelegt hatte: »Mein Grund ist das Vertrauen, welches ich in der Kraft des heiligen Geistes auf den ewigen Hohenpriester Jesus setze, in dem mir alles geschenkt ist.«

Am 2. November 1852 schrieb *Albert Knapp* im Christenboten: »Es soll an diesem freundlich-sonnigen Herbstmorgen nicht vergessen werden, daß heute vor hundert Jahren der Mann Gottes Dr. Johann Albrecht Bengel in den Mauern unserer Stadt selig entschlafen ist. Der Tod seiner Heiligen ist wert geachtet vor dem Herrn, und ihr Gedächtnis soll daher auch allen denjenigen heilig bleiben, die ein Herz für das Reich unsers Gottes und Heilandes in sich tragen. Wer es auch nur einigermaßen erkennt, welch ein unvergänglicher Segen von diesem edelsten Theologen Württembergs sowohl durch das seltene Licht seines Charakters und Wandels als durch seine tiefen, gediegenen Forschungen im Worte der Propheten und Apostel wie durch die Heranbildung einer gesalbten Schar von Theologen, Geistlichen und Seelsorgern, zum Beispiel eines Oetinger, Steinhofer, Fricker, Ph. M. Hahn, Ph. Fr. Hiller, Flattich, Roos nicht nur auf unser engeres Vaterland bis in die einzelsten Kreise und Herzen, sondern auch auf das Gebiet der ganzen evangelischen Kirche ausgeströmt ist und heute noch ausströmt, den wird dieser Todestag des teuren Vollendeten gewiß tief bewegen und zu stiller Anbetung vor dem Herrn einladen.«

Albert Knapp hat dem großen Gottesmann in einem seiner Gedichte einen schönen Kranz gewunden:

Du hattest in dem Schiffe
den rechten Steuermann,
der uns durch alle Riffe
und Strudel führen kann.

Der schirmte deine Segel,
daß keines dir zerriß,
und hielt nach ew'ger Regel
des Ruders Gang gewiß.

Der Glaube war dein Segel,
die Hoffnung dein Magnet,
die Liebe deine Regel,
dein Anker das Gebet;
und in des Schiffleins Mitte
stand Christi Kreuz als Mast,
das du mit Lob und Bitte
in jedem Sturm umfaßt.

Schwäbische Zeugen und Erweckungsprediger im 18. Jahrhundert

Immanuel Gottlob Brastberger (1716 – 1764)

Allen anderen voran muß jener Mann genannt werden, der in ganz besonderer Weise die Liebe des schwäbischen Volkes genossen hat: *Immanuel Gottlob Brastberger.* Als Vikar in Stuttgart wurde er von einem Hüftleiden befallen. Es führte ihn in die Stille und veranlaßte ihn, über seinen künftigen Weg nachzudenken. Darüber schreibt er: »Als ich da mit dem Hüftweh geplagt und mit erstaunlichen Schmerzen befallen wurde, so fing mir das Gewissen an aufzuwachen und sagte mir: Siehe, das ist deiner Bosheit Schuld, daß Du so gestäupt wirst. Da fing ich an, auf den Knieen zu beten und ernstlich an meine Bekehrung zu denken. Ich befliß mich auch, aus geistlichen und erbaulichen Schriften, besonders aus des seligen *Rambach*[1] Werken, einen Vorrat heilsamer Wahrheiten zu sammeln, welche ich nicht nur in meinen Predigten mit Ernst vortrug, sondern auch die Kraft derselben an meinem Herzen oft gewaltig fühlte; es kam aber damals zu keiner ganzen Übergabe an Jesus.«

In Ludwigsburg, wo er von 1738–1745 als Garnisonsprediger tätig war, fand er in seinen sehr schweren Seelenkämpfen einen freundlichen Helfer und Tröster in dem Waisenhauspfarrer *Matthäus Friedrich Beckh* (1708–1780), der ein Schüler *Bengels* war. In dem Abriß seines Lebens, den Brastberger selbst verfaßt hat, sagt er über eine neue Krankheitszeit im Jahr 1740: »Da wurden alle Winkel meines Gewissens von dem Licht der göttlichen Heiligkeit und Gerechtigkeit durchstrahlt; alle meine Sünden wachten auf und fielen als zentnerschwere Steine auf mein beklemmtes Herz. O wie lernte ich da als ein fluch- und todeswürdiger Sünder nach Gnade, nur nach einem Tröpflein Gnade seufzen! Da fühlte ich den Zorn des Allmächtigen, und seine Hand lag Tag und Nacht schwer auf mir, daß mein Saft vertrocknete, wie es im Sommer dürre wird. Da brach mir der Mund auf, daß ich anfing, meine Missetaten vor Gott und Menschen zu bekennen, und meinte, wenn ich nur auf den freien Markt hinstehen und jedermann sagen könnte, was für eine schnöde und befleckte Kreatur ich sei. In solcher Höllenangst und Seelennot wurde mir von dem lieben Waisenprediger Beckh als einem treuen Anania und von andern gutgesinnten Seelen redlich beigestanden.«

Brastberger mußte aber noch einige Jahre unter dem Schrekken des Gesetzes dahingehen, bis er endlich zum Glauben durchbrechen durfte. In Obereßlingen blieben ihm, der mit aller Hingabe und Treue das Evangelium predigte, bittere Erfahrungen nicht erspart. Es hat ihn besonders schmerzlich be-

[1] Johann Jakob Rambach (1693–1735), bekannter Liederdichter und Erbauungsschriftsteller (»Betrachtungen über das ganze Leiden Jesu Christi« 1729–30)

wegt, daß bei vielen, die unter seiner Predigt erweckt worden waren, die erste Liebe so schnell wieder nachließ. Eine schwere Erkrankung brachte ihn an den Rand des Grabes. Er erholte sich nur langsam und mußte sich über fünf Jahre lang durch Vikare in seiner Arbeit unterstützen lassen. Im Jahr 1756 wurde ihm das Dekanatamt in Nürtingen übertragen. Wie er den Beruf als Prediger und Seelsorger auffaßte, hat er in einer Rede dargelegt, die er bei der Amtseinführung eines Pfarrers gehalten hat: »Ein Prediger muß alle Gelegenheit auskaufen, wo er den Seelen beikommen kann, öffentlich und sonderlich in der Kirche, bei der Anmeldung oder zu Hause oder auf dem Felde, in gesunden und kranken Tagen. Er muß recht darauf studieren, wie er es doch machen wolle, daß er diesen oder jenen, einen nach dem andern, anfasse, überzeuge, gewinne, herumhole und zur Bekehrung bringe.«

Durch die Herausgabe von zwei Predigtbüchern »Evangelische Zeugnisse der Wahrheit« (1758) und »Die Ordnung des Heils oder die Buße zu Gott und der Glaube an unsern Herrn Jesum Christum« (1760) wirkte er über den Kreis seiner Gemeinde hinaus. In der Vorrede zu seinen »Evangelischen Zeugnissen« spricht Brastberger von dem Segen, den er aus den Büchern von Spener, Francke, Anton, Rambach, Rieger und Bengel empfangen habe. Er führt dann weiter aus, daß er die Zeugnisse evangelisch nenne, weil sie die in Christus erschienene Gnade allein preisen. Nur acht Jahre konnte er noch in Nürtingen wirken. Sein durch Krankheiten geschwächter Körper war der Arbeitslast kaum noch gewachsen. Er konnte zuletzt nicht mehr gehen. Noch auf dem Krankenlager arbeitete er an der Herausgabe von Predigten unter dem Titel »Betrachtungen über die Heilsgüter des Neuen Testamentes«. Am 13. Juli 1764 erlöste ihn der Herr von seinem Leiden.

Mehr als ein Jahrhundert hindurch sind Brastbergers Predigten suchenden und geförderten Seelen eine Quelle des Trostes und der Kraft gewesen. Ein alter holpriger Vers, den man unter sein Bild setzte, hat seine Bedeutung treffend zum Ausdruck gebracht:

Brastbergers Augenlicht strahlt fein aus diesem Schatten,
wo Ernst und Liebe sich in edler Großmut gatten.
Doch aus dem Buche strahlt noch heller Christi Sinn
und reißt mit Geist und Kraft den Leser selig hin.

Johann Christian Storr (1712 – 1773)

Auch *Johann Christian Storr* gehört in die Schar dieser Zeugen. Er verehrte in *Joh. Albrecht Bengel* seinen geistlichen Vater. Kurze Zeit war er Pfarrer in Hirsau, dann wurde er als Diakonus an die St. Leonhardkirche in Stuttgart berufen. Noch im gleichen Jahr 1744 wurde er zum Hofkaplan ernannt. Mit großem Freimut predigte er gegen die Verweltlichung des öffentlichen und häuslichen Lebens. Wegen einer Predigt, die er gegen die Maskenbälle bei der Vermählung des Herzogs Karl Eugen hielt, wäre er beinahe um sein Amt gekommen, wenn nicht Direktor Bilfinger und Johann Albrecht Bengel vermittelt hätten. Interessant ist, was ihm damals Bengel geschrieben hat: »Bleiben Sie bei der Erklärung, daß Ihnen Gottes Wille über alles gehe und daß Sie sich nicht vorläufig verbinden können, in allen Fällen zu schweigen, daß Sie übrigens künftig bei allen ins einzelne gehenden Ermahnungen alle Worte aufs sorgfältigste überlegen werden. Die besonderen Ausdrücke: Karneval, Lusthaus und andere können Sie ja meiden, Sie haben ja bereits Ihrem Gewissen ein Genüge getan. Zum Lobe Gottes soll man sich den Mund nicht stopfen lassen; wenn aber die Welt will ungestraft sein, so kann man ihr auf ihr Abenteuer willfahren, läßt aber im übrigen doch merken, warum man es tut. Oft ist das Stillschweigen, wenn man weiß, daß es nicht aus Furcht herkommt, kräftiger als ein beständiges Bestrafen, und man kann die Warnung so einrichten, daß alle, die nicht gern verstockt sind, die Anwendung selber machen müssen.« Storr folgte diesem Rat und blieb noch neun Jahre lang in seinem Amt als Hofkaplan.

Im Jahr 1750 gab er »Predigten über die sonn- und festtäglichen Episteln und feiertäglichen Evangelien« heraus, zu denen Bengel ein Vorwort geschrieben hatte. In seinem »Beicht- und Communionbuch für Gesunde und Kranke«, das 1755 erschien, findet sich sein Lied »Es ist etwas, des Heilands sein«, das seinen Namen in der schwäbischen Christenheit lebendig erhält:

Es ist etwas, des Heilands sein,
»ich dein, o Jesu, und du mein«
in Wahrheit sagen können,
ihn seinen Bürgen, Herrn und Ruhm
und sich sein Erb und Eigentum
ohn allen Zweifel nennen.
Selig, fröhlich
sind die Seelen, die erwählen,
ohn Bedenken ihrem Jesu sich zu schenken.

Schau an die Welt mit ihrer Lust
und alle, die an ihrer Brust
in heißer Liebe liegen:
sie essen, und sind doch nicht satt,
sie trinken, und das Herz bleibt matt;
denn es ist lauter Trügen.
Träume, Schäume,
Stich im Herzen, Höllenschmerzen,
ew'ges Quälen ist die Lust betrogner Seelen.

Ganz anders ist's, bei Jesu sein,
mit seinen Herden aus und ein
auf seinen Matten gehen.
Auf diesen Auen ist die Lust,
die Gottesmenschen nur bewußt,
im Überfluß zu sehen:
Weide, Freude,
reine Triebe süßer Liebe,
Fried und Leben, Stärke, Licht und viel Vergeben.

Schau, armer Mensch, zu diesem Glück
ruft dein Erlöser dich zurück
von jenem Grundverderben;
er kam deswegen in die Welt
und gab für dich das Lösegeld
durch Leiden und durch Sterben.
Laß dich willig
doch umarmen! Sein Erbarmen,
Blut und Leiden sind ein Meer der Seligkeiten.

Ach, kannst du den Immanuel
so vor der Türe deiner Seel'
vergeblich klopfen lassen?
Soll seine unzählbare Pein
gerad' an dir verloren sein?
Das hieß' sein Leben hassen.
Arme Seele,
Komm und wende dich behende
zu den Wunden, die dein Hirt' für dich empfunden!

Hier möge noch ein Lied folgen, das Albert Knapp in seinen »Evangelischen Liederschatz« aufgenommen hat:

Jezuweilen einsam sein, ist nicht ohne Segen;
man kehrt eher in sich ein, denket Gottes Wegen
heller nach, und das Ach,
das den Frieden wehret, wird oft aufgekläret.

Wenn das Herz zum Freunde dann Jesus sich erwählet,
und sich ohne Trug und Bann betend ihm vermählet:
O wie stillt er so mild
das geheimste Kränken! O was wird er schenken!

Alles, was du bis daher wider ihn begangen,
alle Sorgen, die so schwer deine Brust umfangen;

allen Streit, alles Leid,
das du aufgeladen, nimmt er weg in Gnaden.

Dann wirst du von innen still, wie es um dich stille;
dann wird, was der Heiland will, auch dein eigner Wille.
Also fleußt Jesu Geist,
gleich dem sanften Öle, in die stille Seele.

Der verklärt dir kräftiglich Jesu heil'ge Wunden,
zeigt dir, wie dadurch für dich ew'ger Trost gefunden;
lehrt dein Herz himmelwärts
ohne Furcht sich schwingen und ums Kleinod ringen.

Solche Freude gilt ja mehr als der Erde Kronen;
wer nach solcher trägt Begehr, den wird Gott belohnen.
O daß mir, o daß dir
Jesu heil'ge Liebe Ziel und Leitstern bliebe!

Lern auch in der Einsamkeit leidsam sein auf Erden!
Nur durch Trübsal, Angst und Streit kannst du herrlich werden.
Herzensruh schafft hiezu
Weisheit, Mut, Vermögen und viel stillen Segen.

Jesus hilft zur rechten Zeit; trau nur diesem König!
Gegen jene Herrlichkeit ist dein Leiden wenig.
Hoffe, sei still und treu;
bald nach kurzen Stunden heißt es: Überwunden!

Im Jahr 1757 wurde Storr zum Stadtpfarrer an St. Leonhard berufen. Als er die Nachricht erhielt, rief er: »So bin ich endlich von meiner bisherigen Angst und Furcht bei Hof befreit!« Mit neuer Freudigkeit ging er an seine Arbeit. Doch schon zwei Jahre später wurde er zum Stiftsprediger und Konsistorialrat befördert. Im Jahr 1765 erhielt er die Prälatur Herrenalb. Ein Jahr vor seinem Ende nötigten ihn immer heftiger werdende Brustbeschwerden, sein Predigtamt aufzugeben. Er erhielt die Prälatur Alpirsbach, die sein hochverehrter Lehrer *Bengel* bis zu seinem Tod innegehabt hatte. Am 3. Mai 1772 hielt er in Stuttgart seine Abschiedspredigt über Apostelgeschichte 20, 32. Seine letzte Bitte an die Gemeinde kleidete er in die Worte:

»Lasset euch versöhnen mit Gott! Heute, so ihr des Herrn Stimme höret, so verstocket eure Herzen nicht! Laufet also, daß ihr's ergreifet, daß keines unter uns dahinten bleibe, daß nicht ein einziges aus allen, die hier zugegen, verloren gehe! Nicht verloren, nicht verloren, lieber neu aus Gott geboren!«

Eine Brustwassersucht setzte seinem Leben ein schnelles Ziel. Er ist am 8. Mai 1773 heimgegangen.

Philipp David Burk (1714 – 1770)

Zu den Glaubenszeugen des Schwabenlandes im 18. Jahrhundert muß auch *Philipp David Burk* gezählt werden, der Schüler und Schwiegersohn Bengels. Seit 1738 war er sein Vikar in Denkendorf und zog 1741 mit ihm nach Herbrechtingen. Durch den langjährigen Aufenthalt in Bengels Haus wurde er mit dessen Schriften aufs genaueste vertraut und erwarb sich so sehr seine Liebe, daß ihn Bengel sein »anderes Ich« nannte. Nach kurzer Tätigkeit in Bolheim und Hedelfingen bei Stuttgart wurde er im Jahr 1758 zum Dekan in Markgröningen und 1766 in Kirchheim unter Teck berufen.

Im Jahr 1757 schrieb er sein bedeutendes Werk »Von der Rechtfertigung und deren Versicherung im Herzen Gottes«. In den folgenden Jahren gab er eine Predigtsammlung unter dem Titel »Evangelischer Fingerzeig« heraus. Viel Segen durfte er auch durch seine Sammlungen zur Pastoraltheologie stiften. Er blieb sein Leben lang ein schlichter und demütiger Mann, der von sich sagen konnte: »Menschliche Urteile über meine geringe Arbeit können mich, wenn sie günstig sind, nicht aufblasen; denn es ist Gottes Erbarmung, wenn er mir ein Wort zu seiner Ehre gelingen läßt. So können mich auch mensch-

D. Johann Albrecht Bengel

liche Urteile, wenn sie widrig sind, nicht niederschlagen, noch beleidigen; denn ich fühle selbst, wo es mir fehlt. Ich habe gar keine Tasche, darin ich das allergeringste Lob einstecken könnte. Für Scheltworte habe ich eine Tasche, welche deshalb aufbehalten wird, damit, wenn mein eigenes Herz etwas aus mir machen will, ich durch das, was andere an mir auszusetzen gefunden, dergleichen Gedanken niederschlagen könne. Das Hauptmittel der Demütigung aber ist die von Gott geschenkte Erkenntnis der eigenen Nichtigkeit und Verderbnis.«

Die Arbeit in Kirchheim unter Teck ging nach kurzer Zeit schon über seine Kräfte. In seinem Tagebuch finden sich manche Seufzer über den Verfall seiner Gesundheit. Da heißt es: »Ach Herr, erbarme dich! Meine Augen werden schwach. Schlaflose Nächte stellen sich ein. Selten geht ein Tag vorbei, da ich nicht die Gebrechlichkeit und den Nachlaß meiner Hütte empfinde ...« Endlich erlag sein Körper der übergroßen Last. Während einer Beichtrede über Hebräer 6, 7 brach er körperlich zusammen. Er war sich bewußt, daß seine Krankheit eine Krankheit zum Tode war. »O, wenn einer auf das Totenbett kommt, da wird einem alles abgestreift: das eigene Wissen, Wirken, Haben, nichts bleibt einem übrig, als das bloße Erbarmen in Christus.« Zu seinem ältesten Sohn sagte er einmal mit heiterer Miene: »Der fürchtet den Tod nicht, der auf das Leben hofft.« Am 22. März 1770 ist er sanft entschlafen.

Für die Geschichte des württembergischen Pietismus und vor allem für die Gemeinschaft der Pregizianer wurde seine »Gnaden- und Freudenbeicht«, die wir an anderer Stelle mitteilen, von großer Bedeutung.

Friedrich Christoph Steinhofer (1706 – 1761)

Eine johanneische Persönlichkeit voll Tiefe und Nüchternheit war *Friedrich Christoph Steinhofer*. Er stammte aus dem Städtchen Owen, wo sein Vater als Pfarrer wirkte. Das fromme Leben der Eltern und der gottesfürchtige Wandel der Großmutter bestimmten die Entwicklung seiner Kinder- und

Jünglingsjahre. Auf der Universität Tübingen ging sein Glaubensleben zurück. Er schrieb später über jene Zeit: »Bei allzu großer Begierde, der Gelehrsamkeit nachzujagen, entzog sich mir die Gnade, so daß die Lust der Welt mehr Eingang in meinem Herzen gewann. Doch der barmherzige Vater ließ mich nicht meine eigenen Wege gehen, sondern nahm mich in seine Züchtigung, um mich von der Eitelkeit und Weltgefälligkeit wieder frei zu machen.« Nach der Beendigung seiner Studienzeit besuchte er Franken und Sachsen, um »rechtschaffene und berühmte Knechte Gottes kennen zu lernen und zu beobachten, welche Methoden sie zur Führung der erweckten Seelen gebrauchten«. In Jena traf er mit *August Spangenberg,* dem späteren Bischof der Brüdergemeine, zusammen. Sein Weg führte ihn dann weiter nach Herrnhut. Zwischen dem jungen schwäbischen Theologen und den führenden Männern der Herrnhuter Brüdergemeine bahnte sich bald ein herzliches Verhältnis an. *Graf Zinzendorf* hatte sogar die Absicht, Steinhofer als Hilfsprediger in Berthelsdorf anzustellen; aber der Plan zerschlug sich wieder. Steinhofer kehrte nach Württemberg zurück und übernahm eine Repetentenstelle in Tübingen. Er blieb nur kurze Zeit in der Heimat. Im Jahr 1734 ging er nach Ebersdorf, um eine Stelle als Hofkaplan bei dem *Reichsgrafen von Reuß,* dem Schwager Zinzendorfs, anzutreten. Beinahe vierzehn Jahre lang hat er in Ebersdorf gewirkt. *J. J. Moser,* der auch eine Zeitlang in Ebersdorf wohnte, schreibt über Steinhofer: »Herr Steinhofer war Hofprediger, und sein öffentlicher und besonderer Vortrag war vortrefflich, überzeugend und hinreißend. Er ging auf eine Änderung des ganzen Sinnes, alsdann auf Jesus für uns, dessen Ergreifung im Glauben, Gewißheit der Vergebung der Sünden und seines Gnadenstandes, darauf eines vergnügten, aber heiligen Wandels, Verschmähung der Welt und immer weitere Bildung in das Bild Christi – auf eine so nachdrückliche und doch dabei herzliche, liebreiche und evangelische Weise, wobei das Herz nicht ungerührt bleiben konnte. Und so war auch sein Umgang gegen alle Arten von Menschen so liebreich und seine Geduld mit manchen eigensinnigen oder sonst unartigen Seelen recht bewunderungswürdig.« In der Gemeinde herrschte jahrelang ein reges Geistesleben, und Gottes Segen lag sichtbar auf Steinhofers Arbeit. Es sollte aber nicht so bleiben. Im Jahr 1745 unternahm Steinhofer eine Reise nach Herrnhut. Er fühlte sich von dem Gemeindeleben in Herrnhut tief beeindruckt. Nach seiner Rückkehr legte er sein Amt in Ebersdorf nieder. Er fing nun an, im Sinne der herrnhutischen Brüdergemeine zu wirken. Moser versuchte vergeblich, Steinhofer zur Besinnung zu bringen. In der Folgezeit entstanden in Ebersdorf schwere Kämpfe und Auseinandersetzungen, die damit endigten, daß sich die Ebersdorfer unter dem Einfluß des Grafen von Zinzendorf der Brüdergemeine anschlossen. Im Januar 1747 wurde Steinhofer in die Wetterau gesandt, um als Inspektor an dem Seminar in Lindheim tätig zu sein. Der inzwischen 41 Jahre alt gewordene Steinhofer heiratete vor seinem Weggang eine Lehrerin am Ebersdorfer Waisenhaus namens *Dorothea Wilhelmina von Molsberg,* die lange Jahre Gesellschaftsdame der Gräfin von Castell gewesen war, sich aber dann der Brüdergemeine angeschlossen hatte. Der treue Mann hielt es aber nicht mehr lang im Dienst der Brüdergemeine aus. Die theologische Stellung des Grafen von Zinzendorf, der sich mit seiner Gemeinde in mancherlei Überspanntheiten und Schwärmereien verloren hatte, konnte Steinhofer auf die Dauer nicht zusagen. Er trennte sich von der Brüdergemeine und übernahm ein Pfarramt in Dettingen bei Urach (1749). Hier verfaßte er sein berühmtes Predigtbuch »Evangelischer Glaubensgrund in Predigten für alle Sonn-, Fest- und Feiertage«. J. J. Moser hat es einst oft und dankbar während seiner Gefangenschaft auf dem Hohentwiel gelesen. Es wurde im Jahr 1846 von *Albert Knapp* neu herausgegeben. Steinhofer wirkte nur vier Jahre in Dettingen. Im Jahr 1753 wurde er nach Zavelstein und Teinach berufen. Dort gab er den »Evangelischen Glaubensgrund in der heilsamen Erkenntnis der Leiden Jesu Christi« heraus. Nach zweijähriger Tätigkeit in Zavelstein führte ihn sein Weg weiter nach Eningen unter Achalm, wo er eine sehr entkirchlichte Gemeinde zu betreuen hatte. Vier Jahre hatte er hier nicht ohne Segen gearbeitet, als er im Jahr 1759 zum Pfarrer und Dekan in Weinsberg berufen wurde. Er war der Nachfolger Oetingers geworden. Hier schrieb er eine Erklärung des Johannesbriefes, die aber erst nach seinem Tod erschien und die Albert Knapp ein »im Heiligtum des Herrn angezündetes Rauchopfer« genannt hat. Oetinger hatte unter großen Schwierigkeiten in Weinsberg sein Amt versehen müssen; Steinhofer dagegen wurde es geschenkt, im Segen in der Gemeinde zu wirken. Der spätere Dekan Bauder von Sulz bezeugt, daß er als Vikar in Weinsberg tiefe Eindrücke von Steinhofers geheiligter Persönlichkeit empfangen habe. Es sei von ihm eine überirdische Klarheit ausgegangen, die er nie vergessen könne. Ein ganz eigner Friedensgeist habe das Haus durchweht, das zu jener Zeit ein Sammelplatz bewährter Christen war.

Am 14. Januar 1761 erkrankte Steinhofer an einem Fieber. Er predigte zwar noch einmal am 17. Januar über die freie Gnade nach dem Evangelium von den Arbeitern im Weinberg, aber schon in der darauf folgenden Nacht wurde sein Zustand bedenklich. Die Krankheit nahm zu, er aber blieb getrost. Freudig sah er zuletzt seinem Sterben entgegen. »Saget mir nichts mehr vom Aufkommen, ich bin schon ganz in der Ewigkeit. Es wird an meinem Leibe ein Band nach dem andern aufgelöst; ich warte jetzt nur noch auf meinen Herrn und bitte nur, daß er bald kommen möge. Der Kampf ist nun gekämpft, der Glaube ist gehalten, der Lauf ist vollbracht, nun ist mir beigelegt die Krone der Gerechtigkeit. O ich habe oft so davon gepredigt, als ob ich den Himmel offen und die Herrlichkeit vor mir sähe! Wie wird's nun sein, wenn ich zum Schauen gelange? Jetzt werde ich zu genießen bekommen, was ich geglaubt habe. Ich habe in dieser Krankheit vieles gelernt, das mir Licht geben wird, wenn ich hinüber komme.« Am Morgen des 11. Februars 1761 kam sein Ende. Er wurde auf einmal sehr schwach. Man rief ihm noch den Vers von Nikolaus Hermann zu:

Ich bin ein Glied an deinem Leib,
des tröst' ich mich von Herzen;
von dir ich ungeschieden bleib'
in Todesnot und Schmerzen.
Wenn ich gleich sterb', so sterb' ich dir:
Ein ewig Leben hast du mir
durch deinen Tod erworben.

Der Sterbende lächelte freundlich, sprach mit leiser Stimme ein Amen und schlief still ein.

Albert Knapp, der ein Lebensbild von Steinhofer geschrieben hat, faßt sein Urteil über ihn in die Worte: »Sein Name, der Name einer der edelsten Säulen der Kirche Württembergs, soll nie vergessen, sondern stets mit Segen und liebender Ehrerbietung genannt werden, solange der Name Jesu Christi, des ewigen Hohenpriesters, groß ist unter uns.«

Beata Sturm

die württembergische Tabea (1682 – 1730)

In den Tagen Riegers und Bengels übte in Stuttgart *Beata Sturm* ihre stille und gesegnete Tätigkeit als Beterin und Betreuerin der Armen und Einsamen aus. Sie hat ihren Dienst in vorbildlicher Demut und Selbstlosigkeit getan. Mit Recht hat *Georg Konrad Rieger*, der ihr Leben beschrieben hat, ihr den Namen einer »württembergischen Tabea« gegeben.

Beata Sturm wurde im Jahr 1682 als Tochter des Landschaftskonsulenten *Johann Heinrich Sturm* in Stuttgart geboren. Von Jugend auf mußte sie durch die Schule der Trübsal gehen. Schon als Kind litt sie an einer schweren Augenerkrankung, so daß für sie die Gefahr der Erblindung bestand. Als sie elf Jahre alt war, gelang es den Ärzten, ihr nach fünfmaliger Operation das Augenlicht soweit zu erhalten, daß sie wenigstens lesen und schreiben konnte. Auf ihre Kinderjahre fällt der dunkle Schatten des Kriegs. Durch den dritten Eroberungskrieg, den Ludwig XIV. in den Jahren 1688 – 1697 führte, hatte auch die Familie Sturm schwer zu leiden. Damals wurden von den Franzosen die Städte Pforzheim und Calw, das Kloster Hirsau, Marbach, Backnang, Winnenden und andere Orte niedergebrannt. Fast unerschwingliche Kontributionen (Kriegslasten) wurden dem Land auferlegt. Am 8. August 1693 wurde der Landschaftskonsulent Sturm mit anderen Württembergern als Geisel in die französische Kriegsgefangenschaft abgeführt. Sturm hatte sich freiwillig als Geisel zur Verfügung gestellt, um weiteres Unheil von seinem württembergischen Vaterland abzuwenden. Wenige Wochen nach seiner Wegführung starb seine Frau. Im Jahr 1697, nach dem Abschluß des Friedensvertrages von Rijswijk, konnte er aus der Gefangenschaft, in der er viel Not und Elend hatte erdulden müssen, in die Heimat zurückkehren.

Mit dem Vater verband Beata eine herzliche Liebe. Er war ein fröhlicher Christ, den man trotz mancherlei Trübsal und Leid nie klagen hörte. Es wird von ihm ein Bekenntnis überliefert, das des Nachdenkens wohl wert ist: »Wer Gottes Willen tut, der ist selig. Gottes Wille aber ist Buße tun, an Jesus Christus glauben und sich von dem heiligen Geist täglich erneuern lassen. Der Sturm tut Buße, glaubt an Jesus Christus und läßt sich täglich durch den heiligen Geist erneuern, also ist der Sturm selig.«

Er war ein treuer Bibelleser, der die heilige Schrift sogar in den Grundsprachen las. In mühsamer Zählung hatte er festgestellt, daß die Bibel aus 31 171 Versen bestehe. Er verteilte sie auf 61 Wochen oder 427 Tage und las nun täglich 73 Verse Diese Ordnung übernahm die Tochter und behielt sie ihr Leben lang bei. Es wird berichtet, daß sie die Bibel dreißig Mal durchgelesen habe.

Von Jugend auf erneuerte sie jedes Jahr ihren Taufbund. Man hat unter ihren hinterlassenen Papieren eine Reihe solcher schriftlichen Erneuerungen und Verlöbnisse mit Christus gefunden. In ähnlicher Weise hat sich ja auch *Gerhard Tersteegen* immer wieder seinem Herrn von neuem angelobt. Ein solches Verlöbnis, das Beata Sturm niedergeschrieben hat, möge hier folgen: »Im Namen Jesu verpflichte und verbinde ich mich mit Jesus, daß ich meinem Jesus folgen wolle, wie und wohin er mich führt. Ich gebe dann zuallervorderst meinem Jesus das Herz ganz und gar zu eigen und verbinde mich, daß mit meinem Willen kein Gedanke oder Bewegung wider die Liebe Jesu darin sei, viel weniger bleiben soll; sondern ich will in der mir bereits geschenkten Gnade Jesu ernstlich wider das Böse streiten und kämpfen. Gleichermaßen übergebe ich auch alle Kräfte, Sinne und Glieder des inneren und äußeren Menschen meinem Jesus so, daß ich nichts denken, reden oder tun will, das wider das Wort meines Jesu wäre. Vergesse ich dein, o Jesu, so werde ich meiner Rechten vergessen. Meine Zunge müsse an meinem Gaumen kleben, wo ich dein nicht gedenke, wo ich nicht lasse Jesus meine einzige Lust und Freude sein. Amen. Beata Sturmin.«

Nach dem Tod ihres Vaters im Jahr 1709 lebte sie zwei Jahre bei dem Prälaten Esenwein in Blaubeuren. Jene Jahre waren durch schwere Versuchungen gekennzeichnet, die sie durchstehen mußte. Sie fing sogar an zu zweifeln, ob die Bibel Gottes Wort sei. Am Ende verlor sie das Bewußtsein der Kindschaft und konnte nicht mehr beten. Die Anfechtungen wurden so stark, daß sie sich eine Zeitlang mit Selbstmordgedanken trug. Einst hatte sie den Klosterzöglingen zugehört, die sich zu Chorübungen versammelt hatten. Auf dem Rückweg durch den Klostergang merkte sie, wie auf einmal eine unbeschreibliche Macht der Finsternis über sie hereinbrach. Sie fühlte einen unwiderstehlichen Drang, sich selbst das Leben zu nehmen. Ja, sie hatte bereits das Messer in die Hand genommen, um sich zu erstechen, da zuckte es wie ein Blitz durch ihre umnachtete Seele, und sie hörte die Worte: »Du sollst nicht töten! Hast du dir das Leben selber gegeben? Also kannst und sollst du es dir auch nicht selber nehmen!« Die Worte flößten ihr großes Entsetzen ein. Sie eilte unter Angstschweiß und Zittern in ihre Stube zurück, fiel auf ihre Knie und schüttete ihr geängstetes und verzweifeltes Herz vor dem Herrn aus. Dies Gebet brachte die große Wendung in ihrem Leben. In ihr Herz kehrte Friede und Freude ein.

Vor der Übersiedlung nach Blaubeuren hatte sie die Hauswirtschaft für ihren jüngeren Bruder geführt. Von 1713 bis zu ihrem Tod im Jahr 1730 lebte sie bei ihrem älteren Bruder in Stuttgart. Ihre freie Zeit füllte sie gern mit dem Lesen der heiligen Schrift und mit Beten aus. Das Gebet wurde ihr auf die Dauer die liebste Beschäftigung. Sie betete bei Tag und bei Nacht. Oft brachte sie ganze Nächte im Gebet zu. »Wenn sie in eine öffentliche Betstunde oder zu einer Privatgebetsübung ging, bereitete sie sich vorher darauf mit Beten und Fürbitte für sich und die Mitversammelten vor; kam sie hinein, so betete sie abermals, daß sich's der himmlische Vater wollte nahe kommen lassen, was gebetet worden sei. Wurde sie von jemand um Rat gefragt, so fragte sie, ehe sie ihre Meinung aussprach, zuvor im Gebet den Mund des Herrn um Rat. Hörte sie in die Ratsversammlung läuten, so beugte sie ihre Knie für die Landstände und das gesamte Vaterland. War etwas Besonderes in der Familie oder sonstwo, so konnte man sich darauf verlassen, daß sie es in treuer Fürbitte vor den Herrn bringen werde.« Ein besonderes Anliegen war ihr das Gebet für den Herzog Eberhard Ludwig, der jahrelang in schmählichem Ehebruch lebte. Wenn sie im Gebet gehindert oder unterbrochen wurde, dann konnte sie wohl in aller Einfalt sagen: »Sieh, lieber Vater, ich bin so und so gehindert worden, daß ich anstatt im Beten mit dir umzugehen, meinem Nächsten habe dienen müssen; du wollest es mir zugut halten.«

Unermüdlich war sie im Dienst der Kranken und Armen tätig. Bald nahm sie einer geplagten Hausmutter die Pflege kranker Kinder ab, bald saß sie als Betreuerin am Bett eines verlassenen Armen, bald brachte sie einem Hungernden das

Essen in seine Wohnung oder gab sie einem Armen ein Stück ihrer eigenen Kleidung hin. Eines Tages besuchte sie eine alte kränkliche Frau, die sie schon oft unterstützt hatte. Im Gespräch meinte die Frau: »Wenn mir doch nur jemand ein altes Kleidlein zukommen ließe, um mich bedecken und nach einem Stücklein Brot kriechen zu können!« Was tat Beata Sturm? Das Elend der Frau ergriff sie so sehr, daß sie auf der Stelle ihren Rock auszog und buchstäblich erfüllte, was der Herr gesagt hat: »Wer zwei Röcke hat, der gebe dem, der keinen hat, und wer Speise hat, tue auch also« (Lukas 3, 11). Beata Sturm schämte sich keineswegs, in ihrem Unterrock durch die Straßen der Stadt heimzugehen.

Mit besonderer Liebe nahm sie sich der Dienstboten an und stand ihnen in leiblichen und geistlichen Nöten bei. Oft sandte sie auch an die Pfarrer ohne Namensnennung Spenden für die Armen. Ihre Zeit, ihre Kraft und ihr Geld stellte sie ganz in den Dienst des Herrn. Das tat sie so ohne Einschränkung, daß es ihr oft selbst am Nötigsten fehlte. Als man in späteren Jahren, da sie erkrankt war, aus ihrer Leinentruhe frische Bettücher holen wollte, mußte man feststellen, daß sie fast ihr ganzes Weißzeug an Arme verschenkt hatte.

Ihrer Kirche und Gemeinde war sie in Treue verbunden. Es hatte auch in ihrem Leben eine Zeit gegeben, da sie um der vielen Übelstände in der Kirche willen die Trennung erwog. Sie kam mit den Separatisten der damaligen Zeit in Verbindung; aber die Erfahrungen, die sie in diesen Kreisen sammelte, bewogen sie nur, mit noch mehr Liebe und Hingabe der Sache des Herrn in der Kirche zu dienen. Bei einer Zusammenkunft mit christlichen Freunden kam auch die Rede auf den Separatismus. Da erinnerte sie die Anwesenden an den Befehl Gottes, welcher zweimal Mose und Aaron ausdrücklich aufgefordert habe, sich von der Gemeinde zu trennen, weil er sie plötzlich vertilgen wolle, und dennoch seien diese Männer geblieben, auf ihr Angesicht gefallen und hätten umso inbrünstiger für die Gemeinde gebetet (4. Mose 16, 21 und 22). Ihre weiteren Ausführungen sind so treffend, daß sie uns auch heute noch manches zu sagen haben: »Nun haben wir dergleichen gewissen Befehl noch nicht empfangen. Der Herr begehrt auch nicht, diese Gemeinden plötzlich zu verderben wie jene. Wie sollten wir uns denn von diesen, wiewohl unartigen Leuten scheiden? Laßt uns vielmehr auf unser Angesicht ihretwegen vor Gott niederfallen und diesen Leuten selbst herzliches Mitleid, überzeugende Liebe, wahrhaftige Geduld, Sanftmut, Demut und andere gute Exempel beweisen! Das wird Gott gewiß gefälliger und der armen Kirche gesegneter sein, als wenn Moses und Aaron, Mirjam und Josua sich vollends daraus scheiden und sie dem Gericht des feuereifrigen Gottes als entblößt überlassen wollten.«

Zum Schluß betete sie in der Versammlung: »Und wenn du, Herr Gott, mir auch schon befohlen hättest, mich aus dieser Gemeinde, welche man die evangelische Kirche nennt, zu heben, mich nicht mehr unter sie zu rechnen, sondern aus ihrer Gemeinschaft auszugehen, so wüßte ich doch hierin dir nicht zu gehorchen, sondern müßte nur desto mehr mit Mose und Aaron auf mein Angesicht niederfallen und mit meiner Rauchpfanne mich zwischen Tote und Lebendige stellen; aber du hast dergleichen mir nicht befohlen. Du hast mir auch nicht verboten, Fürbitte für diese Gemeinde einzulegen; wohl aber hast du dich erklärt, daß es dir wohlgefällig und den Menschen nütze und gut sei, wenn wir Bitte und Fürbitte tun für alle Menschen. Ei, wie soll ich mich denn viel weniger von diesem Haufen scheiden? Wie viel inständiger soll ich für ihn anhalten, daß du ferner unter uns bleiben und uns mit deinem Wort und Geist nicht verlassen wollest!«

Bis in die letzten Wochen ihres Lebens hinein war sie als Krankenpflegerin tätig; doch war ihre Kraft durch ihre unermüdliche Arbeit und Tätigkeit für andere gebrochen. In der Nacht vom 5. zum 6. Januar 1730 befiel sie ein Frösteln. Es zeigten sich die Frieseln, eine bösartige Infektionskrankheit, die mit einem entzündlichen Hautausschlag verbunden ist. Die Krankheit schlug nach innen, und man mußte bald erkennen, daß ihr Ende nicht mehr fern war. Sie aber blieb in aller Krankheitsnot still und ergeben in den Willen Gottes. Am Abend vor ihrem Todestag bezeugte sie: »In meinem Gemüt ficht mich gar nichts mehr an. Ich fürchte keine Sünde, keinen Teufel, keinen Tod, keine Hölle, noch sonst etwas. Es kommt nur noch auf den Körper an, dem sein Recht auch noch geschehen muß.« In der letzten Nacht erfuhr sie eine ernste Läuterung. Dem Stadtpfarrer Georg Konrad Rieger, der sie besuchte, sagte sie: »Wie ernstlich hat sich heute nacht unser Gott noch gegen mich erwiesen! Wie hat er mich so genau durchsucht! Wie mußte alles angetastet und von seinem Gericht geprüft werden! Ach, wie gut ist's, daß alles auf lauter Gnade und Barmherzigkeit ankommt! Ich habe kämpfen müssen, bis heute die Morgenröte anbrach; habe aber auch mit Jakob den Segen davongetragen durch meinen Heiland Jesus Christus.«

Als Rieger sie verließ, gab sie ihm noch einen Segensgruß an alle mit ihr verbundenen Menschen mit. Gegen Mittag trat eine Lähmung der Zunge ein, und wenige Stunden später verschied sie.

Pfarrer Rieger widmete ihr den schönen Nachruf: »Nun lebe wohl, du selige Beata und christliche Tabea, du auserwählte Tochter des himmlischen Vaters, du Schöne des Herrn, du Freundin deines Freundes, du Braut und Mitgenossin Jesu, du Geliebte des Geliebten, lebe wohl, lebe wohl und genieße zu deinen unendlichen Erquickungen der Freuden, die dir Jesus bereitet hat! Das herrliche Licht Gottes des Vaters umkläre dich! Die süße Liebe deines Bräutigams Jesus durchfließe dich! Der Trost des heiligen Geistes überströme dich! Die Kraft des dreieinigen Gottes durchdringe dich im himmlischen Paradies, da Freude ist die Fülle und liebliches Wesen zur Rechten Gottes immer und ewiglich. Deine Gebeine werden unter unsern Nachkommen noch grünen, und dein Gedächtnis wird im Segen bleiben in und außer Württemberg in allen, die den Herrn fürchten!«

Philipp Friedrich Hiller

der Liederdichter des schwäbischen Pietismus (1699 – 1769)

Man hat Hiller den »Lieblingsdichter nicht bloß der Gemeinschaftskreise, sondern des ganzen evangelischen Volks in Württemberg« genannt, und sein »Geistliches Liederkästlein« hat mit Recht auch heute noch viele Freunde im Schwabenland.

Philipp Friedrich Hiller wurde am 6. Januar 1699 im Pfarrhaus in Mühlhausen an der Enz geboren. Nach seiner Konfirmation kam er mit vierzehn Jahren in die Klosterschule zu Denkendorf und damit unter den Einfluß von *Johann Albrecht Bengel,* der im selben Jahr dorthin als Präzeptor berufen worden war. Drei Jahre lang durfte er den Unterricht dieses gesegneten Gottesmannes und ausgezeichneten Lehrers genießen. Im Jahr 1716 wurde er in die Klosterschule Maulbronn aufgenommen. In dieser Schule herrschte kein guter Geist. Es fehlte an Zucht und Ordnung, und Hiller bekennt, daß er sich mit in das unordentliche Wesen habe reißen lassen. Er darf aber später bezeugen: »Gott hat mich aber doch nicht verstockt werden lassen, sondern nach dem Reichtum seiner Barmherzigkeit wieder zu sich bekehrt.« Auf diese Zeit bezieht sich wohl auch der Vers im Liederkästlein:

Ehmals war ich nicht ein Kind,
ehmals war ich nicht in Gnaden,
ich war auch, wie viele sind,
die sich Zorn auf Zorn aufladen;
aber nun bin ich bekehrt –
Gott, das ist ein Danklied wert!

Wieder drei Jahre später kam er in das Theologische Stift zu Tübingen und nach der Beendigung seiner Studien zunächst als Pfarrgehilfe in verschiedene Dörfer des Landes. Von 1729 bis 1731 übernahm er die Stelle eines Hauslehrers bei dem Marktvorsteher *von Müller* in Nürnberg. Während seines Aufenthaltes in Nürnberg mußte er manche Anfechtung durchmachen. Viel Trost und Stärkung fand er in jener Zeit in den Liedern von *Paul Gerhardt*. Vor allem war es das Gerhardtsche Lied »O Jesu Christ, mein schönstes Licht«, das ihm weiterhalf und in ihm die Neigung weckte, selber zu dichten. In der Folgezeit dichtete er 301 Lieder über das »Paradiesgärtlein« von *Johann Arnd*. In dieser Sammlung finden sich bereits einige Lieder, die sich im kirchlichen Gebrauch erhalten haben: »Herr Jesu, deiner Glieder Ruhm«, »Ich glaube, daß die Heiligen« und »Mein alles, was ich liebe«.

Im Jahr 1731 kehrte Hiller nach Württemberg zurück und wurde nach kurzer Anstellung in Hessigheim zum Pfarrer in Neckargröningen ernannt. In der jüngsten Tochter des Pfarrers *Schickardt* hatte er seine künftige Frau gefunden. Er wurde am 24. August 1732, dem Tag seiner Investitur, mit ihr in der Neckargröninger Kirche getraut. In das Eheregister hat er selbst folgenden Eintrag gemacht:

Herr, segne du uns selbst zu Amt und Ehe ein;
gib uns Barmherzigkeit, in beiden treu zu sein:
Im Amt mit klugem Ernst, nur Jesus zu verkünden,
und in der Ehe uns mit ihm selbst zu verbinden!
Gib Segen in das Haus, so viel du selber willst;
doch segne du das Haus, daß du es ganz erfüllst!
Verknüpfe du ein Band, Geliebter, mit uns beiden;
so kann uns zwar der Tod, doch dich und uns nichts scheiden!

Den Ehegatten wurden im Lauf der Zeit elf Kinder geschenkt, von denen vier Söhne und vier Töchter ein höheres Alter erreichten. Bei der rasch sich mehrenden Familie wollte das Einkommen in Neckargröningen, das im Anfang jährlich nur sechshundert Gulden betrug, nicht reichen. Hiller hatte tatsächlich öfters mit Nahrungssorgen zu kämpfen, und doch ging es ihm am Ende, wie er in seinem Lied »Die ihr bei Jesu bleibet« gesungen hat:

Wenn wir von Tag zu Tagen,
was da ist, überschlagen
und rechnen dann die Menge,
so sind wir im Gedränge;

doch, wenn wir mit Vertrauen
ihm auf die Hände schauen,
so nähret allerwegen
uns ein geheimer Segen.

Unvermutet wurde er im Jahr 1736 zum Pfarrer in Mühlhausen, seinem Geburtsort, ernannt. Der Dienst war nicht leicht, da der Baron von Stein, zu dessen Patronatsherrschaft Mühlhausen damals gehörte, zu den Separatisten neigte, die sich von den Gottesdiensten der Kirche fernhielten. Gleich am Tage seiner Einführung merkte er etwas von den Schwierigkeiten, die seiner harrten. Der Baron hatte ihn und mehrere Separatisten zum Mittagessen geladen. Das Gespräch kam auf den großen Zerfall und auf die Zerrüttung der Kirche. Hiller schwieg meistens bescheiden still; endlich aber fing er sachte mit den Worten an, er wolle auch etwas sagen, und erzählte dann: »Einst waren zwei Brüder. Der jüngere fragte den älteren: Hör, sag mir doch, was hältst du von unserer Mutter, dem alten Weib? Ich sage dir aufrichtig, ich kann sie nicht mehr meine Mutter nennen. Der ältere, ganz erstaunt, fragte ihn: Warum redest du so unbescheiden von unserer Mutter? Hierauf erwiderte der jüngere: Merkst du denn nicht, daß sie ein abscheuliches Krebsgeschwür an der einen Brust hat und man fast nicht mehr um sie sein kann? Da hob der ältere Bruder warnend den Finger auf und sagte sehr ernsthaft: Fürchtest du dich nicht, Sünder, so von ihr zu reden? Fürs erste, so glaube ich noch nicht einmal, was du von unserer Mutter Krankheit sagst; fürs andere, wenn es auch je so wäre, bedenkst du denn nicht, daß sie einst dir und mir die jetzt kranke Brust so treulich gereicht hat? Ist das jetzt dein Dank für ihre unverdrossene Treue und mütterliche Liebe? Ich, fügte er noch bei, werde sie dankbar ehren, solange sie leben wird; wenn sie aber einst sterben sollte, so wollen wir sie miteinander ehrlich begraben.« Nachdem Hiller die Erzählung geschlossen hatte, wurde es still, und die Kirche blieb weiterhin unangefochten. Hernach machten ihm die Separatisten freilich immer wieder zu schaffen, so daß er später sagen konnte, sie hätten gesorgt, daß er den Katechismus gut gelernt habe.

Zwölf Jahre blieb Hiller in der nicht immer leichten Gemeindearbeit, bis er im Jahr 1748 auf die Pfarrstelle Steinheim am Albuch ernannt wurde. Es war eine für damalige Verhältnisse recht große Gemeinde mit fünfzehnhundert Seelen. Hier sollte er in besonderer Weise in die Tiefen des Leidens und der Trübsal geführt werden. Im dritten Jahr seiner Amtstätigkeit verlor er durch eine zunehmende Heiserkeit seine Stimme. Er konnte sein Amt nicht mehr ordnungsgemäß versehen und war daher genötigt, sich einen Vikar zu halten. Besonders bitter waren ihm »geheime Ränke«, die gegen ihn in der Gemeinde wegen seiner Erkrankung gesponnen wurden. Wie einst in Nürnberg, so geriet er in Steinheim wieder in eine Zeit der Anfechtung, die sein Gemüt bedrückte. Er spricht sich darüber in einem Brief aus, den er am 18. Oktober 1751 an seinen ehemaligen Lehrer Johann Albrecht Bengel geschrieben hat:

»Euer Hochwürden halten mir eine aus demütigem Vertrauen gehende Bitte zugut. Ich bin eine Zeit her in so schweren Anfechtungen, daß sie mir bisweilen übermenschlich zu sein scheinen. Ich bete, ich weine, ich schütte mein Herz aus, flehe um Wiedererlangung meiner Stimme, ich glaube unter dem Gebet und bin ruhig nach dem Gebet; aber unversehens kehrt die Bangigkeit zurück, die Sorgen brechen wieder herein, ich hange zwischen Furcht und Hoffnung. Ich stütze mich auf Matthäus 21, 22; aber ach, welche Einwendungen erheben sich dagegen! Du bittest um Zeitliches; aber das ›alles‹ umfaßt auch dieses. – Du betest nicht nach dem Willen Gottes; aber er will doch, daß ich bete für meine Kinder, für mein Weib, für mein Amt. – Ich bete als Vater, als Ehegatte, als Pfarrer; aber eben als Pfarrer bist du ihm wegen deiner Sünden mißfällig. – Sind denn meine Sünden nicht versöhnt durch den Sohn Gottes? – Es ist zu groß, um was du bittest; nachdem alle Ratschläge der Ärzte sich als fruchtlos erwiesen haben, wird er denn ohne Mittel helfen? – Was ihr bittet, heißt es in dem Text. Was ist dem Allmächtigen zu groß? Hätte er freilich das Wort nicht selbst gesagt, so würde ich nicht wagen zu bitten. Unter dem legen sich die Wellen hie und da ein wenig; aber die Ruhe ist von kurzer Dauer, es folgt ein neuer Sturm ... So fahre ich denn getrost fort mit Beten. Ich will von den täglich sich wiederholenden Kämpfen nicht weitere Worte machen; aber das kann ich nicht unterlassen, Dich, den Diener Jesu Christi, aufs angelegentlichste zu bitten, daß auch Du Deinen und meinen Herrn angehest und bittest, daß er, da er größer ist als mein Herz, mich seines Willens gewiß mache, sei es durch seine Hilfe, sei es, daß er mir aus seinem Worte Weisheit gebe zum Dulden (Jakobus 1, 5), sei es durch Deinen Rat oder Deinen Trost oder Deine Belehrung.«

Wenn er nun auch sein Amt nicht mehr ausüben konnte, so war er doch treu in der Privatseelsorge. Es soll rührend gewesen sein, wenn er mit seinen Pfarrkindern sprach und sich anstrengte, ihnen mit heiserer Kehle ein Wort des Lebens zu sagen. In seinem Hause richtete er eine Erbauungsstunde ein, für deren Bedienung seine schwache Stimme ausreichte.

Je weniger er öffentlich wirken konnte, desto mehr versenkte er sich in der Stille seines Studierzimmers in den Reichtum der heiligen Schrift. Im Jahr 1752 erschien sein »Leben Jesu Christi«. Es ist ein sehr umfangreiches Gedicht, das er im alexandrinischen Versmaß verfaßt hat. Sein »Neues System aller Vorbilder Jesu Christi durch das ganze Alte Testament oder sieben Schattenstücke« veröffentlichte er 1758. Bei der Verwendung des Wortes »Schattenstück« dachte Hiller an Hebräer 10, 1. Diesem Werk ist sein berühmtes Lied »Jesus Christus herrscht als König« eingefügt. Es zählt im Original sechsundzwanzig Strophen. Zwei davon, die heute kaum noch bekannt sind, seien hier mitgeteilt:

Friedrich Christoph Oetinger

Menschen, lernt an diesem Liede:
Es ist Gnade, es ist Friede;
Jesus führte selbst den Krieg!
Gottes Geist hat's aufgeschrieben:
Tod, wo ist dein Stachel blieben?
Hölle, wo ist nun dein Sieg?

Alles dieses nicht alleine;
Die begnadigte Gemeine
hat auch ihn zu ihrem Haupt.
Er hat sie mit Blut erkaufet,
er hat sie zur Braut getaufet,
und sie lebet, weil sie glaubt.

Im Jahr 1762 gab er den ersten Teil seines »Geistlichen Liederkästleins zum Lobe Gottes, bestehend aus 366 kleinen Oden über so viel biblische Sprüche, Kindern Gottes zum Dienst aufgesetzt« heraus. Das Büchlein fand solchen Beifall, daß er schon nach kurzer Zeit um einen zweiten Band gebeten wurde. Er erschien 1767 und ist, wie der Titel besagt, »der Betrachtung des Todes, der Zukunft Christi und der Ewigkeit« gewidmet. Aus dem Liederkästlein sind viele Lieder in die evangelischen Gesangbücher übergegangen. In neuester Zeit ist die Zahl der aufgenommenen Hillerlieder stark zurückgegangen. Im württembergischen Gesangbuch von 1841 waren es 52 Lieder, im Gesangbuch von 1912 noch 37 und im württembergischen Anhang zum Einheitsgesangbuch, das selber nur 4 Lieder von Hiller enthält, sind noch 19 Lieder aufgenommen worden. Im Liederkästlein finden wir die bekanntesten seiner Lieder:

Singet Gott! Denn Gott ist Liebe ...
Die ihr bei Jesu bleibet ...
Es jammre, wer nicht glaubt ...
Die Liebe darf wohl weinen ...
Die Gnade sei mit allen ...

Wir warten dein, o Gottes Sohn ...
Mir ist Erbarmung widerfahren ...

Das »Liederkästlein«, das ein Lieblingsbuch der schwäbischen Gemeinschaftskreise, besonders der altpietistischen Gemeinschaft ist, hat viel Segen stiften dürfen. Nach einer mündlichen Überlieferung soll auch die Mutter Schillers das Liederkästlein als Andachtsbuch gebraucht haben; ja, es wird sogar berichtet, daß die dichterische Ader in dem jungen *Schiller* durch Hillers Lieder geweckt worden sei. Auch *Ludwig Hofacker* hat das Liederkästlein sehr geliebt. Am 1. Juli 1826 hielt er seine Antrittspredigt in Rielingshausen bei Marbach. Trotz seiner 28 Jahre war er körperlich bereits ein gebrochener Mann, und im Gefühl seiner Schwäche begann er gedämpften Tones mit dem Vers von Hiller:

Daß ich schwach bin, wird Er wissen,
daß Er stark ist, weiß auch ich;
der mich aus dem Tod gerissen,
ist noch dieser Gott für mich.

Man hat dreierlei an Hillers Liedern gerühmt. Da ist zunächst die Tatsache, daß der im Feuerofen seiner Trübsal geprüfte Mann so viele Loblieder gedichtet hat. Er hat sich in dem Vorwort zu seinem Liederkästlein darüber ausgesprochen: »Ich vermeinte, daß wir an solchen Liedern, die von dem Lobe Gottes handeln, keinen Überfluß haben. Denn da unsre gottseligen Alten in ihren Liedern gemeiniglich ein Gloria und Halleluja angehängt, so haben es die Neueren gar sparsam getan ... Ich wollte also in diesem Stücke einen Versuch tun, ob der Herr Gnade gebe, daß ich hierin den Kindern Gottes eine geringe Beihilfe leisten möchte.« Zum anderen hat man herausgestellt, daß der eigentliche Inhalt seiner Dichtung der Lobpreis der Gnade ist. Er ist wohl mit Recht der »Gnadensänger« der evangelischen Christenheit genannt worden. So rühmt er in einem seiner Lieder:

Gottlob, ich habe Gnade,
an Gnade ist's genug;
sonst ist mir alles Schade:
Der Mammon ist Betrug,
die Wollust ein Verderben,
die Ehre wird nicht satt.
Der kann zum Himmel sterben,
wer nichts als Gnade hat.

Und zuletzt hat man seine streng biblische Haltung hervorgehoben. Er erweist sich als ein echter Schüler seines großen Lehrers Johann Albrecht Bengel, dessen »Gnomon« er in Verse gebracht hat. »Kein Dichter hat das göttliche Wort so vielfach besungen wie Hiller«, urteilt *Albert Knapp* über ihn. Manche Verse Hillers geben Zeugnis von seinem tiefen Eindringen in das Wort Gottes. Man vergleiche den folgenden Vers:

Wenn ich täglich Manna äße,
das gelobte Land besäße,
Joseph selbst zum Pfleger hätte,
nachts des Salomonis Bette,
Gold aus Ophir gleich den Steinen:
würde das nicht Segen scheinen?
Doch ist's klein, wenn wir's erwägen
nach der Himmelsgüter Segen.

Über die Grundsätze, die ihm in seiner geistlichen Dichtung wichtig waren, hat er sich in der Vorrede zum »Paradiesgärtlein« ausgesprochen: »Wie der Geist des Glaubens mein Herz erfüllen muß, daß ich rede, so muß es auch heißen: Ich glaube, darum singe ich. Unser Singen soll wie das Beten im Geist und in der Wahrheit geschehen. Buße, Glaube und Liebe müssen der redliche Grund unsres Gesangs heißen. Singen ohne Buße nennt die Schrift ein »Geplärr« (Amos 5, 23); Singen ohne Glaube heißt Sünde (Römer 14, 23); Singen ohne Heiligung des Lebens ist Lüge und Betrug (1. Johannes 1, 6).

Wo aber Buße, Glaube und neuer Gehorsam ist, da ist das rechte Singen und Spielen in dem Herzen der Erlösten.«

Im Jahr 1763 schrieb er ein Bekenntnis nieder, das hier als Ausdruck seiner tiefen Frömmigkeit folgen möge: »So groß die leiblichen Wohltaten Gottes gegen mich gewesen sind, so ist doch seine Barmherzigkeit im Geistlichen an mir noch größer gewesen. Davon will ich nur etliches rühmen. Die erste geistliche Wohltat empfing ich in der heiligen Taufe, welche mich oft in Anfechtung getröstet hat. Hernach hat er noch in der Kindheit und dann bei dem heiligen Abendmahl mein Herz kräftig gerührt und zum Gebet und Lobe Gottes eifrig angetrieben. Ferner hat er mich in der Liebe seines göttlichen Worts erhalten und mich in der Erkenntnis Jesu Christi, meines Erlösers, wachsen lassen, auch mein amtliches Wirken, besonders in den kleinen Sonntagsstunden, und meine eben in diesen stimmlosen Jahren ausgefertigten Büchlein nicht ohne Segen sein lassen, welches hiermit zum Ruhme seiner unverdienten Barmherzigkeit gemeldet sei. Mein Letztes ist, daß ich seiner Verheißung traue und hoffe, er werde einst auch im Tode seine Barmherzigkeit nicht von mir reißen und mich einst auf den Versöhnungstod Jesu Christi, seines Sohnes, meines Herrn, selig hinsterben und in diesem die Auferstehung und das ewige Leben finden lassen.«

Seine Wallfahrt sollte nicht mehr lange dauern. Er hatte oft den Wunsch ausgesprochen, daß ihm der Herr einen ruhigen Heimgang ohne langes Krankenlager bescheren möge. Dieser Wunsch ist ihm auch erfüllt worden. Kurz nach Vollendung seines siebzigsten Lebensjahrs traf ihn am 24. April 1769 ein Schlaganfall, der noch in der Nacht seinem Leben ein Ende setzte. Es ist ihm geschenkt worden, was er einst in seinem Lied erbeten hatte:

Gib mir ein ruhig Ende;
der Augen matten Schein
und die gefaltnen Hände
laß sanft entseelet sein.

Laß meine letzten Züge
nicht zu gewaltsam gehn,
und gib, daß ich so liege
wie die Entschlafenen.

In dem Jahr, in dem Hiller starb, sind noch zwei Liederdichter der evangelischen Christenheit heimgegangen, nämlich *Christian Fürchtegott Gellert* und *Gerhard Tersteegen.* Albert Knapp hatte einmal im Hinblick auf diese drei Liederdichter ein merkwürdiges Traumerlebnis. Er erzählt darüber: »Ich kann nicht umhin, eines mir unvergeßlichen Traumes, den ich in der Nacht des 1. oder 2. Januars 1849 erlebte und dessen Lichtbild mir noch wunderlieblich vor den inneren Augen steht, ... Erwähnung zu tun. Es erschienen mir in jenem heiteren Traume drei längst vollendete Geister, von einem duftigen Strahlenglanz umflossen, und zwar also, daß einer auf einer hellen wolkigen Zwischenwand über dem anderen stand. Diese drei Geister flüsterten mir mit milden Worten zu: ›In diesem Jahre sind es achtzig Jahre, daß wir zum ewigen Leben vollendet worden!‹ Ich vermochte die Lichtgestalten, deren Glanz nach oben stets heller und herrlicher wurde, nicht nach ihren einzelnen Zügen zu erblicken, aber es wurde mir deutlich gesagt: Siehe, dieser untere ist Gellert, der mittlere ist Hiller, der obere ist Tersteegen! Ein Wonnegefühl durchdrang mich bei der Anschauung dieser ernsten, feierlich blickenden Geister, und als ich des anderen Morgens die Quellen nachschlug, fand sich's, daß diese drei trefflichen Sänger der Kirche des Herrn ihren irdischen Lauf im Jahre 1769 vollendet haben – ein Umstand, der mir im wachenden Zustand nie bemerklich geworden war.«

Friedrich Christoph Oetinger

der Prälat von Murrhardt (1702 – 1782)

Eine Sonderstellung unter den Theologen seiner Zeit nimmt *Friedrich Christoph Oetinger* ein. Wiewohl er mit Johann Albrecht Bengel jahrelang in Verbindung stand, gehört er doch nicht zu seinem engeren Schülerkreis. Er war ein Mann eigenster Prägung, dessen Theologie, in der sich kabbalistische[1], mystische, theosophische, alchimistische[2] und andere Gedankengänge mit einer großen Schau der Bibel mischen, dem heutigen Menschen oft schwer zugänglich ist. Auch sein Lebensweg unterscheidet sich merklich von dem des stillen und zurückhaltenden Bengel. In dem Büchlein: »Genealogie der reellen Gedanken eines Gottesgelehrten« hat er sein eignes Leben beschrieben. Diese Selbstbiographie gehört zu den klassischen Dokumenten des 18. Jahrhunderts.

Er wurde am 6. Mai 1702 in Göppingen als Sohn des Stadt- und Amtsschreibers Joh. Chr. Oetinger geboren. Seine Mutter bezeichnet Oetinger als ein »edles, kluges Gemüt«. Aus seinen Kinderjahren erzählt er: »Diejenigen, die mich in zarter Kindheit auf den Armen getragen und auf mich acht gegeben haben, sagen mir, man habe mich das einfältige Friederle geheißen. In Schorndorf hat mich eine sehr kluge Jungfrau namens Wölfing auferzogen. Ich erinnere mich noch des Ernstes, mit dem sie mich auf den Armen trug. Sie sagen, ich sei in meinem Gesicht sehr einförmig gewesen, hätte oft lange in eine Ecke geschaut, und bei aller Beweglichkeit sei ich doch ruhiger Art gewesen. Darum haben sie mir diesen Namen ge-

[1] Kabbala (hebräisch Überlieferung) ist die im Mittelalter aus verschiedenen Quellen zusammengeflossene jüdische Mystik. In Verbindung mit der christlichen Lehre fand sie ihren besonderen Höhepunkt in Württemberg in der Lehrtafel der Prinzessin Antonia in der Dreifaltigkeitskirche zu Teinach.

[2] Alchimie (arabisches Wort, das so viel wie Chemie bedeutet). Seit dem 17. Jahrhundert bezeichnete man damit die vermeintliche Kunst der Adepten, die mit dem »Stein der Weisen« unedle Metalle in Silber und Gold zu verwandeln suchten.

geben. Als ich von Schorndorf in meinen Geburtsort zurückkam, hatte ich meiner Mutter Bruder, Magister Wölfing, zum Erzieher. Dieser war ein gebrechlicher Mensch, zaghaft und schwachsichtig; er taugte also zum Erziehergeschäft nicht viel, doch war er gottesfürchtig. Er ließ mich viele Lieder auswendig lernen, und einmal, zwischen dem sechsten und siebten Jahr, legte ich mich neben ihm nach Gewohnheit schlafen. Ich mußte einen ganzen Rosenkranz von Liedern vor dem Einschlafen herbeten. Endlich wurde ich etwas ungeduldig und dachte: Wenn ich doch auch wüßte, was ich betete! Ich kam an das Lied:

Schwing dich auf zu deinem Gott,
du betrübte Seele!

Nichts von Betrübnis wissend, wurde ich heftig angetrieben, zu erfahren, was es sei, sich zu Gott aufschwingen. Ich bemühte mich inwendig darum vor Gott, und siehe! da empfand ich mich aufgeschwungen in Gott. Ich betete mein Lied ganz aus. Da war kein Wort, das nicht ein deutliches Licht in meiner Seele zurückließ. In meinem Leben habe ich nichts Fröhlicheres empfunden.«

Bei Nacht hatte er als Kind oft Träume, in denen er die Gefängnisse der Unseligen nach dem Tod sah. Eine alte Matrone öffnete mit dem Schlüssel die Gemächer, »allwo ich dann tief in die Behältnisse der verschiedenen Unseligen sah und ihr Zetergeschrei hörte«.

Inzwischen wurde er von einem anderen Lehrer unterrichtet, dem Präzeptor Kocher, der aber auch für seinen Beruf denkbar ungeeignet war. Seine Unterrichtsmethode bestand einzig und allein in stetem Einpauken des Wissensstoffes. Wenn der Knabe dann hie und da ein paar Wörter nicht geläufig aufsagen konnte, dann verhängte er harte Strafen. Jahrelang war er diesem Lehrer ausgeliefert. Die wenigen Andeutungen, die Oetinger macht, zeigen, daß seine Erziehung schon in frühem Alter jeden Augenblick mit einer Katastrophe hätte enden können: »Mein Leben wurde mir dadurch so bitter und der Zorn und Grimm machten mich so böse, daß ich endlich fluchen lernte wie ein hamburgischer Schiffer, und daraus folgte dann ein von Gott abtrünniges Leben und viele Sünden der Jugend, doch immer mit viel Zaum und Bewahrung.« In seinem vierzehnten Lebensjahr beeindruckte ihn tief die Bibelstelle Jesaja 54, 11 – 14. Damals fragte er sich, ob die Worte ihn wohl persönlich angingen. Wie groß der ewige Anstoß war, den er durch diese Worte empfangen hatte, zeigt die Tatsache, daß er im Jahr 1739 über sie ein Büchlein »Etwas Ganzes vom Evangelium« geschrieben hat.

Die Entscheidung über seinen künftigen Lebensweg fiel erst am Ende seines Aufenthalts in Bebenhausen. Er war sich unschlüssig, ob er Jurist oder Theologe werden sollte. In seiner Selbstbiographie erzählt er: »Mein Herr Prälat Hochstetter drang oft in mich, mich zu entscheiden und nicht in der Unentschlossenheit hängen zu bleiben; aber ich konnte zu keiner Entscheidung kommen. Endlich – er war ein sehr aufrichtiger, gerader Mann – forderte er mich ausdrücklich deswegen auf sein Zimmer und machte mir gleichsam befehlsweise die Auflage, mich zu entschließen. Ich sagte, ich hätte ebenso viele Gründe dafür als dagegen; ich könne mich deswegen nicht entscheiden. Da sagte er: ›So gehe Er hinein nach Tübingen zu seinem Vetter Elias Camerer, und was der ihm sagt, das tue Er!‹ Camerer hatte meiner Mutter Schwester zur Frau. Ich ging hin. Sein Bescheid war: ›Gehe Er nur aus dem Kloster, Er hat kein geistlich Fleisch!‹ Da sagte ich: ›Mein Herr Vetter! Sie wissen nicht, wie es mir ist; ich fürchte Gott im Verborgenen.‹ Dies erzählte ich geradeso dem Herrn Prälaten. Da gab er mir die Weisung: ›So gehe Er hinein in seine Kammer, falle Er nieder vor Gott und bitte Er um eine feste Entschließung!‹ Wie ein Pfeil fuhr ich in meine Kammer, fiel nieder auf meine Knie und wollte beten; aber ich konnte nicht, denn ich hatte ebensoviel Neigung zur Welt als zu Gott. Mir ging es geradeso wie Augustin, der auch zwischen zwei Entscheidungen hing, als er sich zu Gott bekehren wollte. Unterdessen kam mir der Gedanke in den Sinn: Was ist's nachher, auch wenn du die prächtigsten Kleider trägst, zu befehlen hast und alle Gipfel der Ehre ersteigst? Es ist doch besser, Gott zu dienen. *Deo servire libertas!* Gott dienen, ist Freiheit! Darauf rief ich Gott von ganzem Herzen an, mir alle Absichten auf die Welt aus der Seele zu nehmen – und das geschah sogleich. Ich war nun vollkommen entschlossen, bei der Theologie zu bleiben. Von der Stunde an war ich ein anderer Mensch. Ich war nicht mehr galant in Kleidern, ging nicht mehr in Gesellschaft, redete wenig und las in Gottes Wort, nicht mehr im Cicero und anderen weltlichen Schriftstellern. Die Zöglinge sahen meine Veränderung, wunderten sich, sahen mich durch ein Fensterlein oft in meinem Zimmer beten und kamen zu mir mit dem Verlangen, mit ihnen zu beten. Das tat ich in Einfalt.«

Als Student in Tübingen lernte er einen Pulvermüller kennen, der ihm eines Tages die Schriften von *Jakob Böhme* zeigte und auch lieh. Er legte alle Vorurteile, die er bis dahin gegen Böhme gehabt hatte, beiseite und las sich in seine Gedankengänge ein. So sehr ihn Böhme beeindruckte und ihn bis in sein Alter hinein beschäftigte, so suchte er doch gegen alle philosophischen Gedanken das Gegengewicht in der heiligen Schrift. »Ich sah dabei wohl, daß die Beweisung des Geistes und der Kraft der wahren vernunftgemäßen Beweisführung nicht entgegengesetzt ist, sondern daß Apollos mit Gründen bewiesen hat, und Paulus seine Kolosser zu allem Reichtum der vollen Erkenntnis zusammengefaßt wissen will, nicht auf eine unaussprechbare Art, sondern durch Schlüsse des Geistes. Ich zweifelte also nicht, daß, so sehr auch die Philosophen ihre Begriffe bis aufs letzte hinausführten, die heiligen Männer Gottes ebensolche letzte Begriffe müßten gehabt haben, nur nicht so genau ausgewickelt in der Form, der Wesenhaftigkeit nach aber hundertmal besser.« Auf mancherlei Reisen und Wanderungen hatte er nach der Beendigung seines Studiums in Tübingen Gelegenheit, bedeutende Menschen kennenzulernen und tiefe Einblicke in das christliche Gemeindeleben seiner Zeit zu tun. In Frankfurt machte er die

Bekanntschaft eines gelehrten Juden *Hecht,* mit dem er kabbalistische Studien trieb. In Berleburg besuchte er die Gemeinde der Inspirierten. Ihre Zänkereien aber stießen ihn bald ab. Dagegen fühlte er sich in Jena sehr angezogen von dem edlen *August Spangenberg,* dem Freund und Gehilfen Zinzendorfs. Er nahm auch einmal an einer Erbauungsstunde teil, die Spangenberg unter den Studenten eingerichtet hatte, mußte aber an der nachher einsetzenden sehr lebhaften Besprechung erkennen, daß sie doch nicht seine Auffassung von der heiligen Schrift teilten. Im Mai 1730 traf er in Herrnhut ein, dem Hauptsitz der von *Zinzendorf* gegründeten Brüdergemeine. Bald merkte er jedoch, wieviel ihn von den Brüdern trennte. Darum sagte er ihnen in aller Ehrlichkeit: »O ihr lieben Leute! Ich höre aus allem, daß ihr nicht auf der heiligen Schrift, sondern auf den Liedern des Grafen Zinzendorf steht.« Zinzendorf suchte den jungen Theologen, dessen geistige Bedeutung er bald erkannt hatte, für seine Gemeine zu gewinnen. Oetinger lehnte ab und betonte, daß er »von ihrer Sprache nicht ein Wort annehmen und dennoch die Gemeinschaft mit ihnen lieben wolle.« Inzwischen berief ihn die Kirchenbehörde in den heimatlichen Kirchendienst zurück. Von 1731 – 1733 weilte er als Repetent in Tübingen. Er benutzte die Zeit, um über sich und seine Theologie klar zu werden. Auf den Rat von Johann Albrecht Bengel begab er sich noch einmal auf Reisen. Er begleitete zunächst den Grafen Zinzendorf, der in Tübingen einen Besuch gemacht hatte, und reiste dann weiter nach Ruderstädt bei Erfurt, wo er einen Bauern namens Markus Völker kennenlernte, der die Zentralerkenntnis[1] in hervorragendem Maße besaß und auf ihn einen tiefen Eindruck machte. Schließlich ging er wieder nach Herrnhut, wo er auf Einladung Zinzendorfs an einer zeitgemäßen Bibelübersetzung mitarbeitete; aber bereits im Jahr 1734 trennte er sich wieder von Zinzendorf. Der Graf schien ihm die Bibel

[1] Es ist dasselbe, was auch als »inneres Schauen« bezeichnet wird, eine Erkenntnis durch mystische, innerliche Schau ohne logisches, schlußfolgerndes Denken. Es sind »Empfindungen, wo das Objekt in das Wesen selbst eingeht« (Oetinger).

doch nur als »ein Spruchkästlein« zu benutzen. So schied er »unter viel ausgestandenem Kummer« von der Gemeinde und reiste weiter nach Leipzig, wo er seine Schrift »Von der Herablassung Gottes« herausgab. In Halle hielt er biblische Vorlesungen und studierte nebenher Medizin. Er berichtet in seiner Selbstbiographie: »Nach diesem besuchte ich den Völker noch einmal, dann reiste ich über Nimwegen nach Leyden. Dort sprach ich mit s'Gravensande, Mark und anderen und lernte auch die dortigen sektiererischen Geister kennen. Endlich kam ich nach Amsterdam; ich hielt mich hier aber nicht lange auf.«

Der Weg führte ihn dann nach Homburg, wo er bei einem Dr. Kämpf in der ärztlichen Praxis mitarbeitete. »Endlich nach etwa drei Vierteljahren, nachdem ich die medizinische Praxis kennengelernt hatte, gedachte ich, wieder ins Vaterland zu reisen. Ich hatte jedoch keine grundhaltende Einheit unter allen auswärtigen Gemeinschaften antreffen können. Ich fand nirgends, daß jemand auf die Grundideen der Apostel und Propheten seine Gewißheit baute, sondern daß jeder den Sinn der heiligen Schrift zu seinem Gesichtswinkel herabbog und dann allein auf der Führung Gottes bestand. Das ließ ich ihnen für ihre Person gelten, aber mich konnte es nicht beruhigen. Ich mußte drei Säulen haben, auf denen mein Gebäude ruhen könnte; nämlich erstens die Grundweisheit, die ich aus der menschlichen Gesellschaft und aus der Natur vernahm, zweitens den Sinn und den Geist der heiligen Schrift, drittens die Führung Gottes auf dieser Grundlage.«

So kehrte er im Jahr 1737 wieder nach Württemberg zurück und stellte sich der Kirchenbehörde zur Verfügung. Er wurde zunächst wieder als Repetent nach Tübingen gesandt. Ein Jahr später nahm er die kleine Pfarrstelle Hirsau bei Calw an, weil er dachte, »er habe in einer kleinen Pfarrei mehr Freiheit, der Wahrheit nachzuspüren.« Von Hirsau aus besuchte er öfters den Präzeptor *Schill* in Calw. Oetinger klagte ihm eines Tages, daß seine Gemeinde im Kirchenbesuch sehr nachlässig sei und daß er oft vor leeren Bänken predigen müsse. Schill erwiderte, er wolle einmal an einem Sonntag in seine Kirche kommen und prüfen, ob nicht Oetinger die Schuld mittrage. Der Präzeptor hielt Wort, kam nach dem Gottesdienst in das Pfarrhaus und sagte dann zu ihm: »Nur getrost, lieber Gevatter! Es fällt kein Wort auf die Erde. Ihre Kirche war voll von unsichtbaren Zuhörern, die Ihnen jedes Wort begierig vom Munde wegnahmen. Machen Sie nur so fort; Ihre Arbeit ist nicht vergeblich in dem Herrn!« Von Schill sagt Oetinger in einem Brief an den *Grafen von Castell* aus dem Jahr 1749: »Als ich neulich meinen Gevatter, Präzeptor Schill in Calw, als sterbenden Greis besuchte, hat er mir erstaunliche Dinge erzählt von seiner geheimen Verbindung mit den Seligen. Er ist ein Mann, der Tag und Nacht mit Gott wandelt.« In Hirsau gründete Oetinger seinen Hausstand mit *Christiane Linsenmann,* der Tochter des Stadtschreibers von Urach. Es ist eine glückliche Ehe geworden. Noch nach zwanzig Jahren durfte er bekennen: »Ich und meine Frau sind unter dem Gnadenhimmel in Eines.« Den Eheleuten wurden zehn Kinder geschenkt, aber nur vier, zwei Söhne und zwei Töchter erreichten ein höheres Alter.

Nachdem Bengel auf die Propstei Herbrechtingen befördert worden war, bewarb sich Oetinger im Jahr 1743 um die Pfarrstelle Schnaitheim, die ihm auch übertragen wurde. Von Schnaitheim aus pilgerte er nun oft nach Herbrechtingen, um sich mit Bengel auszusprechen; »denn«, gestand er einmal Bengel, »es ist nicht möglich, als daß mir alles zu Honig im Munde wird, was von Ihnen zu kosten gegeben wird.« Oetinger veranlaßte auch, daß die »Sechzig erbauliche Reden über die Offenbarung«, die Bengel in Herbrechtingen hielt, nachgeschrieben und dem Druck übergeben wurden. Um seiner Gesundheit willen mußte er die Stelle in Schnaitheim wieder aufgeben und den leichteren Dienst in Walddorf bei Tübingen übernehmen. Hier beschäftigte er sich viel mit chemischen Experimenten, um so ein Verständnis für die geistigen Vorgänge im Reich der Gnade zu gewinnen. Er war überzeugt, daß Geist und Natur, Himmlisches und Irdisches von ein und derselben Gotteskraft durchwaltet sein müsse und daher in ein System gebracht werden könne.

Viel Wert maß er einem Experiment mit einem Büschel trockner Melissenblätter bei. Er hatte die Melissenblätter zerhackt, in einem Glasgefäß mit Regenwasser eingeweicht und über ein Feuer gebracht. Dabei schwamm endlich das Öl der Melissen oben auf dem Wasser und zeigte die Form unzähliger Melissenblätter. Sie lagen nebeneinander »mit völliger Zeichnung und Determination (Abgrenzung) aller Striche der Melissenblätter, so schön, daß ich alle Linien der Melissenblätter aufs bestimmteste wahrgenommen und meiner Frau lange vorgezeigt ... Sooft ich das Öl untereinander geschüttelt, so restituierten sich (stellten sich her) die Formen zu Tausenden wieder in dem Öl ... Hier hatte ich die Form der Melissen ohne subsistierende (tragende und geprägte) Materie. So gibt es denn noch eine Form ohne die Stäublein der Erde.« Das alles war ihm höchst bedeutsam. Er folgerte daraus, daß die geistige Form unabhängig von der Materie da sei. Vor allem glaubte er, neue Erkenntnisse für die Auferstehung des Leibes gewonnen zu haben: »Der Leib ist zweierlei: die grobe Hülse und der Stoff zum geistlichen Leib. Dieser ist schon in dem bildenden Lebensgeist, und derselbe nimmt die bleibenden Stäublein wieder an sich, wenn er in die Erde gesät wird. So weit können wir nachsinnen. Der geistliche, subtile Leib ist in dem natürlichen verborgen; aber er kommt nicht ohne Gottes Auferstehungskraft hervor. Und davon wissen wir sehr wenig.«

In dem stillen Walddorf verfaßte er drei seiner bedeutsamsten Schriften. Zunächst schrieb er in lateinischer Sprache die »Inquisitio in sensum communem« (Untersuchung über *das allgemeine Wahrheitsgefühl*). In einem Brief an den Grafen von Castell hat er das allgemeine Wahrheitsgefühl näher umschrieben (1752): »Der sensus communis ist das Verborgene der Menschen, ein stilles Gefühl der Ewigkeit, oder wie Salomo (Prediger 3, 11)[1] sagt, Gott habe die verborgene Ewigkeit

[1] In der Übersetzung Oetingers: »Denn alles hat er gemacht schön zu seiner Zeit, und hat er auch die Ewigkeit in ihr Herz gegeben.«

in der Menschen Herz gegeben. Dies wird auf viele Arten heutzutage unterdrückt, es wird für Schwärmerei gehalten. Canz (Professor in Tübingen) doziert öffentlich, ohne daß einer kommt und sagt: Der Herr schelte dich! es sei kein Trieb zu Gott im Menschen, sondern es komme alles durch Unterricht in ihn. Es sind aber oberherrschaftliche, von des Menschen Erziehung unterschiedene, von dem Menschen selbst verschiedene, auf die Ewigkeit zielende Triebe im Menschen, und wenn dies nicht ist, so ist das Zeugnis des Geistes Gottes im Menschen, auch im Wiedergeborenen unerklärbar. Wenigstens ist jener Sinn das Receptivum (das empfangende Organ) davon.«

In der »Genealogie der reellen Gedanken eines Gottesgelehrten«, seiner bereits erwähnten Selbstbiographie, sagt er über sein Buch: »In Walddorf habe ich die ›Untersuchung über das allgemeine Wahrheitsgefühl‹ lateinisch geschrieben. Darin findet man die Grundbegriffe der Schrift alle beisammen. Der Zweck des Buches steckt in den letzten Worten: Erstens suche wie Sokrates aus der Gelehrsamkeit der jetzigen Zeit das Nützlichste und Einfältigste heraus, zweitens schaffe, daß du aus der Naturlehre und der Sittenlehre dir das zu eigen machst, was am nächsten an die Ausdrücke der heiligen Schrift hinreicht, damit selbst deine Worte, die du aus diesem Grund schöpfst, eine Ähnlichkeit haben mit dem Stil der heiligen Schrift. Das Zeugnis Jesu ist der Geist der Weissagung. Nach dieser Ähnlichkeit lerne denken, fühlen, reden, lehren und lesen. Das übrige spare auf die Auswirkung in jener Welt. Denn die Zeit ist eine eingewickelte Ewigkeit und die Ewigkeit eine ausgewickelte Zeit. Hier suche das rechte Maß zu treffen, so bist du weise.« Im dritten Kapitel seines Buches handelt Oetinger von den Regeln, nach denen der sensus communis zu gebrauchen ist. Er faßt sie in die Worte zusammen: »Die beste Regel des sensus communis wäre nach Davids und Christi Wort 2. Samuel 7, 27 und Lukas 11, 35. 36. Denn sein Herz finden und zusehen, daß nicht das Licht in uns Finsternis sei, begreift schon alle Regeln.«

Die zweite Schrift, die Oetinger in Walddorf verfaßt hat, hat den Titel: *»Die Wahrheit des allgemeinen Wahrheitsgefühls in den Sprüchen und dem Prediger Salomo«*. Im Vorwort spricht Oetinger zunächst über seine eignen Erfahrungen, die ihn dahin führten, daß er die Weisheit auf der Gasse hörte: »Ach, was für eine fremde Gewalt ist über uns, daß wir weder zu Gott, noch zu uns selbst, noch zu der heiligen Schrift, sondern zur Eitelkeit Lust haben. Dieses merkte ich schon vor dreißig Jahren an mir; ich sah gründlich, was Paulus sagt Römer 7: ›Ich weiß, daß in mir, das ist in meinem Fleisch, wohnt nichts Gutes‹ und wieder: ›So tue nun dasselbe nicht ich, sondern die Sünde, die in mir wohnt‹. Ich wurde mir daher recht feind, traute niemand weniger als mir in meinem doppelten Ich. Doch suchte ich mich zu erniedrigen und zu verleugnen, um sowohl die auf der Gasse rufende Weisheit, nämlich die lehrenden Buchstaben der Werke Gottes, als auch die Werke des Sohnes Gottes und alles, was damit übereinstimmt, kurz die Schriftart der heiligen Schrift zu verstehen, damit mir dieselbe sage, wer ich sei und aus was (für) seltsamen Widerspielen ich handle.« Oetinger sagt dann weiter: »Man muß tief graben (Sprüche 2, 4). Meine Arbeiten, zu mir selbst zu kommen, biete ich dir aus herzlicher Liebe an.« In der Einleitung behandelt er die dreifache Sittenlehre nach der Natur, nach der heiligen Schrift und nach Jesus Christus und vergleicht dann die Sittenlehre Salomos mit der Lehre Jesu Christi. Den Hauptteil des Werkes machen Erläuterungen der Sprüche, des Predigers und des Hohenliedes Salomos aus. Hier möge noch eine Stelle aus dem Werk folgen, die besonders deutlich macht, was Oetinger unter dem allgemeinen Wahrheitsgefühl versteht: »Ich habe mich vielmal entsetzt, daß unter den Gelehrten eine solche Geringschätzung gegen die Sprüche der Weisheit Salomo aufgekommen; aber unter den Hauptursachen sind wohl diese die erheblichsten: Weil man die Wahrheiten des sensus communis, welcher zu der auf allen Gassen lautrufenden Stimme der Weisheit (Sprüche 1 und 8) sich als ein Fühlungswerkzeug (sensorium) verhält, nicht eben so hoch schätzt als die Wahrheiten, welche auf Universitäten demonstriert werden. Sensus communis oder Herz muß allezeit bei den Verstandeskräften sein. Nicht die bloße Deutlichkeit der Begriffe, nicht der geschickte Zusammenschluß der Sätze macht, daß die Menschen in Sachen des gemeinen Lebens richtig und schulmäßig handeln. Man beweise ihnen noch so bündig, daß es vernünftig sei, so oder so zu handeln – wenn man sie nicht durch etwas Eingreifenderes als die Klarheit der Sätze bewegt, so werden sie sich nicht rühren. Zum Gehen und Reisen ist nicht genug, daß heller Tag sei, man muß ein Geschäft auszuführen haben, man muß Hände und Füße brauchen. Überhaupt ist die Deutlichkeit der Beweise nicht genug zur lebendigen Erkenntnis; es müssen gewisse Schickungen Gottes dazu kommen, es müssen gewisse Eindrücke dabei sein, die das Innerste des Menschen rühren. Darum hat der große Schöpfer so weislich geordnet, daß gewisse Vorempfindungen und Neigungen dazu helfen sollen, daß die Wahrheit in Übung komme, daß in der Gesellschaft gewisse Empfangsmittel und Beziehungsformen der Obern gegen Untere und gewisse zum Eifer reizende Arten Gleicher gegen Gleiche statthaben sollen, wodurch die Vernunft auf den Posten gestellt werde, mit Ernst zu wirken. Die Väter sind ohne Beweis schon gerührt, für ihre Kinder zu sorgen; die Liebe demonstriert nicht, sondern reißt das Herz oft wider die Vernunft hin gegen den geliebten Vorwurf[1]. Die Weisheit ruft auf der Gasse, zu oberst auf den Türmen, am Wege, an den Türen vor der Stadt, am Eingange der Tore (Sprüche 8, 2. 3. 4). Wenn sie denn an den bekanntesten Orten so laut ruft, so muß auch etwas sein, das sie hört: das ist sensus communis. Keine kürzere Definition gibt es als ›das, was der Weisheit, die auf den Gassen schreit, antwortet‹ ... Die Leuchte des Herrn ist in jeglicher Seele (Sprüche 20), wievielmehr in den Dienern Jesu Christi. Sie müssen vor allem diesen sensus communis kennen, davon Jesus Christus so oft geredet: Wer aus der Wahrheit ist, der hört meine Stimme; und

[1] das im Herzen lebende Bild des geliebten Menschenkinds

wieder: Schaue, daß nicht das Licht in dir Finsternis sei!« – »Der sensus communis wird standhaft gemacht durch die heilige Schrift. Denn wie die natürliche Freiheit leicht in eine Ausgelassenheit ausarten würde, wenn sie nicht den Gesetzen der Gesellschaft untergeordnet wäre, so würde auch der sensus communis leicht abweichen und an sich selbst zweifelhaft werden, wenn nicht göttliche Kraft, göttliche Aussprüche, Einsetzungen Jesu, Geheimnisse des Reiches Christi, historische Begebenheiten, worauf sich der Glaube mit gründet, dazu kämen; wenn beides beisammen ist, das ist heilsam, das fruchtet.«

Das dritte Werk, das als Frucht seiner eifrigen theologischen Arbeit in Walddorf entstand, ist *»Die Theologie aus der Idee des Lebens«*. Oetinger hat das Werk in lateinischer Sprache geschrieben. Es wurde 1852 von *Julius Hamberger,* dem Freund der Oetingerschen Theologie, in die deutsche Sprache übersetzt. In seiner Vorrede umreißt Oetinger den Inhalt des Buchs mit folgenden Worten: »Es fühlte Petrus mehr als er damals einsah, daß der Herr Worte des ewigen Lebens habe und ausspreche (Johannes 6, 68). Und eben diesem Petrus wie den übrigen Aposteln gab der Engel des Herrn, nachdem er sie aus dem Gefängnis befreit hatte, im Namen Gottes den Befehl: ›Geht hin und tretet auf und redet im Tempel alle Worte dieses Lebens‹ (Apostelgeschichte 5, 20). Es handeln also die Worte des Lebens erstens von Gott, als der Quelle des Lebens, zweitens vom Menschen, als dem Behältnis des Odems der Leben, drittens von der Sünde, als der Entfremdung vom Leben Gottes, viertens von der Gnade, als der Mitteilung des neuen Lebens, fünftens von der Kirche, als der Gesellschaft, in welcher der Geist des Lebens wirkt, sechstens von den letzten Dingen, wie zum Beispiel von dem Ende und Ausgang des Lebens.«

Im Jahr 1752 wurde er zum Dekan von Weinsberg ernannt. Die Weinsberger Zeit sollte für ihn zu einer bitteren Schule des Leidens werden, wo er durch allerlei Verleumdung gehen mußte. Seine Frau wurde ganz zu Unrecht des geheimen Ehebruchs bezichtigt. Freilich kam ihre Unschuld bald an den Tag, aber ein bitterer Stachel blieb zurück. Auch fand er mit seiner Predigt in der Gemeinde wenig Anklang. Man scheute sich nicht, ihn einen »Märleinsprediger« zu nennen. In einem Brief an den Grafen von Castell klagt er: »Wenn man die Zuhörer besucht, das haben sie gern, auch hören ihrer etliche gern von Jesu sprechen; etliche aber sind noch voll Kurzweil, Lachen, ausgelassenen Wesens ... Alles, was ich schreibe, auch in geistlichen Dingen, das ist wider den goût (Geschmack) der Leute. Sie wollen eine einschläfernde Lehre haben. In meiner Gemeinde besuche ich alle Tage Leute; aber was ist's? Man stellt mir ein Glas Wein vor und schwätzt von Dingen, die ich nicht gern höre. Ihr Wunsch wegen meiner Gemeinde ist herzlich gut gemeint; aber in Kapernaum fängt er nicht an. Die Leute lieben den Wein als einen guten Gott.«

Die bedeutendste Frucht jener schweren Jahre waren seine »Reden nach dem allgemeinen Wahrheitsgefühl über die Evangelien und Episteln«, die 1759 erschienen und als *»Weinsberger Predigtbuch«* bezeichnet werden. Im Vorwort teilt er seine Predigtregeln mit. »Man muß *erstens* kurz predigen, damit man nicht wieder hinauspredigt, was man hineingepredigt. *Zweitens* muß man einfältig, ohne entlehnte Worte, ohne Schulterminos (-begriffe)reden, damit der Zuhörer fühle, es sei eine Frucht der Lippen und des Herzens. *Drittens* muß man gründlich reden, sich an keine Spitzfindigkeiten ... binden ..., *viertens* muß man sehr massiv oder augenscheinlich reden, damit sich die Sachen selbst behalten, besonders muß man Tatsachen und Geschichten wie Arnd in die Reden einwirken.« Dem Werk war noch der »Versuch eines biblischen Wörterbuchs« beigefügt. Beinahe zwanzig Jahre später gab Oetinger sein »Biblisch-emblematisches Wörterbuch, dem Tellerschen entgegengesetzt« (1776) heraus. Von Oetinger sind dann später noch unter anderem das Herrenberger und Murrhardter Predigtbuch und außerdem ein Band Epistelpredigten erschienen.

Seine Ernennung zum Dekan von Herrenberg empfand er als eine Befreiung aus unerträglichen Verhältnissen. Über seine Tätigkeit in Herrenberg schreibt er: »Hier lehrte ich das Volk ganz ruhig ohne äußerliches Aufsehen und brachte sonst die Zeit mit Auferziehung meiner Kinder zu, deren ich, nachdem mir sechs gestorben sind, noch vier habe. Des Sonntags halte ich Versammlung und lehre die Leute gute Hausväter sein, aber auch gute Knechte und Mägde; denn Christen im Spekulieren gibt's genug, aber wenig, die Jesu Regel, Matthäus 7, 12: ›Alles, was ihr wollt und so weiter‹ auch praktizieren.« Von seiner Hochachtung vor der Treue und dem Fleiß der Hausmütter zeugt folgende Begebenheit: Einst war ein junger Vikar bei ihm über Nacht. Oetinger sah lange schweigend aus seinem hochgelegenen Pfarrhaus zu Herrenberg ins weite Land hinaus, wo man die Lichter der Dörfer leuchten sah. Als ihn der Vikar fragte, was er denke, da er so still sei, antwortete Oetinger: »Ich dachte an die treuen Mütter in diesen Dörfern, die jetzt teils die Kleider ihrer Kinder zusammenflicken, teils ihre Säuglinge pflegen, und dachte: es würde gut sein, wenn ich einmal einen so guten Platz im Himmel bekäme wie diese.«

Oetinger, der in seinem Leben gegen hundert Bücher, Schriften und Aufsätze verfaßt hat, war auch in Herrenberg schriftstellerisch tätig. Während einer schweren Krankheit, gleichsam an den Pforten der Ewigkeit stehend, schrieb er den zweiten Teil seiner *»Irdischen und himmlischen Philosophie«*. Der erste Teil ist auch im Jahr 1765 unter dem Titel »Swedenborgs und anderer irdische und himmlische Philosophie« veröffentlicht worden. Aus dieser Leidenszeit stammt sein Lied »Hinweg, verwöhnte Pflege, willkommen, Liebesschläge«. Von seinen sonstigen Liedern sind am bekanntesten die Verse:

Drum über alles lernt die Kunst,
mit Weisheit zu verweilen,
dem Augenblick von Gottes Gunst
nicht sorglich vorzueilen!

Gott selber will uns alles sein
in jeglicher Minute!
Wer das nicht glaubt, folgt leerem Schein
und tut sich nichts zugute.

Wer's glaubt, der trachtet auf der Stell',
bei den geringsten Dingen
nur treu zu sein; das ist die Quell',
sein Glück recht hoch zu bringen.

Im Jahr 1766 wurde Oetinger zum Prälaten von Murrhardt ernannt. Er verdankte die Berufung auf diese Stelle der besonderen Gunst des *Herzogs Karl Eugen,* der die großen chemischen Kenntnisse Oetingers für die Errichtung einer Saline bei Murrhardt ausnützen wollte. Bei der Kirchenleitung war Oetinger allerdings im Lauf der Jahre sehr mißliebig geworden. Er erhielt einen Verweis nach dem andern. Im Jahr 1767 wurde ihm sogar geboten, »ohne Erlaubnis des Konsistoriums keine Schrift mehr weder in noch außer Landes zum Druck zu befördern.« Er ließ es nicht an offenherziger Gegenwehr fehlen, blieb aber doch »ein Zeichen, dem widersprochen wird«. Mehr und mehr wurde er ein einsamer Mann, den die meisten seiner Zeitgenossen nicht mehr verstanden. Er ging ruhig seinen Weg weiter und erwies sich als unerschrockener und charaktervoller Mann, der auch als Mitglied der Landschaft mutig für die Wiederberufung des im Kerker schmachtenden Landschaftskonsulenten *Johann Jakob Moser* eintrat.

Merkwürdig ist es, wie dieser geistgesalbte Mann schon zu seinen Lebzeiten vom Schimmer des Geheimnisvollen umgeben schien. Auf das Äußere legte er wenig Wert. Er ging meistens in ärmlicher Kleidung einher. Das führte manchmal dazu, daß man den bedeutenden Mann nicht erkannte. Als er bei einer Kirchenvisitation am Pfarrhaus läutete, warf ihm die Pfarrfrau einen halben Kreuzer zum Fenster heraus, da sie ihn für einen Bettler hielt. Erst als er nachdrücklich bemerkte, daß er den Herrn Pfarrer sprechen müsse, öffnete sie ihm die Tür. Der Pfarrer, der ihn sofort erkannte, erschrak nicht wenig und entschuldigte sich über den ungastlichen Empfang.

Eine andere Geschichte, die über ihn erzählt wird, macht deutlich, daß auch heilende Kraft von ihm ausging. Eines Tages traf er auf der Brücke in Backnang einen Knaben, der bitterlich weinte, weil ihm der Wind seine Mütze in die Murr entführt hatte. Oetinger tröstete ihn und nahm ihn mit zum nächsten Kürschner, wo er ihm eine neue Kappe kaufte. In der Stube des Kürschners vernahm er vom Bett her ein Jammern und Wimmern, und der Mann klagte ihm, daß seine Frau schon Jahr und Tag an qualvoller Gicht darniederliege und es ihnen oft am Nötigsten fehle. Da forderte Oetinger den Mann und seine Kinder auf, mit ihm niederzuknien und für die Genesung der Kranken zu beten. Das gab allen wieder neuen Mut und starke Hoffnung, und siehe, nachdem Oetinger noch einigemal die Frau besucht und für sie gebetet hatte, konnte sie wieder aufstehen und wurde vollends gesund. Auf ihren überströmenden Dank sagte ihr Oetinger: »Nicht ich, sondern der Herr Jesus hat Euch geholfen. Sündiget hinfort nicht mehr, auf daß Euch nicht etwas Ärgeres widerfahre!«

Am Osterfest des Jahres 1778 hielt Oetinger seine letzte Predigt. Von da ab war ihm noch ein vierjähriger, stiller Feierabend beschieden. Er wurde immer schweigsamer und verfiel zuletzt in den Geisteszustand eines Kindes. Nur *eine* Vorstellung hielt er unwandelbar in seinem Herzen fest, »daß Gott mein lieber Vater und immer bei mir und um mich ist und mich hört, wenn ich zu ihm bete«. Man fand ihn oft vor seiner Bibel auf den Knien liegen und beten. Manchmal sah ihn seine Frau nachts im Bett sitzen mit gefalteten Händen und leise die Lippen bewegen. Zu Anfang des Jahres 1782 befiel ihn ein heftiges Katarrhfieber (Grippe), und am Sonntag Estomihi, den 10. Februar, ist er in der Morgenfrühe sanft entschlafen. Er fand seine letzte Ruhestätte in der Klosterkirche zu Murrhardt. Dort ist ihm der Kanzel gegenüber eine Gedenktafel errichtet worden mit der Inschrift: »Hier ruht die verwesliche Hülle eines Geistes, der in vielen Schriften lebt und, nachdem er sein Tagewerk vollendet hatte, stille der Stunde harrte, um unaussprechliche Worte zu lernen, des weil. Hochwürdigen Abts dieses Klosters, Herrn Friedrich Christoph Oetingers, geboren zu Göppingen, den 6. Mai 1702, gestorben zu Murrhardt, den 10. Februar 1782. Leser, gehe, lerne, solang es Tag ist, wirken und dann rasten. Leichentext 2. Timotheus 1, 12.«

Sein Leben lang hat sich Oetinger mit der Wolff-Leibnizschen Schulphilosophie auseinandergesetzt. Er hatte sie gründlich in Tübingen studiert. Nun mußte er es erleben, wie diese Philosophie in Verbindung mit der ungläubigen Theologie der Aufklärung von Berlin aus die Universitäten und die Kanzeln zu gewinnen suchte. Deutlicher als die meisten seiner Zeitgenossen sah er die Gefahr, die mit dieser Philosophie für die evangelische Kirche heraufzog. Es ging ihm daher um die Erhaltung einer geschlossenen evangelischen Weltanschauung. Darum stellte er sich der neuen Geistesströmung mit seiner »philosophia sacra« entgegen, deren Kern und Mittelpunkt Gott selbst als die Idee des unauflöslichen Lebens ist. Bereits in seiner Walddorfer Zeit schrieb er seine berühmten Werke über den sensus communis. In ihnen geht er von folgenden Gedanken aus. Da auch im natürlichen Menschen eine Vorempfindung des Göttlichen vorhanden ist, so ist dieser allgemeine Wahrheitssinn »der Anknüpfungspunkt für die Wirkungen des heiligen Geistes im Menschen; die Wahrheiten der Schrift treffen mit diesem innersten Gefühl des Gewissens zusammen.« Der sensus communis ist aber auch die Voraussetzung für das Verständnis der philosophia sacra, die er hauptsächlich in seiner Schrift »Theologie aus der Idee des Lebens« (1765) dargelegt hat. Das Ziel der Theologie umschreibt er mit folgenden Worten: »Die hauptsächlichste Idee der Theologie ist das Leben Gottes, welches durch Christus den Kreaturen mitteilbar ist. Diese Idee habe ich so viel als möglich aus der heiligen Schrift erforscht und aus den Werken der Natur in ein helleres Licht gesetzt, damit sie umso leichter auf die Theologie angewendet werden könne ... Alle Theologie, die natürliche wie die übernatürliche (geoffenbarte), die der gegenwärtigen wie der zukünftigen Weltzeit, hat die Ehre und Verherrlichung Gottes zum Ziel ... Hieraus ergibt sich, daß, wenn die Theologie ohne die Absicht, Gott zu verherrlichen, erfaßt wird, die besondere Erleuchtung ermangle.«

Das Leben in Gott ist unauflöslich. Die Kräfte der Geschöpfe werden durch die Sünde aufgelöst. Sie bestehen nicht mehr in der Güte und Wahrheit, in der sie Gott ursprünglich zusammengeordnet hat. Christus aber hat das Leben in der Welt wieder hergestellt und ist in seiner Erhöhung der Träger des unauflöslichen Lebens geworden. »Christus ist das wahre Leben, im Fleisch offenbart. Er ist die Wurzel und der alleinige gesegnete Same. Er hat vermöge seiner Menschwerdung und Geburt Fleisch und Blut angenommen, durch seine Auferstehung aber dieses zu einem Leben der Herrlichkeit erhöht. Er hat vermöge seiner Geburt unsere Schwachheiten an sich genommen, durch den Tod und die Auferstehung aber dieselben verwandelt. Vermöge der Menschwerdung war er gehorsam bis zum Tode, kraft der Auferstehung aber hat er den Tod verschlungen in den Sieg und will uns infolge seiner Erhöhung den Geist darreichen. Vermöge dieses Geistes haben seine Schüler, welche in die Ähnlichkeit seines Todes mit eingepflanzt waren, Ähnlichkeit auch hinsichtlich seiner Auferstehung gewonnen. Dieser Geist der Verheißung war ihnen Same und Wurzel, Mutter und Quelle aller Güter. Von diesem Geist hatten sie die innigste Empfindung, durch denselben gaben sie anderen den Beweis des Geistes und der Kraft. Von diesem Mittelpunkt aus haben die Apostel die Predigt des Wortes auf mannigfaltige, gerade vorliegende Umstände in gar reichem Maße hingewendet, so daß sie, wenngleich unter verschiedenen Worten, doch immer nur eins sagten, daß nämlich Christus auferstanden sei, daß uns, wenn wir glauben, sein Geist dargereicht werde, daß wir im Geiste den Tod Christi feiern, daß wir im Geiste dem Fleisch absterben, der Welt gekreuzigt werden, daß wir mit der Kirche wachsen und die Kraft seiner Auferstehung anerkennen. Hieraus schließe ich, daß die ganze Kraft der Überzeugung von der Auferstehung Christi und von der Auferweckung der Toten von der Kraft der Einwohnung des Geistes Jesu Christi in uns belebt sein müsse.«

An anderer Stelle spricht Oetinger von dem »Ziel der Arbeit Jesu«. Es ist dies nicht nur, »daß er uns aus dem Diensthause des Satans ausführe, sondern auch die Erde dahin zu bringen, daß der Wille Gottes allda geschehe wie im Himmel. Darum starb er und stand von den Toten auf, damit er das Licht über die Erde einführte; denn Finsternis hat die Erde bedeckt. Wer kann mit Menschenzungen ausreden, was aus der Auferstehung nicht nur einem jeden Gläubigen, sondern der ganzen Erde Gutes widerfährt? Die Engel haben bei der Geburt Jesu gesungen: ›Ehre sei Gott in der Höhe, Friede auf Erden‹, und daran werden noch alle Menschen, auch die verlorenen, endlich müssen Wohlgefallen haben. Dazu ist nun der Anfang gemacht durch die Auferstehung Jesu, davon Petrus in seiner ersten Epistel im ganzen Kapitel lobsingt und anfängt: ›Gelobet sei Gott...‹« Alle Offenbarung des Lebens geschieht durch Verleiblichung. Kann keine Seele und kein Geist ohne Leib erscheinen, so kann auch keine geistliche Sache ohne Leib vollkommen werden. Darum legte er besonderen Wert auf die Lehre von einer gereinigten und verklärten Leiblichkeit, welcher die Mängel der irdischen Leiblichkeit, nämlich Undurchdringlichkeit, Widerstand und grobe Vermischung nicht mehr anhaften. Zu dieser Leiblichkeit wird alles gebracht werden durch das verklärte Fleisch und Blut Christi, so daß am Ende Gott mit seiner Herrlichkeit aller Kreatur einwohnt und alles in allem sein wird. Von hier her ist auch Oetingers berühmtes Wort zu verstehen: »Die durch die Sünde zerrüttete Menschennatur soll durch Christi heiliges Blut eine neue, unauflösliche Lebenskraft bekommen, und die Leiblichkeit ist das Ende der Werke Gottes.« Zusammenfassend sagt Oetinger: »Es bleibt ewig wahr, nicht nur die Seelen, sondern auch die Leiber müssen auferstehen. Auch der Leib muß durch die Auferstehung gereinigt werden. Die Erde ist etwas Kostbares, wenn sie gereinigt ist. Es gibt einen natürlichen Leib und in dem natürlichen Leib einen zarten, geistlichen Leib (1. Korinther 15, 44). Leib bleibt Leib, Geist bleibt Geist. Doch geht der Geist vom Leib aus.«

Von hier aus ergibt sich das Verständnis für die Tatsache, daß Oetinger ein Vertreter des sogenannten biblischen Realismus war. Er nimmt die biblischen Begriffe und Vorstellungen nicht abstrakt, sondern wesenhaft und wörtlich. »Geistlich ist auch leiblich, aber unbefleckt, unverweslich, unverwelklich. Der Himmel oder die unsichtbare Welt hat alles, was die Augen mit den lieblichsten Farben und Schönheiten, alles, was die Ohren mit musikalischen Instrumenten und Liedern, alles, was die Nase mit den durchdringendsten Gerüchen, alles, was den Gaumen mit den süßesten Speisen und Tränken, alles, was das Gefühl mit den Vorwürfen (Schilderungen) des Hohenliedes vergnügen kann. Die Stadt Gottes ist aller Sinnlichkeit (Vorstellung der Sinnenwelt) Inbegriff.«

Zu den Eigentümlichkeiten der Oetingerschen Theologie gehört auch die Lehre von einer fortlaufenden Offenbarung Gottes über die Propheten und Apostel hinaus und die Lehre von der Wiederbringung aller Dinge. Bengel war hinsichtlich der Lehre von der Wiederbringung sehr zurückhaltend. Er gibt zu, daß »der doppelte Sinn des Wortes ›ewig‹ unleugbar ist« und daß »auch die Ausdrücke der heiligen Schrift von der seligen und unseligen Ewigkeit verschieden« lauten. Aber er warnt, die Lehre öffentlich zu behandeln: »Über die Wiederbringung aller Dinge sollte man nicht disputieren ...« »Wer in die Wiederbringung aller Dinge Einsicht hat und sagt es aus, der schwätzt Gott aus der Schule.« Oetinger dagegen vertrat den Standpunkt, daß man die Lehre frei und offen predigen dürfe. »Es ist kein Fürwitz, keine unnötige Lehre, sondern eine Sache, die wir zur Ehre Jesu und zum echten Verständnis des Neuen Testaments glauben, daß alle und jede, die ins Gericht fallen, nach ausgestandenem Gerichte Gott werden für ihre Strafen danken und Recht geben. Nun wird zwar in unserer Kirche zuversichtlich gelehrt, daß die Strafen der höllischen Verdammnis ohne Ende sein werden; allein es fragt sich, ob das, was aus Mißverständnis des Wortes Ewigkeit nach und nach in der Welt zur Lehre worden, in der heiligen Schrift wirklich Grund habe.« Und an anderer Stelle bekennt er: »Wenn sonst kein Wort in der heiligen Schrift stünde als Davids (Psalm 145, 10): ›Es sollen dir danken, Herr, alle deine

Werke‹, so wäre es genug, die allzu schreckliche Abbildung der Hölle zu mäßigen.«

Um seine philosophia sacra zu befestigen und zu erhärten, nahm er alle Bestandteile der Bildung seiner Zeit in sich auf. Daher finden wir in seinen Schriften die umfassenden Zeugnisse seines eingehenden Studiums der Kirchenväter, der Kabbalistik, der Alchimie, der Mystik eines *Jakob Böhme* und eines *Swedenborg,* ja sogar der englischen Popularphilosophen. Sie machen, wie schon bemerkt wurde, die Lektüre der Oetingerschen Schriften zu einer schweren Aufgabe, zeigen aber auch zugleich, daß uns in Oetinger noch einmal ein Theologe begegnet, der das gesamte Wissen seiner Zeit in sich vereinigt. *Albrecht Ritschl,* der letzte Geschichtsschreiber des Pietismus, nennt Oetinger mit Recht »den genialsten Theologen Württembergs und den bedeutendsten Theologen unter den Pietisten überhaupt.« Wer sich in Oetinger einlesen will, versucht dies wohl am besten über seine bereits erwähnte Selbstbiographie und über seine Predigtbände, die zuletzt von Pfarrer *Ehmann,* dem besten Kenner Oetingers, herausgegeben wurden.

Oetinger war eine geistgesalbte Persönlichkeit, die vielen zum Segen geworden ist. Von dem altgewordenen Prälaten berichtet der Dichter *Justinus Kerner:* »Namentlich in der letzten Zeit seines Lebens kamen viele mit einer inneren oder äußeren Not Belastete zu ihm, Trost und Hilfe bei ihm zu suchen. Er erklärte ihnen dann, er wolle dem Vater im Himmel ihre Angelegenheiten vortragen, ging in das Nebenzimmer, betete und kam bald mit der Antwort zurück, der man es an dem immer eintreffenden Erfolg anmerken konnte, daß er mit dem Lenker der menschlichen Geschicke in einem besonders nahen Umgang stehen müsse.«

Das schwäbische Volk hat noch lange Zeit manche Geschichte über Oetingers Umgang mit den Geistern erzählt. So wurde von ihm berichtet, daß er auf einer Kanzel unter einer Eiche bei Walddorf und nachher in Weinsberg, Herrenberg und vor allem in der stillen Klosterkirche zu Murrhardt um Mitternacht den Geistern gepredigt habe. Diese Berichte hat der Dichter *Hermann Kurz* in meisterhafter Weise zusammengefaßt in seiner Darstellung Oetingers als des Geisterpredigers, die sich in seinem Roman »Schillers Heimatjahre« findet.

Nur wenige haben zu ihrer Zeit die hohe Bedeutung Oetingers erkannt. Zu den wenigen gehören Ph. M. Hahn, Fricker, Flattich, Harttmann und auch Chr. Friedrich Schubart, der erst fünf Jahre nach Oetingers Tod aus seiner schweren Haft auf dem Hohenasperg entlassen wurde. Er verherrlichte den großen Theologen in seinem Gedicht »Oetingers Mantel«:

Als den Elias unsrer Zeit,
als Oetinger ein Cherubswagen
ins Reich von Christi Herrlichkeit
in sanftem Säuseln aufgetragen,
ließ er den Mantel schnell von Strahlenschultern fliegen.
Er wogte durch die Luft herab
und blieb an des Propheten Grab
in sanftem Mondenschimmer liegen.
Viel Modeweise unsrer Zeit,
zu blind für Oetingers verborgne Herrlichkeit
und stolz auf ihr Gewand von Spinnenweben,
verachteten den Mantel. Ihn
vom Grab nur aufzuheben,
war viel zu klein für ihren stolzen Sinn.
Auch Herder kam auf seinem Riesengange
zum Hügel Oetingers und funkelt' lange
mit Augenblitz den Mantel an;
doch wandelt er mit kühnen Schritten
bald wieder fort auf *seiner* Bahn
und dacht': *Mein* Mantel ist aus gleichem Stoff geschnitten.
Auch Hahn[1], des Toten Jünger, kam, und stumm
blieb er am Hügel seines Lehrers stehen,
sah demutsvoll hinauf zu Gottes Höhen,
bückt' sich und warf den Mantel um.

[1] Phil. Matth. Hahn

Johann Friedrich Flattich

der Salomo im Bauernrock (1713 – 1797)

Um die Bedeutung dieses Mannes, den man um seiner Schlichtheit und Weisheit willen den »Salomo im Bauernrock« genannt hat, ins rechte Licht zu rücken, sei hier ein Urteil über ihn von *G. Weitbrecht* vorangestellt. Er sagt: »Es kann kaum einen stärkeren Kontrast geben, als auf der einen Seite die verdrehte und verkünstelte, tänzelnde und schwänzelnde, gewichste und gepuderte, frisierte und pomadisierte, sentimentale Zeit, auf der andern Seite der schlichte und gerade, ungekünstelte, naturwüchsige, massive Flattich mit seinen abgetragenen Kleidern, seinem ungepuderten Haar, seinem gepfefferten und gesalzenen derben Humor, und je steifer und verschnörkelter der Hintergrund ist, auf dem sich Flattichs Bild abhebt, desto kräftiger und überraschender tritt es in seiner ureigentümlichen Frische und Lebendigkeit hervor.«

Johann Friedrich Flattich wurde am 3. Oktober 1713 in Beihingen bei Ludwigsburg geboren. Da der Vater früh starb, konnte die Mutter ihren Plan, den Knaben studieren zu lassen, nur mit großen Entbehrungen durchführen. Mit einem Brötchen in der Tasche mußte der junge Flattich tagtäglich eine Stunde weit nach Ludwigsburg in die lateinische Schule wandern. Im Jahr 1729 wurde er als Schüler in das Kloster Denkendorf aufgenommen. Zu jener Zeit war *Johann Albrecht Bengel* als Präzeptor in Denkendorf tätig. Der junge Flattich faßte ein besonderes Zutrauen zu diesem bedeutenden Mann, der in seiner väterlichen Weise großen Einfluß auf die Schüler und auch auf Flattich ausübte. Einmal mußte er sich allerdings einen ernsten Verweis von dem Vorsteher der Klosterschule, Prälat *Drommer*, gefallen lassen. Er hatte sich nämlich einige Kreuzer zusammengespart und als ein Liebhaber von Nüssen sich für zwölf Kreuzer ein Simri (ein Achtel Scheffel oder zweiundzwanzig Liter) Nüsse gekauft. »Mein Prälat«, erzählt er, »hörte das. Er ließ mich kommen und sagte, was ich denke, daß ich zwölf Kreuzer ans Maul hänge. Als er ins Kloster gekommen sei, so habe er und sein Vater sein Bett ins Kloster getragen, und sein Vater habe ihm einen Groschen in den Sack gegeben, mit dem habe er selbiges halbe Jahr langen müssen. Wenn er wieder so etwas von mir höre, so lasse er mich acht Tage in den Karzer werfen.«

Nach zwei Jahren kam Flattich in das höhere Kloster Maulbronn. Der Abschied von Denkendorf fiel ihm sehr schwer. Den Dank an seinen verehrten Lehrer brachte er in einem lateinischen Gedicht zum Ausdruck. In Maulbronn blieb er zwei Jahre und bezog dann im Jahr 1733 das herzogliche Stift in Tübingen. Neben seinem theologischen Studium betrieb er mit besonderem Eifer die Mathematik und Philosophie. Es war ihm während seiner Studienzeit ein wichtiges Anliegen, etwas zu lernen, was man auch in der Ewigkeit forttreiben könne. Er suchte in der Schrift. Hier stieß er beim mehrmaligen Durchlesen des Neuen Testaments auf die Stelle 1. Korinther 13, 8 – 13, wo der Apostel sagt, daß all unser Wissen Stückwerk sei und aufhöre, während Glaube, Liebe, Hoffnung bleiben und die Liebe die Größte sei. Da wurde es ihm klar, daß das Christentum durchaus praktischer Natur sei. Alsbald war auch sein Entschluß gefaßt, er wolle der Liebe nachleben, und da man sie am besten im Unterrichten der Jugend beweisen könne, so verlegte er sich darauf und blieb dabei bis ins hohe Alter. »Ich habe in Tübingen«, erzählt er, »viele Leute umsonst unterrichtet, nur weil ich dienen wollte, und dies war auch der Grund, warum ich Kostgänger hielt.«

Im Oktober 1735 wurde Flattich Magister und bestand im Dezember 1737 das übliche Examen vor dem Konsistorium. Im Januar 1738 übernahm er ein Vikariat bei seinem Onkel, dem Pfarrer Kapff in Hoheneck bei Ludwigsburg. Um jene Zeit mußte er durch die Schule der Trübsal gehen. Er schreibt darüber in einem Brief an seinen Freund, den Pfarrer Hosch: »Weil Sie wissen wollen, ob ich auch Krankheit erfahren habe, so melde ich Ihnen, daß ich hierin vieles habe durchmachen müssen, nämlich mit kalten Fiebern, hitzigen Krankheiten, Engbrüstigkeiten und beschwerlichen Hämorrhoidalzuständen. Besonders wurde ich schon in meinem 24. Jahr so hart an meinem Leibe angegriffen, daß ich fünf Jahre lang nicht mehr studieren konnte, daher ich mich auch, um nicht ganz unbrauchbar zu sein, aufs Informieren (den Jugendunterricht) legte. Ich suchte mir durch den Gebrauch von allerlei Arzneimitteln zu helfen. Weil ich aber zu allem Glück nicht reich war, so mußte ich alle Arzneimittel völlig aufgeben und mich auf die Geduld legen. Ich lernte deswegen in meinem 27. Jahr das Drehen bei dem Dreher in Ludwigsburg, zu welchem ich von Hoheneck, wo ich Vikarius war, alle Tage ging, um meine Natur hart und dauerhaft zu machen.«

Bis zum Jahr 1742 hielt Flattich bei seinem Onkel in Hoheneck aus. Als ihm ein vornehmer Herr eine Hauslehrerstelle anbot und ihm für später eine Professur versprach, verlangte seine Mutter, daß er im Pfarrdienst bleibe. Im Alter bekannte er: »Ich habe ihr schon oft dafür gedankt. Damalen hab' ich's nicht eingesehen; denn die Hofmeister werden leicht das kostbare (anspruchsvolle) Leben gewohnt, das ihnen an Seele und Leib schadet.«

Im Mai 1742 erhielt Flattich seine erste Pfarrstelle in Asperg. Gleichzeitig wurde er zum Garnisonsprediger für die Besatzung der damaligen Feste Hohenasperg ernannt. Die Gemeinde war sehr verwahrlost. Es gab in ihr viele Gemeindeglieder, die als Bettler über Land zogen und auf diese Weise ihren Lebensunterhalt zu erwerben versuchten. Flattich ging in seinen Predigten und vor allem in seinen Hausbesuchen gegen die Übelstände in der Gemeinde vor. Er betonte immer wieder, daß ein wahrer Christ nicht bettle. Im Wort Gottes heiße es, daß man im Schweiße seines Angesichtes sein Brot erwerben und auf diesem von Gott befohlenen Wege den Segen erwarten müsse. Man fing an, sich der Bettelfahrten zu schämen. Die Leute fanden aber einen Ausweg; ihre Kinder mußten nun in den Dörfern und Häusern betteln, wo bisher sie Gaben erhalten hatten. Damit machten sie freilich das

Übel noch ärger. Kaum merkte dies Flattich, so eiferte er dagegen noch viel stärker und zeigte, daß sie jetzt in eine zweifache Sünde verfielen; denn erstens bettelten sie nach wie vor, und zum andern verführten sie ihre eigenen Kinder zur Faulheit und zur Landstreicherei. Als er einmal wieder sehr ernst gegen diesen Übelstand in der Gemeinde gepredigt hatte, kamen einige arme Väter zu ihm und sagten: »Ja, lieber Herr Pfarrer, Er hat gut reden, sehe Er nur einmal bei uns in unsrem Haushalt nach, wie klein und schlecht unser Stückchen Feld ist, und wie wenig es einträgt, und sind doch die Kinder alle Tage hungrig und wollen essen.« Der Pfarrer erwiderte: »Ihr Leute seht von euren Stückchen Acker immer nur die untere Seite an; da seht ihr freilich nichts wie Steine und dürre Erdenklöße. Seht nur auch einmal die obere Seite davon an! Das ist der Himmel, und der steht über eurem Stücklein Feld ebenso groß und weit und breit da als über unsres gnädigsten Herzogs Landen. Der liebe Gott hat nicht gesagt: Ich will bloß das Viele segnen, daß es zulangen soll, mit so wenigem, als der Michel da auf seinem Streiflein Feld baut, laß ich mich nicht ein; sondern mit sieben Gerstenbroten und ein wenig Fischlein speiste der Herr Christus viertausend Mann, und blieben noch sieben Körbe voll Brocken übrig. Wenn du recht aufmerkst, von welcher Seite deines Ackers eigentlich das tägliche Brot und Gedeihen und Segen in demselben herkommt, so wirst du bald sehen, daß alles nicht von der untern, sondern von der obern Seite kommt, und die ist, wie gesagt, bei deinem Feld ebensoviel wert als bei des gnädigen Herzogs Land. Wenn du also betest und arbeitest und Gott vertraust, so wird dir dein klein Stück Land gerade so viel einbringen als dem gnädigen Herzog sein großes, nämlich so viel, daß du ebensogut kannst satt werden wie er und kannst ebensogut noch was davon übrig behalten wie er. Ihr Leute haltet's aber gar zu sehr mit dem Nimmerspar, dessen Hauslehre die ist: Iß frisch drein, solang du kannst! Hast du nichts mehr, so haben doch die anderen Leute. Gott aber will fleißige und getreue Knechte auch im Haushalten, und solchen segnet er auch ihr Weniges reichlich, daß sie noch andern davon geben können.« Flattich erlebte die Freude, daß das Betteln allmählich aufhörte.

Kurz nach seinem Amtsantritt heiratete er *Christiana Margaretha Groß,* die Tochter des verstorbenen Pfarrers von Murr. Seine junge Frau war ihm um so lieber, weil sie kein Vermögen besaß und deshalb auch weniger in Gefahr stand, in Eitelkeit und Weltsinn verflochten zu werden. Als man ihn darauf hinwies, daß er auch eine reiche Frau hätte haben können, erwiderte er: »Da ich Garnisonsprediger auf dem Asperg wurde, so nahm ich mir vor, bei meiner Heirat auf kein Vermögen und sonst nichts zu sehen, damit ich ganz nach meiner Neigung heiraten könne. Es wurde mir zwar nachgehends der Vorwurf gemacht, daß ich Personen von größerem Vermögen hätte bekommen können. Ich gab aber zur Antwort: Wenn ich mich behelfen und mit einer Wassersuppe vorlieb nehmen will, so geht es niemand nichts an.«

Die Familientradition berichtet, daß er einmal auf eigenartige Weise den Charakter seiner Braut geprüft habe. Da er ein rasches und auffahrendes Temperament hatte, hätte er gern gewußt, ob sie auch zu ihm passe. Das Mittel war eine überraschende Ohrfeige, die er der jugendlichen Braut nicht lange vor der Verheiratung gab. Sie steckte sie ruhig ein und sprach kein Wörtlein. Sie hatte die Feuerprobe bestanden.

Die ersten Ehejahre waren für das junge Paar sehr hart. Flattich berichtet darüber: »Als ich Festungsprediger auf dem Asperg wurde und da des Tages einen halben Gulden Besoldung hatte, so war ich sehr wohl damit zufrieden, weil kein Tagelöhner des Tags einen halben Gulden hat. Jedermann sagte, ich müsse zusetzen bei dieser kleinen Besoldung. Ich kam sehr gut fort und schränkte mich ein, hielt keine Magd fünf Jahre lang, ohngeachtet ich Offiziere in der Kost hatte.« Der jungen Frau fiel bei dieser Lage der Dinge der Haushalt nicht immer leicht; aber ihr allzeit munterer Mann verstand es, ihr die Arbeit lieb und leicht zu machen. »Weil ich dich genommen habe«, pflegte er öfters zu sagen, »so muß ich dich haben, und weil ich dich haben muß, will ich dich gern haben.«

In Asperg blieb Flattich nur fünf Jahre. Er kam im Januar 1747 nach Metterzimmern, einem Dorf am Ostabhang des Stromberges, das seinen Namen von der Metter, einem Nebenfluß der Enz hat. Auch in der neuen Gemeinde fand er viel Armut vor. Darum war es ihm ein ernstes Anliegen, den Gemeindegliedern in den Dingen des Haushaltes und der Wirtschaft zu helfen. Hören wir Flattich selbst über die Grundsätze, die er im Aufbau seiner Gemeinde verfolgte: »Weil sich ein Geistlicher vornehmlich auf die Liebe legen soll, so habe ich wahrgenommen, wieviel man um der Liebe willen lernen muß; denn wer sich auf die Liebe legen will, der muß andern einen guten Rat geben lernen: wenn man aber andern raten soll, so muß man viel Einsicht und Erfahrung haben. Da ich Pfarrer in Metterzimmern wurde und allda viel schlechte Haushälter und Bettlerleute angetroffen, so sagte ich zu dem damaligen Schultheiß, er möchte doch den Leuten eine Anleitung geben, daß sie besser hausen lernen. Da er aber solches nicht tun wollte, so sagte ich zu ihm, befehlen und strafen sei keine Kunst, die Pflicht der Obrigkeit bestehe hauptsächlich darin, daß sie den Untergebenen im Leiblichen aufzuhelfen suche; da aber die Obrigkeit sich dazu nicht wolle brauchen lassen, so wollte ich viele Beobachtungen machen, wie ich den armen Leuten nach ihren besonderen Umständen raten und sie aufmuntern möchte.«

Er war über ein Jahrzehnt in Metterzimmern. Das eigne Kinderhäuflein hatte rasch zugenommen. Da waren die Bissen oft recht schmal. Manchmal war ihm der Gedanke gekommen, daß er sich um eine bessere Stelle bewerben solle. Er hatte aber dann doch immer wieder auf eine Wegmeldung verzichtet, da ihm die Gemeinde zu sehr ans Herz gewachsen war. Eines Tages ging er doch nach Stuttgart und bewarb sich bei der Kirchenbehörde um eine bessere Stelle. Der wegen seiner Grobheit bekannte Konsistorialdirektor Frommann gab ihm einen kurzen und abweisenden Bescheid: »Sei Er froh, daß Er Pfarrer in Metterzimmern ist; da taugt Er hin, und unterstehe Er sich nicht, Seine Augen höher zu erheben!«

Doch Gott hatte schon längst für Flattich vorgesorgt. Kurze Zeit nach jenem Besuch hielt *Herzog Karl Eugen* in dieser Gegend eine Jagd ab. Es war gerade Sonntag; aber der junge Herzog bekümmerte sich nicht viel um die Gebote Gottes, der uns den Sabbat heiligen heißt. Er ritt eben über eine Anhöhe hin, gefolgt von einem Reitknecht. Es war gerade die Zeit des Kirchgangs; da hörte man von allen Seiten das Geläute der Glocken. Das machte auf den Herzog einen ernsten, feierlichen Eindruck. »Hör mal, das ist doch ein schönes Geläute, das man da hört«, sagte er zu seinem Reitknecht, »wenn ich einen guten Pfarrer wüßte, ich ginge ihm in die Kirche.« Da verklärte sich ordentlich das Gesicht des Reitknechts; denn er war ein Pfarrkind Flattichs, und rasch sagte er: »Dort in Metterzimmern ist ein guter Pfarrer; er heißt Flattich.« – »Weißt du was«, erwiderte der Herzog, »wir wollen hinreiten!« Bald waren sie an der Kirche von Metterzimmern angekommen. Der Diener hielt die Pferde, und der Herzog mischte sich unter die Zuhörer. Flattich muß so recht im Predigtgeschick gewesen sein. Die Predigt gefiel dem Fürsten über die Maßen, so daß er sich alsbald nach der Kirche in das Pfarrhaus verfügte und den Pfarrer mit den Worten begrüßte: »Hör Er, Flattich, der erste gute Dienst, der aufgeht, ist sein!« Bald darauf wurde die Pfarrstelle Münchingen frei, und Flattich wurde auf diese Stelle ernannt. Als er wenig später mit Frommann zusammentraf, konnte er sich nicht enthalten, gegen diesen zu äußern: »Do han i do jetzund,[1] einen geringen Dienst hat man mir nicht geben wollen, jetzt hab' ich einen guten.«

Im Februar 1760 nahm er von Metterzimmern, wo er dreizehn Jahre in aller Treue gearbeitet hatte, Abschied und zog nach Münchingen. Sein Name war bereits über die Markung seiner seitherigen Gemeinde hinausgedrungen; so kam ihm aus seiner neuen Gemeinde eine große Schar mit Freude und

[1] Eine Redensart, die sich Flattich angewöhnt hatte, um Zeit für eine besonnene Antwort zu gewinnen.

Erwartung entgegen. Er erzählte öfters, wie ihn, als er die vielen Leute sah, ein Schrecken überfallen habe, daß er gedacht: »Was soll dir das bessere Brot, das größere Einkommen? Bist du auch einer solch großen Gemeinde gewachsen?« An einem der ersten Sonntage in der neuen Gemeinde besuchte er die Privaterbauungsstunde. Seine Frau war mit dem Vorhaben nicht einverstanden. Sie meinte, er habe sich für den heutigen Sonntag genug angestrengt. Schließlich sei er ja auch der Pfarrer der Gemeinde und könne von den schlichten Bauersleuten doch nichts lernen. Flattich aber erwiderte, das könne man nicht wissen, und ging hin. Ganz ernst kam er nach Hause. »Frau«, sagte er, »bei mir muß es ganz anders werden, wenn ich Pfarrer in Münchingen bleiben will. Diese einfachen Leute haben den Sinn des Wortes Gottes viel besser begriffen als ich.« Am nächsten Sonntag ging auch Flattichs Frau mit in die Stunde, und siehe, sie empfing denselben Eindruck. Beide ließen es sich nun angelegen sein, in ihrem Christentum vorwärts zu kommen. So geschah es, daß die Münchinger Stundenleute ihrem Pfarrer und hernach der Pfarrer den Stundenleuten diente. In Münchingen hat nun Flattich 37 Jahre lang in großem Segen wirken dürfen. Seine treue Frau mußte er leider nach elfjähriger Tätigkeit in Münchingen in Gottes Hand zurückgeben. Er hat ihr später einmal das folgende köstliche Zeugnis ausgestellt: »Eine Ehegattin, welche um ihren Ehemann treulich besorgt war, eine Mutter von vierzehn Kindern, wovon acht gestorben und sechs, nämlich zwei Söhne und vier Töchter leben; eine Stiefmutter von mehr als zweihundert jungen Leuten, welche sie seit dreißig Jahren in der Kost und Erziehung ihres Mannes treulich verpflegte; eine Hausfrau, welche Mägde und Tagelöhnerinnen ohne Herrschsucht mit Liebe und Sanftmut behandelte, eine Pfarrerin, welche nicht herrschsüchtig und eigennützig war, sondern in Gottesdienst, Demut, anhaltender Arbeit und andern Tugenden ein gutes Exempel gab; eine Guttäterin, die sich's sauer werden ließ, um Gutes tun zu können, und die es für seliger hielt, zu geben als zu nehmen; eine Kreuzträgerin, welche von Kindheit auf durch ihren Waisenstand, durch viele Geburten, durch kränkliche und sterbende Kinder, durch eine schwächliche Leibesbeschaffenheit und manche harten Krankheiten, durch eine immerwährende weitläufige Haushaltung, welche fast niemals unter zwanzig Personen war, bewährt wurde; eine Überwinderin, welche auch bei den sechstägigen Schmerzen im Glauben und Geduld gestorben.«

Von seinen Predigten hat man gerühmt, daß sie immer auf den Mittelpunkt des wahren Christentums gingen, und der ist Jesus Christus. Als ihm einmal sein Freund, Pfarrer Hosch, von einem Vikar berichtete, der mit seinen Bauern Verdruß bekam, weil er ihnen zu scharf war in der Abschaffung ihrer Mißbräuche, erwiderte ihm Flattich: »Ich halte für ratsamer, wenn man nicht bei den Mißbräuchen, sondern bei dem Glauben an Christus anfängt, indem die Apostel die Menschen zuerst auf den Glauben geführt und alsdann erst den Gläubigen gesagt haben: Leget ab die Werke der Finsternis! Heutigentages geht es im Christentum oft durch Umwege, nämlich daß man aus einem wilden Heiden ein ehrlicher Heide, aus einem ehrlichen Heiden ein Jude und aus einem Juden erst ein Christ wird.«

Man merkt an dieser Mitteilung Flattichs, daß ihm in besonderem Maß gegeben war, immer etwas zu sagen, das nach Salz schmeckte und doch dem Frieden diente. Darauf mag es zurückzuführen sein, daß noch lange nach seinem Tode viele Geschichten aus seinem Leben und vor allem aus seiner seelsorgerlichen Tätigkeit im schwäbischen Volk erzählt wurden. Wir lassen hier einige Geschichten folgen, die in trefflicher Weise seine ganze Art deutlich machen.

Eines Tages wollte Flattich, der sein Leben lang viel von Hausbesuchen hielt, ein Haus betreten. Da hörte er, wie gerade die Hausfrau mit ihrer Nachbarin über ihn redet und es an einer scharfen Beurteilung seiner Eigentümlichkeiten nicht fehlen läßt. Eine kleine Weile lauschte er auf das Gespräch der beiden Frauen, und dann verließ er das Haus wieder ungesehen. Zu Hause aber gab er seiner Magd den Auftrag, jener Frau einen Laib Brot und eine Schüssel Mehl zu bringen, den üblichen Wäscherlohn. Die Frau, die noch nie im Pfarrhaus gewaschen hatte, kommt ganz aufgeregt zu Flattich und bittet um Aufklärung. Der aber sagte ihr: »Do han i do jetzund, freilich habt Ihr's verdient. Ich bin mein Leben lang noch nie so schön gewaschen worden als von Euch und Eurer Nachbarin!«

Ein ander Mal verklagte eine Frau ihren Mann bei Flattich, daß er fast täglich betrunken nach Hause komme und sie dann schlage. Flattich hätte die Sache vor den Kirchenkonvent bringen und den Mann bestrafen lassen können; der Frau wäre damit aber sicherlich nicht geholfen gewesen. Er tat es also nicht, sondern gab der Frau den Auftrag, daß sie aus dem Bach einen blanken Kiesel hole. Sooft ihr Mann betrunken nach Hause komme, solle sie sich den Stein unter die Zunge legen. Das Weib befolgte diesen Rat, und gleich am ersten Abend gelangte sie, wiewohl ihr Mann betrunken nach Hause kam, ungeschlagen ins Bett. Das geht so einige Tage fort. Der Ehefriede kommt dem Mann ungewohnt vor. Er rühmt sich desselben im Wirtshaus. Da meinte einer, sie wollten doch einmal versuchen, wie weit die Geduld seiner Frau gehe. Sie suchen zu später Nachtzeit das Haus des Trinkers auf und beginnen dort zu zechen. Die Frau erhält den Auftrag, Wein zu holen und ein Abendessen zu bereiten. In ihrer Angst legt sie den Kieselstein unter die Zunge und tut alles ohne Widerrede. Da schlägt dem Mann das Gewissen, und er spricht zu seiner Frau: »O Weib, wie geduldig bist du!« Von dieser Stunde an wurde er ein anderer. Später sagte Flattich zu der Frau: »Wenn ich dir befohlen hätte, den Mann mit Geduld zu tragen, so hättest du doch nicht das Maul halten können. Nun aber wirf den Stein weg und trage deinen Mann mit Geduld!«

Doch nicht nur mit den einfachen Leuten seiner Gemeinde wußte er zu reden, sondern auch mit Höhergestellten. Zur Zeit des Herzogs Karl Eugen gab es unter den adeligen Herren manche, die von dem leichtfertigen Geist der Franzosen angesteckt waren und sich groß vorkamen, wenn sie sich über die

Bibel lustig machen konnten. Eines Tages spöttelte ein Herr von Osten in Flattichs Gegenwart über den biblischen Bericht von der Sintflut. »Wie soll es denn nur möglich gewesen sein«, ließ er sich vernehmen, »daß Noah vor Beginn der Sintflut aller der Tiere hätte habhaft werden können, die er in seiner Arche bergen wollte? Nicht wahr, Herr Pfarrer«, wandte er sich höhnisch lachend an Flattich, »darauf können auch Sie trotz Ihrer Bibelgläubigkeit keine Antwort geben.« – »O, warum nicht?« entgegnete Flattich, indem er fortfuhr: »Als die Arche fertig war, stellte er sich einfach auf das Dach, wandte sich abwechselnd nach allen vier Himmelsgegenden und rief: ›Komm her, du Löwe von Süden, du Bär von Norden, du Schaf von Westen und du Esel von Osten!‹ Keines der gerufenen Tiere ließ sich dies zweimal sagen.« Auch der Herr von Osten soll keine Wiederholung verlangt haben.

Einst traf er im Hause des Herrn von Harling, dem das Schloß in Münchingen gehörte, mit mehreren Gästen zusammen, die ihn wegen seines abgetragenen Rockes ein wenig neckten. »Ihr Rock, Herr Pfarrer«, sagte einer, »ist sehr fadenscheinig und hat allerlei Farben. Es scheint, Sie lieben das Bunte.« – »Sie sind wohl«, fiel ein anderer ein, »ein Raritätenkrämer und handeln mit Modeartikeln.« – »Do han i do jetzund«, antwortete lächelnd der Pfarrer, »ein Kaufmann bin ich allerdings, und was gilt's, Ihr Herren, Ihr könnt mir etwas abkaufen, was Euch fehlt!« – »Das wäre!« riefen die Herren, »was sollte das sein?« – »Nun ja«, fuhr Flattich fort, »ich merke, Euch fehlt's am Verstand, darum möchtet Ihr Euch jetzt an mir den Schnabel wetzen.« Da lachte der Herr des Hauses und sagte zu seinen Gästen: »Hab' ich's Euch nicht gesagt, Ihr sollt mir meinen Pfarrer in Ruhe lassen, Ihr werdet doch nicht mit ihm fertig.«

In einem besonderen Vertrauensverhältnis stand Flattich zu *Herzog Karl Eugen* von Württemberg. Es sind aus seinen Gesprächen mit dem Herzog mancherlei Anekdoten erhalten. Es seien hier wenigstens zwei der bekanntesten mitgeteilt. Einst wanderte Flattich am Geburtstag des Herzogs nach Stuttgart.

Unterwegs begegnete ihm der Herzog und rief ihm schon von weitem zu: »Nun, Flattich, was hat Er denn heute an meinem Geburtstag gepredigt?« Flattich erwiderte ihm: »Do han i do jetzund, Euer Durchlaucht, was werd' ich gepredigt haben; ich habe gepredigt: »Die Fürsten sollen fürstliche Gedanken haben« (Jesaja 32, 8). Der Herzog, der nicht immer gerade fürstliche Gedanken hatte, soll nachdenklich weitergeritten sein. Ein andermal wurde Flattich vom Herzog zur Tafel auf Schloß Solitude befohlen. Flattich erschien, ohne sich vorher, wie es die Sitte der Zeit erforderte, das Haar gepudert zu haben. Der Herzog, der dies bemerkte, fragte ihn: »Warum hat Er sich nicht gepudert?« Flattich antwortete schlagfertig: »Do han i do jetzund, Euer Durchlaucht, ich brauch' mein Mehl für meine Spätzle!«

Flattich war ein Erzieher von Gottes Gnaden. Wir besitzen von ihm zwei ausführliche Schriften, in denen er sich über das Werk der Erziehung ausspricht. Es sind dies die »Unterschiedlichen Anmerkungen über das Informationswerk, gemacht und kürzlich entworfen von M. Flattich« und »Anmerkungen über die Information, welche vermittelst gewisser Stellen der heiligen Schrift gemacht und aufgesetzt worden anno 1768.« Auf den Wunsch von *Oetinger* schrieb er einen Aufsatz »Sendschreiben von der rechten Art, Kinder zu unterweisen«. Dieser Aufsatz wurde in Oetingers Werk »Die güldene Zeit« veröffentlicht. Oetinger antwortete ihm damals mit einem Brief, der zeigt, wie sehr er die pädagogische Bedeutung Flattichs zu würdigen wußte: »Mein allerwertester Freund! Ihre Aufrichtigkeit macht Sie weiser als Ihre Algebra. Es wird allezeit wahr bleiben: ›Meiden das Böse, das ist Verstand‹, oder mit dem Philosophen de Sans-Souci zu reden: ›Die Tugend ist dem ausschweifenden Verstand vorzuziehen‹. Das beweist Ihr vortrefflicher Aufsatz von der Information junger Leute. Wie kommt's, daß Sie zehn Jahre zugebracht, ehe Sie eingesehen, daß der Wille den Verstand, nicht der Verstand den Willen regiere? Wenn Sie noch einmal zehn Jahre informieren, so werden Sie mehr solcher Vorurteile, aber in kürzerer Zeit, ablegen. Viele tausend geometrische Genien werden verhärtet in ihrer Gewißheit; aber Sie, mein Freund, sind es, den ich kenne, der die Unzulänglichkeit der Philosophie, welche aus den Konsequenzen allein klug werden will, einsieht, und nach des größten Weisen, Jesu Christi, Methode zu denken sich beifert. Inzwischen kann nichts Nützlicheres sein, als daß Sie schon so fortfahren, wie Sie angefangen. Die Welt kennt Ihre Verdienste nicht; Sie aber bekümmern sich nicht darum, denn Sie suchen und wollen nichts als Wahrheit. Weil Sie der Herr selbst lehrt, so ist unnötig, ein mehreres hinzuzutun. Er sei ihr Schild und großer Lohn. Er setze Sie und Ihre tugendsame Ehegehilfin und liebe Kinder zum Segen; denn in der Welt haben Sie keinen proportionierten (angemessenen) Lohn. Ich bin allezeit der, wie Sie mich kennen.«

Flattich nahm Knaben in Kost und Wohnung, um sie zu unterrichten. Oft waren seine Zöglinge unbegabte und schlecht erzogene Söhne, die die Eltern im Vertrauen auf seine Erziehungskunst ihm übergeben hatten, und aus vielen sind tüchtige Menschen geworden. Bis zu sechzehn betrug die Zahl der Kostgänger, die er dann meist bis zum zwanzigsten Lebensjahr unterrichtete. Außer diesen saßen noch sieben eigene Kinder lange Zeit mit am Tisch.

Einst brachte ihm ein Oberamtmann einen Sohn, sagte aber gleich beim Eintritt, mit dem Schlingel sei nichts anzufangen, er habe schon alles probiert. Nun fragte Flattich den Vater, was er denn schon mit ihm gemacht habe. Antwort: Er habe ihn schon unbarmherzig geschlagen, es habe aber nichts geholfen. »Was weiter?« Er habe ihn schon tagelang eingesperrt, ebenfalls ohne Erfolg. »Was mehr?« Er habe ihm nichts zu essen gegeben. Endlich fragte Flattich, ob er sonst nichts mehr mit ihm versucht habe. Da riß dem Amtmann fast die Geduld, und er fragte, was man denn sonst noch tun könne. »Ei«, fragte Flattich, »habt Ihr denn für Euren Sohn nicht auch gebetet?« Da antwortete der Vater fast ärgerlich: »Was kann man für einen solchen Kerl beten? Bei dem ist Hopfen und Malz verloren!« »Nun«, sagte Flattich, »was Ihr noch nicht für Euren Sohn getan habt, das will ich tun; ich will für ihn und mit ihm beten.« Er hielt Wort, und mit dem jungen Menschen wurde es besser.

Über seinem Amt und seinem Erziehungswerk ist Flattich alt geworden, und noch in seinem Alter nahm er Kostgänger an; denn er war der Überzeugung, daß man im Schweiß des Angesichts arbeiten soll, bis man zu Erde werde. Als er schon 83 Jahre alt war, schrieb er immer noch aus der Bibel ab, damit er nicht kindisch werde. Einst fragte ihn jemand, ob er sich denn nicht nach seinem Heimgang sehne. »O«, erwiderte er, »ich danke Gott alle Morgen, wenn ich erwache, daß ich noch am Leben bin; denn ich habe noch sehr viel zu lernen, und je mehr ich abgestreift werde von allem Unnatürlichen, desto mehr reife ich zur Auferstehung.«

Schon seit vielen Jahren las er nur noch in der Bibel und in Bengels Gnomon. Bis an sein Ende blieb er bei seiner einfachen Lebensweise. Er trank keinen Wein und keinen Kaffee und aß weder Fleisch noch Gemüse, sondern begnügte sich mit seinem Brei. Er begründete diese Genügsamkeit mit den Worten: »Ich will nicht als ein Schlecker in die Ewigkeit gehen.« Drei Jahre vor seinem Tod erlitt er einen Schlaganfall, der seine Füße lähmte. In einer Erbauungsstunde wurde die Frage aufgeworfen, warum doch der Herr diesen treuen und frommen Knecht noch zuletzt so ins Leiden führe. Man beschloß, da man keine genügende Antwort fand, Flattich selbst zu fragen. Ein paar Brüder gingen hin und legten ihm die Frage vor. Der Dulder im Lehnstuhl erwiderte ihnen: »Do han i do jetzund, das ist ein artlichs Geschwätz. Wenn der Zimmermann aus einem rauhen Eichstamm ein schönes Gemächte fertigen will, dann muß er auch manchen schweren Schlag tun und viele große Späne abhauen; und dann ist der Eichbaum erst noch nicht poliert und geschliffen, und der Mensch soll doch poliert und geschliffen, das ist vollendet und für den Himmel zugerichtet werden.«

Er hatte am Ende seines Lebens noch viele Schmerzen auszustehen. Es quälte ihn besonders die Brustwassersucht. Auch mußte er in den letzten Tagen seines Lebens durch mancherlei Anfechtungen; aber er kämpfte sich ritterlich durch. Am letzten Morgen seiner Pilgerfahrt wurde es licht um ihn, und den Umstehenden konnte er freudig erklären: »Jetzt kann ich mit Simeon sagen: Herr, nun lässest du deinen Diener im Frieden fahren; denn meine Augen haben deinen Heiland gesehen.« Am 1. Juni 1797 durfte der treue Knecht eingehen zu seines Herrn Freude.

Johann Ludwig Fricker

der Verfasser der »Weisheit im Staube« (1729 – 1766)

Johann Ludwig Fricker war wohl der bedeutendste Schüler Oetingers. Er wurde als siebentes Kind einer frommen Arztfamilie am 14. Juni 1729 in Stuttgart geboren. Der Vater war ein gottesfürchtiger Mann, der die Dinge dieses Lebens im Licht der Ewigkeit sah. Fricker verlor seinen Vater, als er eben neun Jahre alt war. Die Erziehung der sieben Kinder lag nun der Mutter allein ob. Sie hat mit großer Treue ihre Kinder zur Gottesfurcht erzogen. Fricker berichtet, daß sie in seiner Gegenwart oft den großen Geschwistern die Unarten vorgehalten und ihnen bezeugt habe, wieviel ihr daran gelegen sei, daß diejenigen, die sie selbst unter dem Herzen getragen, in der Furcht des Herrn bewahrt blieben. Auf den Knaben hat das großen Eindruck gemacht. Die Mutter hatte in ihrer Jugend lateinischen Unterricht genossen, was ihr nach dem frühen Tod ihres Mannes sehr zustatten kam. Sie konnte den kleinen Johann Ludwig selbst in der deutschen und lateinischen Sprache unterrichten und ihn so weit fördern, daß er bald in das Stuttgarter Gymnasium aufgenommen wurde. Da auf der Schule nach der Leibniz-Wolffschen Methode unterrichtet wurde, bot sich ihm hier die Gelegenheit, den Grund zu seinen späteren naturwissenschaftlichen Kenntnissen zu legen. Fricker war noch Gymnasiast, als er ein musikalisches System erfand, mit dessen Hilfe er von allen Stücken, die gespielt wurden, durch Zahlen Rechenschaft geben konnte. Als Student schrieb er eine Studie über die »Mathematischen Anfangsgründe der Musik«. In ihr führte er aus, daß die Grundlehre der Musik aus drei Zahlen, die zwischen 1 und 7 gelegen sind, nämlich aus den Zahlen 2, 3 und 5 hervorgehe. Durch bloße rechnerische Operationen (Multiplikation und Division) dieser drei Zahlen werden die Hauptkräfte der Seele in gehöriger Abwechslung bis ins Innerste gerührt. Diese musikempfindenden Seelenkräfte können nach Fricker die Verhältnisse der Eindrücke, welche die durcheinander laufenden Töne hervorrufen, wahrnehmen. Sobald daher die rasch aufeinander folgenden Töne zu der Seele gelangen, breitet die Seele sich in den durch die Wellen der einzelnen Töne abgeteilten Räumen aus, von wo aus sie dann durch die aufeinander folgenden verschiedenen Figuren tief vergnügt und gleichsam gewiegt wird. Beachtet aber die Seele die Dauer der Töne selbst, so ist sie infolge einer Erschütterung ihres Inwendigen nicht mehr in der Lage, über die Wahl der Töne und das Angenehme zu urteilen, sondern kann nur noch in der Erinnerung an den einander ähnlichen Tonfolgen gewisse Sätze oder grobe Anfänge einer Sprache in sich selbst wiederholen. So wird zu guter Letzt im Zentrum der Seele durch eine plötzliche Durchstrahlung von seiten der reinsten Töne und durch die gedächtnismäßige Vereinigung der einzelnen Kompositionsbilder ein vollkommenes Verständnis der Musik erzeugt.

Fricker studierte seit 1747 in Tübingen. Weil er die Klosterschulen nicht durchlaufen hatte, war es eine besondere Vergünstigung, daß er in das Stift aufgenommen wurde. Hier schloß er sich einem Kreis erweckter Studenten an und konnte im Jahr 1748 an einer Erbauungsstunde teilnehmen, die anläßlich seines Besuchs *Johann Albrecht Bengel* im Stift hielt. Fricker wurde von Bengels Ansprache mächtig ergriffen. Sie wurde Veranlassung zu seiner Bekehrung. Da er aber den Unterschied zwischen Rechtfertigung und Heiligung nicht sofort verstehen konnte, so dauerte es lange, bis er zum Frieden mit Gott gelangte. Er schreibt über diese Zeit: »Von meiner Erfahrung muß ich dieses kürzlich melden. Ich fiel beim Gefühl meiner innerlichen Heuchelei in eine etliche Wochen anhaltende Angst des Todes, bekam aber darunter verborgene Eindrücke von Gottes Nähe, daß ich mich eben niemand entdeckte und wurde durch lauteres Predigen von der Gnade in Christus Jesus gestärkt. Einige Zeit hernach, da mir Gott Menschenliebe ins Herz gab, auch das Böse an andern willig zu dulden, ging mir erst ein heiteres Verständnis von Gottes Huld und von der Vergebungsgnade auf.«

Viel Anregung empfing Fricker aus dem Verkehr mit *Friedrich Christoph Oetinger,* der im nahen Walddorf Pfarrer war. Er besprach mit Oetinger hauptsächlich seine neue Theorie der Musik. Oetinger sagt über diese Zeit in seiner Selbstbiographie: »Dieser übertraf mich, seinen Lehrmeister, weit, absonderlich in der Mathematik und Physik. Er erfand die neue Theorie der Musik; sie ist aber so tief, daß wenige sie assequieren (verstehen). In meinem Buch vom sensus communis (allgemeinen Wahrheitsgefühl) ist seine Theorie und in andern meiner Bücher noch mehr.« Durch Oetinger wurde Fricker anscheinend auch mit *Friedrich Christoph Steinhofer* bekannt. Manchen Segen empfing Fricker durch seinen Verkehr in dem Hause des Orgelbauers *Harsdörfer.* Mit all den Freunden blieb er auch später in Verbindung.

Nach beendigtem Studium und bestandener theologischer Prüfung erhielt er den Auftrag, dem Schreinermeister *Neßtfell* in Wiesentheid beim Bau einer astronomischen Maschine behilflich zu sein. Fricker mußte die Maschine umbauen und nach Bengels Berechnungen einrichten. Eine längere Reise, die ihn mit seinem Freund *G. L. Seiz* nach Berlin führte, weitete seinen Blick. Vor allem studierte er hier die seit einiger Zeit eingerichtete Realschule. Dann kehrte er nach Wiesentheid zurück, um mit Neßtfell nach Wien zu reisen und dort dem Kaiser die Maschine vorzuführen. Da ihm das Warten auf die in Aussicht gestellte Audienz beim Kaiser zu lange währte, reiste er ab und begab sich nach Mähren, wo er den katholischen Pfarrer *Divisch* kennenlernte. Dieser Mann besaß einen großen Ruf als Erfinder auf dem Gebiet der Orgelbaukunst und der Elektrizität. Die Frömmigkeit des Pfarrers Divisch übte auf Fricker solche Anziehungskraft aus, daß er sogar in schwere Anfechtungen geriet. *Karl Friedrich Harttmann* berichtet in seinem Tagebuch, wie Fricker endlich zu klarer Einsicht kam: »Als Fricker in Mähren war und mit Divisch umging und sah, daß auch bei diesem Manne Wahrheit sei, so wurde er sehr nachdenklich darüber. Und weil er damals noch sehr unruhig war und seine Philosophie ihm Unruhe machte, so kam er auf den Gedanken, wenn denn auch bei den Katholiken Wahrheit sei, so wolle er zu diesen gehen. In dieser Unruhe und Bekümmernis betete er zu Gott, ihm doch eine Gewißheit zu schenken; da es ihm denn unter dem Gebet geworden, als sähe er sein eignes Herz und aus demselben eine helle, sanfte und blaue Flamme hervorbrechen, worauf er in seinem Herzen eine ziemliche Beruhigung und Frieden bekam.«

Von Mähren reiste Fricker dann weiter nach Niederungarn, wo er die berühmten Bergwerke in Kremnis besichtigte. Nach seiner Rückkehr in die Heimat war er dann zwei Jahre Hauslehrer bei dem Oberkriegskommissar *Johann Christoph Oetinger,* einem Bruder des Prälaten Oetinger. Im Frühjahr 1757 zog es ihn wieder ins Ausland. Er nahm eine Hauslehrerstelle an bei dem Kaufmann *Cornelius van der Vliet* in Amsterdam, der der Mennonitengemeinde angehörte. Fricker kam hier mit mancherlei christlichen Gemeinschaften in Verbindung. Noch im gleichen Jahr bot sich ihm Gelegenheit zu einer Reise nach England, wo er die kurz zuvor entstandene Bewegung des Methodismus kennenlernte und von der evangelistischen Art eines *Wesley* und seines Mitarbeiters *Whitefield* sehr angezogen wurde. Wieder wurde er schwankend, ob er sich nicht der methodistischen Bewegung anschließen solle. Harttmann erzählt über jene Zeit in Frickers Leben: »Da er nun manches Gute bei diesen gefunden, wurde er in seinem Grund schwankend gemacht und wußte nicht, wo er sich hinschlagen sollte. Dieses trieb ihn wieder zum Gebet, und er rief Gott an, er möchte ihm doch einmal etwas Fixes geben; es wäre Zeit, daß dasjenige einmal bei ihm herausbräche, was seine eigentliche Bestimmung von Gott wäre. Unter diesen Gedanken sah er gerade gegenüber von sich eine Person unter einem Baum, die ihm vollkommen gleich sah. Wie er sie nun eine Weile betrachtet, so merkt er, daß sich bei ihr alle Lineamente (Wesenszüge) in der Schnelle geändert und eben eine solche Gestalt bekommen, wie er sie gegenwärtig habe. Und von da an habe er auch eine große Veränderung an sich gespürt und sich auf einmal der ganze Plan bei ihm angelegt, den er jetzt noch habe.«

Fricker blieb dann noch zwei Jahre in Holland. Es wird berichtet, daß er zuletzt eine Jungfer Völkel in Oetingers Schriften eingeführt habe. Im Jahr 1760 besuchte er die erweckten Kreise im Rheinland. In Duisburg machte er die Bekanntschaft mit *Samuel Collenbusch*. Nach einem Bericht des Vikars Cammerer, der bei Pastor *Henke* Hilfsprediger war, verdankt es Dr. Collenbusch der Freundschaft mit Fricker, »daß er die Wiedergeburt in Übung habe.« Collenbusch hat sich in seinem Schreiben »An die Württemberger« vom 28. November 1783 noch einmal dankbar jener Anregungen erinnert. Er sagt: »Ich liebe die Württemberger noch von Bengel, Oetinger und Fricker her und freue mich, wenn es ihnen wohl geht und wenn unter ihnen das Evangelium geschätzt und lebendig wird und bleibt.« Zu den innigsten Freunden, die sich Fricker während seines Aufenthaltes im Rheinland erwarb, gehört der Psalmendichter *Matthias Jorissen*. Fricker hat ihn in Wesel besucht und in der Gemeinschaft mit den dortigen Gläubigen schöne Stunden verlebt. Vor seiner Abreise aus dem Rheinland besuchte er in Begleitung von Samuel Collenbusch noch einmal Jorissen und den Weseler Brüderkreis. Er blieb mit Jorissen im Briefwechsel. In einem dieser Briefe ermahnt er Jorissen: »Lassen Sie sich nichts einreden und sich weder zu Wesel vor der Zeit zu einem Sünder, noch in Mülheim zu einem Heiligen machen.« Als Jorissen 1765 eine Hauslehrerstelle in Wesel angenommen hatte, wuchs er durch mancherlei Kämpfe tiefer in die Gnade hinein und erkannte auch die Schäden in der Gemeinschaft, auf die ihn Fricker schon leise hingewiesen hatte. Fricker antwortete ihm auf einen Brief: »Sie haben durch die gütige und weise Führung des Herrn mit dem Licht der Erkenntnis des Herrn Jesu einen Bruch in die menschlichen Lehrformen der Gottseligkeit, welche bisher in Wesel mit großem Ernst getrieben worden, gestoßen und werden, wenn Sie im Bekenntnis des Herrn, in dem wir alles allein haben, fortfahren, die eigenliebigen und selbsterwählten Denkungsarten noch mehr darniederreißen und also dasjenige erfüllen, was ich Ihnen vor vier Jahren wegen Wesel vorhergesagt.«

Fricker wurde nach seiner Rückkehr in die Heimat vom Konsistorium zunächst im unständigen Dienst verwendet. Im Jahr 1762 wurde er zum Helfer, so nannte man den zweiten Pfarrer, in Dettingen und Hülben ernannt. Wiewohl er nur alle vierzehn Tage in dem Filialort Hülben zu predigen hatte, ließ er es sich nicht nehmen, jeden Sonntag dort Gottesdienst zu halten. Im Sommer fand der Gottesdienst schon meistens in der Frühe um sechs Uhr statt. Er blieb in dieser Pfarrstelle nur zwei Jahre. In seiner Abschiedspredigt sagte er: »Ich spüre es an meinem Herzen, daß in Hülben gesät ist. Wann und durch wen der Same aufgehen wird, das bleibt dem Herrn überlassen.« Doch war Frickers Predigt auch während seiner Amtstätigkeit nicht ohne sichtbare Frucht geblieben. Der Schultheiß des Ortes und auch die Lehrerfamilie bekehrten sich. Die Frau des Lehrers *Kullen* war die erste, die dem treuen Seelsorger ihr Herz aufschloß. Fricker war ein wortkarger Mann, darum antwortete er ihr kurz: »Frau Schulmeisterin, lese Sie die Römerepistel!« Als sie nach geraumer Zeit damit fertig war, sagte sie zu ihm: »Herr Pfarrer, die Römerepistel ist etwas für die Dettinger, aber nicht für die Hülbener.« Sie meinte damit, daß es in Hülben keinen Menschen gebe, auf den die Schilderung der verderbten Menschenart in den ersten

Kapiteln des Römerbriefes zutreffe. Fricker erwiderte ihr nur: »Frau Schulmeisterin, lese Sie die Römerepistel noch einmal!« Es stand nicht lange an, da mußte sie bekennen, daß die Römerepistel auch ihr und den Hülbenern viel zu sagen habe. Und wieder sagte Fricker kurz, aber treffend: »Nun ist Ihr ein Licht aufgegangen, und beim Licht lernt man!«

In Dettingen trat er mit der Witwe des Oberhelfers *Baumann* aus Kirchheim in den Stand der Ehe. Eine Tochter, die sie aus ihrer ersten Ehe mitgebracht hatte, ist später die Gattin des Pfarrers *Eytel* geworden. Im Jahr 1764 wurde Fricker zum ersten Pfarrer in Dettingen ernannt. Durch *Steinhofer* war ein Kreis erweckter Christen gesammelt worden. Fricker hat sich ihrer in großer Treue angenommen. Er, der weitgereiste und gelehrte Mann, gestand dabei gern, daß er von diesen einfachen Christen viel für das Verständnis des Evangeliums gelernt habe. In seinem Büchlein »Weisheit im Staube« sagt er: »Nun sind am Ort meiner Wohnung neben vielen Gläubigen sehr wenige im Sinn genau einstimmende Jünger des Herrn, aus deren ... Führungen und Reden ich nach und nach manches aufgefaßt habe.« Zu diesen Leuten gehörte auch der originelle Bäckermeister *Christoph Handel* (1720–1800).

Aus Frickers seelsorgerlicher Tätigkeit möge hier noch ein schönes Zeugnis folgen. Eines Tages besuchte er einen Kranken namens Schäfer, der ihm aufrichtig und unter Tränen bekannte, daß er sein Leben lang an nichts anderes gedacht habe, als wie er sich und seine Familie durchs Leben bringe. Fricker war von der Reue des Mannes so bewegt, daß er nicht anders konnte, als ihm den Frieden Gottes verkündigen. Am Ende seines Besuches durfte er dem Kranken die Versicherung geben, daß er Gottes Kind sei. Als die Pfarrfrau die heitere Stimmung ihres Mannes bei seiner Rückkehr wahrnahm, fragte sie ihn nach der Ursache. Er antwortete ihr: »Weil eine Seele gerettet ist, darum bin ich so vergnügt.«

Fricker ist ohne Zweifel ein sehr tiefgegründeter Prediger gewesen. Leider besitzen wir nur eine Predigt von ihm, die er bei der Beerdigung eines frommen Krämers namens *Haas* gehalten hat. Sie macht Oetingers Urteil über Frickers Predigtgabe verständlich. Er sagte zu ihm nach einem Gottesdienst, dem er beigewohnt hatte: »Diese Predigtweise ist zu hoch, aber du, mein Lieber, bist nicht mehr lange hier.«

Während seiner Studentenjahre hatte sich Fricker eingehend mit naturwissenschaftlichen Fragen beschäftigt. In Dettingen trat dieses Interesse immer mehr zurück. Er widmete sich vorwiegend der Theologie. Die Frucht seiner emsigen Arbeit auf diesem Gebiet ist seine Aufsatzsammlung »Unvollständige, jedoch brauchbare Überbleibsel«, die neun Jahre nach seinem Tod erschienen ist. In diese Sammlung ist auch das tiefsinnige Büchlein »Weisheit im Staube« aufgenommen worden. Es ist wahrscheinlich, daß Frickers Nachlaß von seinem Freund *Ludwig Christoph Huzelin,* der Pfarrer in Steinenbronn war, herausgegeben worden ist. Dieses Buch beginnt mit vier Gebeten, von denen eins hier folgen möge: »Ewige Liebe, die du uns aus großem Erbarmen in der Menschheit Jesu Christi besucht hast, um von uns die Plage des Fluchs, der auf der alten von dir abgewichenen Natur liegt, hinwegzunehmen und uns in deiner Gnade und Wahrheit zu deiner Liebe wieder zu erneuern: Sieh uns an mit dem Auge deiner Menschenfreundlichkeit und nimm die Decke von unserem Herzen, die es uns schwer machen will zu glauben, daß du uns wahrhaftig liebst, daß du uns wirklich begehrst, ja daß du mit deinen ausgestreckten Armen uns alles völlig selbst anbietest, was wir von dir bedürfen, um dich im Glauben zu ergreifen, aus dir ewiges Leben zu empfangen und dereinst mit deinen Kindern vollendet zu werden und in das Reich der Herrlichkeit einzugehen. Vater, nimm auf deine bedürftigen Kinder, erleuchte sie. Vertreib alles Gewirk der Zerstreuung und des Unglaubens. Gib ein Wort zu dieser Zeit, dessen wir uns freuen mögen in Ewigkeit. Laß uns leben zu deinem Preis und wachsen zu deinem Bild in der Kraft des heiligen Geistes. Amen.« Es folgen dann die Gedanken von der »Weisheit im Staub, das ist Anweisung, wie man in den allergeringsten und gemeinsten Umständen auf die einfältig leitende Stimme Gottes bei sich achten soll«. Das Büchlein gliedert sich in sechs Abschnitte, an die sich Ausführungen über die Versöhnung durch Jesus Christus, die Rechtfertigung, die Religion, die Taufe, den Glauben, das Gebet und das Abendmahl anschließen. Es folgen dann noch der »Hauptinhalt der Epistel an die Römer« mit allerlei Anmerkungen und der »Spiegel der Gerechtigkeit aus der Epistel Jakobi«. Zuletzt enthält der kleine Band verschiedene Lieder über das erste Kapitel des Jakobusbriefes und ein Lehrgedicht über die »Vereinigung der Wahrheit und Liebe«.

Einige Verse aus einem Lied über Kapitel 1, 21 – 27 des Jakobusbriefes seien hier noch mitgeteilt:

Selige Freiheit vollkommener Seelen,
die auf den himmlischen Vater nur sehn,
ihm die Regierung des Ganzen befehlen
und durch Gehorsam in Liebe fortgehn:
Jesus macht billig[1], heilig und willig,
aus seiner Fülle viel Wachstum zu flehn.

Das lehrt der Geist aus dem ewigen Lichte,
wenn man aufrichtig die Wahrheit nur sucht
und alle Triebe und bitteren Früchte,
die aus dem Fleisch sich erheben, verflucht:
Was so viel Leiden bringt, soll sich scheiden;
hass' ich mich selber, so lieb' ich die Zucht.

Eifer ums Gute, o Licht meines Lebens,
schenk mir vom Kreuz, das ich stetig betracht',
daß ich nicht höre noch lese vergebens,
wie mich dein Opfer zum Vater gebracht:
Lehre mich streiten, fleißig arbeiten,
lieben und beten und suchen mit Macht.

Ewige Liebe, in dir ist das Leben,
in mir ist Ärgernis, Falschheit und Qual.

[1] billig = gerechtdenkend

Doch geht der Will' nach der Freiheit zu streben,
daß mich die göttliche Einfalt bestrahl'.
Mache mich kindlich, treu und empfindlich,
ob ich dir auch im Geringsten gefall'!

Fasse, o König der Wahrheit, den Willen
in deinen herrlichen Opfergang ein,
stetig des Vaters Gebot zu erfüllen,
heilig und stille geschäftig zu sein!
Bleib' ich so stündlich, so wird mich endlich
dein süßes Joch mit der Freiheit erfreun.

Fricker ist nur 37 Jahre alt geworden. Am Pfingstfest des Jahres 1766 predigte er dreimal und feierte mit seiner Gemeinde das heilige Abendmahl. Am darauffolgenden Mittwoch mußte er sich wegen eines Fieberanfalls legen. Über die Veranlassung zu seiner Krankheit erzählte man noch lange Zeit nach seinem Tod eine merkwürdige Geschichte. Seit unvordenklichen Zeiten wandelte in dem alten Pfarrhaus zu Dettingen der Geist eines längst verstorbenen Pfarrers, der sich von Zeit zu Zeit in seiner Amtstracht zeigte und dann schweigend vom Pfarrhaus in die Sakristei der nahgelegenen Kirche ging. Dieser Geist habe Fricker öfters beunruhigt. Fricker habe ihn, als er ihm am Dienstag nach Pfingsten erschienen sei, gefragt, was er von ihm wolle und warum er keine Ruhe habe. Statt zu antworten habe der Geist ihn mit einem starken Hauch angeblasen. Darüber sei das Kerzenlicht im Zimmer erloschen. Nachdem der Geist verschwunden sei, habe Fricker einen plötzlichen Fieberschauer empfunden. Kurz darauf mußte er sich legen. Die Nachrichten über seine letzte Krankheit lassen erkennen, daß seine Kräfte durch eine schnell fortschreitende Lungenschwindsucht aufgezehrt worden sind. Zwei Tage vor seinem Ende erhielt er die Nachricht, daß sein Freund *Viktor Köstlin* heimgegangen sei und vor seinem Sterben noch gebetet habe: »Ach, lieber Heiland, es wird in diesen Tagen noch einer deiner treuen Knechte, der liebe Fricker, vollendet werden. Du hast einen anderen rechtschaffenen Knecht, den lieben *Seiz*, auch so bald aus seinem Amt weggenommen. Vergib uns, wenn wir zuviel geredet haben, und laß uns doch dich in deiner herrlichen Gestalt sehen.« Als ihn ein Freund am letzten Abend vor seinem Tod fragte: »Bist du zufrieden, ist es dir recht, wenn dich der Herr heimruft?« da antwortete er: »Ja, hier bin ich, wenn er Lust zu mir hat!« Ein anderes Mal sagte er: »Obgleich jetzt das Gericht über mein Fleisch ausgeführt wird, so lebe ich doch in der Liebe des Vaters und in der Versicherung des Sohnes. Man darf sich ja als einen verdammten Sünder Gott hingeben. Gott ist die ewige Liebe, und dieses ist genug. Wenn man sich nur hingeben wollte, gerade so wie man ist. Ach, wie ist der Mensch eine so elende Kreatur! Du ewige Liebe, erbarme dich meiner!« Zuletzt sprach man ihm den Liedervers vor: »Herz, freu dich, du sollst werden vom Elend dieser Erden und von der Sündenarbeit frei.« Er erwiderte: »Ja, man muß hier stets auf Schlangen gehn, die leicht ihr Gift in unsre Fersen bringen.« Es war sein letztes Wort auf dieser Erde. In den Morgenstunden des 13. September 1766 ist er entschlafen. Die Leichenpredigt hielt Pfarrer Huzelin über den Text: »Er leitet die Elenden recht und lehrt die Elenden seinen Weg. Die Wege des Herrn sind eitel Güte und Wahrheit denen, die seinen Bund und seine Zeugnisse halten« (Psalm 25, 9. 10). Fricker hatte sich dieses Wort gewünscht. Auf den einfachen Grabstein ließ die Witwe eine Inschrift setzen, die treffend Frickers Wesen und Werk zum Ausdruck bringt: »Ein Mund in vielen Sprachen, Hände, in der Ton- und Meßkunst in Stuttgart und in Tübingen mit Fleiß geübt, sind das geringste; aber betrachte ein von Gott früh geöffnetes Ohr, wodurch er aufs Wort und die himmlische Weisheit gemerkt und als ein echter Schüler des prüfenden Oetinger auf dem Jahrmarkt aller Sekten und Religionen in Holland und England einzig um die Perle der Wahrheit gewuchert; ein niedrig Herz, seiner paulinischen Statur gleich, welches den Hirtenstab höheren Stellen vorgezogen; eine mächtige Predigerstimme, die im Geist Eliä die wahre Gerechtigkeit gelehrt, zwei Jahre als Diakonus, zwei Jahre als Pfarrer in Dettingen unter Urach; ein erleuchtetes und einfältiges Auge, das auf seinen Weg sorgfältig gesehen und die Kinder der Gnade nach der Epistel Johannes im Lichte wandeln gelehrt.«

Die Aufgabe und das Ziel seines Lebens hat Fricker in einem Vers ausgesprochen, der sich in seinen »Liedern über die Epistel Jakobi« findet:

Das ist ein sel'ges Element,
in Gottes Licht zu siegen,
weil er den Willensgeist entzünd't,
zu folgen seinen Zügen:
Er zieht zum Sohn, damit ich bald
mich von der Welt entziehe,
Sünden fliehe
und durch die Kreuzgestalt
in Gott verpflanzet blühe.

Philipp Matthäus Hahn

der Gottesgelehrte und Mechaniker (1739 – 1790)

Dieser bedeutende schwäbische Theologe, der am 25. November 1739 im Pfarrhaus zu Scharnhausen geboren wurde, mußte durch schwere Jugendjahre hindurch. An seinem Vater, der als Pfarrer in seinen Gemeinden manchen Anstoß erregte, hatte er keinen Halt. Die Mutter verlor er, als er eben dreizehn Jahre alt war. Da er das württembergische Landexamen nicht bestand, blieb ihm die Aufnahme in das niedere theologische Seminar versagt. Mit seinen Eltern zog er nach Onstmettingen und versuchte sich nun selber weiterzubilden und für das Studium vorzubereiten. Früh zeigte sich sein mathematisches und mechanisches Talent. Mit seinem Freund, dem Provisor *Schaudt* in Onstmettingen, unternahm er allerlei mechanische Versuche und arbeitete an dem Bau von Sonnenuhren.

Auf einer Reise ins Unterland nahm ihn der Vater mit nach Tübingen. Er ließ ihn an der Universität einschreiben und tat ihn zu einem Gerber in Kost und Logis. Beim Abschied übergab er seinem Sohn zehn Kreuzer, die nach heutigem Kaufwert etwa drei Mark ausmachen. Im übrigen versprach der Vater, das Kostgeld immer regelmäßig zu senden. Er hat aber sein Versprechen nicht gehalten und dadurch seinen Sohn oft in peinliche Verlegenheit gebracht. Der junge Hahn mußte daher bald sein Kosthaus aufgeben und zu einem Buchbinder ziehen.

Philipp Matthäus Hahn sparte, wo er konnte, und war bemüht, sich durch kärgliche Stipendien über Wasser zu halten. Er führte in Tübingen ein wahres Hungerleben. Die Schilderung seiner Studentenjahre gehört zu den ergreifendsten Zeugnissen, die wir aus jener Zeit besitzen. Mit einem Stipendium von fünfundzwanzig Gulden versuchte er durchzukommen. In seiner Selbstbiographie schreibt er: »Überhaupt habe ich, solange ich in Tübingen war, nicht über zwei Maß Wein getrunken, aber zuletzt ziemlich Brot gegessen. Ich brauchte, wenn ich mich recht satt essen wollte, täglich für sechs Kreuzer. Wasser holte ich mir immer selbst beim sogenannten Lützelbrunnen außer der Stadt. Aber wenn ich auch genug Brot gegessen hatte, so war mir immer, als fehle mir noch etwas. Endlich bot mir die alte Buchbinderin (seine Hausfrau) heimlich ein kleines Schüßlein Suppe oder Gemüse an, das sie selbst alle Mittage aßen; denn zu Nacht aßen sie selbst nichts Warmes. Ich mußte es mit zwei, endlich mit drei Kreuzern bezahlen. Alsdann konnte ich's eher aushalten. An Wein hätte ich nie gedacht, wenn ich Warmes über jedes Essen gehabt hätte. Endlich nahm mich der alte Buchbinder den Winter hindurch in seine Stube auf, so daß ich hinter dem Ofen studieren durfte und also das Holz zum Einheizen sparte, wofür ich ihm den Winter hindurch fünf Gulden bezahlte.«

Einmal reichte er bei der Kirchenbehörde die Bitte um Aufnahme in das Stift ein. Er wurde aber abgewiesen. In seinem Lebenslauf klingt noch nach Jahren die Verbitterung durch, die ihn damals erfüllte: »Aber ich will nicht vergessen, wie der damalige Präsident des Konsistoriums, der hernach in etlichen Jahren, da er mich besser kennenlernte, mein Freund wurde, mich anfuhr und anwies, noch ein Handwerk zu lernen, da ich schon Magister war. Denn weil mein Vater dem Konsistorium manches zu schaffen machte und deswegen sein damaliger Platz eine Zurücksetzung war, so machte dieser Herr den Schluß, ich werde auch kein brauchbarer Pfarrer werden. Ach, wie sehr hätte ich Gott gepriesen für dieses Stift, wenn ich Armer und Hungriger mich an diese Tafel hätte setzen dürfen!« Die Folge seiner eingeschränkten Ernährungsweise war ein Magenleiden, an dem er zeitlebens gelitten hat.

Während seiner Vikariatszeit wurde ihm ein Aufenthalt in *Oetingers* Haus in Herrenberg von besonderem Segen. Oetinger war damals schwer erkrankt und schrieb auf seinem Krankenlager den zweiten und dritten Teil seiner »Irdischen und himmlischen Philosophie«. Hahn wurde so mit den Gedankengängen des großen Theologen bekannt und vertraut. Er nahm auch gern die Gelegenheit wahr, die reiche Bibliothek Oetingers, in der sich viele chemische und alchimistische Werke befanden, durchzulesen. Mit Dankbarkeit und Verehrung gedachte er zeitlebens des Mannes, dem er in jenen Tagen nähertreten durfte. Als sich viele Jahre später die Nachricht verbreitete, der altgewordene Prälat Oetinger verfalle mehr und mehr in den Zustand eines Kindes, da schrieb Hahn: »Unser alter Oetinger hat sich sein ganzes Leben lang bei seiner rastlosen Tätigkeit gar niemals Ruhe gegönnt. Der treue Gott hat aber dem treuen Arbeiter noch auf der Erde eine Zeit der Sabbatstille und Ruhe geben wollen; denn welche Ruhe könnte vollkommener und seliger sein als die einer frommen, unschuldigen Kindheit.«

Im Jahr 1764 erhält er seine erste Pfarrstelle in Onstmettingen. Es fehlt im Anfang nicht an Schwierigkeiten, die aus der Gemeinde selbst kommen; er geht aber im Gehorsam des Glaubens seinen Weg. Nach sechsjähriger Tätigkeit darf er in seiner Abschiedspredigt sagen: »Ich kann mit fröhlichem Herzen meine Straße ziehen, weil ich weiß, daß viele von solchen, nachdem sie die Gabe Gottes, die in mir ist, haben kennen lernen, Reu und Leid darüber gehabt, daß sie jemals sich widersetzt haben.« Auf Veranlassung von *Herzog Karl Eugen* von Württemberg wird ihm die Pfarrstelle Kornwestheim übertragen. Hier schreibt er eine Reihe bedeutsamer Schriften. Im Jahr 1774 erscheint sein »Fingerzeig zum Verstand des Königreiches Gottes und Christi«. Außerdem veröffentlicht er zwei Predigtbände und zwar 1774 seine »Sammlung von Betrachtungen über die sonntäglichen Evangelien« und 1780 »Eines ungenannten Schriftforschers Betrachtungen und Predigten über die sonn- und feiertäglichen Evangelien und die Leidensgeschichte«. In der Pflege des Stundenwesens versucht er neue Wege zu gehen. Auch in der Öffentlichkeit war er weithin bekannt geworden als der Mann, der auf dem Gebiet der Mechanik eine führende Stellung einnahm.

Philipp Matthäus Hahn war der geborene Erfinder. Schon der achtjährige Knabe beobachtete den Schatten eines jeden Nagels an der Wand und wunderte sich, daß die Striche, mit denen er die Schattenlänge markiert hatte, oft schon nach wenigen Tagen nicht mehr stimmen wollten. In seinen Jugendjahren gab er sich viel mit dem Bau von Sonnenuhren ab. Dann forschte er nach den Ursachen des ungleichen Ganges der damals noch recht unvollkommenen Taschenuhren. Er hat im Lauf der Jahre in seiner Werkstatt durch seine Mitarbeiter Uhren anfertigen lassen, bei denen er das System des Zylinderganges mit Halbedelsteinen in Anwendung brachte. In seiner Onstmettinger Zeit hatte er sich auch mit der Herstellung von Präzisionswaagen und hydrostatischen Waagen beschäftigt. Mit Recht wird er als der Begründer der feinmechanischen Industrie in Onstmettingen und Ebingen betrachtet. Mit besonderer Freude widmete er sich dem Bau von astronomischen Uhren oder sogenannten »Weltmaschinen«, die außer der üblichen Uhrentafel noch Wochentage, Datum und den Sonnenlauf durch den Tierkreis zeigten. Daneben stellte er eine Art von Planetarium her, das nach dem kopernikanischen System die Bewegung der Planeten, der Sonne, der Erde und des Mondes darstellte. Bis in die letzte Zeit seines Lebens hinein haben ihn die Pläne für seine große »Weltmaschine« beschäftigt. Das Werk wurde nach seinem Tod vergessen. Erst im Jahr 1873 wurde es wieder entdeckt. Es steht heute im Germanischen Museum in Nürnberg. Um sich die Berechnungen für seine astronomischen Uhren zu erleichtern, ersann er eine Rechenmaschine, mit der man auch die langwierigsten Rechenaufgaben lösen konnte. Die letzte Maschine, die er 1778 fertigstellte, hatte sogar vierzehn Zahlstellen. Hahn hatte als Erfinder dieser Maschinen bedeutsame und berühmte Vorgänger wie *Blaise Pascal* (1623–1662) und *G. W. Leibniz* (1646–1716); aber es bleibt sein Verdienst, die erste für das Rechnen in allen vier Arten wirklich brauchbare Maschine geschaffen zu haben.

Philipp Matthäus Hahn verlor sich aber nicht an seine Erfindungen. Immer blieb er sich bewußt, daß er Pfarrer und Verkündiger des Evangeliums war. Er bekennt: »Es ist mir von Anbeginn meines Amtes alles dasjenige, was einen Zweck und Frucht für die Ewigkeit hat, wichtiger und größer vor meinen Augen gewesen als alle diese Spielwerke.« Darum wirkte er nicht nur auf der Kanzel, sondern mit gleichem Eifer auch unter ihr. In seinem Hause hielt er Erbauungsstunden, in denen er mit Vorliebe den Kolosser- und Epheserbrief behandelte. Sein Ziel war es, »Lehrjünger« zu erziehen, die das Ganze der Schriftwahrheit zu erkennen vermochten. In Kornwestheim teilte er seine Erbauungsstunde in mehrere kleine Kreise, in die er nur gastweise ging und deren Leiter er am Samstag vorbereitete; denn er erkannte, »daß die Leute nicht wirklich wachsen, wenn sie nur empfangen und nicht auch weitergeben.«

Das Generalthema seiner Verkündigung war das Königreich Gottes in Jesus Christus. In ihm will Gott die ganze Natur- und Menschenwelt wieder in eine erneuerte Gestalt, zur verklärten Schöpfung bringen. Darum ist die Versöhnung durch Christus nicht nur Vergebung und Wiedergutmachung, sondern auch Wiederaufnahme der durch den Fall unterbrochenen Schöpfung. Das Gottesreich soll gleichsam in alle Bezirke der Schöpfung hinausstrahlen. So will Gott die alte Schöpfung nicht vernichten, sondern verklären. In den Menschen wird ein Lebenskeim gelegt, den der neue Mensch »aus den unser Fleisch durchscheinenden Lichtskräften Gottes erlangt«.

Über den Lichtsmenschen schreibt Hahn in einem Tagebucheintrag vom 11. Juni 1776: »Vergangene Nacht hat es mir aus Veranlassung des gestrigen Gesprächs von dem inneren Menschen geträumt: Die Hauptsache sei ein innerer Lichtsmensch. Der müsse aus dem Fleisch und aus der Finsternis durch Kampf und Leiden des Fleisches leiblich und massiv werden und körperliche Teile anziehen, welche aber mit Licht durchdrungen und himmlisch gemacht sind. Dazu ist der Geist des Fleisches Jesu der Anfang und das Ferment (Sauerteig). Bei Schwachen ist solcher Lichtsmensch nach dem Tode ohne eigne Kraft wie ein ungeborenes Kind. Bei andern ist er stärker und geistlicher wie Schatten gegen einen Körper oder wie Luft gegen Wasser. Die sensoria auf das Himmlische sind einigermaßen eröffnet; man kann Zunge, Hände, Füße, Augen und Ohren brauchen. Daß aber Gott uns wieder so darstellen kann, wie wir vorher gewesen, so handtastlich und körperlich als jetzt, das zeigt das Wort Wiedergeburt (Matthäus 19) und Wiederbringung. Der uns gemacht und aus dem Unsichtbaren ans Licht gebracht hat, kann uns wieder dahin bringen. Und daß er es tun wird, das erfordert die Wahrheit seines Worts und die Verherrlichung seines Sohnes. Es haben auch alle Gläubigen ihm diese Ehre von jeher erwiesen, daß sie ihm dieses zugestanden. – Moses und Elias sind also noch nicht im Fleisch auferstanden gewesen, als sie Jesus erschienen. Jesus war der erste. Jenes war nur ihr inneres Menschenbild;

doch konnten sie reden. Dem auferstandenen Jesus konnte man die Hand in die Seite legen. Des reichen Mannes Historie deutet vage vorübergehende Phantasien an, die in dem Augenblick, da unsere inneren Sensorien eröffnet sind, so hell und deutlich als irgend eine Erfahrung durch die Sinne auf der Welt sein können. Ebenso auch bei den Seelen unter dem Altar und den gottlosen Königen (Offenbarung 6), welches lauter Vorempfindungen auf jenen Tag des Gerichts und der Herrlichkeit sind. Unser Glaubensaugenmerk soll nicht hauptsächlich auf den Zustand unmittelbar nach dem Tod, sondern auf die Auferstehung und auf das Königreich gehen, sonst denken wir nicht schriftmäßig.«

Philipp Matthäus Hahn wußte um den Segen der engeren Gemeinschaft, die die Erweckten und Gläubigen untereinander haben sollen. Das zeigt seine Schrift »Belehrung für unbelehrte Christen von den Privaterbauungsstunden zur Beförderung wahrer Duldung und Einigkeit in den christlichen Gemeinden«. Der Hauptzweck der Stunden war für ihn das Wachstum des inneren Menschen und die Erbauung, die er sich im Gegensatz zur landläufigen Auffassung nicht als geistlichen Genuß, sondern als Wachstum in gegründeter Erkenntnis dachte. Aus dieser Erkenntnis, »wenn sie immer völliger wird, wird der Mensch geistlicher und bekommt selbst Bestrafungen von innen. Denn wie die Körper durch den Stoß, so werden die Seelen durch das Licht bewegt.«

Von Bengel hat Hahn die Forderung übernommen, daß alle einzelnen Lehren aus dem Zusammenhang des Ganzen der heiligen Schrift dargestellt werden müssen. Vor allem aber hat Oetinger durch seine theologischen Gedanken auf Hahn weitgehenden Einfluß ausgeübt. Auch Hahn ist unbefriedigt von dem Spiritualismus der Leibniz-Wolffschen Philosophie und vertritt den biblischen Realismus. Neue Wege ging er mit seiner Betonung der Jüngerschaft, die mit seinem Gemeindebegriff zusammenhängt. Die Gemeinde gliedert sich für ihn deutlich in den weiteren Kreis der Namenchristen und den engeren der Gläubigen, der Kinder Gottes. Sie stellen die

Schar der »Lehrjünger Jesu« dar. »Der Lehrer muß die Samen kennen, die ihm der Vater gegeben. Er muß einen Unterschied machen unter den Menschen, zwischen der Welt und denen, die aus Gott geboren sind, wie es Jesus tat.« In seinen Erbauungsstunden suchte er Lehrjünger zu gewinnen. Er berichtet in der Geschichte seiner Erbauungsstunden in Kornwestheim: »Ich dachte: Du vertrittst einmal im Ort die sichtbare Stelle Jesu, wie er zu seiner Zeit das Licht unter seinem Volk war und den unsichtbaren Vater vorstellte: ›Wer zu mir kommt, den stoße ich nicht hinaus.‹ Wer den Eindruck, den ihm meine Reden gegeben, behält und nur fortmacht in begierigem Hören, der ist mein rechter Lehrjünger, und er wird die Wahrheit täglich besser erkennen, und die Wahrheit wird ihn gewiß von seinen Untugenden frei machen.« Den Jüngern Jesu soll auch seine Übersetzung des Neuen Testamentes dienen, die unter dem Titel erschien: »Die heiligen Schriften der guten Botschaft vom verheißenen Königreich oder das sogenannte Neue Testament zum Dienst derer, welche sich aus den ersten Quellen der göttlichen Schrift selbst erbauen wollen« (1777). Bei sorgfältiger Behandlung des Grundtextes suchte er eine möglichst genaue Verdeutschung zu bieten. Er ging dabei so weit, daß er selbst altvertraute Worte wie Christus, Evangelium und Apostel übersetzte (Gesalbter, gute Botschaft und Gesandter). »Es liegt gar viel«, schreibt er in seinem Tagebuch, »an dem rechten Schriftverstand.«

Als Grundidee des Schriftganzen stellt er die Lehre vom Königreich Gottes in Jesus Christus heraus. Er fand sie in den Evangelien und im Epheser- und Kolosserbrief. In den beiden Schriften »Die gute Botschaft vom Königreich Jesu« und »Die Reden Jesu von seinem Auftritt an bis zum Ende seiner Bergpredigt« hat er die Lehre entwickelt. Einige Gedanken, die Hahn über den 93. Psalm niedergeschrieben hat, mögen zeigen, mit welcher Innigkeit er an der Lehre vom Königreich Gottes hing: »Psalm 93 ist ein herrlicher Königreichspsalm, der mir bei der Leiche meines kleinen Kindes ungemein Saft und Kraft gab. Ich habe in Ansehung des frühen Todes der

Kinder nie hinausgesehen, wie es den früh abgebrochenen Zweigen ergehe, als in diesem Psalm. Ich habe auch das Königreich Jesu nie so verstehen lernen wie aus diesem Psalm. Wer das Königreich Jesu und aus solchem das Vaterherz Gottes nicht erblickt, hat keinen bleibenden Trost. Wer aber dieses im Geist erblickt, kann allen Trost für alles aus diesem nehmen; denn das Königreich Christi hat der Vater von Ewigkeit festgestellt, und wenn alle Feinde, alle Mächte des Todes und der Hölle und alle unsere ungleichen Gedanken sich dawider erheben, so ist der Herr noch größer in der Höhe. Christi Königreich ist der Anfang und Ursprung der Schöpfung; es wird alles perfiziert (vollendet) durch Christum und dem Vater herrlich und wiedergebracht dargestellt. Das ist das Ende des Königreichs Christi. Wenn also die Macht des Todes und der Hölle wider das Leben und Erhaltung eines Kindes wüten, so ist der Herr noch größer, der es in seiner Hand hält und in seinem Hause versorgt. Freilich möchte man denken: Was ist der Mensch, ein so armes kleines Kind, daß du seiner gedenkst? Allein du hast ja den Menschen Christus so hoch erhoben, daß du ihn über die Werke deiner Hände gesetzt hast. Folglich ist auch ein kleines Kind vor dir nicht klein und gering. O, wie große Gedanken hatten also Jesus und die Apostel von diesem Reich des Vaters und Christi aus den Psalmen und den Propheten, und wie teuer soll uns der Schwur des Engels (Offenbarung 10, 5) sein!«

Das Königreich Gottes tritt stufenweise in die Erscheinung, und zwar zuerst als tausendjähriges Reich oder Regierung der Gläubigen in Christus auf Erden. Dann erst senkt sich das Reich der Himmel auf die Erde, die nun als erneuerte Erde die Residenzstadt des höchsten Gottes und des Lammes wird.

Wie sehr auch Hahn sich vielen Gedanken Bengels angeschlossen hat, zeigt die Tatsache, daß er auf einer seiner astronomischen Uhren ein Zifferblatt der Weltenzeitalter angebracht hat. Unter den Jahreszahlen 1836 – 2836 steht »Königreich Christi auf Erden oder die gute Zeit der Kirche Christi.«

Philipp Matthäus Hahn hat allerdings sehr unter der Tatsache gelitten, daß er sowohl Pfarrer als auch Mechaniker war. Gar manche Äußerung in seinem Tagebuch legt davon Zeugnis ab. Da heißt es einmal: »Deine Uhren hindern dich, denn du wirst unmutig, wenn jemand zu dir kommt.« Und ein anderes Mal schreibt er: »O was habe ich mir für eine Rute auf den Rücken gebunden durch diese mechanischen Dinge! Ich wurde von innen bestraft, daß ich mich so viel mit Uhren abgebe. Es ist mir schon oft eine Last worden, wenn ich sie nur abwerfen könnte!« Dann schreibt er ein Gebet nieder: »Ach, Herr, erlöse mich selbst und gib mir noch nähere Merkzeichen, daß es dein Wille sei, von allem Andersartigen abzubrechen!« Es gibt aber auch Stellen in seinem Tagebuch, die uns zeigen, daß bei ihm der Theologe wohl mit dem Mechaniker verbunden sein kann. So schreibt er im Blick auf eine Erfindung: »Wie wunderbar entdeckt mir Gott eines um das andere!«

Seitdem ihm seine ersten Erfindungen eine gewisse Berühmtheit eingetragen hatten, fehlte es ihm nie an Besuchen, die ihm auch bedeutende Menschen seiner Zeit abstatteten. *Lavater* und *Goethe* suchen ihn auf. *Herzog Karl Eugen* von Württemberg läßt ihn öfters durch einen Kurier auf sein Schloß Hohenheim rufen. Selbst *Kaiser Josef II.* steigt bei ihm ab und läßt sich von ihm seine Rechenmaschine vorführen. Mit dem Dichter *Christian Friedrich Schubart,* den er während seiner Haft auf dem Hohenasperg (1777 – 1787) oft besucht hat, stand er in freundschaftlicher Verbindung. Schubart hat über Hahn das schöne Urteil gefällt: »Groß war er als Mechaniker, größer als Theologe oder vielmehr Gottesweiser. Er war ein Lehrer im apostolischen Sinn, voll Gottesnähe, Jesusliebe, Wahrheitsliebe und Mitteilungsdrang.« In seinem Gedicht »Denkmal in Wingolfs Halle« hat Schubart seiner Verehrung für Hahn Ausdruck verliehen:

Auch in des Kerkers Schauernacht
trat die Freundschaft, vom Himmel gesandt,
und hellte meine Zährengrotte auf.

Hahn, o du mein Freund und Lehrer,
kamst du nicht mit der Brudermiene zu mir
und zeigtest mir die Herrlichkeit Christi
und unsrer Bestimmung Seraphsflug?
Von deines Geistes Blitz geleitet,
sah ich's in mancher Tiefe dämmern.
Hahn, o du mein Lehrer und Freund,
sei mir gesegnet, sei mir mit Tränen gesegnet!

Im Jahr 1781 wechselte Hahn nocheinmal seine Stelle und ging nach Echterdingen. Ehe er sein neues Amt antrat, hatte ihm Herzog Karl Eugen eine Berufung als Professor in Tübingen angeboten. Er wäre mit der Annahme dieses Rufs allen Schwierigkeiten, die ihm von seiten der Kirchenbehörde gemacht wurden, enthoben gewesen. Nach kurzem Schwanken entschied er sich jedoch für das Pfarramt. Die Worte, mit denen er dem Herzog gegenüber seine Ablehnung begründete, ehren den ganzen Mann: »Ich empfinde einen Trieb, den Weg, welchen mich Gott von Jugend auf geführt, noch länger beizubehalten, da ich mehr innere Beruhigung empfinde, in unvergänglichen Dingen auf die gegenwärtige Zeit zu wirken. Auch habe ich zum Zeugnis meines wahrhaft göttlichen Berufes bei den mir bisher anvertrauten Gemeinden Onstmettingen und Kornwestheim nicht nur von einigen, sondern von allen Zuhörern das Lob erhalten, daß ich kein untüchtiger Diener der christlichen Kirche sei, so daß mich jede von diesen Gemeinden wieder gern zu ihrem Lehrer und Seelsorger annehmen würde, wie mich wirklich die letzte Gemeinde durch zwei Bürgermeister bitten ließ, bei ihr zu bleiben, welches mir bestätigt, daß ich bisher mit Recht das geistliche Amt beibehalten.«

Die Kirchenbehörde sah es nicht gern, daß sich Hahn mit dem Stundenwesen abgab. Er richtete daher in der neuen Gemeinde keine eigne Stunde ein; doch freute er sich, daß die Stunde, die vor seinem Aufzug in Echterdingen fast aufgehört hatte, wieder zu blühen begann. So oft er Gelegenheit hatte, besuchte er die Stunde, denn die Gemeinschaft mit den Stundenleuten konnte er auf die Dauer einfach nicht entbehren. Er, der in Kornwestheim so eifrig für das Stundenwesen eingetreten war, empfand seine Zurückhaltung als eine Schuld, die ihn drückte: »Ich sehe, daß ich kein rechter Pfarrer bin, meinem Herrn nicht hauptsächlich diene, zuviel Rücksicht auf den Herzog und das Konsistorium nehme und deswegen keine Stunden halte, bei denen, die Christen sein wollen, nicht genug auf die Heiligung dringe, nicht genug Geduld mit meinen Leuten im Haus habe, zuviel ins Mechanische zerstreut gewesen bin, nicht gern gebe, nicht genug Vorbereitung auf meine Predigten wende, mehr meinem Herrn im Himmel zu gefallen suchen sollte.«

Seine letzten Lebensjahre flossen ruhig und still dahin. Er war inzwischen in der großen Welt berühmt geworden. Fürsten, Gelehrte und Dichter suchten ihn in seinem schlichten Pfarrhaus in Echterdingen auf. Mancher Besuch, der ihm allein um seiner mechanischen Arbeiten willen gemacht wurde, war ihm lästig. Umso größer war die Freude, wenn der humorvolle *Schubart* oder der tiefgegründete *Michael Hahn,* der seinem Herzen besonders nahe stand, bei ihm einkehrten. Von Echterdingen aus hatte Hahn Gelegenheit, öfters das herzogliche Paar auf Schloß Hohenheim zu besuchen. Der Herzog hatte ihn im Jahr 1773 auf einer Festlichkeit in Ludwigsburg kennengelernt. Von der ersten Begegnung an empfand der Herzog ein großes Vertrauen zu Hahn. Stundenlang konnte er sich mit dem einfachen Pfarrer über alle möglichen Fragen unterhalten. Auch die Gemahlin des Herzogs, *Franziska von Hohenheim,* liebte den Umgang mit Hahn, da sie selbst der pietistischen Richtung zuneigte. Sie führte mit Hahn mancherlei theologische Gespräche und besuchte ihn auch öfters in Echterdingen. Mit dem Herzog kam Hahn manchmal auch über Glaubensfragen ins Gespräch. So konnte er ihm eines Tages sagen, daß man ihn in der Öffentlichkeit für einen Atheisten halte. Der Herzog war über diese Mitteilung nicht wenig erstaunt.

An seiner zweiten Frau, einer Tochter des bekannten Pfarrers *Flattich,* hatte er eine große Stütze. Sie nahm ihm nicht nur die häuslichen Sorgen und Mühen ab, sondern half ihm auch in seinen theologischen Arbeiten. Ihr verdanken wir die Nachschrift seiner »Erbauungsstunden über die Offenbarung Johannes«. *Philipp Paulus,* der Enkel Hahns, hat uns in seinem Buch »Beate Paulus oder: Was eine Mutter kann« ein anschauliches Bild vom Tageslauf des vielgeplagten Mannes gegeben. Er stand morgens um sechs Uhr auf, gab den Arbeitern in der Werkstatt die nötigen Anweisungen und widmete sich nun seinen theologischen Arbeiten. Nach dem Mittagessen, das sehr einfach und schlicht gehalten war, erzählte er den Kindern gern eine biblische Geschichte und unternahm mit ihnen einen Spaziergang. Meistens mußten ihn sein Sohn Philipp und seine beiden Töchter Beate und Christiane begleiten. An einer Hecke ließ er die Kinder zurück. Sie durften dort spielen, solang er selbst noch ein Stück Weges weiter ging. Auf dem Rückweg nahm er dann die Kinder wieder mit nach Hause. Der Nachmittag war der Gemeinde und dem Unterricht gewidmet. An das Abendessen schloß sich eine Andacht an. Paulus schreibt: »Sobald alles beisammen war, erschien er mit der Studierlampe in der Hand und grüßte alle freundlich. Auf diesen Augenblick freuten sich alle. Sein ganzes Wesen war da erhöht und sein edles Angesicht wie verklärt. Ein wunderbarer Glanz lag auf seiner hohen Stirn und strahlte aus seinen klaren Augen. War dieser Abendgottesdienst, in dem er gewöhnlich einen Abschnitt der heiligen Schrift auslegte, vorüber, so kehrte er nocheinmal in sein Studierzimmer zurück, und nicht selten erschienen ihm in einsamer Mitternacht die größten seiner Gedanken.«

Die harten Entbehrungen, die er in seiner Jugend hatte durchmachen müssen, wirkten sich zeitlebens auf seine Gesundheit aus. Ein Magenleiden machte ihm später viel zu schaffen. Eines Tages kam er müde und abgespannt von seinem Spaziergang nach Hause. Merkwürdigerweise hieß der Text, über den er für den nächsten Sonntag unterwegs nachgedacht hatte: »Über ein kleines, so werdet ihr mich nicht sehen, und aber über ein kleines, so werdet ihr mich sehen; denn ich gehe zum Vater« (Johannes 16, 16). Da die Schwäche zunahm, mußte er sich legen. Schüttelfrost und Fieber wechselten miteinander ab. Dabei hatte er von Anfang an den Eindruck, daß es sich nicht um eine vorübergehende Krankheit, sondern um sein Ende handle. Kurz vor seinem Sterben sagte er zu seinen Brüdern, die sein Lager umstanden: »Mein Irdisches versinkt; ich empfinde nun das Auflösen meiner äußeren Hülle, zugleich aber um so stärkere Regungen des inneren Lebens.« In den Morgenstunden des 2. Mai 1790, der ein Sonntag war, ging er heim. Sein Tod löste allgemeine Teilnahme aus. Aus der näheren Umgebung, besonders aus Kornwestheim, waren viele herbeigeeilt, um Philipp Matthäus Hahn das letzte Geleit zu geben. Die Trauerpredigt hielt Pfarrer *Karl Friedrich Harttmann,* der Dichter des Liedes »Endlich bricht der heiße Tiegel«, sein Freund, der in Kornwestheim auch sein Nachfolger geworden war. Er sprach über das Schriftwort: »Ich gehe zu dem, der mich gesandt hat« (Johannes 7, 33). Sein treuer Verehrer Schubart dichtete ein »Grablied«, in dem er ihm ein schönes Denkmal zu setzen versuchte:

Du leuchtest nun im Himmelreich,
den schönsten Sternen Gottes gleich;
wir wallen aber noch hinan
auf dieses Lebens Dornenbahn.

Es sei dein Geist uns immer nah,
er stärk' uns hie, er stärk' uns da,
daß unser Geist, von dir beseelt,
die Himmelsstraße nicht verfehlt!

Johann Jakob Moser

der Staatsrechtler unter den Pietisten (1701 – 1785)

Johann Jakob Moser hat durch seine charaktervolle Haltung als Christ und als Politiker tiefgreifend auf das geistige und vor allem auch auf das geistliche Leben seiner engeren Heimat Württemberg eingewirkt.

Er wurde am 18. Januar 1701 in Stuttgart geboren. Schon früh zeichnete er sich durch Begabung und Fleiß aus, so daß er mit sechzehn Jahren die Universität Tübingen beziehen konnte und nach nur dreijährigem Studium der Rechtswissenschaft mit nicht ganz zwanzig Jahren Professor in Tübingen wurde. Da mit seinem Amt jedoch keine Besoldung verbunden war und er, jünger als die meisten Studenten, auch keine Zuhörer fand, versuchte er sein Glück außerhalb Württembergs. Er ging nach Wien, wo sich ihm eine glänzende Laufbahn aufgetan hätte, wenn er zum Katholizismus übergetreten wäre. Alle Versuche, ihn zum Übertritt zu bewegen, scheiterten an seiner Standhaftigkeit.

Nach halbjährigem Aufenthalt in Wien kehrte Moser in die Heimat zurück und verheiratete sich mit *Friederike Rosine,* der Tochter des herzoglichen Oberrates *Vischer.* Alle Versuche, in Württemberg eine Anstellung zu erhalten, schlugen fehl. Er hatte damit gerechnet, die Ehre, die ihm in Wien widerfahren, werde ihm zu Hause weiterhelfen. In Stuttgart hatte man jedoch Verdacht gefaßt, Moser werde allerlei über das Treiben der Grävenitz ausgeplaudert und sich damit in Ansehen gebracht haben. Daher ging er schließlich wieder nach Wien zurück. Hier fand er wohl Arbeit, aber keine feste Anstellung. Es war für ihn, der seine Frau und sein Kind in Stuttgart zurückgelassen hatte, eine schwere Zeit. Auch seine Gesundheit wurde durch das unregelmäßige Leben in Mitleidenschaft gezogen. Da fügte es sich, daß er nach Stuttgart in die Stelle eines Regierungsrats zurückgerufen wurde. Im Jahr 1727 siedelten der Hof und die Kanzleien nach dem neuerbauten Ludwigsburg über. Beamte, die zum Umzug keine Lust hatten, sollten entlassen werden. Da die Häuser in der neuen Residenz meist noch nicht ausgebaut und zudem feucht waren, erklärte er, daß er lieber wieder nach Wien gehe. Dort wollte man ihn aber nicht haben. Der Herzog ernannte ihn schließlich zum Professor der Rechte am sogenannten Collegium illustre in Tübingen. Weil es sich dabei zunächst nur um ein Ehrenamt handelte, blieb Moser in Stuttgart und arbeitete an mehreren Schriften. Da erhielt er den herzoglichen Befehl, seine Professur in Tübingen anzutreten. Er blieb nun etliche Jahre in Tübingen und hielt mit großem Erfolg Vorlesungen über verschiedene Gebiete der Rechtswissenschaft.

In Tübingen wurde Moser gründlich von der Gnade Gottes ergriffen. Bis dahin hatte er kein rechtes Verhältnis zur Bibel. Die Aussprüche der Schrift von der Verderbtheit der menschlichen Natur und von ihrer Untüchtigkeit zum Guten wollten ihm nicht zusagen. Einer Schrift *Speners* verdankte er es, daß er sich eingehender mit diesen Fragen beschäftigte. Doch lassen wir ihn selber erzählen: »Hinzu kam, daß ich anfing, auf meine Gedanken, Begierden, Worte und Werke genauer achtzugeben, da ich dann den bösen Grund meines Herzens und die Unmöglichkeit, Gott so zu gefallen und in diesem Zustand eine zuversichtliche Hoffnung einer ewigen Seligkeit in einer zukünftigen Welt haben zu können, bald einsehen lernte. Nun wurde mir das Evangelium von Jesus Christus, dem Sohne Gottes, als dem Mittler zwischen Gott und den Menschen faßlicher und um seinetwillen das Alte Testament unanstößiger. Ich begriff auch bald, daß es mit dem bloßen Beifall der Lehre Jesu nicht ausgerichtet sei, noch dieses ein Gott wohlgefälliger Glauben heißen könne, sondern daß Worte und Werke miteinander übereinstimmen müßten.« Spener hatte in seiner Schrift vor allem auf das Wort: »So jemand will des Willen tun, der wird innewerden, ob diese Lehre von Gott sei oder ob ich von mir selbst rede« (Johannes 7, 17) hingewiesen. »Anfangs«, fährt Moser fort, »deuchte mich diese Forderung unbillig; ich fand aber nachher auf das überzeugendste, daß sie selbst in der Vernunft unbeweglich gegründet, mithin auch einer, so sich derselben nicht unterwirft und sie nicht befolgt, eines Teils unentschuldbar sei, wenn er verdammt würde, und andern Teils kein Atheist oder Naturalist, er habe auch gegen die Wahrheit der christlichen Religion noch so viel einzuwenden, mit Recht sagen könne, sie sei unbegründet, solange er sich dieses Probiersteines nicht bedient hat.«

In einem seiner Aufsätze, »Nachricht von einer erhaltenen Versicherung der Vergebung meiner Sünden«, spricht er sich ausführlich über seine und seiner Frau Bekehrung aus. Seine Frau verdankte ihre Bekehrung einem Bruder ihres Mannes, der damals in Tübingen Theologie studierte und später Dekan in Dürrmenz wurde. Auch eine schlichte Näherin Beata Feldmeth konnte ihr innerlich weiterhelfen. Moser, bei dem die Gnade Gottes im Verborgenen arbeitete, wußte nichts von dem, was in seiner Frau vorging. Einst fuhren sie miteinander über Land, da öffneten sich ihre Herzen im gemeinsamen Gespräch. Beide waren sehr erstaunt über das, was der Herr an ihnen getan hatte. Von jetzt an beteten sie täglich miteinander und verstanden nun auch viel besser die Predigten des *Dr. Weismann*. Seine Frau sagte einst nach einer Predigt: »Weismann predigt nun ganz anders als vormals.« Moser antwortete ihr: »Nein, mein liebes Kind, er predigt noch wie zuvor, aber wir haben nun andere Ohren und Herzen.«

Nicht lange nachher begann er in seinem Hause eine Erbauungsstunde. Über die Entstehung dieser Stunde hat er einen kurzen Bericht gegeben: »In Tübingen kamen wir eine Zeitlang morgens früh bei dem Goldarbeiter Seyffarth in ziemlicher Anzahl zum gemeinschaftlichen Gebet zusammen. Weil wir sonntags am meisten unnützen Besuch bekamen, beschlossen ich und meine liebe Frau, wir wollten um solche Zeit ein Lied singen und, wenn jemand käme, ihm ein Buch präsentieren, mitzusingen. So würden alsdann Leute, denen nicht damit gedient sei, schon wegbleiben. Den ersten Sonntag, als dies geschah, waren wir unser drei, den folgenden

Sonntag war es schon ein klein Häuflein, das sich freiwillig einfand und mich ersuchte, ihnen ein gutes Wort zu sagen. Den dritten Sonntag waren es noch mehr, und wir entschlossen uns, künftig abends nach der Kirche in meinem Haus zusammenzukommen. Wir sangen ein Lied, nahmen sodann das Neue Testament, lasen einen oder etliche Verse, und wer wollte, sagte seine Gedanken darüber oder fragte auch ein und anderes darüber; endlich schlossen wir mit einem Gebet. Die Anzahl wurde immer stärker; es kamen auch studiosi theologiae aus dem fürstlichen Stipendio und Fremde vom Land oder Reisende hinzu.«

Als in Reutlingen wegen einer ähnlichen Erbauungsstunde ein Pfarrer und die Besucher seiner Stunde angegriffen und verfolgt wurden, gab Moser sein »Rechtliches Bedenken von Privatversammlungen der Kinder Gottes« heraus. In seiner Schrift verfocht er den Gedanken, daß die Privatversammlungen auch ohne die Anwesenheit eines Pfarrers zulässig und statthaft seien.

Nach dem Tod des Herzogs *Eberhard Ludwig* (1733) wurde der Sitz der Regierung nach Stuttgart zurückverlegt und auch Moser wieder als Regierungsrat angestellt. Auf seinen Schultern lag eine schwere Arbeitslast. Er fand aber dennoch immer Zeit, sich der Sache der Erbauungsstunde zu widmen. Der damalige Stadtpfarrer *Georg Konrad Rieger* forderte ihn sogar ausdrücklich auf, daß er Stunde halte. Moser berichtet über die Stuttgarter Erbauungsstunde: »Meine liebe selige Mutter, meine Geschwister und deren Ehegatten, auch andere redliche Seelen beiderlei Geschlechts schlossen mit mir und meiner Ehegattin eine etwas nähere Geistesgemeinschaft. Wir gingen miteinander zum heiligen Abendmahl, bereiteten uns gemeinschaftlich darauf und dankten auf gleiche Weise dafür. Und ob ich gleich anfangs nicht im Sinn hatte, die sonntägliche Erbauungsstunde in Stuttgart fortzusetzen, so tat ich es doch hernach auf ernstliches Verlangen Herrn Stadtpfarrer Riegers.«

Im Jahr 1736 mußte Moser von neuem seinen Stab weitersetzen. Er war zum Direktor der Universität Frankfurt an der Oder ernannt worden. Die Universität lag sehr darnieder.

Moser versuchte ihr Ansehen zu heben. Aber alle seine Versuche scheiterten an dem Widerstand der Professoren.

Wegen einer Abhandlung, an der der Soldatenkönig Anstoß nahm, erhielt er im Februar 1739 seine Entlassung aus preußischen Diensten. Er wandte sich mit seiner Frau und seinen sechs Kindern nach Ebersdorf im Vogtland. Da er kein Einkommen mehr hatte, arbeitete er umso fleißiger als Schriftsteller und unterrichtete auch junge Leute und bildete sie im praktischen Gerichtsdienst aus. Moser gefiel es in Ebersdorf sehr gut. Vor allem schloß er sich an *Friedrich Christoph Steinhofer* an, der damals Hofprediger des *Grafen von Reuß* war. Er schreibt später über den Aufenthalt in Ebersdorf: »Wir trafen dort reichlich an, wonach unser Herz sich sehnte, und meine selige Frau nebst mir hielt die ersten sechs Jahre, die wir allda zugebracht, für die seligste und vergnügteste Zeit in unserem ganzen Leben.« Seit 1745 wurde es aber anders. *Graf Zinzendorf* und seine Anhänger fanden Eingang in die Ebersdorfer Gemeinde. Zinzendorf, der gerade damals in allerlei traurige Verirrungen geraten war, brachte mit seinen Anhängern den schwärmerischen Geist in die Gemeinde. Steinhofer ließ sich mitreißen. Er erklärte Moser, der sich von den Herrnhutern fernhielt, sogar eines Tages, daß seine Teilnahme am Abendmahl den Brüdern ein Ärgernis sei. Moser antwortete: »Strick ist entzwei, und wir sind frei!« Dabei erinnerte er Steinhofer an das Wort Johannes 9, 35: »Es kam aber vor Jesus, daß sie ihn ausgestoßen hatten.«

Für kurze Zeit nahm er die Stellung eines Geheimrats und Vorstands der Kanzlei des Landgrafen von Hessen-Homburg an. Da der Landgraf mit den Sparmaßnahmen seines neuen Kanzleidirektors, der die zerrütteten Finanzen der Grafschaft in Ordnung bringen sollte, nicht einig war, gab er im Jahr 1748 die Stelle wieder auf und siedelte nach Hanau über. Hier richtete er eine Bildungsanstalt für junge Adlige und angehende Beamte ein, die schnell aufblühte.

Nach einigen Jahren gesegneter Arbeit in Hanau wurde von Württemberg aus angefragt, ob er bereit sei, das Amt eines

Landschaftskonsulenten in Stuttgart zu übernehmen. Die Landschaft entsprach damals einer Ständekammer, die sehr bedeutende Rechte hatte. Der Konsulent war der von der Landschaft gewählte Rechtsberater, dessen Gutachten in allen wichtigen Fällen eingeholt wurde. Er wohnte den Sitzungen bei und hatte eine einflußreiche Stellung in dieser Körperschaft. Moser erklärte sich zur Übernahme des Amtes bereit und kehrte im Oktober 1751 in die schwäbische Heimat zurück.

Der Heimkehrende traf in Stuttgart jedoch völlig veränderte Verhältnisse an. Vor allem fand er den Anschluß an die von ihm einst so geschätzte und geliebte Erbauungsstunde nicht mehr. Er hat es allerdings später bedauert, daß er über viele Dinge nicht einfach hinweggesehen und sich dennoch wieder an die Stundenleute angeschlossen hat. »Die Herren Bengel und Storr hielten Erbauungsstunden, die uns auch zu manchem Segen hätten werden können; wir besuchten sie aber nicht und waren zufrieden, daß wir von Herrn Storren, dem jüngeren Herrn (K. H.) Rieger und anderen öffentlich ein gutes Wort hören und uns zu Haus aus unseren Büchern erbauen konnten. Und so reichte auch unsere übrige Bekanntschaft mit Herrn Bengel, Storren und anderen nicht weit. Gleichwie ich aber diese meine Gebrechen aufrichtig und mit größtem Leidwesen bekenne, also darf ich doch hingegen auch mit gleicher Aufrichtigkeit behaupten, daß wir in dem Hauptgrunde nicht abgewichen sind, noch etwas darin nachgegeben oder verloren haben.«

Auch in seiner amtlichen Stellung fehlte es nicht an Schwierigkeiten. Er riet der Landschaft, mit ihren Geldbewilligungen dem Herzog gegenüber weder zu willfährig noch zu halsstarrig zu sein; wo es aber auf die Hauptsachen ankomme und alle Vorstellungen nichts fruchteten, da solle sie auf ihrem Beschluß bestehen und nicht nachgeben. *Herzog Karl Eugen,* der anfangs für die Vorschläge Mosers ein gewisses Verständnis bezeigt hatte, stellte sich bald gegen ihn. Bei seinem ausschweifenden Leben kümmerte er sich weder um Gesetz noch Recht und wurde in seiner Haltung von dem berüchtigten

Minister Graf Montmartin unterstützt. Zuletzt verlangten der Herzog und Minister Montmartin von der Landschaft »unbegrenzten und unumschränkten Gehorsam«. Als die Gewalttätigkeiten und Erpressungen des Herzogs und seiner Kreaturen alle Grenzen überschritten, erklärte Moser dem Minister Montmartin, der ihn zu bestechen versuchte, er wolle lieber seinen grauen Kopf hergeben, als die Pläne des Ministers unterstützen. Moser erkannte bald, daß kein anderer Ausweg mehr für ihn bestehe, als entweder sein Heimatland in der Not im Stich zu lassen oder ein Opfer für dasselbe zu werden. Dem damaligen Stadtpfarrer Storr vertraute er einmal an: »Mir wird es gehen wie dem Propheten Jeremia: ›Also ging Jeremia in die Grube und den Kerker und lag lange Zeit daselbst‹ (Jeremia 37, 16).«

Am 12. Juli 1759 wurde er nach Ludwigsburg zum Herzog gerufen. Vor dem Eintreten in das herzogliche Kabinett sagte er zu dem noch anwesenden Geheimsekretär: »Unverzagt und ohne Grauen soll ein Christ, wo er ist, stets sich lassen schauen!« Es war gut, daß er sich mit solchem Christenmut gewappnet hatte; denn als er eingetreten war, erklärte ihm der Herzog: »Weil alle meine bishero gegen Ihn erlassenen Resolutionen nichts gefruchtet, sondern die Landschaft mit ihren respektwidrigen und ehrenrührigen Schriften noch immer fortfährt, so sehe ich mich genötigt, mich Seiner als des Verfassers Person zu versichern und Ihn nach Hohentwiel zu schicken. Ich werde die Sache durch die allerschärfste Inquisition untersuchen lassen.«

»Euer Durchlaucht werden einen ehrlichen Mann finden!« war die schlichte Antwort des jedem Württemberger ehrwürdigen Mannes in jener schicksalhaften Stunde im Schloß zu Ludwigsburg. Sofort wurde er, wie er ging und stand, in einen Wagen gesetzt, ein Unteroffizier und zwei Soldaten mit aufgepflanztem Bajonett setzten sich zu ihm hinein, und fort ging's 38 Stunden lang ohne Aussteigen, bis er mit steifen Gliedern auf der Feste Hohentwiel ankam, wo er über fünf Jahre in strenger Kerkerhaft gehalten wurde.

Der Raum, in den man ihn einsperrte, bot zwar eine herrliche Aussicht auf den Bodensee und auf die Alpen, war aber von der Verbindung mit der übrigen Festung völlig abgeschnitten. Kein Geistlicher erhielt Erlaubnis, ihn zu besuchen, um mit ihm zu sprechen. Das Essen durfte er nur in Gegenwart des Festungskommandanten einnehmen.

Es war für den überaus tätigen Mann besonders schwer, daß ihm außer einer Bibel, einem Predigt- und Gesangbuch keinerlei Bücher und auch kein Schreibmaterial zur Verfügung gestellt wurden. Aber die Not machte ihn erfinderisch und wurde ihm zum Segen. Lassen wir ihn selber erzählen, wie er in jener Zeit zum Verfasser von über tausend geistlichen Liedern geworden ist: »Als ich nach Hohentwiel kam, wurde ich in ein Zimmer eingesperrt, daraus ich in vier Jahren nicht kommen, noch mit jemand sprechen durfte. Ich hatte mir gleich anfangs vorgenommen, die Zeit zum Heil meiner Seelen anzuwenden und teilte meine Zeit in Beten und Lesen des Alten und Neuen Testaments ein. In der Zwischenzeit hätte ich gerne geistliche Lieder gedichtet; aber wie sollte ich es machen? Mir wurde weder Papier noch Tinte, noch Feder, noch Bleistift zugelassen. Da fand ich, daß ich mit der Spitze meiner Lichtschneuze in die weiße Wand kratzen konnte; da war viel gewonnen! Nun überschrieb ich die ganze weiße Wand in meiner Stube und Stubenkammer, soweit ich reichen konnte. Allein nun stand es zwar an der Wand; wie sollte ich es machen, daß ich es bei meiner Erledigung[1] auch wieder mitnehmen konnte? Das Steinhofer'sche Predigtbuch, das ich hatte, war auf Schreibpapier gedruckt; wenn ich nun etwas anderes unter ein Blatt legte, ging es an, daß ich mit besagter Spitze so darauf kratzen konnte, daß wer ein gutes Gesicht in der Nähe hat, es wohl lesen konnte. Das war eine Freude! Wenn ich einen Brief bekam, so war es mir lieb, wenn auch viele weiße Plätze darin waren; so kratzte ich womöglich zwischen jede geschriebene Linie eine neue, weiße hinein. Allein nun schrieb ich so viel, daß auch meine Schere stumpf wurde. Da versuchte ich mein

[1] Erledigung = Entlassung aus der Haft

Instrument an den eichenen Stühlen meines Zimmers zu polieren, und es glückte; ich konnte wieder mit ihm kratzen und nach meiner Art weiß auf weiß schreiben. So dichtete ich über tausend Lieder, aber nicht bloß Lieder, sondern ich machte mich auch an andere theologische Sachen, und um zu zeigen, daß ich bei meinem Arrest nichts von der Lebhaftigkeit meines Geistes zugesetzt hatte, verfertigte ich noch ›Eines Mannes muntere Stunden während eines engen Festungsarrestes‹.« Soweit Mosers eigne Worte.

Von seinen Liedern hat eines lange Zeit hindurch viel Segen stiften dürfen. Es ist das Lied »Ich möchte heim!«

Ich möchte heim, heim möcht' ich gerne gehen
und ihn, an den ich hier geglaubet, sehen!
Werd' ich schon hier, wenn ihn mein Geist erblicket,
belebt, voll Kraft, gestärkt und ganz entzücket,
was wird es sein, wenn er mich wird umfassen
und seine Herrlichkeit mich sehen lassen!

Ich möchte heim! Ich hab' zwar nichts zu klagen,
vielmehr kann ich von nichts als Gnade sagen,
und soviel ich gebrauch' zu diesem Leben,
wird mir aus meines Vaters Hand gegeben.
Alleine dieses ist ja nicht die Sache,
auf welche ich mir Staat und Rechnung mache.

Ich möchte heim! Ich kann zwar alle Stunden
bei denen mir einmal bekannten Wunden
des Heilands mich aufs innigste erlaben
und habe mehr, als alle Kaiser haben.
Doch ist ein noch viel Größeres mir droben
in meines Vaters Hause aufgehoben.

Ich möchte heim, das Erbgut zu empfangen,
doch nicht nur das; denn meines Geists Verlangen
steht eigentlich nach Gott und seinem Sohne,

nach dem erwürgten Lamm im Throne.
Das Glied sehnt sich nach seinem Haupt und Leibe,
und daß es von ihm ungetrennet bleibe.

Ich möchte heim, damit der Leib der Sünden
den edlen Geist nicht ferner möge binden
und hindern, sich zu Gott ganz aufzuschwingen,
das Heilig! Heilig! Heilig! mitzusingen,
in seinem Sohn den Vater anzubeten
und in dem Brautschmuck vor ihn hinzutreten.

Ich möchte heim, ich möchte ausgekleidet werden!
Der Leib mag immer wieder in die Erden;
er wird ja nur auf Hoffnung ausgesäet,
und wenn er einstens wieder auferstehet,
wird er verklärt zu meines Jesu Füßen
das Seine auch in Ewigkeit genießen.

Ich möchte heim! Was soll ich weiter sprechen?
Ach, möchte diese Hülle heut noch brechen!
Ich möchte heim! Der Geist ist aufgeflogen!
Ach, hätt' er doch den Leib auch nachgezogen!
Ich möchte heim! Doch nein, ich werde stille
und warte, bis es ist des Heilands Wille.

Im württembergischen Gesangbuch steht nur noch eins seiner Lieder, das Gebetslied um Ausbreitung der Kirche Jesu Christi »Großer Hirte aller Herden ...«. Im rheinisch-westfälischen Gesangbuch findet sich ein leider wenig bekanntes Lied von Moser:

Du bist allein nur liebenswert,
du Bräutigam der Seelen.
O selig, wer nur dein begehrt!
Wer könnt' was Höhres wählen?
Nichts reicht an deiner Liebe Wert;
du bist allein nur liebenswert.

Das Feuer, das dein Herz entzündt,
als du dein göttlich Leben
zum Lösegeld für meine Sünd'
freiwillig hingegeben,
entzünde mich mit neuem Mut
zur stärksten Gegenliebe Glut.

Ach läutre doch noch in der Zeit,
was deinen Flammenaugen
im klaren Licht der Ewigkeit
an mir noch nicht kann taugen!
Mach mich auch von dem Liebsten frei,
daß ich dein reines Opfer sei.

Dir weihet sich mit neuer Treu
Geist, Seel' und Leib und Leben,
um alles, was nicht deine sei,
in deinen Tod zu geben,
daß sonst mein Auge nichts begehrt,
was nicht ganz deiner Liebe wert.

Wir sehen an Moser, was eigentlich echter Glaube ist. Im ersten Brief, den er seiner Frau schreiben durfte, steht folgendes Zeugnis seines Glaubens: »Für den Segen dieses Arrestes wollte ich nichts sehr Großes nehmen. Die Wege des Herrn, so krumm und bitter für den alten Menschen sie auch sind, sind mir heilig und respektabel, und mein Wille ruht in seinem Willen. Kurz, er hat eine ganze Erneuerung des inneren Menschen vorgenommen: das Licht ist wieder geputzt und der Staub vom Spiegel wieder abgewischt.«

Dabei durfte er auch wunderbare Erfahrungen der Hilfe von oben für seinen äußeren Menschen sammeln. Er wurde in seinem Gelaß, das oft im Winter nicht genügend geheizt war, ernstlich krank. Schließlich konnte er sich kaum noch mit Hilfe einer Krücke und eines Stockes die paar Schritte vom Tisch zum Bett schleppen. Eines Morgens, am 20. September

1763, las er in Matthäus 9, wie Jesus den Gichtbrüchigen gesund gemacht hatte. Er gab im Herzen seinem Herrn die Ehre, daß er auch jetzt noch auf seinem Thron eben dies tun könne, wo er Glauben antreffe, bat jedoch für seine eigne Person um nichts. Zur Essenszeit kam der Kommandant und der Arzt. Als dieser die Krücke und den Stock auf dem Tisch liegen sah, sagte er: »Ei behüte Gott, was für fürchtige Instrumente!« Moser erwiderte: »Ich danke Gott, daß er hat Holz wachsen lassen, das mir nun so gute Dienste leistet.« Als die beiden fort waren, stand Moser, ohne etwas Besonderes zu denken, auf und siehe: er konnte nicht nur frei stehen, sondern ohne Schmerzen im Zimmer umhergehen, solange er wollte. Beim Abendessen empfing er den Kommandanten zu dessen großem Staunen an der Türe. Moser nahm später die Krücke zum dankbaren Andenken an die Hilfe seines Gottes mit nach Hause.

Fünf lange Jahre mußte Moser in seiner Leidensschule auf dem Hohentwiel aushalten. Im Jahr 1762 starb während seiner Haft seine Frau. Zehn Tage vor ihrem Sterben hatte sie ihm noch einen Brief gesandt, das ergreifende Zeugnis einer Frau, die zu den Stillen im Lande gehörte. Sie schreibt:

»Mein unter allen Proben und Mühseligkeiten dieses zeitlichen Lebens treu bewährter und zärtlich liebender Ehegatte!

Dein liebreiches Schreiben ist mir heute wie Goldtinktur gewesen. Ich küsse Dir die Hand dafür und wünsche und bitte Gott angelegentlich, daß er Dir Dein Herz beruhigen möge, in seinem Willen mich gläubig zu überlassen. O ja, wie gut ist es, daß wir es nicht erst dürfen durch andere ausmachen lassen, wie wir gegen- und miteinander stehen. Jesus hat uns das Siegel der Kindschaft Gottes und seiner Liebe aufgedrückt, und dies unterhält unsere Gemeinschaft nah und fern, durch Leben, Leiden und Sterben, Du kannst ganz ruhig sein, der Herr mag es mit mir machen, wie er will. Ich lebe ihm und sterbe ihm ganz allein; die Kraft seiner Versöhnung erhält mein Herz im Glauben und einer kindlichen Überlassung auf alles. Gott hat mir bisher noch alles leicht gemacht. Ich habe nicht viele Schmerzen gehabt, nur ein Nachlassen aller Kräfte... Jetzt kann ich nimmer. Ich empfehle Dich der Gnade Jesu und bin Deine treue Fr. R. M.«

Es bleibt bewundernswert, mit welcher Größe des Glaubens der edle Mann all die Leiden standhaft ertrug. Er schreibt einmal ganz getrost: »Der den Anfang der Verheißung Psalm 91: ›Ich bin bei ihm in der Not‹ so herrlich erfüllt hat, wird auch das weitere: ›Ich will dich herausreißen und zu Ehren bringen‹ erfüllen. Laßt uns ihm nur mit ganzer Macht vertrauen!«

Dieses Vertrauen wurde nicht zuschanden. Es wurden viele Versuche unternommen, Moser aus seiner traurigen Lage zu befreien. König *Friedrich der Große* von Preußen verwandte sich für ihn beim kaiserlichen Hof. Endlich traf aus Wien im Jahr 1764 der Befehl ein, daß Moser unverzüglich freizulassen sei. Der Herzog, der davon gehört hatte, wollte noch schnell von sich aus die Sache regeln und erklärte sich bereit, ihn zu entlassen, wenn er seine Befreiung als eine unverdiente Gnade anerkennen wolle. Aber Moser blieb standhaft: Er habe nun fast sechs Jahre Zeit gehabt, sich zu prüfen, ob er sich gegen den Herzog eines Verbrechens schuldig gemacht habe; er sei sich aber keines anderen bewußt, als daß er sowohl gegen den Herzog wie gegen das Land alle menschenmögliche Treue bewiesen habe. Er könne daher sich nicht entschließen, seine Freiheit mit dem Verlust seiner Ehre zu erkaufen.

Mosers Rückkehr vom Hohentwiel glich fast einem Triumphzug durch das Schwabenland. Alles freute sich, den Mann zu sehen, der jahrelang für das Recht seine Freiheit zum Opfer gebracht hatte. Fröhlich und getrost kam er in Stuttgart an und bezeugte, daß das Wort Daniel 6, 23 auch an ihm in Erfüllung gegangen sei: »Und sie zogen Daniel aus dem Graben, und man spürte keinen Schaden an ihm; denn er hatte seinem Gott vertraut.« Er wurde wieder in sein Amt eingesetzt, nahm aber nicht mehr allzu häufig an den Sitzungen der Landschaft teil.

Bei den zerfahrenen Zuständen im Land wollten weder der Landschaftsausschuß, noch der Herzog und sein Ministerium einen Mann zu sehr in die Geschäfte eingreifen lassen, der so unbeirrt den Weg des Rechts ging. Im Jahr 1770 wurde Moser in den Ruhestand versetzt.

Er konnte aber nicht müßig sein; darum entfaltete er in hohem Alter noch eine fleißige schriftstellerische Tätigkeit. Man hat ausgerechnet, daß er 38 religiöse und 231 wissenschaftliche Schriften veröffentlichte, von denen ein nicht unbeträchtlicher Teil in seinem Ruhestand geschrieben wurde. Seine Bedeutung für die Rechtsgeschichte wird am besten durch die Tatsache gekennzeichnet, daß man ihn den »Vater des deutschen Staatsrechts wie den Gründer des positiven Völkerrechts« genannt hat.

Mehr und mehr machten sich bei ihm die Altersbeschwerden bemerkbar. Zu der Witwe, die seinen kleinen Haushalt führte, sagte er einmal: »Wenn ich so sitze und stille bin, so ist nur mein Leib bei Ihnen, denn mein Geist ist im Himmel. Es fällt eine Wand um die andere, bis endlich die ganze Hülle bricht.« Bisweilen sang er gern die Verse des längst entschlafenen *Johann Reinhard Hedinger:*

Vermodert diese Hütte,
so lebt mein Geist doch noch.
Was könnt' ich Beßres bitten
als Freiheit von dem Joch?

Gottlob, ich scheide munter,
das Beinhaus lacht mich an.
Ich fühl' des Glaubens Zunder,
zu gehn die Todesbahn.

Der Herr ist meine Freude.
Er siegelt meinen Stein.
Sein bin ich, wenn ich scheide,
und sterb' ihm ganz allein.

Philipp Matthäus Hahn

Am 30. September 1785 traf ihn beim Abendessen ein Schlaganfall, der nach wenigen Stunden zu seinem Ende führte. *Magnus Friedrich Roos* fand für ihn die schönen Worte: »Still und sanft ist der politische Bekenner und Märtyrer gestorben und wird nach dem göttlichen öffentlichen Recht, welches die lauterste Gerechtigkeit ist, mit den übrigen Himmelsbürgern den, der auf dem Thron sitzt, und das Lamm anbeten und ihm dienen.«

Philipp Friedrich Rieger

und Jakob Friedrich Dettinger

Das wechselvolle Leben *Philipp Friedrich Riegers* hat seine Zeitgenossen sehr bewegt. *Friedrich Schiller* hat es in seiner kleinen Erzählung »Spiel des Schicksals« darzustellen versucht. Rieger wurde im Jahr 1723 als der älteste Sohn des Stuttgarter Pfarrers *Georg Konrad Rieger* geboren, der ja durch seine Predigten Tausenden zum Segen geworden ist. Der junge Rieger erwählte den Soldatenberuf. Im Jahr 1742 trat er in ein preußisches Kürassierregiment ein. Kurz vor Ausbruch des Siebenjährigen Krieges kam er nach Württemberg zurück und wurde Hauptmann in einem Dragonerregiment. Er trat um jene Zeit in den Ehestand mit *Eberhardine Fischer,* der Tochter des Oberhofpredigers *Eberhard Ludwig Fischer.*

Rieger suchte die Gunst des Herzogs zu gewinnen. Es sollte ihm auch gelingen, denn er war von unverwüstlicher Laune und besaß die Gabe anregender Unterhaltung. Er verriet einen kühnen und raschentschlossenen Charakter. Das waren alles Eigenschaften, die ihn dem Herzog angenehm machen mußten. Schon nach kurzer Zeit fühlte er sich von dem Geist Riegers wie bezaubert. Es bildete sich zwischen den beiden ein inniges Freundschaftsverhältnis. Rieger wurde der Günstling und Gefährte des Herzogs, der ihm auf die Dauer unentbehrlich war. Aus einem Günstling und unterhaltenden Gesellschafter wurde Rieger in kurzer Zeit der erste Ratgeber, ja zuletzt der Beherrscher des Herzogs und des Landes. In wenigen Jahren rückte er zum Major und dann zum Obersten auf. Er hatte in seinem Haus eine eigne Kanzlei und Kasse, um das auszuarbeiten und auch auszuzahlen, was der Herzog nicht gern den Behörden überlassen wollte. Dabei lebte Rieger in möglichster Zurückgezogenheit von allem Hofleben. Er kannte nur seine Bücher und Akten und eignete sich im Verwaltungswesen solche Kenntnis und Gewandtheit an, daß alle Angelegenheiten der inneren und äußeren Politik durch seine Hand gingen. Der Weg zum Herzog führte tatsächlich über Rieger. Er war es, der Ämter, Würden und Belohnungen zu vergeben hatte.

Wenn sich der Herzog in Geldverlegenheit befand – und das war bei seiner Prachtliebe und Verschwendungssucht häufig der Fall –, so brauchte er sich nur an Rieger zu wenden. Er verstand es, in wenigen Stunden 20 – 30 000 Gulden flüssig zu machen und für deren pünktliche Rückzahlung Sorge zu tragen. Als der Herzog im Jahr 1757 ein Korps von 6000 Mann für Frankreich bereitstellen mußte, damit es im Krieg gegen Friedrich den Großen verwendet werde, besorgte Rieger mit rücksichtsloser Strenge und Willkür die Aushebung der jungen Leute in Württemberg. Nachdem die Mannschaft ins Feld gestellt worden war, entzog sich mehr als die Hälfte der Soldaten der Teilnahme am Krieg durch die Flucht. Das hinderte Rieger nicht, mit noch größerer Strenge neue Aushebungen durchzuführen, um das Korps wieder aufzufüllen. Nach der Schlacht bei Leuthen (1757) gelangte das Korps in traurigem Zustand wieder in der Heimat an. Rieger aber brachte ein neues Korps zusammen, das diesmal sogar 12 000 Mann zählte. Man kann sich gut vorstellen, wieviel Verbitterung diese Maßnahmen Riegers in dem damaligen Württemberg hervorriefen. Zwar konnte er sich bei vielen seiner Willkürakte auf die Pflicht des Gehorsams gegen den Befehl des Herzogs berufen; aber Rieger beging auch viele Ungerechtigkeiten, zu denen er sich durch sein heißblütiges Temperament und seine eigne Rücksichtslosigkeit hinreißen ließ. Er war es, der dem Herzog den Rat gab, das Landschaftsgebäude durch Militär umstellen zu lassen, als im Jahr 1759 die Landschaftsmitglieder das Geld zur Unterhaltung des übermäßig großen württembergischen Heeres verweigerten. Dann betrat er selbst den Landschaftssaal und erpreßte von der eingeschüchterten Versammlung 150000 Gulden. Im Sommer des gleichen Jahres wurde der tapfere Landschaftskonsulent *Johann Jakob Moser,* der die Rechte des Landes gegen den Herzog vertrat, verhaftet und auf den Hohentwiel gebracht.

Rieger stand auf der Höhe seines Glücks. Mit kaum 36 Jahren war er der Leiter aller wichtigen Staatsangelegenheiten. Man suchte seine Freundschaft und fürchtete sich, ihn zum Feind zu haben. Er ahnte aber nicht, daß sich langsam dunkle Wetterwolken über seinem Haupte zusammenzogen. Während Rieger, der durch eine Fülle von Geschäften überlastet war, wenig Verbindung mit dem Hof hatte, waren andere am Werk, das Vertrauen des Herzogs zu ihm zu erschüttern. Sein schlimmster und erbittertster Feind war der Minister *Graf von Montmartin,* der alles daran setzte, den allmächtigen Oberst zu stürzen. Nun war Rieger bei aller Brutalität und Rücksichtslosigkeit ein Mann von untadeligem Charakter, weshalb es schwer war, ihm irgendeine ehrenrührige Handlung nachzuweisen. Montmartin bediente sich daher der Lüge und des Verrats. Er bestach einen Schreiber in Riegers Kanzlei, der die Handschrift seines Vorgesetzten trefflich nachzumachen verstand, und ließ ihn einen Brief aufsetzen, aus dem hervorging, daß Rieger im Begriff war, mit der preußischen Regierung gegen den Herzog eine Verschwörung anzuzetteln. Der Herzog, der ebenfalls leidenschaftlicher und jähzorniger Natur war, ließ sich von Montmartin schnell überzeugen, daß der Oberst Rieger Verrat an ihm geübt habe. Erschwerend wirkte noch der Umstand, daß der Schwiegervater des Verdächtigten, der Oberhofprediger Fischer, zu den Führern der Opposition in der Landschaft gehörte. Riegers Schicksal war besiegelt.

Am selben Tage noch, an dem der gefälschte Brief durch Montmartin dem Herzog in die Hände gespielt worden war, am 28. November 1762, schickte er Rieger durch einen Leibhusaren den Befehl, noch vor der Parade ins Schloß zu kommen. Rieger ließ sich mit Krankheit entschuldigen. Der Verdacht des Herzogs wurde dadurch nur verstärkt. Er sandte einen neuen Befehl, daß er auf alle Fälle zur Parade zu erscheinen habe. Der Schloßplatz, wo die Wachtparade gehalten wurde, sollte zum Schauplatz von Riegers tiefster Erniedrigung werden. Ahnungslos trat er auf den schon anwesenden Herzog zu. Dieser eilte ihm entgegen und riß ihm mit dem Ruf »Schändlicher Verräter!« die Orden von der Brust, worauf ihm ein Graf von Wittgenstein aus dem Gefolge des Herzogs die Achselschnur und den Degen abnahm.

Rieger, der wie vom Schlage gerührt war, konnte nur noch stammeln: »Euer Durchlaucht sind falsch unterrichtet!« Der Herzog rief: »Nur zu gut berichtet!« stieß ihm mit dem Stock auf die Brust und schrie in heftigem Zorn: »Fort mit dem schlechten Kerl!« Auf des Herzogs Befehl nahmen Husaren den Unglücklichen und führten ihn am ganzen Offizierskorps vorüber zu einem Wagen. Dann ging's in langsamer Fahrt durch Stuttgart, wo das Volk auf den Straßen stand und den vom jähen Sturz Ereilten mit Hohngeschrei begleitete. Zuletzt fuhr man an dem Galgenhügel vorbei dem Asperg zu. Schon am 5. Dezember wurde er von dort auf den Hohentwiel überführt. Hier wurde er im schlechtesten Arrestlokal der ganzen Festung eingesperrt, das nicht einmal ein Fenster aufwies und dessen Einrichtung aus einer Bettstelle und einem Nachtstuhl bestand. Es lag eine eigenartige Fügung darin, daß ihm jetzt dieser Raum zugewiesen wurde. Vor Jahren hatte er mit dem Herzog den Hohentwiel besichtigt und gerade dieses Loch als für eine Gefängniszelle noch geeignet erklärt. Dort saß er nun monatelang. Nur einmal am Tag sah er den Arm eines Gefängniswärters, der ihm den Krug mit der Gefangenenkost durch ein kleines Loch reichte und die Dunkelheit mit einer kleinen Laterne so lange erhellte, bis der Gefangene gegessen hatte. Dann herrschte wieder die Nacht. Seine Zelle wurde die ganze Zeit über nicht gereinigt, so daß am Ende die Luft völlig verpestet war. Seine Kleider verdarben, und seine Gestalt verfiel. Kein Messer und keine Schere wurde ihm vergönnt; sein Bart und seine Nägel blieben der Natur überlassen. Sechzehn lange Monate brachte Rieger in diesem jammervollen Zustand als ein lebendig Begrabener seine Tage hin. Alle Versuche der Familie, beim Herzog eine Erleichterung der Haft zu erwirken, blieben vergeblich. Der Herzog wollte den Namen des ehemaligen Freundes nicht mehr hören. Doch die Monate, die Rieger in diesem Jammerloch zubringen mußte, sind für ihn zum Segen geworden. Er kam zur Besinnung und wandte sein Herz Gott zu. Wie sehnte er sich in dieser Einsamkeit nach einem Gottesdienst und nach seelsorgerlichem Zuspruch! Aber beides wurde ihm verweigert.

Am 17. Juni 1763, ein halbes Jahr nach Riegers Verhaftung, trat der Garnisonsprediger *Jakob Friedrich Dettinger* sein Amt auf dem Hohentwiel an. Ihm war auch die Seelsorge an den Gefangenen übertragen, die er als den Hauptteil seines Amtes ansah. In seinem hohen Verantwortungsgefühl wußte er sich auch für Rieger verantwortlich, zu dem ihm der Zutritt jedoch verweigert wurde. Vorstellungen beim Festungskommandanten blieben ohne Erfolg. Dettinger entschloß sich daher, dem Herzog selbst sein Anliegen vorzutragen.

Dieser bedeutende Mann ist es wert, daß wir seinen Lebensgang schildern. Er war im Jahr 1733 als Sohn des Bürgermeisters und Landschaftsassessors Dettinger in Waiblingen geboren. Nach seiner Konfirmation brachte ihn der Vater zu Pfarrer *Flattich*. In dessen Hause blieb er vier Jahre und wurde von ihm so weit vorbereitet, daß er zur Universität gehen konnte. Anfangs wollte Dettinger Medizin studieren; aber bei einer Abendmahlsfeier wurde er in seinem Herzen so kräftig von der göttlichen Gnade angerührt, daß er sich zum Studium der Theologie entschloß. Nach dem Abschluß seiner Studien wurde er Vikar in Plieningen, dann Hauslehrer im Dörtenbach'schen Hause in Calw und zuletzt Diakonatsverweser in Waiblingen. Hier erhielt er seine Ernennung zum Garnisonsprediger auf dem Hohentwiel.

Ehe er sein Amt antreten konnte, brachte ihn eine schwere Krankheit an den Rand des Grabes. Nach seiner Genesung verheiratete er sich mit *Barbara,* der Tochter des frommen Wagners *Abraham Hermann* in Stuttgart. Auf dem Hohentwiel predigte er das Evangelium mit solcher Kraft und Freudigkeit, daß der Kommandant dem Dekan Becherer in Tuttlingen, der die Garnisonsgemeinde visitierte, sagte: »Es fehlt nicht viel, so gewinnt der Pfarrer auch uns!«

Auf dem Hohentwiel traf er zwei bedeutende Gefangene an, den edlen Landschaftskonsulenten *J. J. Moser* und den Oberst *Rieger*. Moser wurde sechzehn Monate nach Dettingers Amtsantritt aus der Haft entlassen. Rieger dagegen durfte er noch einige Jahre seelsorgerlich betreuen.

Dettinger, der das verzweiflungsvolle Gejammer Riegers auf dem Wall gehört hatte, entschloß sich, den Herzog selber aufzusuchen. Er machte sich zu Fuß auf den weiten Weg vom Hohentwiel nach Stuttgart und berichtete dem Herzog, wie es dem gefangenen Obersten ergehe. Der Herzog hörte ihn geduldig an und fragte dann: »Pfarrer, hat Er Seine Schreibtafel bei sich?« – »Ja, Euer Durchlaucht!« – »Nun, so schreib Er, was ich ihm diktiere.« Der Befehl lautete dahin, daß Rieger in mildere Haft gebracht und von Dettinger fleißig besucht werden solle. Voll Freude zog der edle Mann seine Straße, und noch ehe er seine Frau begrüßte, überbrachte er dem Kommandanten den herzoglichen Befehl.

Als Dettinger in das dunkle Loch eintrat, erhob sich Rieger vom Boden und rief ihm zu: »Wie lieblich sind die Füße der Boten, die den Frieden verkündigen!« (Jesaja 52, 7). Dettinger war von Entsetzen ergriffen. Abgezehrt und hohlwangig, mit verwildertem Bart und Nägeln, die wie Klauen gewachsen waren, in zerschlissenen Kleidern trat ihm der ehemalige Günstling des Herzogs entgegen. In der verpesteten Luft konnte es Dettinger nicht lange aushalten. Er eilte zum Kommandanten und erklärte, daß er an einem Menschen in solchem Zustand keinen seelsorgerlichen Dienst verrichten könne; um der Menschlichkeit und der Würde des Amtes willen fordere er die sofortige Reinigung des Gefangenen. Er überwachte sie selber und hielt ihm die Hände, solange er gereinigt, geschoren und umgekleidet wurde. Rieger kam in eine bessere Zelle, und gelegentlich wurde ihm auch der Besuch des Gottesdienstes erlaubt. Unermüdlich arbeitete Dettinger an dem verwundeten Gemüt des Gefangenen, und bald durfte er die Freude erleben, daß seine Arbeit nicht vergeblich war. Die Briefe, die Rieger vom Hohentwiel aus an seine Frau, an seinen Bruder und andere geschrieben hat, sind ergreifende Zeugnisse für die Innigkeit seines neuen Lebens. Rieger hat in seiner Gefangenschaft auch einige Lieder gedichtet, von denen eines in das damalige württembergische Gesangbuch Aufnahme gefunden hat. Die Überschrift des Liedes lautete: »Ein Gebet zu Jesu, uns nach seinem Bild zu bilden, nach den Hauptzügen desselben in der Leidensgeschichte, zur Fortsetzung und nach der Melodie des Liedes: ›Heil'ger Jesu, Heil'gungsquelle‹.« Es mögen hier drei Strophen aus dem Lied folgen, die für Rieger besonders kennzeichnend sind:

Trauernder Jesu, deine Seele,
vorausgesalbt mit Freudenöle,
ward doch betrübt bis in den Tod.
Hilf, daß ich mich mit Zittern freue,
mein Trauern stille Freude seie;
das beste Brot ist Tränenbrot.
Es ist fürs schwarze Kleid
ein weißes schon bereit
den Trauernden.
Jesu, Jesu, hilf mir dazu,
daß ich im Trauern sei wie du!

Schweigender Jesu, falsche Zeugen
hast du mit unerschrocknem Schweigen
und ohne Antwort widerlegt.
Ich kann nicht schweigen, wie ich wollte,
ich schweige, wenn ich reden sollte,
und werd' oft gar zum Zorn bewegt.
Ach, gib mir deinen Sinn,
wenn ich verleumdet bin,
daß ich schweige.
Jesu, Jesu, hilf mir dazu,
daß ich so schweigen lern' wie du!

Verlaßner Jesu, wer kann's fassen:
Gott selbst und doch von Gott verlassen!
Mit Zittern sieht man da hinein.
Genug, es war. Ich schweige gerne,
wenn ich von dir die Kunst nur lerne,
verlassen und gelassen sein:
Ein so Verlassener,
ein so Vertrauender,
wie du warest.
Jesu, Jesu, hilf mir dazu
in dem Verlassensein wie du.

So war also das Wort Gottes in der Einsamkeit seines Kerkers ihm Kraft und Trost, und die Schriften von Bengel und Oetinger, die er einmal des »Herrn Frühschwalben« nennt, waren ihm Wegweiser in die Schrift geworden. Er sagt selbst, er rechne »unter die großen Wohltaten Gottes mit demütigem Dank die Handreichung, welche die teuren Rüstzeuge seiner Gnade Arnd, Bengel, Oetinger, Steinhofer« an seiner Seele getan haben.

Nach dem Sturz des Ministers Montmartin kam Riegers Unschuld an den Tag. Er wurde aus seinem Kerker, den er sein »nieder Klösterlein« nannte, entlassen. Es geschah dies im Januar 1767. Einige Zeit verweilte er bei den Seinen, und dann ging er ins Ausland. Erst 1775 kehrte er nach Württemberg zurück. Er wurde eines Tages vom Herzog auf Schloß Solitude eingeladen. Zum ersten Mal sah er den Herzog wieder, der beim Abschied sagte: »Er ist immer noch der alte Rieger.« Die rasche und schöne Antwort Riegers lautete: »Bei den Württembergern rostet alte Liebe nicht!«

Im Jahr 1776 ernannte ihn der Herzog zum Kommandanten der Festung Hohenasperg. Als ihm der Dichter Schubart vom Herzog als Gefangener übergeben wurde, ließ er sich keine Mühe verdrießen, dem unglücklichen Mann die Haft zu einer Schule des Heils zu machen. Schubart beklagt sich freilich über manche Härte und Unbill und über manche Drohung des Kommandanten. Rieger stand ohne Zweifel dem Pietismus sehr nahe. Mit Männern wie *Lavater* und *Ph. M. Hahn* hatte er viel Verbindung; aber er verleugnete im Alter nicht die Fehler seiner Jugend: sein aufbrausendes und anmaßendes Wesen. Es wird erzählt, daß Riegers Frau seine Zornesausbrüche auf eigenartige Weise beschwichtigte. Wenn er es zu arg trieb, dann holte sie eine Schachtel, entnahm ihr einen langen Bart und zeigte ihn ihrem Mann. Es war der Bart, der ihm einst im Kerkerloch auf dem Hohentwiel gewachsen war. Dies Mittel half jedesmal.

Seine Heftigkeit war auch die Veranlassung zu seinem Tod. Als er eines Tages das Spital besuchte und die einzelnen Räume mit der ihm eigenen Sorgfalt musterte, fand er einen kranken Soldaten, mit dessen Aufführung er nie ganz zufrieden war. Der Soldat aber, der dem Tod nahe war und den General nicht mehr fürchtete, verhielt sich grob und ungebührlich. Dadurch wurde Rieger, der an schweigenden Gehorsam und Respekt gewöhnt war, heftig erregt. Auf dem Heimweg rührte ihn mitten auf dem Festungsplatz der Schlag. Er war auf der Stelle tot.

In demselben Jahr, da Rieger die Freiheit wieder erhielt, vertauschte Dettinger seine Stelle als Garnisonsprediger mit der des Waisenhauspfarrers in Stuttgart. Er hat mit Treue und Segen seinen Dienst an den Kindern und an der Waisenhausgemeinde getan. Ein Zeitgenosse sagte von ihm: »Der Herr Waisenpfarrer ist ein gewaltiger Johannes auf seiner Kanzel und tut dem Herrn gute Dienste auf seinem Posten.« Etwa elf Jahre versah er seinen Dienst. Am 27. Juni 1778 wurde er unpäßlich. Er predigte trotzdem noch zweimal und machte mit seinem alten Vater einen Spaziergang. Aber dann brach ein Fieber aus, das ihn schnell der Ewigkeit zuführen sollte. Er blieb bei vollem Bewußtsein. Eine Stunde vor seinem Sterben sagte er zu seiner Tochter: »Siehst du die zwei Engel da unten an der Bettlade und wie der eine so schön glänzt?« Er entschlief, während man ihm das Lied sang: »Die Seele Christi heil'ge mich ...«

Karl Heinrich Rieger

der Ausleger der heiligen Schrift (1726–1791)

Als gegen Ende des 18. Jahrhunderts die Aufklärung auch in die württembergische Kirche einzudringen versuchte, hat ihr der Stiftsprediger und Konsistorialrat *Karl Heinrich Rieger* entschiedenen Widerstand geleistet. Am 19. Juni 1726 wurde er in Stuttgart als Sohn des bekannten Erweckungspredigers *Georg Konrad Rieger* geboren. Er wuchs in einem frommen Elternhaus auf und besuchte das Gymnasium seiner Vaterstadt. Seit seinen Kinderjahren hatte er den Wunsch, Theologie studieren zu dürfen. Am Tage seiner Konfirmation übergab ihm der Vater als Zeichen seiner Liebe ein Schreiben, in dem er besonders auf seinen künftigen Beruf einging: »Du bist dem Dienst der Kirche gewidmet. Mich dünkt, der Herr habe Dich dazu erkoren, Du sollest ein Gefäß seiner Gnade und ein Werkzeug seiner Hand an der Gemeinde werden.

Ach, wie sollst Du Dich bei Zeiten reinigen von aller Befleckung der Welt, um ein geheiligtes Gefäß zu sein zu den Ehren des Hausherrn brauchbar und zu allem guten Werk bereitet! Darum flieh die Lüste der Jugend! Jage aber nach der Gerechtigkeit, dem Glauben und der Treue, der Liebe, dem Frieden mit allen, die den Herrn anrufen von reinem Herzen! Und da ich nicht weiß, ob ich den Anfang, geschweige den Fortgang und Ausgang dieses Deines Studiums der Theologie erleben werde, so ermahne ich Dich, dabei nicht gute Tage, Ehre und Güter zum Zweck zu haben, sondern allein die Ehre Gottes, das Reich Deines großen Heilandes Jesu Christi und das Heil der Seelen. Alsdann sei getrost und fürchte Dich vor keinen Hindernissen, Schwierigkeiten und Gefahren! Gott, der Dich ruft und dessen Du bist, wird Dich schon führen, fortbringen, segnen und eines Plätzleins würdigen.«

Nach seiner Konfirmation wurde er in das niedere Seminar zu Blaubeuren aufgenommen. Zwei Jahre später kam er nach Bebenhausen. In einem kurzen Lebenslauf, den er selbst geschrieben hat, klagt er über mancherlei Jugendsünden in seiner Bebenhausener Zeit. Es »brachen die Lüste der Jugend zur vollen Herrschaft durch; Befleckungen des Fleisches und des Geistes vertrieben den guten Geist und machten meine arme Seele zu einer unreinen Behausung böser Geister, die mich mit einem Strick nach dem andern fesselten.«

Als er die Universität in Tübingen besuchte, wurde es mit ihm noch schlimmer. Der Tod seines Vaters im Jahr 1743 machte auf ihn einen tiefen Eindruck, der aber leider nicht lange nachwirkte. Er verfiel schnell wieder in sein sündliches und ausschweifendes Wesen. Da begann Gottes Geist an seinem Herzen zu arbeiten. Seit dem Jahr 1744 ließ ihn eine innere Unruhe und ein Verlangen nach Erneuerung seines Lebens nicht mehr los. Er schreibt über diese Zeit: »Von da an mag nach und nach die Stimme Gottes in meinem Gewissen wieder mehr Nachdenken verursacht haben, daß ich mir über meinen Sündendienst, besonders dem Laster der Trunkenheit und Sünden der Unreinigkeit, oft innigst zum Abscheu geworden bin und nach Erlösung schrie, auch vielmals, besonders bei anderer Herumholung aus dem Verderben, bei mir dachte, ich wolle und werde mich doch auch einmal bekehren. Inzwischen sind doch mehr als zwei Jahre über diesem faulen Wünschen fruchtlos hingegangen.«

Gegen Ende des Jahres 1746 hat ihm dann der Herr die Augen geöffnet, sodaß er seinen verlorenen Zustand erkennen und die ersten Schritte auf dem Wege der Erneuerung tun durfte. Er war nämlich aufgefordert worden, während der Weihnachtsfeiertage in der Gemeinde Eningen unter Achalm verschiedenemal zu predigen. Über seine Erfahrungen dabei berichtet er folgendes: »Ich wollte bei all meiner Blindheit doch nicht nur zum bloßen Brauch predigen, sondern stoppelte alles, was ich von meinem Unterricht oder aus Büchern oder anderswo her Reizendes wußte, zusammen, um Nachdenken und Bewegung bei meinen Zuhörern zu verursachen. War ich aber von der Kanzel herunter, so konnte ich nicht mit dem Allerunerfahrensten nur ein Wort über die Wahrheiten reden, womit ich mich auf der Kanzel so breit machen konnte. Das beschämte mich innigst, weil ich da meine zerrütteten Sinne, mein ödes, leeres Herz so gar mit Händen greifen mußte. Das war auch die erste Gelegenheit, durch welche ich auf die Erkenntnis meines ganzen Verderbens geführt wurde. Doch kam ich nach den Feiertagen wieder ins Stipendium nach Tübingen zurück, ohne daß etwas Weiteres mit mir wäre vorgegangen gewesen. Aber der, der nicht Gefallen an meinem Tode hatte, sah doch, daß nun die Stunde gekommen, darin er sein Erbarmen über mich groß machen könnte. Und das hat er auch getan, so daß ich von dem, was in den ersten Wochen des Jahres 1747 mit mir vorgegangen, nichts sagen kann als: ›Herr, du bist mir zu stark gewesen und hast gewonnen.‹ Ich kann auch sein Verschonen nicht genug preisen, wodurch er mir diesen Übergang aus der Finsternis an das Licht auf vielfache Weise erleichtert und versüßt, auch meinen Ernst durch eine fast zu gleicher Zeit im Stipendio (Stift) geschehene merkliche Erweckung geschärft und unterhalten hat, besonders daß ich unter die Hände guter Führer und in den Umgang einer mir beständig teuren Seele gekommen bin.«

Nach der Beendigung seines Studiums blieb er noch zwei Jahre in Tübingen, um dem Sohn des Pfarrers und Seniors *Samuel Urlsperger* in Augsburg in seinen Studien weiterzuhelfen. Im Oktober 1749 wurde er als Vikar nach Brenz bei Heidenheim versetzt. Er war sehr dankbar, daß er nun der Gemeinde dienen durfte; denn »der Umgang mit Seelen mancherlei Art, besonders mit Sterbenden und mit Kindern, der Eingang, den der Herr seinem Wort durch meinen Dienst hier und da schenkte, gingen freilich nicht ohne Stärkung meines Herzens in der Erkenntnis Jesu Christi aus dem Evangelium ab. Doch blieb eine besondere Härtigkeit des Sinnes in mir übrig, die mich stets zu vieler geheimen Ungeduld und Unbilligkeit reizte.« Ganz unerwartet wurde er im Sommer des Jahres 1750 als Repetent nach Tübingen berufen. Er fühlte sich der neuen Aufgabe nicht gewachsen. Sie mußte ihm aber, wie er bekennt, dazu dienen, daß er tiefer in die Demut und in das Vertrauen auf Gottes Hilfe hineinwuchs. Seine Repetentenzeit wurde durch eine Reise nach Norddeutschland unterbrochen, die mehrere Monate dauerte und ihm Gelegenheit gab, kirchliche Anstalten und Werke in Halle, Kloster Bergen, Wernigerode und an anderen Orten kennenzulernen. Im Jahr 1753 konnte er endlich in den Gemeindedienst zurückkehren. Im folgenden Jahr wurde er zum zweiten Pfarrer an der Stadtkirche in Ludwigsburg ernannt. Kurz nach dem Antritt seines Amtes verheiratete er sich mit der Tochter des Apothekers *Bischof* in Ludwigsburg. Die Arbeit in der neuen Gemeinde war nicht leicht. Es hing wohl damit zusammen, daß die Stadt wenige Jahrzehnte zuvor erst gegründet worden war. Eine Kerngemeinde, die ihre Prediger mit Gebet und Fürbitte tragen konnte, war nicht vorhanden. Hinzu kam, daß in der schnell aufblühenden Residenzstadt durch den herzoglichen Hof sich Gleichgültigkeit gegen Gottes Wort und manche Sittenlosigkeit bemerkbar machte. Rieger ließ sich nicht entmutigen; er ging unbeirrt seinen Weg. Im Hinblick auf seine Arbeit bekennt er: »Es macht ein Stück meiner meisten Übungen aus, daß ich doch einesteils durch keinerlei noch so scheinbaren Vorwand von der einfältigen Predigt des Evangeliums abgeführt werde, gegen das Verderben auch der heutigen Welt eine andere Kur als Jesu Kreuz, Blut, Tod, Wort und Geist vorzuschlagen, und daß ich doch auch auf der andern Seite bei der außerordentlichen hiesigen Verlegenheit (Unwissenheit) gegen alle geistlichen Dinge nichts versäume, was mir sonst erziehungsweise eine Stütze oder ein Anhaltspunkt werden könnte, meine armen Leute anzufassen und höher zu führen.«

Unvermutet wurde er im Herbst 1757 als Nachfolger von *Joh. Chr. Storr* zum Hofkaplan in Stuttgart ernannt. Er wurde, wie er einmal sagte, »in dieses neue Amt hineingestoßen«. Auch hier fehlte es nicht an vielen Schwierigkeiten. Vor allem mußte er darüber klagen, daß es ihm an einer Gemeinde fehlte: »Von meiner Gemeinde kann ich nicht viel schreiben, sondern muß fast klagen, daß ich keine habe ... Und doch kann ich keinen Gottesdienst einstellen und will mich auch nicht gern dahin treiben lassen, statt der Predigt eine Betstunde zu halten.« Besonders schwer lastete auf ihm das Schicksal seines älteren Bruders, des Obersten *Philipp Friedrich Rieger*. Er war lange Zeit der Günstling des *Herzogs Karl Eugen* gewesen. Im Jahr 1762 fiel er bei dem Herzog in Ungnade und wurde zu langjähriger Kerkerhaft auf dem Hohentwiel verurteilt. Ein Brief aus dem Jahr 1762, den er kurz nach der Verhaftung seines Bruders geschrieben hat, läßt einen Blick in seine notvolle Lage tun: »Bei dem Schwert, das dieser Tage durch meine Seele gedrungen ist, sind manche Herzensgedanken offenbar geworden, über deren Aufdeckung und Aufräumung dem Herrn Ehre gebührt. Nebenher war es auch ein starkes Geläufe in meine sonst ziemlich öde Schloßkirche; denn ich zweifle, ob ich, solang ich in Stuttgart bin, vor einer solchen Menge Leute gepredigt habe als gestern abend.« Unermüdlich trat er für seinen unglücklichen Bruder ein und scheute sich auch nicht, in seinen Bittschriften den Herzog auf das in den Landesverträgen verbürgte Recht aufmerksam zu machen. Anfang des Jahres 1767 wurde sein Bruder endlich aus der Haft entlassen.

Rieger empfand seine scheinbar oft so unfruchtbare Arbeit in Stuttgart als eine schwere und drückende Last. Er sehnte sich nach einem weniger schwierigen Wirkungskreis. Nur auf Zuraten eines treuen Freundes blieb er in seiner Stellung. Nachdem er beinahe 22 Jahre als Hofkaplan gewirkt hatte, wurde er endlich 1783 zum Stiftsprediger und Konsistorialrat berufen. Seine Abschiedspredigt in der Schloßkirche läßt erkennen, daß ihm die Gefahr, die für die Kirche durch die Aufklärung heraufzog, wohl bewußt war: »Wenn man den mancherlei Wind der Lehre, wenn man die Sintflut der Bücher, womit wir überschwemmt werden, wenn man die immer mehr überhandnehmende, zügellose Freiheit der gesellschaftlichen Unterhaltungen, oder wie sie Paulus mit dem rechten Namen nennt, der bösen Geschwätze, welche gute Sitten verderben, wenn man die tausenderlei Arten, wie man jetzt Religion und Freiheit, nach seinen Lüsten zu leben, in die feinste Verbindung bringen will, wenn man dergleichen andere Zeichen unserer Zeit bedenkt, so muß man freilich mit Psalm 93 ausrufen: ›Herr, die Wasserströme erheben sich, die Wasserströme erheben ihr Brausen, die Wasserströme heben empor die Wellen, die Wasserwogen im Meer sind groß und brausen greulich.‹ Da ist freilich die Stimme eines Predigers etwas Schwaches dagegen. Der Weltlauf, der dadurch eingeführte Strom der Ärgernisse wird Tag und Nacht von allen Seiten durch tausend ineinander gerichtete Werkzeuge betrieben, und einer aus unserm Stande kommt etwa alle acht Tage einmal, für manche Zuhörer in acht Wochen kaum einmal dazu, ein Wort dagegen vorzubringen. Da ist man freilich in Schwachheit und könnte sich mit diesen brausenden Wasserwogen gar nicht messen, wenn man nicht bei all ihrem großen und fürchterlichen Brausen sagen dürfte: ›Der Herr aber ist noch größer in der Höhe‹.«

Das neue Amt brachte ihm nicht nur vermehrte Arbeit, sondern auch schwere Kämpfe. Im Konsistorium gewannen der

Konsistorialrat *Georg Friedrich Griesinger* und der Prälat *Balthasar Sprenger* mit ihrer Theologie der Aufklärung starken Einfluß. Der Plan, ein neues Gesangbuch einzuführen, wurde Veranlassung zu folgenschweren Auseinandersetzungen. Von seiten der Aufklärer trat man zunächst behutsam auf. Man begründete die Notwendigkeit eines neuen Gesangbuches »durch die Fortschritte, welche die deutsche Sprache und Dichtkunst in neuern Zeiten gemacht, teils durch den bei dem bisherigen Gesangbuch wahrgenommenen Mangel an hinreichenden Liedern für viele Glaubens- und Lebenslehren, wie für die so mannigfaltigen Verhältnisse, Zeiten und Umstände des menschlichen Lebens.« Man wollte im neuen Gesangbuch »statt einiger älteren, nach Sprache, Dichtkunst, Bildern dem gegenwärtigen Geschmack weniger angemessenen Lieder andere bringen, welche zur Erweckung frommer Empfindungen mehr taugen und gegen die Sprachrichtigkeit und Poesie weniger anstoßen, bei andern fehlerhafte Stellen verbessern und übrigens manche von den bisherigen Liedern ganz unverändert aufnehmen.« Es konnte Rieger und anderen nicht verborgen bleiben, daß sich hinter den Angriffen auf die »veraltete, ungenießbare« Form und Sprache der alten Kernlieder eine feindliche Gesinnung gegen den biblischen und bekenntnistreuen Inhalt des seitherigen Gesangbuches versteckte. Rieger versuchte aus dem Liedgut des alten Gesangbuches zu retten, was nur irgend möglich war. Seinem Einfluß ist es zu verdanken, daß wenigstens 29 Lutherlieder in unveränderter Fassung und zahlreiche ältere Lieder mit geringfügigen Verbesserungen in das neue Gesangbuch aufgenommen wurden. Rieger hat die Einführung des Gesangbuches im Jahr 1791 nicht mehr erlebt. Griesinger soll nach dem Tod Riegers gesagt haben: »Sie sind gestorben, die dem Kinde nach dem Leben standen.« Das neue Gesangbuch fand in vielen Gemeinden Ablehnung. Der Widerstand nützte wenig, denn das Buch setzte sich auf Grund seiner amtlichen Einführung in der württembergischen Kirche durch. Griesinger hätte nun auch gern die sogenannte »Kinderlehre« aus dem kirchlichen Gebrauch verdrängt. Es ge-

Johann Michael Hahn

Johannes Schnaitmann · Anton Egeler · Johann Martin Schäfer
Immanuel Gottlieb Kolb · Johann Michael Hahn

lang ihm aber nicht, da Rieger bereits im Jahr 1782 vom Konsistorium den Auftrag erhalten hatte, das Buch zu überarbeiten. Rieger beschränkte sich auf geringe Verbesserungen und Veränderungen. Sein Einfluß war auch nach seinem Tod noch so groß, daß Griesinger und sein Anhang es nicht wagten, der Gemeinde das von Rieger bearbeitete Buch vorzuenthalten. Auch bei anderen Gelegenheiten wirkte sich Riegers besonnene Art sehr zum Segen der württembergischen Kirche aus. Es sei hier nur an die freundliche Art erinnert, mit der er *Michael Hahn* behandelt hat. Es ist zum großen Teil Rieger zu verdanken, daß Hahn nicht in eine ablehnende Stellung zur Kirche gedrängt wurde.

Bei den Kämpfen, die er im Konsistorium durchstehen mußte, fand er Stärkung und Trost im Umgang mit gläubigen Freunden. Jeden Freitagabend wurde in Riegers Hause eine Erbauungsstunde abgehalten, an der auch gern *Dr. Reuß*, der Schwiegersohn Bengels und Landschaftskonsulent *Johann Jakob Moser* teilnahmen. Mit *Magnus Friedrich Roos* war er in herzlicher Freundschaft verbunden. An der Arbeit der deutschen Christentumsgesellschaft hatte er lebhaften Anteil.

Im Kreis seiner Familie durfte er viel Freude erleben. Der Herr schenkte ihm zwei Söhne und eine Tochter. Im Jahr 1789 starb in seinem Haus die junge Frau seines ältesten Sohnes an einem Lungenleiden. Mit großer Liebe und Treue hat Rieger seine Schwiegertochter auf ihre Sterbestunde vorbereitet. Zwei Jahre später sollte er ihr im Tode nachfolgen. Am 15. Januar 1791 kam seine Abschiedsstunde. Mit halberstorbenen Lippen pries er noch die Herrlichkeit des Evangeliums und die Versöhnung, die sich auf den Tod Christi gründet.

In seiner großen Bescheidenheit hatte er zu seinen Lebzeiten nie etwas veröffentlichen wollen. Den Druck der Auslegung einiger biblischer Bücher, die ihm von Amts wegen übertragen worden war, konnte er nicht verhindern. Nach seinem Tod gab sein Sohn im Jahr 1793 einen Jahrgang seiner Predigten heraus. Erst im Jahr 1828 erschienen seine »Betrachtungen über das Neue Testament«, in denen er sich als ein echter

Schüler *Johann Albrecht Bengels* erwies. In ihrer schlichten und doch tiefgründigen Auslegung haben die »Betrachtungen« viele Jahrzehnte hindurch das Schriftverständnis vieler Theologen und Stundenleute gefördert. *C. A. Dann* hat für die erste Auflage ein Vorwort geschrieben, in dem es heißt: »Wir lesen so vieles und so vielerlei, schöpfen bald aus diesem, bald aus jenem Bächlein und können uns selbst in religiöser Lektüre zu sehr zerstreuen. Nun hierher alle, die an einer gesunden, nüchternen, allen falschen Höhen und unsicheren Tiefen ausweichenden Schrifterklärung Geschmack finden! Zur Quelle, alle zur Quelle! ruft euch überall der liebe Verfasser zu. O, daß der wahren Bibelleser, der Leser im Geist und in der Wahrheit immer mehr würden! Heiliger Vater, heilige uns in der Wahrheit, dein Wort ist Wahrheit!« Zuletzt gab *Wilhelm Hofacker* noch im Jahr 1835 die »Kurzen Betrachtungen über die Psalmen und über die zwölf kleinen Propheten« von Karl Heinrich Rieger im Druck heraus.

Magnus Friedrich Roos

der Prälat von Anhausen (1727 – 1803)

Einer der besten und edelsten Männer aus der Bengelschen Schule war *Magnus Friedrich Roos.* Er erblickte am 6. September 1727 in Sulz am Neckar als Sohn eines Stiftsverwalters das Licht der Welt. Durch seine frommen Eltern erhielt er einen tiefen Eindruck davon, »wie das wahre Christentum eine sehr liebliche und gar nicht unmögliche Sache sei.« Zu einer bewußten und gründlichen Bekehrung gelangte er aber erst in Tübingen, wo er sich einem Kreis erweckter Studenten anschloß und mit dem Wort Jesu: »So jemand will des Willen tun, der wird innewerden, ob diese Lehre von Gott sei oder ob ich von mir selbst rede« ganzen Ernst machte. Er berichtet über diese entscheidende Wende in seinem Leben: »Im Jahr 1749 gefiel es Gott, den Grund meines Christentums noch tiefer zu legen; wie denn im Sommer dieses Jahres in einer Nacht und nach derselben vieles in meiner Seele vorging. Gott zermalmte meine Seele durch sein Wort und gab mir eine tiefere Einsicht in mein unergründliches Verderben und in seine Heiligkeit und ließ mich eine Zeitlang viele und große Angst erfahren. Er erquickte aber auch meine Seele wieder durch sein Evangelium und ließ mich zuweilen seine Freundlichkeit, seinen Frieden und die Kräfte der zukünftigen Welt auf eine sehr merkliche Weise empfinden.« Von da an war er seines Gnadenstandes gewiß und wurde »hernach mit Zweifeln in Religionssachen nie sonderlich angefochten«.

Mit 22 Jahren trat er in den Kirchendienst und durfte schon als unständiger Geistlicher eine Reihe edler Christen kennenlernen. Nachhaltige Eindrücke empfing er vor allem von Präzeptor *Schill*, der auch mit *Fr. Chr. Oetinger* befreundet war. Roos schreibt darüber: »Zu Calw hatte ich Gelegenheit, an rechtschaffenen Christen und insonderheit an dem seligen Präzeptor Schill zu bemerken, wie das Christentum bei solchen Personen aussehe, die Gott in einer langen Reihe von Jahren vollbereiten, stärken und gründen kann, oder wie weit es die Gnade in der Erleuchtung und Heiligung bei einem Menschen bringen könne. Das Beispiel jenes heiligen Mannes bleibt mir unvergeßlich.«

Im Jahr 1752 wurde Roos als Repetent in das Tübinger Stift zurückberufen; drei Jahre später kam er, wie dies die Laufbahn der Stiftsrepetenten vorschrieb, als Vikar nach Stuttgart, wo er den segensreichen Umgang mit Bengels Schwiegersohn, Leibarzt *Reuß*, genießen durfte, der ihn in Kost und Wohnung aufnahm.

Seine erste ständige Anstellung erhielt er im Jahr 1757 als Diakonus in Göppingen. Hier fand er allerlei schwierige Verhältnisse vor. Die Gemeinde war geistlich tot und außerdem durch Uneinigkeit zerrüttet. Die Kollegen vertraten eine anders gerichtete Theologie, und ein Kreis von Separatisten stand der Gemeinde ablehnend gegenüber. Roos aber ging unverdrossen an die Arbeit. Nach Jahresfrist konnte er bereits in seinem Hause eine Privatversammlung einrichten. Die Zahl der Teilnehmer wurde so groß, daß Roos die Versammlung in kleinere Gruppen aufteilen mußte. Es fehlte dabei nicht an Angriffen auf seine Arbeit: »In der Gemeinde ist eine ziemliche gute Bewegung entstanden. Die Leute fragen nach dem Reich Gottes, sind bekümmert um ihr Heil, kommen bei mir, aber auch ohne meine Veranstaltung unter sich zusammen und sind auch andern ein Licht. Man hat wider sie gepredigt und privatim geredet; weiter aber hat der Herr nicht zugelassen.« Eine treue Gehilfin in seiner Arbeit hatte er an seiner Frau *Christiane* geb. *Gmelin* von Tübingen. Sie neigte ein wenig zu Schwermut. Von den fünf Kindern, die sie ihrem Mann schenkte, blieb nur ein Sohn am Leben, *Johann Friedrich,* der als Dekan von Marbach gestorben ist. Im Sommer 1766 wurde ihm seine Frau nach kurzer Krankheit durch den Tod entrissen. Sie hat ein Bekenntnis niedergeschrieben, das für ihren Glaubensstand kennzeichnend ist: »Es ist die lautere Barmherzigkeit, nach welcher er mich von Ewigkeit erwählet, in der Gnadenzeit berufen durch einen himmlischen Ruf und Zug, unter all meinem Elend, Untreue und Verirrung getragen und unter allen Versuchungen durch seine Gottesmacht bewahrt hat zur Seligkeit. An und in mir ist nicht das geringste Gute zu finden. Es hat kein Kind Gottes ihm so viele Mühe gemacht wie ich. Ich habe kein Werklein und kein Leiden aufzuweisen und wünsche, daß auch niemand nichts derart von mir gedenke. Aber ich bin selig worden. Und wer über mir diese unendliche Barmherzigkeit Gottes preisen kann, der tue es! Ich freue mich, bald vor dem Thron Gottes zu singen: Heil sei dem, der auf dem Stuhl sitzt, und dem Lamme!« Eine zweite Ehe, die Roos nach dem frühen Tod seiner ersten Gattin mit *Susanna Barbara Wittels* schloß, blieb kinderlos.

Nach zehnjähriger Tätigkeit in Göppingen übernahm er die Landpfarrei Lustnau bei Tübingen, mit der das Bebenhauser

Dekanatamt verbunden war. Mit Bangen trat er seine neue Stellung an, war doch mit ihr die Aufsicht über die Gemeinden und ihre Pfarrer verbunden. Er ließ sich dabei von dem Bestreben leiten, »nicht als Herrscher, sondern als ein Diener aller sich zu befleißigen«. In dem nahgelegenen Tübingen fand er treue Freunde, den Universitätskanzler *Jer. Fr. Reuß* und den Professor *Ernst Bengel*, den Sohn des großen Schriftforschers. Er hatte überhaupt ein großes Bedürfnis nach Freundschaft und stand daher mit vielen Kindern Gottes in der Nähe und in der Ferne in regem Verkehr und Briefwechsel. Zu seinen Freunden gehörten *Tobias Kießling*, die beiden Liederdichter *Christoph Karl Ludwig von Pfeil* und *Johann Gottfried Schöner*, *Christian Adam Dann*, *August Spangenberg* und *Samuel Urlsperger*. Durch ihn wurde er für die deutsche Christentumsgesellschaft in Basel gewonnen. Mit Männern wie *Oetinger*, *Fricker* und *Phil. Matth. Hahn* hatte er wenig Verbindung. Er konnte sich mit ihrer Theologie nicht befreunden. Gegen *Michael Hahn* ist er leider bei einer Kirchenvisitation in Altdorf sehr schroff aufgetreten. Er verbot ihm sogar das Stundenhalten.

Im Jahr 1784 wurde er zum Prälaten von Anhausen befördert, einem Weiler, der zur Gemeinde Bolheim im Kreis Heidenheim gehört. Hier fand er in dem alten Benediktinerkloster eine stille Behausung. Da er nur eine kleine Gemeinde zu betreuen hatte, blieb ihm reichlich Zeit und Muße für die ihm so lieb gewordene Erforschung der heiligen Schrift. Er bezeugte in seinem Lebenslauf, den er selbst verfaßt hat, den Segen, der ihm aus der Beschäftigung mit der Schrift erwachsen ist, mit den Worten: »Im Fortgang meiner Jahre bin ich dann von dem barmherzigen und treuen Gott und Heiland noch weiter unterwiesen, geläutert und in seiner Gnade befestigt worden. Ich habe meine Ohnmacht und tiefe Verderbnis meiner Natur, aber auch den Reichtum seiner Gnade und das Heil, welches für arme und elende Sünder in dem Hohenpriestertum und in der königlichen Gewalt Jesu liegt, ein wenig besser erkennen lernen. Christus ist mir mit einem Wort besser bekannt und teurer geworden und durch ihn auch Gott, der Vater in seiner Liebe und der heilige Geist in seinem kräftigen Gnadenwerk. Daneben hat auch der schreckliche Verfall der Christenheit und manches über dieselbe einbrechende Strafgericht Gottes, das ich habe erleben müssen, mein Innerstes oft sehr angegriffen, mich aber auch auf das prophetische Wort aufmerksam gemacht.«

Roos hat eine reiche schriftstellerische Tätigkeit entfaltet. Von seinen Schriften sind zu nennen: »Auslegung der Weissagungen Daniels, die in die Zeit des Neuen Testaments hineinreichen« (1771) und vor allem seine »Einleitung in die biblischen Geschichten« (1774). Sie zerfällt in drei Teile: Erstens: Von der Schöpfung an bis auf die Zeit Abrahams, zweitens: Fußstapfen des Glaubens Abrahams – erster Teil von Abraham an bis auf die Zeit Salomos und drittens: Fußstapfen des Glaubens Abrahams – zweiter Teil von Salomo an bis auf Jesus Christus. Das Werk ist zuletzt im Jahr 1876 neu aufgelegt worden. Es galt zu Anfang des 19. Jahrhunderts mit Recht als eine der besten Einführungen in das Alte Testament. Daneben ist noch eine Reihe kleinerer Schriften zu nennen, die teilweise einen volksmissionarischen Charakter tragen. Es seien hier kurz angeführt: »Die Sünde wider den heiligen Geist« (1771), »Christliches Glaubensbekenntnis und überzeugender Beweis von dem göttlichen Ursprung und Ansehen der Bibel« (1773), »Soldatengespräche zur Pflanzung der Gottseligkeit unter den Soldaten« (1784) und »Beweis, daß die ganze Bibel von Gott eingegeben und die darauf gegründete christliche Religion wahr sei« (1791). Zuletzt sei noch ein Schriftchen genannt, dessen Inhalt für die damalige Zeit noch ungewöhnlich ist: »Christliche Gedanken von der Verschiedenheit und Einigkeit der Kinder Gottes« (1764). Im Vorwort sagt Roos: »Die Verschiedenheit der Kinder Gottes auf Erden kann einen Menschen, der ein zartes Gewissen hat und weder die Liebe verletzen, noch der Wahrheit etwas vergeben will, in manches Gedränge bringen und ihn an der Freudigkeit des Glaubens, die er in der Nachfolge Christi beweisen sollte, hindern. Darum habe ich in diesen Blättern mir und andern diejenigen Wohltaten vorhalten wollen, welche zur Beruhigung des Herzens und zu einem rechtschaffenen Verhalten hierin dienen können.«

Durch die bewegte Zeit, die er in seinem stillen Anhausen miterlebte, wurde er zu zwei Schriften angeregt, die auf die endgeschichtlichen Zeichen aufmerksam machen wollten: »Prüfung der gegenwärtigen Zeit nach der Offenbarung Johannis« (1786) und »Beleuchtung der gegenwärtigen großen Begebenheiten durch das prophetische Wort Gottes und Anzeige, was nach demselben bald geschehen wird« (1794). Gegen die Theologie der Aufklärung, wie sie vor allem durch Semler vertreten wurde, richtete sich seine Schrift: »Christliche Glaubenslehre für diejenigen, welche sich zu gegenwärtiger Zeit nicht mit mancherlei und fremden Lehren umtreiben lassen wollen« (1786).

Sein bekanntestes Werk, das weite Verbreitung gefunden hat, war das »Christliche Hausbuch«. Es enthält Morgen- und Abendandachten für alle Tage des Jahres. Roos hat sich in seinem Buch an Hillers »Geistliches Liederkästlein« angeschlossen. Er hat Hiller, den er in der Vorrede »einen treuen und begabten Knecht Gottes« nennt, noch selber kennengelernt. Viel Segen hat er auch durch sein Buch »Kreuzschule oder Anweisung zu einem christlichen Verhalten unter den Leiden« gestiftet. Er verfaßte die Schrift nach einer schweren Erkrankung im Jahr 1799. Das Buch behandelt in verschiedenen Abschnitten die richtige Ansicht vom Leiden und den Sinn des Leidens im Hinblick auf Tod und Ewigkeit. Roos führt in seinem Buch viele Zeugnisse aus den Schriften von Scriver, Francke, Bogatzky, Storr, Rieger, Bengel, Arnd und anderen an. Dabei zeigt er eine große Belesenheit in der Erbauungsliteratur der evangelischen Kirche.

Im Jahr 1788 wurde er als Mitglied in den größeren Ausschuß der württembergischen Landschaft gewählt, aber im Jahr 1797 im Zusammenhang mit den politischen Umwälzungen infolge der Französischen Revolution wieder ausgeschlossen.

Er hat sich mit der Zurücksetzung abgefunden: »Mir fiel die Sache selbst nicht schwer auf, weil ich ohnehin der politischen Händel und der beschwerlichen Reisen müde war, und mich darnach sehnte, meine noch übrige wenige Lebenszeit in der Stille und wie Maria zu den Füßen Jesu zuzubringen.«

Es waren ihm nun noch einige ruhige und stille Jahre in Anhausen beschieden, die er fleißig für seine schriftstellerischen Arbeiten ausnützte. Gegen Ende des Jahres 1802 wurde er von einem bösartigen Halsleiden befallen. Die Zunge schwoll unförmig an, weshalb ihm Atemnot und Beklemmungen viel zu schaffen machten. Manchmal peinigte ihn der Gedanke, verhungern oder ersticken zu müssen. Wenige Wochen vor seinem Tod hatte er einen Traum, den er aufgezeichnet hat: »Heute nacht um drei Uhr ... dachte ich daran, daß ich vielleicht bald keine Nahrung mehr zu mir nehmen könne und also verschmachten müsse. Hierauf tat sich ein Türlein am Himmel auf, und der heilige Geist hob mich empor, daß ich durch dasselbe etwas von dem Licht des Himmels sehen konnte. Zugleich trieb mich der heilige Geist mit einer großen Kraft an, daß ich ... um das tägliche Brot bitten solle, welches ich auch tat und nun kein Verschmachten mehr fürchte.« Schließlich trat eine Linderung seiner Leiden ein. Die Geschwüre gingen zurück, und es wurde ihm wieder leichter, Speise zu genießen. Bald setzte aber ein starker Kräfteverfall ein, der erkennen ließ, daß sein Ende nicht mehr fern war.

Am letzten Abend vor seinem Sterben bat er die Angehörigen, die sein Lager umstanden, daß sie ihm ein Lied vorsingen möchten. Man schlug ihm verschiedene Lieder vor, und er wählte ein Loblied. Das letzte Wort, das man noch von ihm gehört hatte, war ein Bekenntnis: »Ich sterbe im Glauben des Sohnes Gottes, in dem ich gelebt habe.« Er verschied am 19. März 1803 in der Morgenfrühe gegen 4 Uhr.

Bei seiner Beerdigung wurde ein Lied gesungen, das er einst gedichtet und in sein Buch »Kreuzschule« aufgenommen hatte. Man entsprach damit einem Wunsch, den er vor seinem Ende geäußert hatte:

O Gott, was deine Hand verbunden,
trennst du mit vollem Recht allein.
Du darfst uns schlagen und verwunden,
die Unsrigen und wir sind dein.
Du gibst und nimmst als Herr der Welt
was, wann und wie es dir gefällt.

Du hast uns deinen Sohn gegeben;
wer in ihm stirbt, der stirbet nicht.
Ja, deine Toten sollen leben,
wie uns dein wahres Wort verspricht.
So lebe denn in voller Ruh,
du weggeruf'ne Seele, du!

II

Württemberg am Anfang des 19. Jahrhunderts

Herzog Friedrich II. von Württemberg, der lange Zeit im preußischen und russischen Militärdienst gestanden war, trat im Jahr 1797 die Regierung an. Mit ihm ergriff ein Mann die Zügel der Regierung, der seine Ziele willensstark und oft schroff und brutal durchzusetzen wußte. Der Historiker *Eugen Schneider* hat sein Urteil über ihn in die Worte gefaßt: »Durch und durch rücksichtslos, selbstsüchtig und gewalttätig, ein Fürst, der die Untertanen vom höchsten bis zum niedersten nur als willenlose Werkzeuge behandelte, der seinen Umgang nach dem Tod des wackeren Karl von Zeppelin fast nur bei einer niedrigen Schar von Günstlingen suchte, hat er sich wenig Freunde erworben.«

Es würde aber verkehrt sein, wenn man den staatsmännischen Fähigkeiten Friedrichs die Anerkennung und Bewunderung versagen wollte. Das moderne Württemberg ist die Schöpfung dieses Herrschers. In seine Regierungszeit fallen die gewaltigen Auswirkungen der Französischen Revolution, die das Gesicht Europas veränderten. Die Staatsumwälzung in Frankreich hatte *Napoleon* auf die Höhe des Kaiserthrons emporgehoben. In ihm hatte sich der Trieb zur Macht und Gewalt in einem erschreckenden Ausmaß entwickelt. Er wollte ein Weltreich gründen. Wer sich seinem Sturmlauf in den Weg stellte, wurde mitgerissen oder vernichtet. Auch dem Herzog Friedrich blieb eine Entscheidung nicht erspart. Er mußte sich dem Emporkömmling anschließen und hat das in so geschickter Weise auszunützen verstanden, daß er seinem Land einen mehr als verdoppelten Umfang geben konnte. Im Jahr 1803 vertauschte er die Herzogskrone mit dem Kurhut. Drei Jahre später übernahm er als *Friedrich I.* die Königswürde.

Am 2. Oktober 1805 fand die denkwürdige Unterredung zwischen Napoleon und Friedrich im Ludwigsburger Schloß statt. Friedrich entschied sich damals für den Anschluß an Frankreich. Auf die Bedenken, die Friedrich wegen der Landstände hatte, erwiderte Napoleon: »Gegen Ihre Stände will ich Sie schützen.« Es muß dahingestellt bleiben, ob Napoleon die derbere Äußerung getan hat: »Chassez les bougres!« (Jagen Sie die Kerle davon!) Nach der Dreikaiserschlacht bei Austerlitz (1805) schloß Napoleon mit dem Kurfürsten einen Separatvertrag zu Brünn, der die Grundlinien für die Gebietserweiterung Württembergs und die Übertragung der Königswürde und der Souveränität enthielt. Die Gebietserweiterungen fanden im Jahr 1810 ihren Abschluß. Hatte das alte Herzogtum bei einem Umfang von 150 Quadratmeilen etwa 650 000 Einwohner, so umfaßte das von Napoleons Gnaden errichtete Königreich im Jahr 1810 bei 354 Quadratmeilen rund 1 400 000 Einwohner.

Im Zusammenhang mit dieser Vergrößerung Württembergs standen zwei Maßnahmen des Königs von einschneidender Bedeutung: die eine war die Aufhebung der alten Verfassung des Herzogtums und die andere die Einziehung des bisher selbständig verwalteten Kirchenguts. Seit dem Tübinger Vertrag von 1514 bestand zwischen dem Fürsten und den Württembergern ein Vertragsverhältnis. Die Wahrung der Rechte der Untertanen war der sogenannten Landschaft übertragen, die aus einer Körperschaft bestand, der die 14 Prälaten der seit der Reformation säkularisierten Stifte und Klöster und 69 Abgeordnete der Ämter und ›guten Städte‹ angehörten. Sie wurde durch ein herzogliches Reskript einberufen. Dies geschah im ganzen selten. Die Rechte und die Geschäfte der Landschaft wurden seit *Herzog Christoph* (1554) von dem Engeren und dem Weiteren Ausschuß wahrgenommen. Der Engere Ausschuß bestand aus zwei Prälaten und sechs Abgeordneten, unter denen gewöhnlich die Bürgermeister von

Stuttgart und Tübingen saßen. Die Mitgliedschaft war lebenslänglich. Der Weitere Ausschuß bestand aus doppelt so vielen Mitgliedern unter Einschluß der des Engeren, nämlich vier Prälaten und zwölf Abgeordneten der Städte. Er wählte aus seiner Mitte die Mitglieder des Engeren Ausschusses. Der Landschaft standen zwei von ihm (dem Engeren Ausschuß) ernannte rechtskundige Landschaftskonsulenten zur Seite, die unter Umständen einen sehr großen Einfluß haben konnten. Es sei hier an *Johann Jakob Moser* erinnert. Der Engere Ausschuß, der sich nach Belieben versammelte, wachte über die Erhaltung der Landesverfassung und über die Verwendung der Steuermittel. Er hatte seit Friedrich I. († 1608) eine besondere Kasse, die sogenannte »Geheime Truhe«, über deren Verwendung er keine Rechenschaft schuldig war. Als Herzog Friedrich II. die Regierung antrat, hatte seit 25 Jahren keine Versammlung der Landschaft mehr stattgefunden.

So sehr man die in Deutschland einzig dastehende Einrichtung der Landschaft als Zeichen demokratischen Denkens gerühmt hat, so sehr muß man auch zugestehen, daß die Einrichtung mancherlei Mängel hatte. Nach der Art ihrer Wahl und ihrer Zusammensetzung war die Landschaft keine Landesvertretung im heutigen Sinn. Im übrigen hatte der Engere Ausschuß alle Macht in Händen. Es war eine Herrschaft weniger Männer mit allen schlimmen Begleiterscheinungen der Gewaltherrschaft, der Begünstigung und anderem mehr. Die alte Verfassung entsprach nicht mehr den anders gewordenen Verhältnissen. Es sei nur an die Tatsache erinnert, daß die neuerworbenen Gebietsteile in der Landschaft nicht vertreten waren. Hinzu kam, daß Friedrich einen neuen Staat mit einer neuen Verfassung schaffen wollte. So vollzog sich denn ganz rasch die Aufhebung der altehrwürdigen Einrichtung noch im Jahr 1805. Die Archive wurden versiegelt, die Kassen beschlagnahmt und der Befehl erlassen, daß die Ämter künftig die Steuern nicht mehr an die Landschaftskasse, sondern an die Regierung abzuliefern hätten. Am 30. Dezember 1805 wurden die in Stuttgart versammelten Mitglieder des Engeren und

Weiteren Ausschusses auf das Schloß befohlen, um den Beschluß der Auflösung der Landschaft aus dem Mund des Königs zu vernehmen. So zogen die Mitglieder der Ausschüsse vom Landschaftsgebäude zum Schloß hinüber. Ein Augenzeuge berichtet: »Ich sah die Ausschußmitglieder, als sie in düsterer Abendstunde über den Schloßplatz gingen. Es war ein langsam schwankender Zug dunkel gekleideter Männer mit gesenktem Blick. Ich konnte mich nicht erwehren, an einen Leichenzug zu denken.«

Nach dem Vorbild von Preußen und Frankreich schuf Friedrich I. eine den neuen Verhältnissen angepaßte Staatsverwaltung. Das Staatsministerium zerfiel in die Departements des Auswärtigen, des Inneren, der Justiz, des Krieges, der Finanzen und der geistlichen Angelegenheiten. Am 2. Januar 1806 hob Friedrich I. die getrennte Verwaltung des Kirchengutes auf, dessen Grundstock man damals auf 32 759 951 Gulden schätzte, und vereinigte sie mit der des Kammergutes. Das seitherige Konsistorium wurde zum Oberkonsistorium erhoben; es verlor aber das Kirchenregiment und wurde eine dem Ministerium der geistlichen Angelegenheiten unterstellte Staatsbehörde. Das gesamte höhere Schulwesen wurde ihm entzogen. Der Anteil des Konsistoriums an der Visitation der Universität, die Aufsicht über das Tübinger Stift und die Klosterschulen, die Leitung der Gymnasien und Lateinschulen wurde einer staatlichen Behörde, der Oberstudiendirektion, übertragen.

Der König griff auch sonst rücksichtslos in das Leben der Kirche ein. Durch eine Resolution vom 1. 1. 1805 verbot er das Verlesen der Augsburgischen Konfession, die am Reformationsfest üblich war und durch eine weitere Verordnung vom 17. August 1808 wurde am 1. Januar 1809 eine neue Liturgie eingeführt. Sie ersetzte das seither gebrauchte »Kirchenbuch«. Die Reihe der Gebete wurde nicht mehr mit dem 1. Advent, sondern mit Neujahr eröffnet, »zugleich dem Feste der am 1. Januar 1806 angenommenen Königswürde«. Die Liturgie ist ein Werk der Aufklärungszeit in unkirchlicher und trockner

Form. Sie war nicht geeignet, das kirchliche und gemeindliche Leben zu heben. Schon die Einführung des neuen Gesangbuches im Jahr 1791 hatte viel Widerwillen erregt. Noch mehr galt dies von der neuen Liturgie. Viele nahmen Anstoß an der Weglassung der altkirchlichen Absage an den Teufel in der Tauf- und Konfirmationsordnung. Statt der uralten Frage: »Widersagst du dem Teufel und all seinen Werken und all seinem Wesen?« wurden jetzt die Eltern und Taufpaten gefragt: »Entsagen Sie (oder Ihr) allem Unglauben und Aberglauben, allen sündlichen Gesinnungen, Neigungen und Werken?« Wenn nun die alte Formel auch nicht aus der Bibel stammte, so sahen doch viele Pietisten in der neuen Tauffrage eine absichtliche Verleugnung des biblischen Glaubens an einen persönlichen Teufel. Darum tauften nun manche Väter ihre Kinder nach der alten Ordnung selber. Dafür mußten sie aber jedesmal 6 Gulden und 30 Kreuzer Strafe zahlen. Als sich Pfarrer *Friederich* weigerte, nach der neuen Liturgie zu amtieren, wurde er abgesetzt, mit einem jährlichen Gehalt von 78 Gulden pensioniert und unter obrigkeitliche Aufsicht gestellt.

Den Gemeinden wurde die Verwaltung der Stiftungen genommen und den Kameralämtern übertragen. Das alte Einspruchsrecht der Gemeinden bei der Besetzung von Pfarrstellen wurde aufgehoben. Besonders peinlich wurde von der Pfarrerschaft eine Kleiderordnung empfunden, die der König erlassen hatte. In ihr heißt es: »Sämtliche Geistliche evangelischer Konfession ohne Unterschied nebst den Kandidaten sollen bei kirchlichen Verrichtungen und bei feierlichen Gelegenheiten den bisher eingeführten Kirchenrock, jedoch mit einem stehenden Kragen und auf der Brust statt der Haften mit Knöpfen tragen ... Die Haare dürfen nicht gekräuselt sein, sie werden glatt getragen, am Hinterhaupt rund abgeschnitten und reichen bis an das Ende des aufstehenden Kragens. Perücken sind zu tragen gestattet. Zur ordinären Kleidung außer den geistlichen Funktionen und feierlichen Gelegenheiten müssen entweder schwarze oder graue oder dunkelblaue Röcke bis auf die Mitte des Körpers zugeknöpft und mit viereckigen, gerade herunter geschnittenen Schößen getragen werden. Auch die Unterkleider (Hosen) sind schwarz. Über die pünktliche Beachtung dieser Vorschriften haben die Vorgesetzten mit allem Ernst zu wachen, auch von jedem Contraventionsfall (Übertretung) Bericht an das Königliche Oberkonsistorium zu erstatten.«

Man hat darauf hingewiesen, daß König Friedrich I. die Kirche nicht schädigen wollte. Viele Verordnungen aus den Jahren 1803–1815 lassen seine Fürsorge erkennen; er sah aber die Kirche nur als eine besondere Abteilung des von ihm zu regierenden Staates an. Dabei war er der Ansicht, daß sie am besten gedeihe, wenn man ihre gesamte Tätigkeit durch genaue Vorschriften regle und ordne. Für das Wesen des Christentums und vollends für den Pietismus hatte er kein Verständnis. Er betrachtete den Pietismus als eine Pest und hielt sich für verpflichtet, ihn »mit allen Mitteln zu reprimieren (unterdrücken), welche die Vorsehung in seine Hand gelegt«. Die Entstehung der Württembergischen Bibelanstalt (1812), der evangelischen Missionsgesellschaft in Stuttgart (1816), der evangelischen Bücherstiftung (1820) sowie der verschiedenen Rettungsanstalten in Korntal (1823 und 1829), Wilhelmsdorf, Winnenden, Kirchheim und durch *Dr. Barth* in Stammheim zeigten, daß das Leben in kirchlichen und pietistischen Kreisen noch nicht erloschen war. Mit dem Kirchenwesen ihrer Zeit gerieten zwei Männer in besonders scharfen Gegensatz, *K. Fr. Harttmann* und *C. A. Dann.* Sie kämpften stellvertretend für viele andere.

Karl Friedrich Harttmann

der treue Wächter des Bekenntnisses (1743 – 1815)

Als Sohn eines Forstverwalters wurde *Karl Friedrich Harttmann* am 4. Januar 1743 in Adelberg geboren. Er durchlief den üblichen Ausbildungsgang württembergischer Theologen. Während seines Aufenthaltes in der Klosterschule zu Bebenhausen wurde er mit *Friedrich Christoph Oetinger* bekannt. Nach der Beendigung seines Studiums in Tübingen kam er als Vikar nach Oeschelbronn bei Herrenberg und zwei Jahre später als Repetent in das Tübinger Stift. In dieser Stellung blieb er sechs Jahre. Auf Veranlassung von *Herzog Karl Eugen,* der ihn bei seinen Besuchen in der Tübinger Universität kennengelernt hatte, wurde er gefragt, ob er die Stelle eines Predigers und Professors für Religion an der neuerrichteten Militärschule auf der Solitude übernehmen wolle. Harttmann sagte zu und trat sein Amt Anfang 1774 an. Kurz nach seiner Amtsübernahme verheiratete er sich mit *Luise Johanne Beckh* aus Cannstatt. Der Brief, in dem er um ihre Hand warb, ist noch vorhanden. Es heißt in ihm: »Ein lauterer Sinn der Wahrheit, eine Liebe zu Jesu und zu seiner kleinen Herde, ein in die ewigen Liebesgedanken Gottes immer tiefer eindringendes Herz, das in diesem Glaubensblick gern die himmlischen Wege erwählt, ein auf das Unsichtbare und Zukünftige geschärftes Auge, welches über alle Beschwerden der Pilgerschaft hinaussieht: das sind die Dinge, die mir seit meinem Beruf als ein Hauptaugenmerk vor Augen stehen und zu welchen mich der unermüdete und treue Geist der Zucht nach so oftmaligen Abirrungen und Seitenblicken allemal wieder zurückführt; dies sind aber auch die Dinge, auf welche ich den Grund meiner ehelichen Verbindung zu bauen wünsche, und die ich bei Ihnen anzutreffen umso weniger zweifle, da Sie die Gnade des himmlischen Berufs an Ihrem Herzen schon erfahren haben.« Und ihre Antwort lautete: »Ich erkenne mich Ihres Ansinnens an mich einesteils unwürdig und anderenteils viel zu untüchtig. Ich sehe aber ebensowohl als Sie auf die Leitung und Führung meines himmlischen Vaters und möchte gern seinem Wink und Willen in kindlichem Gehorsam folgen, indem es mir in diesem Leben um nichts anderes zu tun ist, als meine Seele dem zur Ausbeute davonzubringen, der sie so teuer erkauft hat mit seinem Blut. Und da glaube ich freilich an Ihnen einen treuen Gefährten auf dem Wege zum ewigen Leben zu bekommen.«

Am Verlobungstag hat er seiner Braut das Gebetslied gewidmet:

Priester, laß von Salems Höhen,
aus dem obern Heiligtum
heute Gnad' und Friede wehen;
laß uns als dein Eigentum
heute mit geschärften Blicken
aufwärts in dein Herze sehn
und in Zions goldnen Stücken
angekleidet vor dir stehn.

In diesem Lied steht die schöne und weithin bekannte Strophe:

Friedefürst, laß deinen Frieden
stets in unsrer Mitte ruhn,
Liebe, laß uns nie ermüden,
deinen sel'gen Dienst zu tun;
Denn wie kann die Last der Erden
und des Glaubens Ritterschaft
besser uns versüßet werden
als durch deiner Liebe Kraft?

Da die Militärschule nach Stuttgart verlegt wurde, siedelte Harttmann mit ihr dorthin über. Seines Bleibens war hier aber nicht mehr lange. Es hing wohl mit seiner pietistischen Einstellung zusammen. Wenn er predigte, waren die Gottesdienste oft überfüllt. Sein Einfluß auf die Angestellten und Beamten der Militärschule wie auch auf die Schüler war nicht gering. Dem Herzog gegenüber wahrte er seine Freimütigkeit. Als dieser sich einmal gerade zu einem Ball begab und ihn fragte, ob er nicht auch Lust habe zu tanzen, soll er ihm geantwortet haben: »Ja, wenn es mit David vor der Bundeslade herginge!« Das alles mag den Herzog bestimmt haben, ihn auf die Landpfarrei Illingen zu versetzen. Harttmann schrieb einem Freund, dem Missionar *Joh. Jakob Schöllkopf* in Ostindien[1]: »Die letzten Briefe hast du noch nach Stuttgart an mich gerichtet. Aber du wußtest nicht, daß man mir dort den Abschied gegeben. Mit Anfang dieses Jahres nahm meine dreijährige Arbeit an der Akademie ein Ende. Man war meiner Tätigkeit für das Reich Christi, die noch überdies von meiner Seite mit viel Schwachheit, Fehlern und Mutlosigkeit verbunden war, überdrüssig.«

So zog Harttmann nach Illingen und durfte erfahren, daß seine Arbeit dort nicht vergeblich war. An Schöllkopf konnte er schreiben: »Er ließ meine Gemeinde etwas von der Mutterkraft des obern Jerusalem erfahren und schenkte mir bald etwas von der kleinen Herde zu sehen, so daß ich wirklich eine Gemeinschaft von vierzig Personen beisammen habe. Ich weiß nicht, soll der Dank oder die Beschämung darüber in meinem Herzen die Oberhand behalten?«

Gegen das Ende seiner Tätigkeit in Illingen starb seine Frau an einer schweren Krankheit. Ihr Heimgang traf ihn umso schmerzlicher, als er eben jetzt auf die Pfarrstelle Kornwestheim ernannt worden war. Am 2. März 1781 war seine Frau gestorben und am 25. März hielt er seine Abschiedspredigt über das Hohelied Salomos 4, 6. In ihr klingt das Weh jener Tage nach, wie aus folgenden Worten deutlich wird: »Was ist aber dieser Myrrhenberg? Antwort: ein jeder Platz, wo unser menschlicher Wille geschlachtet und in den Willen Gottes unter manchem Kampf verschlungen wird. Der Herr hat mich vor meinem Weggehen von euch auch noch auf den Myrrhen-

[1] Er ging 1776 als Missionar nach Ostindien. Für den Missionsgedanken war man in Württemberg schon früh aufgeschlossen. Bereits im Jahr 1715 wurde eine Sammlung für das Missionswerk auf der Koromandelküste ausgeschrieben.

berg geführt und mich innewerden lassen, was es koste, bis der menschliche Wille zerbrochen wird. Ich habe es wohl gefühlt und fühle es noch. Ich danke ihm aber doch, obwohl mit Tränen, daß er mich dahin geführt. Ich übergebe mich auch ihm, wenn er mich auf diesem Myrrhenberg noch auf weitere Anhöhen führen will. Ich habe zu ihm gesagt: ›Dein Wille geschehe an mir, o Gott‹, und dies will ich nimmer widerrufen.«

In Kornwestheim wurde er der Nachfolger von *Phil. Matth. Hahn*. Es war sicherlich keine leichte Aufgabe, die Arbeit des geistgesalbten Mannes fortzuführen. Da er mit Hahns theologischen Gedanken vertraut war, fand er bald Eingang in die Gemeinde. Über die Lehre Hahns vom Königreich Gottes in Jesus Christus äußert er sich: »Wenn wir die ökonomische Schreibweise der heiligen Schrift recht betrachten, so finden wir, daß alles aus dem Begriff des Königreichs heraus und in denselben zurückfließt. Das Wort vom Königreich benimmt der Predigt vom Kreuz, wenn der Vortrag recht symmetrisch ist, nicht das geringste; denn diese setzt jenes voraus. Der ganze Gang Jesu war ein Weg zum Königreich.« Er nahm sich mit besonderer Sorgfalt auch der Erbauungsstunden an, die Ph. M. Hahn gegründet hatte. In den Stunden behandelte er meist die Oetingerschen Predigten. Er verfaßte darüber gern eine Anzahl von Fragen, die die Besucher beantworten mußten und die er dann weiter erläuterte.

Kurze Zeit, von 1793 – 1795, versah er das Dekanatamt in Blaubeuren. Er hatte hier mit manchen Schwierigkeiten zu kämpfen. In der Gemeinde gab es Leute, die aus ihrer modernen, wahrscheinlich aufklärerischen Sicht heraus seine Predigten altmodisch fanden. Hinzu kam, daß das Amt durch die weiten Wege zu den einzelnen Gemeinden, die dem Dekanatamt unterstellt waren, eine schwere körperliche Belastung für ihn bedeutete. Er war daher dankbar, als man ihm 1795 das Dekanatamt Neuffen übertrug.

In Neuffen, besonders aber in Dettingen und Hülben hatte er Gelegenheit, mit den Erweckten in Verbindung zu treten.

Schon in den ersten Tagen nach seinem Aufzug besuchte ihn Lehrer *Jakob Friedrich Kullen* von Hülben. Kullen traf den neuen Dekan in einer gewissen Aufregung, da die mitgebrachten Möbel in dem engen Haus nicht recht untergebracht werden konnten. Da nun Kullen den Unwillen von Harttmann sah, fragte er ihn: »Herr Spezial, ist das auch aus dem lautern Strom (Offenbarung 22)?« Die Aufregung verschwand im Nu.

Zu der Antrittspredigt von Harttmann waren viele Brüder aus der näheren und weiteren Umgebung gekommen. Nach der Predigt verabredeten die Brüder, daß sie an einem bestimmten Tag bei Harttmann zusammenkommen wollten und mit ihm über die Arbeit in den Gemeinschaften sprechen. An jenem Tag aber herrschte ein heftiges Schneegestöber. Kullen machte sich dennoch auf den Weg nach Neuffen und kam durchnäßt im Dekanathaus an. Merkwürdigerweise fand er keinen sonderlich freundlichen Empfang. Er setzte sich auf das Ofenbänklein und Harttmann ging vor ihm auf und ab. Da merkte Kullen, daß ihn der Geist Gottes innerlich beschneide. Harttmann wurde freundlicher, stellte dem Gast einen Stuhl an den Tisch und setzte sich neben ihn. Nun sagte Kullen: »Ich will Ihnen meinen ganzen Lauf darlegen, und was es zu beschneiden braucht, das schneiden Sie weg; aber wenn Sie mir nichts Besseres dafür bieten können, so lasse ich mir das Meinige nicht nehmen.« Als er fertig war, sagte Harttmann: »Ich bin Sein Bruder!« Und von da ab waren sie ein Herz und eine Seele.

Kullen und die Dettinger Brüder kamen nun häufiger in Harttmanns Hause zusammen und tauschten ihre Erfahrungen aus. Gelegentlich besuchte er mit dem einen oder anderen Bruder eine Stunde in der Umgegend. So kam er eines Tages mit dem Bruder *Andreas Schönbein* aus Metzingen in einen Ort, wo sie die Nacht gemeinsam in einem Zimmer schliefen. Ehe sie sich niederlegten, beteten sie miteinander. Schönbein betete ein wenig geziert. Wie hat es ihn beschämt, als Harttmann so schlicht betete: »Vater, ich danke dir, daß ich habe gestern ›Vater‹ sagen dürfen und heute wieder. Amen.« Hier möge noch ein Wort Harttmanns über das Gebet folgen, das des Nachdenkens wert ist: »Bete ich des Nachts vor dem Einschlafen, so kann ich's daran erkennen, ob das Gebet aus dem Grund und Innersten meiner Seele geflossen ist, wenn ich beim Erwachen noch im nämlichen Seelenzustand bin wie beim Einschlafen. Ich merke auch daraus, welch große Kraft im Gebet liegen muß, wenn sie sich so lange – auch durch das Traumleben der Nacht hindurch – behaupten kann und wirksam bleibt. Ein ernstliches Gebet vermag uns auf lange Zeit innerlich zu verwahren und unsre Seelenkräfte auch im Trubel des Alltags zusammenzuhalten.«

Ein ander Mal durfte ihn Kullen trösten und aufrichten. Harttmann hatte angefangen, in seinem Hause Versammlungsstunden zu halten. Was er da im engsten Kreise vertraulich sagte, wurde von losen Leuten zum Wirtshausgespräch gemacht und verspottet. Diese Erfahrung bedrückte ihn nun sehr. Als er bei Kullen darüber Klage führte, ermunterte der ihn mit den Worten: »Herr Spezial, jetzt geht's den rechten Weg; nun ist's, wie es vom Heiland heißt in jenem Leidenspsalm: ›In den Zechen singet man von mir‹ (Psalm 69, 13).«

Im Jahr 1803 kam er als Dekan nach Lauffen. Er versah hier mit aller Treue sein Amt; aber es konnte auf die Dauer nicht ausbleiben, daß er mit der Kirchenbehörde, die dem Zeitgeist huldigte, in ernsthafte Auseinandersetzungen geriet. Schon 1796 hatte er bei einer Synodaleingabe sich deutlich über den Verfall des kirchlichen Lebens ausgesprochen: »Das, wodurch ich mich bei dem sinkenden Zustand der Kirche gegen die Macht der Ermüdung zu stärken suche, ist jenes Wort 5. Mose 32, 36: Denn der Herr wird sein Volk richten, und über seine Knechte wird er sich erbarmen, denn er wird ansehen, daß ihre Macht dahin ist.« Später klagt er einmal in einer Predigt: »Das teure Wort der Wahrheit uns wegzunehmen, darum ist es dem Satan sonderlich zu tun. Denn wenn er uns den Artikel von Christus nimmt, so hat er gewonnenes Spiel. Darauf geht er eben in unserer Zeit los, daß uns Christus recht fremd werden soll. Dies ist ein Hauptzeichen unserer Zeit, daß man immer weniger nach einem Heiland fragt, daß man ihn endlich ganz entbehren kann. Darum betet das Lied: ›Mache dich, mein Geist, bereit!‹ ...« Und in einer Predigt vom Jahr 1807 spricht er sehr deutlich über die Gebrechen der Zeit: »Wie fremd ist die Lehre von der Rechtfertigung, von Jesus, dem einigen Gnadenthron! Wie hat das fast allgemein gewordene Gewäsch von Moral, Tugend, Religion das Wort Glauben, Glauben an den Namen des eingeborenen Sohnes, fast ganz verdrängt! Wie hat ein wahrer Christ sich an die Bitte Jesaja 8, 16 ›Binde zu das Zeugnis!‹ zu halten.«

Auch den Gedanken einer Trennung von der Kirche hat er einmal erwogen. In einem Brief schreibt er: »Es muß so weit kommen, bis die Kinder der Wahrheit den Kindern der Lüge und des Unglaubens die kirchliche Gemeinschaft aufkündigen. Deswegen müssen letztere mit der Sprache noch mehr heraus; die wahre Kirche wird dadurch mehr gewinnen und kann eher zu Kraft kommen.«

Besondere Not bereitete ihm die Einführung eines neuen Kirchenbuchs im Jahr 1809. Harttmann bedauerte, daß das Buch in der gespreizten und schleppenden Sprache des Rationalismus verfaßt war. Viele wichtige Glaubenslehren, wie die von der Gottheit Christi, von seiner Gegenwart im heiligen Abendmahl und andere waren so undeutlich ausgedrückt, daß Harttmann darin eine Gefahr für das Bekenntnis und das Glaubensleben der Gemeinden erblicken mußte. Vor allem aber beklagte er, daß die alte Absageformel: »Widersagst du dem Teufel und all seinen Werken und all seinem Wesen?« die bei der Taufe und der Konfirmation bis dahin üblich war, durch die neue Fassung: »Entsagt ihr allem Unglauben und Aberglauben?« ersetzt war. Harttmann verwendete die alte Formel weiter. Er mußte sich deshalb vor dem Konsistorium verantworten. Welche Gedanken ihn dabei bewegten, geht aus einem Brief hervor, den er am 4. September 1809 an einen Freund geschrieben hat: »Ich bin vom Konsistorium aufgefordert worden, mich zu verantworten, warum ich bei der Konfirmation die Frage vom Entsagen nach alter Weise beibehalten.

Gott hat mir die Gnade gegeben, mich mit einer gewissen Freimütigkeit schriftlich zu verantworten, und ich erwarte nun das Resultat. Man wird heutzutage in solchen Fällen auch oft von Brüdern nicht recht beurteilt. Petrus gibt seine Stimme: Das widerfahre dir ja nicht! und man kommt in ein Gedränge, weil man noch in dem gefährlichen Zwischenzustand zwischen Krieg und Frieden steht und man dabei Maßregeln zu nehmen Gefahr läuft, die nicht immer mit der wahren Klugheit übereinkommen ... Man kümmert sich jetzt zu wenig um den Laien nach dem alten Grundsatz Johannes 7, 49. Es fällt mir öfters ein, was *Oetinger* im Kompendium schreibt: ›Der eigentliche Geist des Antichristentums liegt darin, daß er die Laien als bloße Weltlinge ansieht und statt des sensus communis eine weltförmige Philosophie einführt, von welcher einst geleugnet werden wird, daß Christus im Fleisch gekommen sei, und von der am Ende das Fleisch Christi selbst in ein idealistisches Wesen oder in einen phantastischen Leib wird aufgelöst werden‹.«

Das Konsistorium kam Harttmann entgegen und erlaubte ihm, daß er auch weiterhin die alte Absageformel gebrauchen durfte. Gegen Ende des Jahres erteilte der König die Genehmigung, daß alle Pfarrer, die vor der Einführung des neuen Kirchenbuches in kirchlichem Dienst standen, auch in Zukunft die alte Formel verwenden konnten. So hatte Harttmanns Widerstand wenigstens den älteren bekenntnisgebundenen Pfarrern eine kleine Erleichterung verschafft.

Im Jahr 1811 erschien eine königliche Verordnung über die Amtskleidung der Pfarrer. Bis auf die Form der Knöpfe und die Haartracht war alles genau vorgeschrieben. Sie mußte als eine Geringschätzung des geistlichen Standes erscheinen. Hinzu kamen noch Gerüchte, daß man die veränderte Kopfbedeckung der Pfarrer, das neue Barett, in der Umgebung des Königs ausgedacht habe, um dem Pfarrerstand einen Spott anzutun. Harttmann war der Überzeugung, daß er irgendwie gegen die Kleiderverordnung sich verwahren müsse. Er schrieb daher an den Minister *von Jasmund,* für ihn beim König dahin zu wirken, daß er von dieser Verordnung befreit werde oder seine Entlassung erhalte. Es heißt in dem Schreiben: »Meine weitern Gründe sind das immer tiefere Herabsinken des lutherischen Lehrsystems, wobei unsere Religion in eine kraftlose Moral umgewandelt wird mit Übergehung alles Positiven, die zunehmende Geringschätzung des Lehrstandes mit ihrem nachteiligen Einfluß auf die Vorträge desselben, der bei Bessern steigende Argwohn auf die Unzulänglichkeit der Lehrer, die schon in Schulen sich offenbarende Unbotmäßigkeit der Jugend, die Gleichgültigkeit gegen das Wort Gottes, der Spottgeist über alles Göttliche und die sich hervortuende Besorgnis einer Religionsreform.«

Nur durch dringende Schreiben des Ministers ließ er sich bewegen, auf eine Eingabe an den König zu verzichten und sich mit seiner Zurruhesetzung auf Grund seines Alters zufrieden zu geben. So wurde er im Jahr 1812 in den Ruhestand versetzt.

Harttmann zog zunächst nach Eßlingen. Man suchte ihn damals für den Plan einer freien Brüdergemeinde zu gewinnen. Er lehnte ab, da er jede Form des Separatismus als Untreue gegen die Kirche ansah. Ende des Jahres 1813 brachte ihm der Tod seines jüngsten Sohnes, der sich als Arzt in Lauffen niedergelassen hatte, viel Leid und Trübsal. An seinem Grabe betete er tiefgebeugt: »O Herr Jesu Christe, Fürst des Lebens! Mit banger Furcht müßten wir diese Totengefilde betreten, wenn wir nicht glauben dürften, daß du dem Tode die Macht genommen und Leben und Unvergänglichkeit durch dein noch fortwirkendes Evangelium ans Licht gebracht habest. Es hat dich noch nie gereut, daß du in die Welt gekommen bist, Sünder selig zu machen, und dieses selige Geschäft führst du noch auf dem Thron der Gnade fort. Sei gepriesen für alle um deiner Fürbitte willen über unserm Verstorbenen reichlich waltende göttliche Güte, Geduld und Langmut, die von deinem in sein Herz gelegten Samen immer noch etwas übrig behalten, und wovon du auch bei seiner heftigen Krankheit noch beruhigende und tröstende Spuren geschenkt hast. Er ist von uns deiner treuen Pflege auch in jener Welt demütig und gläubig übergeben, und du wirst im großen Hause deines Vaters ihm auch ein Räumlein anzuweisen wissen und ihn deine priesterlichen Anstalten genießen lassen.«

Im Mai 1815 zog er von Eßlingen nach Tübingen zu seiner Tochter, die mit dem Professor E. G. Bengel, einem Enkel des großen *Johann Albrecht Bengel* verheiratet war. Seine Gesundheit war seit dem Tod seines Sohnes erschüttert. Einige Schlaganfälle führten dann schnell sein Ende herbei. Auf seinem letzten Krankenlager besuchte ihn *Andreas Schönbein* von Metzingen, mit dem er viele Jahre verbunden gewesen war. Beim Abschied sagte Harttmann zu ihm: »Andreas, unsere Liebe geht bis in die Ewigkeit, sie ist im Feuer bewährt.« Am 31. August 1815 durfte er heimgehen. Die Bedeutung Harttmanns hat *Albert Knapp* in die schönen Worte gefaßt: »Ein Geist, der mit großen Gaben sehr demütig daherging.«

Noch lange wurde in schwäbischen Stundenkreisen sein Predigtbuch viel benützt, das im Jahr 1800 erschien. Der evangelischen Christenheit aber bleibt er unvergessen durch sein Gesangbuchlied:

Endlich bricht der heiße Tiegel,
und der Glaub' empfängt sein Siegel
als im Feu'r bewährtes Gold,
da der Herr durch tiefe Leiden
uns hier zu den hohen Freuden
jener Welt bereiten wollt'.

Unter Leiden prägt der Meister
in die Herzen, in die Geister
sein allgeltend Bildnis ein.
Wie er dieses Leibes Töpfer,
will er auch des künft'gen Schöpfer
auf dem Weg der Leiden sein.

Christian Adam Dann

der unerschrockene Zeuge (1758 – 1837)

In der Zeit der schweren Unterdrückung der evangelischen Kirche in Württemberg durch König *Friedrich I.* lebte und wirkte in Stuttgart *Christian Adam Dann,* der mit unerschrokkenem Mut in den Riß trat.

Dann entstammte einer Beamtenfamilie. Er wurde am 24. Dezember 1758 als Sohn des Hofgerichtsassessors und Bürgermeisters *Heinrich Dann* in Tübingen geboren. Nach dem Besuch der Klosterschule in Blaubeuren kam er im Jahr 1777 in das theologische Stift zu Tübingen. Hier übten der Kanzler *Sartorius* und der jüngere *Storr* einen großen Einfluß auf ihn aus. Er rühmt an Storr, daß er »mit Kraft und Rührung die Geschichte des Herrn und die Briefe der Apostel erklärte. Was andere über diese oder jene Stelle gesagt haben, das hörte man seltener von ihm; er wollte nur das recht gewiß und fühlbar machen, was Christus und seine Apostel getan und gelehrt haben.« Nach der Vollendung seiner Studien war er unter anderem fünf Jahre lang als Repetent in Tübingen tätig, wo er mit den Studierenden vielen förderlichen Verkehr pflegte und an ihren Erbauungsstunden teilnahm. Im Jahr 1793 wurde er zum Diakonus von Göppingen und zwei Jahre später ohne sein Zutun zum Pfarrer an der St. Leonhards- und später an der Hospitalkirche in Stuttgart ernannt. Dort trat er auch mit *Christiane Marie Luise Finner,* der innig frommen Tochter des Stadtamtmannes von Weilheim, in den Stand der Ehe.

Seine Antrittspredigt über Römer 12, 1 ließ erkennen, mit welchem Ziel er sein Amt zu führen gedachte. Er sagte, daß der Mittelpunkt seiner Predigten das Bekenntnis: »Mir ist Erbarmung widerfahren« sein solle. »Wie könnte dies aber sein, ohne Jesum Christum den Gekreuzigten zu predigen als den, der uns Gottes Barmherzigkeit zugewendet hat, weshalb es bei mir unabänderliche Entschließung bleibt, was der selige Gellert in den Worten ausdrückt:

Seh ich dein Kreuz den Klugen dieser Erden
ein Ärgernis und eine Torheit werden,
so sei es mir, trotz alles ihres Spottes,
die Weisheit Gottes.«

Ein Bekenntnis zu dem Kreuz Jesu Christi ist auch sein Lied: »Gekreuzigter, zu deinen Füßen«, das lange Zeit im württembergischen Gesangbuch stand:

Gekreuzigter, zu deinen Füßen
hebt aus dem Staube sich empor
mein Herz, wenn es von Gram zerrissen;
es sucht dein Herz, dein Aug' und Ohr:
dein Herz, die Ruhestatt der Armen,
die niemand sonst erquicken kann,
dein Herz, das zärtlich, voll Erbarmen
den Leidenden ist zugetan.

Wie sich aus deinen Todeswunden
dein Blut zu meinem Heil ergießt,
das sei's in meinen bängsten Stunden,
was mir den Leidenskelch versüßt.
Das gib als Balsam deinem Kranken,
den Frieden Gottes flöß ihm ein;
und wenn des Glaubens Grund will wanken,
so müss' ihm das zur Stütze sein.

Du sahest segnend auf die Deinen,
Herr, einst vom blut'gen Kreuz herab;
so sieh auch mich an und die Meinen
in jeder Stunde bis zum Grab!
Wie wird uns sein, befreit vom Staube,
der oft den Geist mit Angst beschwert,
wenn endlich Hoffnung, Lieb' und Glaube
die kühnsten Bitten sieht erhört!

Er übte in Stuttgart eine gesegnete Tätigkeit als Prediger und Seelsorger aus. Als tapferer und furchtloser Zeuge scheute er sich nicht, die Sünde beim Namen zu nennen. Er strafte sie unerbittlich, ob sie in hohen und vornehmen oder in schlichten und einfachen Kreisen vorkam. Eine besondere Gabe hatte er für die Arbeit an den jungen Mädchen, denen er Erbauungsstunden hielt und denen er später als »Mitschülerinnen« mit Wort und Schrift helfend und fördernd zur Seite stand. So zog er ein Geschlecht von Müttern heran, das die von ihm gepflanzte Furcht Gottes an Kinder und Kindeskinder weitergab.

Mit dem Pietismus und den Kreisen der Stundenleute ist er nie recht in Verbindung gekommen. Es mag vielleicht daran gelegen haben, daß er zu sehr das Amt betonte. Er war aber doch in einer Zeit, da das Christentum sehr verflacht war, für die Kirche und den Pietismus von großer Bedeutung, denn er war ein Mann, bei dem Lehre und Leben im Einklang standen. Ja, er hat sich nicht gescheut, für seine Überzeugung einzutreten und zu leiden.

Zwanzig Jahre hatte er in Stuttgart gewirkt, und es schien, als werde er seine Tage auch hier beschließen. Da trat ein Ereignis ein, das seinen Namen weithin bekannt machte und ihm selbst viel Anfeindung und Leiden brachte. Es starb der ehemalige Hofschauspieler und Komiker *Weberling*. Dann hatte ihn während seiner Krankheit besucht und ihn zur Erkenntnis seines eitlen Lebenswandels gebracht. Weberling hatte ein reumütiges Bekenntnis abgelegt und Dann gebeten, dieses Bekenntnis in der Leichenpredigt zu erwähnen. Dann kam dem Wunsch des Verstorbenen nach und sprach sich offen über die Eitelkeit aus, in der Weberling viele Jahre seines Lebens zugebracht hatte. Die Grabrede erregte großes Aufsehen und wurde von König Friedrich I. ungnädig aufgenommen. Dann wurde in das abgelegene, etwa drei Stunden von Tübingen entfernte Dorf Öschingen strafversetzt. An Enttäuschungen fehlte es in jenen Wochen nicht. Viele, von denen er hätte erwarten können, daß sie für ihn eingetreten wären, ließen ihn im Stich. »Es war eben«, sagte er später, »damals die Hasenzeit; an mitleidigen Achselzuckern hat es mir nicht gefehlt, wohl aber an mutigen Verteidigern.« In Öschingen starb im Jahr 1817 seine geliebte Frau, mit der er sich im Glauben besonders verbunden fühlte. Im Jahr 1819 wurde er nach Mössingen versetzt, wo er als sechzigjähriger Mann noch einmal einen Neuanfang in der Gemeindearbeit wagte. Fünf Jahre hatte er in Mössingen gearbeitet, da erreichte ihn die Anfrage, ob er Pfarrer in Plochingen werden wolle. Er war dazu bereit, wollte aber von sich aus nichts unternehmen. Inzwischen hatten Stuttgarter Freunde Schritte eingeleitet, um ihn nach Stuttgart zurückzuholen. Sie reichten bei Wilhelm I. eine Bittschrift für Dann ein, und der nun milder und gerechter denkende König machte das dem unerschrockenen Wahrheitszeugen zugefügte Unrecht wieder gut, indem er ihn zum Archidiakonus an der Stiftskirche ernannte, obwohl seine Versetzung nach Plochingen bereits ausgesprochen war. Schon nach einem Jahr rückte er auf die durch Tod erledigte Stelle des Amtsdekans *Hofacker* an St. Leonhard vor.

Dreizehn Jahre hat er noch in Stuttgart wirken und seine Hörer zum lebendigen Wort führen dürfen. Seine Kirche füllte sich immer mehr, denn seiner Verkündigung fehlte es nicht an Kraft, Geist und Süßigkeit gleich der im Herbst reifenden Traube. Seine Zeugnisse brachten ihm auch im Alter noch viel Feindschaft ein. Es mochte wohl geschehen, daß man ihm nach einer Predigt die Haustür mit Kot bewarf oder eine Katze an die Hausglocke band.

So streng Dann andern gegenüber sein konnte, so streng war er auch gegen sich selber. Sein Hang zur Gesetzlichkeit bereitete dem treuen Mann viel Not und Kampf. Er kreuzigte mit eiserner Strenge sein Fleisch. Selbst als Greis beschränkte er sich auf die einfachste Kost, meist auf Wasser und Milch. Er war sich aber dabei wohl bewußt, daß der Gnadenstand eine Frucht des Glaubens und nicht der Werke ist. So schreibt er einmal im Jahr 1812: »Die Reife zur Ewigkeit liegt wohl darin, daß an uns alles auf ihn, als den Einzigen gerichtet werde, daß wir uns ganz aus den Augen verlieren und nur ihn anschauen und so nur in ihm erfunden werden. Meine Christentumsübung konzentriert sich immer mehr in dem Seufzer: Jesu, lieber Meister, erbarme dich mein!«

Im Jahr 1836 brach die Kraft des unermüdlichen Mannes zusammen und ein schweres Leiden fesselte ihn ans Krankenlager. Eines Tages schien sich sein Zustand zu bessern. Er hoffte, daß er die Kanzel wieder betreten könne und sagte, er wolle der Gemeinde manches von seinen Erfahrungen auf dem Krankenlager mitteilen. »Ja«, fuhr er fort, »wenn wir einmal in die Ewigkeit kommen, dann wird's jeglichem klar werden, welch ein großer Sünder er war und wie er allein durch des Lammes Blut selig geworden ist. Da gehören Ewigkeiten dazu, die Wege, die er mit jedem einzelnen ging, zu bewundern. Suchet mich nur nicht zu weit droben!« Und ein anderes Mal bekannte er: »Dem äußeren Menschen nach geht mir's nicht gut. Wenn nur der innere gewinnt! O es ist ein großer Schmerz, daß man von der Sündenplage nie völlig los wird, dem Heiland ähnlich sein möchte und es niemals ist, daß ein Feind im Herzen wohnt, der öfter siegt als fällt. O wenn wir nur alle schon drüben wären, und wenn nur ich nicht fehle!« – »Ich muß eben jetzt um Schächergnade bitten: Vergib mir mein ganzes Leben! heißt es in meinem Gebet, nicht, als ob ich verzagen wollte, nein: denn all' Sünd' hat er getragen, sonst müßte ich verzagen!«

Über seine Kämpfe auf dem Krankenlager sagt *Wilhelm Hofacker:* »Wer hätte glauben sollen, daß dem betagten und gealterten Greis noch solche Kämpfe aufgespart sein möchten, wie er sie noch in dem letzten Vierteljahr seines Lebens durchzuringen hatte? Wer hätte ahnen können, daß seine hinfällige Hütte noch solchen Stürmen gewachsen wäre, wie sie noch über ihn gingen, bis der Sabbat der Erlösung von allem Übel ihm anbrach? Aber der Anfänger und Vollender des Glaubens wollte ihn vollenden durch eine Leidenstaufe, unter welcher seiner Seele bange wurde. Schwere Nächte und schmerzensvolle Tage wurden ihm in reichem Maße zugemessen;

oftmals ward er in den Tod gegeben, und er, der so viele Trostworte an den Kranken- und Sterbebetten gespendet, er wurde nun selber des Trostes und der Aufrichtung höchst bedürftig. So wurden, je näher er den Höhen der Heimat rückte, immer steiler die Berge, so wurde, je näher die Palme des Sieges winkte, desto heißer der Streit.«

Dann ging zuletzt noch sehr ernst mit sich ins Gericht: »Es wäre vielleicht ratsamer für mich gewesen, ein einfacher Handwerksmann zu werden als ein Prediger des Evangeliums, dann hätte ich keine so schwere Verantwortung auf meiner Seele und könnte ruhiger von hinnen scheiden als jetzt, da so viele Tausende unsterblicher Seelen auf meinem Gewissen liegen. Wie werde ich für alle Rechenschaft ablegen können? Wie anders als mit dem Wort: Schau her, hier steh ich Armer, der Zorn verdienet hat! Gib mir, o mein Erbarmer, den Anblick deiner Gnad!« Am letzten Tag seines Lebens konnte er wegen eines Halsleidens nicht mehr reden, aber seine ernstblickenden Augen und seine aufgehobenen Hände zeigten, was in seiner Seele vorging. Am Palmsonntag, den 19. März 1837 ging er heim. Statt des Leichentextes verlas Wilhelm Hofacker bei der Trauerfeier den letzten Willen des Verstorbenen, in dem es hieß: »Bei meiner Bestattung soll meiner nicht lobend gedacht werden; denn ich fühle am besten, wie außer Christus nichts Lobenswürdiges an mir ist. Aber desto kräftiger, desto gläubiger, desto dankbarer werde dessen gedacht, was 1. Timotheus 1 steht: ›Mir ist Barmherzigkeit widerfahren‹, und was Paulus Philipper 1 schreibt: ›Christus ist mein Leben und Sterben mein Gewinn‹, und was derselbe Apostel 2. Timotheus 1 dem Herrn nachrühmt: ›Christus hat dem Tode die Macht genommen und das Leben und ein unvergängliches Wesen ans Licht gebracht‹, und endlich, was Christus selbst Johannes 11 bezeugt: ›Ich bin die Auferstehung und das Leben; wer an mich glaubt, der wird leben, ob er gleich stürbe, und wer da lebt und glaubt an mich, der wird nimmermehr sterben‹. Davon, nur davon soll geredet werden.« Hofacker ist diesem Wunsch nachgekommen. Er zeigte der Trauergemeinde, wie die beiden ersten Bibelstellen Danns treue Begleiter in seinem Leben und Wirken und die beiden letzten seine mächtigen Trostpfeiler im Leiden und Sterben waren.

In seiner Ansprache erzählte Hofacker noch eine Erinnerung an Dann, mit der wir sein Lebensbild schließen wollen: »Christus war seine Hoffnung. Seinen Namenszug las und entzifferte er auch in den Tafeln der sichtbaren Schöpfung. Auch hier sah und fand er Christus, den Herrn. Eine kleine Erzählung, die des Vollendeten Hoffen und Ahnen, Sinnen und Sehnen in dieser Beziehung am besten entschleiert, kann ich euch nicht verschweigen. ›Neulich‹, so sprach er zu mir vor etlichen Monaten, ›erwachte ich früh; munter im Geist verließ ich mein Lager und trat unters Fenster. Der Morgen war im Anbruch, die Sterne am Erlöschen, das erste Frührot lichtete im Osten; da stand vor mir in seiner stillen Majestät und Pracht der Morgenstern. Ein unnennbares Gefühl ergriff meine Seele. Es war mir, als ob das Wort des Herrn mir zugeflüstert würde: Ich bin der helle Morgenstern! Ein heiliger Schauer durchrieselte meine Glieder. Mein Herz war voll Dank und voll Anbetung, und ich sprach: Wahrlich, hier ist Gottes Haus, hier ist die Pforte des Himmels!‹ Leset hier, meine Freunde, in kurzen Zügen die Bilderschrift seines inneren Lebens.«

Jeremias Flatt

der schlichte Hauslehrer und Stundenmann (1744 – 1822)

Als im Jahr 1817 nach langer Notzeit der erste Erntewagen reich bekränzt in Stuttgart einzog, ging vom damaligen Königstor an neben ihm her mit betend gefalteten Händen der alte Lehrer *Jeremias Flatt.* In dieser Haltung lag nichts Gemachtes, und jeder Stuttgarter, der Flatt kannte, wußte, daß er ein Mann war, der es mit seinem Christentum sehr ernst nahm.

Sein Leben weist, äußerlich gesehen, keine besonderen Ereignisse auf. Er wurde am 17. Juli 1744 in Balingen als Sohn eines Glasermeisters geboren. Von frühster Jugend an lernte er die Not ums tägliche Brot kennen, da der Verdienst des Vaters oft nicht ausreichte, die Familie zu ernähren. Sommers und winters mußte er im Wald Holz lesen und im Herbst auf den abgeernteten Äckern mit bloßen Füßen die übriggebliebenen Ähren sammeln, daß ihm bei solchem Suchen oft das Blut aus den Zehen quoll. Als der Vater die Stelle eines Glasers und Mesners auf der Feste Hohentwiel erhielt, ging es der Familie endlich etwas besser.

Hier nahm sich der Garnisonsprediger *Dettinger,* ein Flattichschüler, des aufgeweckten Knaben an und half ihm, daß er eine Ausbildung als Schullehrer durchmachen konnte. Als Dettinger im Jahr 1767 zum Waisenhauspfarrer in Stuttgart berufen worden war, ließ er seinen Schüler nachkommen und verschaffte ihm am Waisenhaus eine Lehrerstelle. Fünfzehn Jahre hielt Flatt in dem bescheidenen, nicht immer leichten Amt aus. Im Jahr 1781 heiratete er die Witwe des Waisenhauslehrers *Großmann.* Er gab nun seine Stelle auf und widmete sich ganz dem Privatunterricht. Vom frühen Morgen bis zum späten Abend wanderte er von einem Haus zum andern und von einer Unterrichtsstunde zur andern. Oft mußte er wegen der großen Zahl seiner Schüler zehn bis fünfzehn Kinder in einer Stunde zusammenfassen. Seine Religionsstunden waren so geschätzt, daß er im Lauf der Jahre in vielen Familien Eltern, Kinder und Enkel unterwiesen hatte.

Die Kinder hingen an ihrem Lehrer mit großer Liebe und blieben auch später mit ihm in Verbindung. Einer seiner ehemaligen Schüler erzürnte sich in der ersten Zeit seines Ehestandes einmal dermaßen über seine Frau, daß er ihr ein paar Ohrfeigen gab. Die Frau begehrte auf und drohte ihm: »Warte nur, das sag' ich dem Herrn Flatt!« Der Mann, der im stillen wünschte, den häßlichen Zwischenfall ungeschehen machen zu können, erwiderte seiner Frau: »Du brauchst es ihm gar nicht zu sagen, ich sag' es ihm selber.« Er zog sich an und ging zu Flatt, erzählte ihm alles und dachte nicht anders, er werde ihm, wenn er ihm auch seine Grobheit verweise, in der Sache doch recht geben. Flatt hörte sich schweigend alles mit an und fragte ihn dann in mildem Ton: »Und das haben Sie tun können?« Dies Wort traf den Mann tiefer als die schärfste Strafpredigt. Er dankte und eilte heim, um sich mit seiner Frau auszusöhnen.

Flatt war ein Mann der Treue. Sein Gebet verrichtete er morgens und abends, auch zur Winterszeit, in einer ungeheizten Kammer. Er redete dabei oft so laut, daß man ihn in der Nachbarschaft hörte. Gewöhnlich fing er sein Gebet leise an; dann aber stieg sein Ringen und Flehen immer mächtiger an, daß er gar nicht mehr merkte, wie laut er dabei wurde. Er besuchte sonntags nicht nur regelmäßig den öffentlichen Gottesdienst, sondern auch eine Privaterbauungsstunde. Mit den Gläubigen in der Nähe und in der Ferne pflegte er brüderliche Gemeinschaft. Besonders eng verbunden war er mit Pfarrer *C. A. Dann* und mit dem Garnisonsprediger *Christian Friedrich Moser,* mit dem er zu den Gründern der Württembergischen Bibelanstalt gehörte.

In seiner Demut und Schlichtheit war er eine Zierde der Stuttgarter Gemeinschaft. Man konnte selbst von Feinden des Christentums über ihn das Zeugnis hören, es gebe in Stuttgart nur einen einzigen Christen, und das sei Flatt. Die Kinder auf der Straße liefen auf ihn zu und küßten ihm oftmals aus freien Stücken voll Liebe und Ehrerbietung die Hand. Ein hoher katholischer Beamter stand einst im Laden eines Hutmachers, und als er Flatt in seiner ernsten, würdigen Haltung vorüberschreiten sah, fragte er den Ladeninhaber: »Was ist das für ein Geistlicher?« Der erwiderte ihm: »Das ist kein Geistlicher, sondern ein einfacher Hauslehrer.« Der Beamte sagte darauf: »Das muß ein frommer Mann sein; dem sieht man's auf den ersten Blick an, daß er geistlich ist.«

Albert Knapp gibt folgende Schilderung von Flatt: »Nach seinem Anzug gehörte er einer längst vergangenen Zeit an. In braunem, altväterischem Rock mit großen Überschlägen und noch größeren Knöpfen, kurzen, schwarzen Beinkleidern, mit dreispitzigem Hut, Schnallenschuhen und einem großen Stock, darauf ein Silberknopf saß, ging er, eine lange, hagere Friedensgestalt, die aus früheren Jahrhunderten zu stammen schien, durch Stuttgarts Gassen, ein Friedensbote niedrigen Ranges, aber fürstlichen Geistes.«

Im Jahr 1806 verlor er seine treue Ehegefährtin. Einsam wandelte er nun seine Pilgerstraße noch sechzehn Jahre. Ein Jahr, bevor Flatt heimging, lernte Albert Knapp ihn persönlich kennen. Er erzählt über diese Begegnung: »Der selige Ludwig Hofacker führte mich bei ihm ein mit dem Bemerken, daß er mir einen dem Bilde Christi ganz besonders ähnlich gewordenen Greis zeigen wolle, was ich, kaum ein halbes Jahr von der Universität gekommen, doch schon an das Evangelium gläubig geworden, mit großer Blödigkeit vernahm, weil mein Gewissen mir deutlich genug sagte, wie unähnlich ich dem Bilde des Heilandes sei. Ich trug damals noch einen gewaltigen Bart um die ganze untere Hälfte des Gesichts ... Als ich nun mit Hofacker in Flatts altertümliches Zimmer trat, worin er mir, der Siebenundsiebzigjährige ... mit seiner hochwüchsigen, patriarchalischen Gestalt entgegenkam, empfand ich im Augenblick die höhere Ordnung, worin seine geheiligte Seele stand. Er begrüßte mich, als Hofacker den Eingang gemacht, wie ein Vater, und ich wünschte nur – es war im Sommer 1821 – als Jüngling zu sein, was dieser Mann als Greis geworden war. Bald hernach fragte er mich herzlich: »Nun, was predigen Sie denn?« wobei er sein lichtblaues Auge mit einer milden, halbironischen Heiterkeit auf meinen Bartwald richtete, der einem angehenden Vikar von Feuerbach so übel anstand. Sein väterlicher Liebesblick züchtigte mich im Innersten, so daß ich kleinlaut erwiderte: »Das Evangelium!« – »So!« antwortete Flatt, »das freut mich von Herzen! Ich darf aber wohl einmal auch zu Ihnen nach Feuerbach hinauskommen und als Ihr Zuhörer mir ein Urteil bilden über Ihre Predigtart? Denn nicht wahr«, und damit klopfte er mich auf die Achsel, »wir dürfen ja wissen, was ihr lieben Herren predigt? Der Geistliche richtet alles und wird von niemand gerichtet, wie der Apostel Paulus gesagt hat!« Da wurde mir angst und bange, wenn dieser Gottesmann mich mit meinem Studentenbart auf der Kanzel sehen würde, und so tief ich durch seine weiteren Gespräche erbaut war, so konnte ich doch kaum den Augenblick erwarten, bis ich mir den andern Morgen früh den Tübinger Burschenwald herunterrasierte. Am Tag hernach ging ich wieder zum seligen Hofacker, da sagte sein alter Vater, der kraftvolle Amtsdekan: »Ei, sehet auch! Gestern sah der Feuerbacher Vikar noch einem Bären gleich, und heute schaut er ganz hell und heiter darein!« Ich antwortete: »Lieber Herr Dekan, das kommt vom alten Flatt her! Der hat mich gestern mit seinen Augen rasiert.« Später besuchte ich mit Hofacker eine seiner Abendversammlungen, worin er das Abendgebet hielt, aber wie! Mit lauter, gewaltiger Stimme sprach er, sein Haupt neigend, mit dem Herrn, dem Priester zur Rechten der Majestät, als ob er ihn sähe, ganz unbekümmert, ob man seine Worte fernhin vernehme oder nicht. »Ich glaube, darum rede ich!« Dieses Wort ist mir aus jenem Gebet noch erinnerlich sowie der heilige Eindruck, daß ein Mann Gottes mit Gott geredet habe.«

Der Friede Gottes, der ihn sein Leben lang begleitet hatte, verließ ihn auch in seinem Sterben nicht. »Ich will mich«, sagte er, »meiner Schwachheit rühmen, auf daß die Kraft Christi bei mir wohne.« Als ein Freund von ihm mit den

Worten Abschied nahm: »Der Friede Gottes umschließe Sie!« da erwiderte er ihm: »Dieser Friede ist da!« In den letzten Tagen konnte er nur noch mühsam reden, aber das stille Gebet setzte er fort bis zum letzten Atemzug. Er verschied am 16. Januar 1822. An seinem Todestag war er bei seinem täglichen Bibellesen gerade an das letzte Kapitel der Offenbarung des Johannes gekommen.

Bei seinem Leichenbegängnis schritten über zweitausend Männer aus allen Ständen hinter seinem Sarg her; denn es war der allgemeine Eindruck, daß ein Held in Israel, ein Haupt von ganz Stuttgart gefallen sei. Ein halbes Jahr später träumte dem Garnisonsprediger Moser, daß sein Flatt ihm erscheine und ihn zum Empfang im himmlischen Jerusalem küsse. Wenige Tage darauf folgte Moser dem vorangegangenen Freund im Tode nach. Er starb am 23. Juli 1822.

Albert Knapp hat in dem Jahrbuch »Christoterpe« von 1852 das Leben von Jeremias Flatt dargestellt. Er schließt die Lebensgeschichte mit den Worten: »Solche Männer haben in Württemberg die Sache des Herrn seit der Reformation fortgeführt und das Werk Luthers von unten nach oben gerechtfertigt und damit auch dem Evangelium unvergängliche Fundamente bei dem Volk unterlegt. Das ist der rechte Weg; denn aus der wahren Niedrigkeit allein geht's zur Höhe, und aus solchem unscheinbaren Wirken erwächst die echte Kraft, und wer so beginnt, der wird niemals Gefahr laufen, von den kräftigen Irrtümern dieser Welt verschlungen zu werden.«

Johann Michael Hahn

und die M. Hahn'schen Gemeinschaften

Als *Karl Heinrich Rieger* den schlichten Bauern und Stundenhalter Michael Hahn zum erstenmal persönlich kennen lernte, sagte er von ihm: »Hahn ist eines jener Originale, wie sie nur Jahrhunderte hervorzubringen pflegen.« Auch der große Theologe und Mechaniker *Ph. M. Hahn* scheint die Bedeutung Michael Hahns erkannt zu haben. Er war ihm freundlich gesonnen und hat ihm zu seiner Schweizerreise eine Empfehlung an *Lavater* in Zürich mitgegeben. Fünfzehn umfangreiche Bände, die Hahns Schriften umfassen, machen deutlich, welch eine Fülle der Gedanken in dem »ungelehrten Mann und Laien« lebendig war. Um seine Person bildete sich eine eigenartige Richtung des schwäbischen Pietismus, die sich bis heute in der sogenannten Hahn'schen Gemeinschaft erhalten hat.

Michael Hahn wurde am 2. Februar 1758 in Altdorf bei Böblingen als Sohn eines Landwirts geboren. Von frühster Jugend an fühlte er einen Zug zu Gott. In der ältesten Biographie über ihn, die den Titel trägt »Etwas aus dem Leben des seligen Johann Michael Hahn, von einer Gesellschaft wahrheitsliebender Freunde verfaßt«, heißt es: »Als Schulknabe stellte er über die biblischen Geschichten, die er in der Schule hörte und las, allerlei Betrachtungen an. Weil von der Geographie nichts in der Schule gelehrt wurde, dachte er sich alle biblischen Orte in der Nähe seines Orts liegend. Zum Beispiel ist eine halbe Stunde von Altdorf entfernt eine Stelle im Schönbuch, die man den Eselstritt nennt. Dort ist auf einem Stein der Abdruck eines Eselshufs zu sehen, was ihm Anlaß gab zu glauben, dies sei der Ort, von wo aus der Heiland nach Jerusalem geritten ist. Weil ganz in der Nähe mehrere Steinhaufen zu sehen sind, deutete er dies auf die zerstörte Stadt Jerusalem.«

Es war schade, daß der Vater für die »feine Seele« seines Ältesten kein Verständnis hatte. Er konnte sich mit der einseitigen und ungewöhnlichen Art seines Sohnes nicht befreunden. Daher ließ er es nicht an Ermahnungen und auch nicht an Züchtigungen fehlen. Nach dem Abschluß seines Schulbesuchs mußte der Junge auf den Wunsch seines Vaters das Metzgerhandwerk lernen. Michael fühlte sich von seinem Beruf nicht angezogen; er beendigte aber seine Lehrzeit und widmete sich dann auf dem elterlichen Hof wieder der Landwirtschaft.

Als junger Mensch konnte er sich der Gemeinschaft der Dorfjugend nicht entziehen; ja, der Vater nötigte ihn, die Gesellschaft der jungen Leute aufzusuchen. Es wird von ihm in der alten Lebensbeschreibung berichtet: »Wenn er sich von dem in seinem Ort herrschenden Spottgeist hinreißen ließ, so brachten ihn die Gewissensbisse fast ums Leben, daß er ernstliche Vorsätze zum Bekehren faßte und Gott und der inneren Zucht treu zu sein gelobte. Kam er dann nachher wieder zu der Gesellschaft junger Leute, so war er meistens seinem Vorsatz getreu und las, während die andern spielten, in der Bibel, ob er gleich manchen Spott darüber erdulden mußte.« In seinem Lied »Ich lag sehr im Wust ...« sagt er über seinen Seelenzustand in jener Zeit:

Satan pfeifte mir,
und ich tanzte hier.
Pfeifen lernt' ich auch,
damit andre tanzen;
ja, ich war im ganzen
Satan zum Gebrauch.

Grob fiel ich zwar nicht;
ich schien als ein Licht
unter andern noch.
Ich ward fromm gepriesen,
weil ich nicht erwiesen
fromm zu scheinen doch.[1]

[1] d. h. daß ich nur fromm schien

Dies war nicht mein Glück,
wie ich jetzt erblick';
denn so trieb ich's lang.
Wär' ich grob gefallen,
frei vor Menschen allen
wär' mir's worden bang.

In seinem siebzehnten Lebensjahr wurde er in einem Gottesdienst von dem Lied »Der am Kreuz ist meine Liebe« mächtig ergriffen. Er beschloß, nun zu keiner Zusammenkunft seiner Altersgenossen mehr zu gehen und lieber zu sterben, als den gekreuzigten Herrn nochmals zu betrüben. Es handelte sich bei jenem Erlebnis weniger um eine Bekehrung als vielmehr um den Beginn der Auseinandersetzung mit einer Fülle von religiösen Fragen. Wir lesen darüber in der alten Lebensbeschreibung: »Seine Seele wurde, weil ihm die Weisheit von Jugend auf nachging und er über alles nachdachte, voller Fragen über Gott und sein Wort. Er wollte wissen, wie, wo und was Gott sei, weil er es nicht fassen konnte, daß *eine* Person alles sehen und hören soll. Er dachte sich zwar seinen Gott als den herrlichsten Mann, der groß, mächtig und behende sein könne; wie er aber zugleich auch allgegenwärtig sein solle, das konnte er nicht begreifen, und doch belehrten ihn die christlichen Lehrbücher so. Je mehr er darüber nachdachte, desto mehr entstanden Fragen in ihm, daß er immer tiefer ins Gedränge kam. Als er neben dem Wort Gottes auch die vielerlei Dinge in der Welt betrachtete und verstehen wollte, warum dies und jenes so beschaffen sei, und doch niemand da war, der seine Fragen zur Genüge beantworten konnte, geriet er in die schrecklichsten Zweifel und den schwärzesten Unglauben, daß er glaubte, es sei nur ein Traum, daß er etwas gesehen habe, er selbst mit allem werde daher wie ein Traumbild vergehen, bis er darauf kam, er könne ja nicht träumen, wenn er gar nicht wäre ... Dann waren alle Drohungen in der heiligen Schrift seine Folter. Er glaubte, alle Strafen, die dem Pharao, dem Saul und allen Verfluchten in der Hölle gedroht sind, gingen ihn allein an, und seine Seele lag im tiefsten Jammer, daß er auch die Tiere und leblosen Geschöpfe für glückseliger achtete als sich. Ob sie gleich auch unter dem Druck der Eitelkeit seufzen müssen, dachte er, so ängstet sie doch der Tod nicht, weil sie sich vor keinem Richter zu fürchten haben. Die Vögel fliegen frei unter dem Himmel und loben Gott; die Blume ehrt und verherrlicht den Schöpfer mit ihrer Farbe und ihrem Geruch, und ich liege in großer Angst meines Herzens wie im schrecklichsten Kerker gefangen. Nun flehte er zu Gott um Gnade zur Sinnesänderung und häufte Versprechungen und Vorsätze, daß er sich gerne die Wege der gänzlichen Verleugnung und Hintansetzung aller irdischen Dinge gefallen lassen und treuer werden wolle, wenn ihm nur auch sein Gott als einem, der die Gnade auf Mutwillen gezogen, wieder Wollen und Vollbringen schenke. Durch diese anhaltende Buße und Zerknirschung wurde sein Geist so zerschlagen, daß er in Wahrheit zu denen gehörte, welchen der Heiland zuruft: ›Kommet her zu mir alle, die ihr mühselig und beladen seid; ich will euch erquicken!‹ Nachdem sein Bußkampf vom Jahr 1774 – 1777, von seinem siebzehnten bis zwanzigsten Lebensjahr, gedauert hatte, wurde auch ihm Erquickung geschenkt.«

Aus diesem ausführlichen Bericht läßt sich erkennen, durch welche Tiefen der Glaubenskämpfe er gehen mußte, bis ihm das Licht der Gnade in einem Erlebnis von umwälzender Art aufging. Wir werden dabei an die Glaubenskämpfe Martin Luthers im Kloster erinnert. Dieser Zustand dauerte bei Hahn etwa drei Jahre. Im Jahr 1777 hatte er während der Arbeit auf dem Felde ein merkwürdiges Erlebnis. Es überkam ihn ein intuitives Zusammenschauen aller Dinge in Gott, die Offenbarung einer höheren Welt, »mehr von innen heraus als von außen hinein«. In der alten Lebensbeschreibung wird das Ereignis mit folgenden Worten geschildert: »Endlich aber, als das zerstoßene Rohr vollends zu zerbrechen und der glimmende Docht zu erlöschen schien, wandte sich das Rad der

Seele auf einmal um, der Blitz des Lichtlebens, die neuschöpferische Wiedergeburtskraft der sieben Geister Gottes erleuchtete auf einmal seine Seele, das Licht ging ihm auf, daß sich die Barmherzigkeit wider das Gericht rühmen und der Geist der Herrlichkeit auf ihm ruhen konnte.« Hahn selbst gibt eine etwas ausführlichere Darstellung jenes Erlebnisses: »Endlich ward meine Seele erleuchtet. Die erste Erleuchtung hielt gegen drei Stunden an. Die nächste dauerte fast sieben Wochen ununterbrochen. Mit einem Mal sah ich allen Dingen wie bis ins Herz, und mir war, als wäre auf einmal die Erde zum Himmel geworden. Es war nun ganz klar, ich hatte Gott gefunden, und er beantwortete meine Fragen. Mir war, als ob ich den unfaßbaren Gott schauen dürfe, mein Herz glich der ausgedehnten Ewigkeit, darin sich Gott offenbart. Die Schriftstellen, über denen ich vor meiner Erweckung am meisten nachgesonnen hatte, empfingen jetzt das hellste Licht. Wahrlich, Gottes vorlaufende Gnade arbeitete schon in meiner Jugendzeit an mir. Es hat lange gedauert, bis sie mich endlich überredet und zu ihrem Lob etwas aus mir gemacht hat.« Hahn hat also zwei Erleuchtungen gehabt, von denen die erste drei Stunden und die zweite sieben Wochen andauerte. Sie fanden 1777 und 1780 statt. Über beide Erleuchtungen hat Hahn zusammenfassend gesagt: »Nie habe ich den Herrn oder einen seiner Gottesgesandten persönlich gesehen oder gesprochen, auch hatte ich nie ein solch Gesicht oder eine Traumvision oder Offenbarung; sondern was ich erkenne und weiß, ist mir mitgeteilt worden nicht schlafend, sondern wach, nicht entzückt, sondern im Leibe gegenwärtig, wissend, wo ich gewesen, also bloß zentralisch und von innen heraus erleuchtet, daß gleichsam aus der schwarzdicken, mitternächtigen Wolke meiner verlorenen Menschennatur von innen zuerst ein elektrisches Feuerlicht zu sehen war und in demselben eine Geburtsquelle, ein vierfaches Rad, wovon das eine nicht anders erschien, als wenn es aus vier Lebewesen bestünde. In diesem wunderbaren Rad erblickte ich das Original der Menschheit und also noch tiefer die Aktion und die Reaktion.

Hier erkannte ich also den Ursprung und Anfang aller Kreatur, und aus dem Zentrum, darein mein Geist versetzt war, sah ich die auseinander sich windenden und sich entwickelnden Schöpfungsstufen und Abstufungen aller Welten und Geschöpfsgattungen.«

Was er damals sah und erlebte, schrieb er nächtelang nieder. Leider hat er später diese Aufzeichnungen verbrannt. Das ist sehr schade; denn wir können nun nicht mehr genau scheiden, was in seiner Lehre aus der erlebten Zentralschau und was aus anderen Quellen, etwa aus den Schriften von Jakob Böhme stammt.

Zwischen die erste und zweite Erleuchtung fällt die schwere Auseinandersetzung mit seinem Vater, der den Weg seines Sohnes durchaus nicht verstehen konnte. Nach einer schweren Mißhandlung durch seinen Vater flüchtete der junge Hahn in das Haus seines Großvaters und kehrte nicht wieder in das Haus der Eltern zurück, sondern verdingte sich als Knecht bei einem Bauern in Döffingen. Hier blieb er ein Jahr und ging dann auf den Ihinger Hof zu einem Herrn von Leiningen, der der separatistischen Bewegung angehörte. Bei ihm fand Hahn viel Verständnis. *Herr von Leiningen* war es auch, der eine Versöhnung zwischen dem Vater und dem Sohn zustande brachte. Er konnte den Vater dazu bewegen, den Sohn wieder aufzunehmen, ihm ein Zimmer im Haus einzuräumen und ihm volle Freiheit für seinen künftigen Weg zu gewähren. Als Hahn wieder nach Hause kam, lag seine Stiefmutter schwer erkrankt darnieder. Jetzt erwachte ihr Gewissen darüber, daß sie oft den Vater gegen den Sohn aufgehetzt hatte. Sie bat den jungen Hahn tiefgebeugt um Verzeihung. Auch der Vater bat den Sohn mit Tränen in den Augen um Vergebung. Tief bewegt erwiderte dieser: »O Vater, es soll dir alles verziehen sein. Es hat mir nicht geschadet, sondern mich nur zu Gott getrieben.« Es kam nun eine ruhige Zeit für ihn. Die Stiefmutter starb, und der Vater heiratete nach kurzer Zeit ein drittes Mal. Die dritte Frau des Vaters hatte aber nur unter der Bedingung in die Heirat eingewilligt, wenn »er dem Michele seine Freiheit lassen wolle, ungehindert nach (seiner) Überzeugung Gott zu dienen.«

Nach dem Erlebnis seiner zweiten Erleuchtung ließ er sich bewegen, in die Privatversammlungen zu gehen und dort zu reden. Neben dem Besuch der Stunden entfaltete er eine rege schriftstellerische Tätigkeit. Er schrieb Betrachtungen über Hesekiel 1, Offenbarung Johannis 4, über den Römerbrief und über das Hohelied. Außerdem verfaßte er einen Aufsatz über die Gnadenwahl auf Grund von Römer 9. Mit seiner Beschaulichkeit und Ruhe war es nun aber vorbei. Je mehr er in weiteren Kreisen des Landes bekannt wurde, desto mehr regte sich auch der Widerspruch. Der Pfarrer im benachbarten Hildrizhausen schrieb über ihn einen Artikel im Schwäbischen Merkur, in dem er vor ihm als einem Schwärmer und Phantasten warnte. Durch diese Schmähschrift wurde man erst recht auf Hahn aufmerksam. Die Zahl der Besucher, die nach Altdorf kamen, um ihn kennen zu lernen, nahm ständig zu. Hahn mußte sich damals schon des öfteren vor dem Kirchenkonvent und dem Gemeinschaftlichen Oberamt stellen und sich verhören lassen.

Um jene Zeit wurde er mit Pfarrer *Phil. Matth. Hahn* in Echterdingen bekannt, der sich seiner freundlich annahm. Er war es auch, der ihn zu einer Reise in die Schweiz angeregt und ihm ein Empfehlungsschreiben an *Joh. Caspar Lavater* und seinen Freundeskreis in Winterthur mitgegeben hat. Hahn machte sich dann mit einem Bruder *Zipperer* aus Altdorf auf den Weg. In Zürich besuchte er *Lavater* und *Pfenninger,* in Winterthur die Hahn'schen Freunde und in Basel die Brüder der sogenannten Christentumsgesellschaft. Die Reise führte noch weiter nach Mühlhausen im Elsaß und nach Straßburg. Über den Kniebis, Freudenstadt, Nagold und Mötzingen ging es zuletzt wieder der Heimat zu. Hahn stand damals im 25. Lebensjahr. Aus einem Lied, das er aus Anlaß seines 25. Geburtstags verfaßt hat, seien hier zwei Strophen mitgeteilt, weil sie Gelegenheit geben, einen Blick in seine damalige Stimmung zu tun:

Nun kann ich heut fröhlich preisen
meinen Gott und meinen Herrn;
gern will ich ihm Dank erweisen,
ja von ganzem Herzen gern.
Könnte mich mein Dasein freuen,
wenn nicht Jesus in mir wär',
der mich kann im Grund erneuen?
Nein, es könnte nimmermehr.

Nun, Herr, dir sei anbefohlen,
was ich aus und von dir hab';
du wollst mich bald zu dir holen
und mich bald aus meinem Grab
durch die Herrlichkeit erwecken,
die du hast geschenket mir
nach so vielen Todesschrecken,
die ich hab' empfunden hier!

Nach seiner Rückkehr in die Heimat setzten auch die Verhöre von seiten der weltlichen und kirchlichen Behörden wieder ein. So verhörte ihn auch einmal längere Zeit *Magnus Friedrich Roos,* der damals Dekan in Lustnau war. Die alte Lebensbeschreibung berichtet: »Die vielen Fragen und Antworten, welche vorkamen, wären zu weitläufig; es ist nur noch das anzumerken, daß es in Wahrheit bei unsrem Seligen hieß, wie der Heiland zu seinen Aposteln sagt: ›Haben sie mich verfolgt, so werden sie euch auch verfolgen; haben sie auf mein Wort gelauert, so werden sie auf die euren auch lauern.‹ In der Tat ist dies auch an ihm in Erfüllung gegangen: ›Sie werden euch auf ihre Rathäuser und vor ihre Schulobersten führen; aber sorget nicht, wie oder was ihr reden sollt!‹ Immer ging er wieder fröhlich von des Rats Angesicht, und durfte keiner die Hände an ihn legen oder ihn gefangen setzen.«

Wenig später erhielt er eine Vorladung durch das Konsistorium in Stuttgart. Hier fand er bei dem frommen Konsistorialrat *Karl Heinrich Rieger* freundliches Verständnis, der ihm vorschlug, noch Theologie zu studieren. Hahn erwiderte ihm, daß er dann an eine Gemeinde gebunden sei; er habe jedoch den Eindruck, daß er mehr in die Weite wirken solle. Rieger mochte das einsehen. Er empfahl Hahn aber, sich künftig mehr in der Sprache der heiligen Schrift auszudrücken. Hahn hat sicherlich an diese freundliche Aussprache gedacht, als er in einer Auslegung des 58. Psalms schrieb: »Weil in diesem Psalm die bösen Obrigkeiten geschildert sind, werden wir eins und das andere, das wir selber erfahren haben, mit anmerken. Wir sind in einem Ort geboren, wo die Obrigkeit derzeit so beschaffen ist, daß man sich so lang nicht zu fürchten hat, als man sich nicht bekehrt. Sobald man das aber tut, hat man stets seine Verdrießlichkeiten. Natürlich sagt man uns nicht, daß das wegen dem Guten sei, sondern man gibt Ordnungen der höhern Obrigkeiten vor, die an sich gut sind, aber wohl Ausnahmen leiden möchten. Kurz man ist froh, wenn man uns quälen kann. Man macht sich eine Freude daraus, uns zu peinigen. Bei noch höhern Obrigkeiten habe ich eher wieder Hilfe und Gerechtigkeit gefunden und ist es mir immer wieder gut ergangen. Wir, geliebte Seelen, wollen uns nichts weniger als etwas widersetzen, das göttliche Ordnung ist; aber was doch einmal böse ist, wollen wir nicht gut heißen, als insofern es uns zum Guten mitwirken muß. Gott kann die bösesten Menschen bekehren und besserer Gesinnung machen. Diese Hoffnung wollen wir haben und uns in Hoffnung dulden.«

Durch den Grafen *von Seckendorf* wurde er nach Oberzenn im heutigen Bayern eingeladen; von da aus konnte er nach Nürnberg reisen, wo er mit vielen Brüdern zusammentraf. Als er in die Heimat zurückkehrte, fingen die Vorladungen und Verhöre wegen seiner Stundentätigkeit von neuem an. Einige Brüder, die er im Hause des Strumpfwebers *Federhaff* in Calw traf, gaben ihm den Rat, wegen der immer wieder auftretenden Schwierigkeiten auf das Reden in den Privaterbauungsstunden ganz zu verzichten. Für kurze Zeit folgte er ihrem

Rat; dann aber hatte er einen merkwürdigen Traum, der ihn ermunterte, seine Gnadengabe der Wortverkündigung zu gebrauchen und mit dem Pfund des Herrn zu wuchern. In einem Brief an eine Bekannte berichtet er den Traum:

»Auf Dein Schreiben, welches ich letzten Sonntag erhalten habe, werde ich Dir kurz antworten. Zuerst werde ich Dir einen Traum erzählen, den ich hatte. Als ich in Deckenpfronn gefangen genommen wurde und dann vors Oberamt in Calw mußte, kehrte ich auch bei Bruder Federhaff ein. Da waren noch mehr Brüder; die gaben mir den Rat, ich solle keine Versammlungen mehr halten. Diesen gedachte ich zu folgen, obschon sie weder mich noch meine Gabe und meinen Beruf kannten. Als ich dies tat, träumte mir folgendes: Es war, als ob viele Männer von Altdorf nach G. zur Fronarbeit müßten. Auf einmal hieß es, daß sie schon fort seien, ich müsse auch gehen und etwas hintragen; es wurde mir aber nicht gesagt, was. Nachdem ich es hingetragen hatte und auf einem Bau stand, kam ein Mann, der mich fragte, ob ich den Gegenstand gebracht habe. Ich erwiderte: »Ja, ich habe etwas.« Da forderte er mich auf, mit ihm zu kommen. Er führte mich dann, ich kann nicht sagen, in was für ein Haus. Es schien mir, als sei es sein eigenes; denn da saßen Leute herum, als wären es seine Hausgenossen. Zu diesen sagte er, ich sei der Mann, der das kostbare Ding getragen habe. Da wunderten sie sich über mich. Dann sagte er, ich solle das Ding, das ich getragen habe, doch heraustun. Als ich es herausnahm, sah es von außen wie Gold aus und war vier bis fünf Pfund schwer. Der Mann nahm's und brach's auseinander; da war es so hellglänzend und schön, daß nichts, auch kein Edelstein, damit zu vergleichen war. Ich wunderte mich selber auch. Der Mann sagte, es wundere ihn, daß man mir ein so kostbares Ding zu tragen anvertraut habe. Er wollte mich damit nachdenklicher machen. Die Leute, die da waren, sahen mich erstaunt an. Da sprach der Mann zu mir und den übrigen Anwesenden, wenn jemand mit diesem Ding angerührt werde, dann werde er gesund, er

möge eine Krankheit haben, was für eine er wolle, und wenn jemand davon esse, dann werde er unverweslich und unsterblich. Darüber erwachte ich und wußte nicht, wo das Ding hingekommen war. Ich merkte jedoch wohl, was dies alles im Geist sagen will; denn ich hatte dies Ding dem Mann im Schnupftuch gebracht. Daß er's nahm und zerbrach, mir seine Schönheit zeigte und seine Wirkung erklärte, daraus erkenne ich, daß es die mir gegebene Gnade und Bedienungsgabe gewesen ist, die ich nicht genug geschätzt und um der Brüder willen eine Zeitlang ins Schweißtuch gesteckt hatte, was ich nun aber nicht mehr länger tun soll, weil der Mann so tat, als ob es ihn wunderte, daß man mir ein so kostbares Ding zu tragen anvertraut hatte. Was das besagen will, daß das Ding schon durch bloßes Berühren von aller Krankheit heile und durch seinen Genuß gar unsterblich und unverweslich mache, ist aus Johannes 6 leicht zu ersehen. Daß aber G. der Ort ist, wohin ich das Ding bringen mußte, um es dort zu beschauen, dafür dünkt mich folgendes die Ursache zu sein: Ob es schon viele Orte sind, denen ich mit der mir geschenkten Gabe diente und noch ferner dienen soll, so ist doch keines, das sie so zu schätzen weiß und so gar nötig hat wie G. Zwar lege ich nicht allen Träumen eine Bedeutung bei; aber doch halte ich einige, wenn sie dem Worte gemäß und vom Geist deutlich gemacht werden, sehr teuer. Freilich sind solche selten und rar. Einer von solcher Art ist auch dieser. Dir und allen wollte ich dies schreiben. Euch zur Freude werde ich hinfür durch die Gnade meines Herrn mit der Gnadengabe und dem Pfund wuchern, wo Gott Gelegenheit machen wird, und meinen Mitgliedern die gliedliche Handreichung nicht versagen, damit ich mich nicht verderbe. Es ist meine Gewohnheit nie gewesen, den Brüdern zu folgen und ihrem neidischen Begehren gehorsam zu sein. Ich ließ mich die Weisheit leiten, und das werde ich auch ferner tun, nachdem ich's jetzt versucht und ihnen gefolgt, aber nichts Gutes damit gestiftet und ausgerichtet habe. Ich soll nach Anleitung und Trieb des Geistes ein wirkendes Glied am Haupt des verklärten Jesus sein. Diese Gnade ist groß, und umso viel edler sie ist, umso viel größer wäre auch ihr Verlust zu schätzen. Gott lasse mir nur sein Wort zur Leuchte meines Fußes sein, damit ich nicht irre! Denn wie kann ich als ein Jüngling meinen Weg recht und unsträflich gehen? – Nur dann, wenn ich mich halte nach seinem Wort. Gottes Weg ist gut zu finden; auch die Toren können darauf nicht verirren, nämlich die, welche die Welt für solche hält, die aber göttlich weise sind und sich die Weisheit leiten lassen, die nicht viel mit der Vernunft zu Rate gehen, sondern den Weg des Kreuzes zum Tod der alten Natur erwählen. Glückselig sind solche Seelen; denn soviel sie sterben, so viel werden sie leben. Wann Christus, ihr Leben, wird offenbar werden, dann werden sie auch mit ihm offenbar werden in Herrlichkeit. Dazu zu gelangen, wird uns nichts hindern als der Eigenwille, den wir aber ans Kreuz Jesu geben wollen.

Gott stehe Dir und den Deinen mächtig bei und gedenke aller Seelen in Gnaden! Wandelt vor ihm und seiner Gegenwart beständig, heilig und in reiner Furcht und kindlicher Herzensfreude!

Auch in den folgenden Jahren ließen die Belästigungen nicht nach, denen er wegen seines Redens in den Stunden ausgesetzt war; man schritt aber nie zu harten Maßnahmen, sondern ließ es meistens bei Ermahnungen und Drohungen bewenden. Hahn konnte sich mitunter auch mit feinem Humor verantworten. In der alten Lebensbeschreibung wird berichtet: »Später, als unser Seliger seine in Herrenberg verheiratete leibliche Schwester bisweilen besuchte, konnte auch dies einmal nicht verborgen bleiben, sondern kam vors Oberamt. Nachdem ihn der Oberamtmann gefragt hatte, ob er denn wieder eine Stunde gehalten habe, sagte er, wenn er zu seiner Schwester auf Besuch komme, dann sei es der Fall, daß man von allerlei rede. Wenn dann auch noch andere Personen kommen, um ihn zu besuchen, dann könne er ihnen als Gast doch nicht ausbieten, und wenn das Gespräch sich dann auf etwas Erbauliches leite, dann könne man dies keine Stunde heißen, sondern vielmehr einen halben Tag. Hierauf lachte der Oberamtmann und entließ ihn abermals mit Liebe, und er ist auch von dieser Zeit an nie mehr vor dieses Oberamt zitiert worden.«

Da er nicht die Absicht hatte, nach dem Tod seines Vaters die Landwirtschaft weiter zu betreiben, entschloß er sich im vorgeschrittenen Alter noch ein Handwerk zu erlernen. Er erwählte die Uhrmacherei. Ob ihn Pfarrer Ph. M. Hahn, den er in jener Zeit öfters besuchte, bei der Wahl des Handwerks beraten hat, ist nicht bekannt. Er ging bei dem Bruder *Hartmann*, der später Hofinspektor in Sindlingen wurde, in die Lehre.

Im Jahr 1789 unternahm er eine Reise ins Badische und besuchte die Gemeinde der Wiedertäufer in Eppingen. Er wurde aber von ihrem geistlichen Leben enttäuscht.

In jenen Jahren entfaltete er eine rege Tätigkeit. Unermüdlich hielt er Erbauungsstunden ab und schrieb Briefe und Abhandlungen. Um recht viel arbeiten zu können, hatte er sich eine strenge Lebensweise angewöhnt. In seinem Äußeren war er bescheiden und anspruchslos. Er ging meist in vielfach geflickter Kleidung einher; aber bei aller Niedrigkeit und Demut hatte er doch viel Adel in seinem Wesen, daß ihn jedermann mit Hochachtung behandelte. Es wird berichtet, daß sogar die Kinder des Dorfes vor ihm aufstanden und die Kappen oder Mützen abnahmen.

Er mußte allerdings in jener Zeit noch einmal durch das Fegfeuer der Verleumdung. Um bei seinem umfangreichen Briefwechsel eine Hilfe zu haben, nahm er eine kränkliche Schwester, die gut schreiben konnte, als Schreibkraft an. Sie schrieb von 1789 – 1794 alle Briefe und auch viele Lieder ab, die Michael Hahn an die Freunde im Land bisher im Original versandt hatte. Als Hahn die Schwester während einer ernstlichen Erkrankung gar als Wärterin anstellte, gab es erst recht viel Gerede. Er mußte sich deshalb wegen unerlaubten Umgangs mit einer Frau sogar vor dem Dekanatamt verantworten. Für die nächsten Jahre zog er sich mit Erlaubnis seines Vaters in die Stille zurück. In den Jahren 1792 – 1794 hielt er sich meistens in Nebringen im Hause der Familie *Egeler* auf, wo die alte Mutter ihre beiden Söhne und ihn versorgte.

Im Jahr 1794 starb sein Vater und hinterließ ihm ein Vermögen von etwa 3000 Gulden. Er übergab die Verwaltung der Sachwerte seinem Bruder und zog nach Sindlingen zu dem Gutsverwalter der verwitweten *Herzogin Franziska* von Württemberg, um ihm in seinen Geschäften zu helfen. Da ihn die Herzogin sehr schätzte, veranlaßte sie, daß ihm über dem Waschhaus ein »Prophetenstüblein« eingerichtet wurde. Es erwies sich aber bald als unzuträglich für seine Gesundheit, da es zu feucht war; daher nahm ihn der Verwalter in seine eigene Wohnung auf, wo er auch seine Erbauungsstunden fortsetzen konnte. In der alten Lebensbeschreibung heißt es dann weiter: »Allein weil er selbst nur als Gast in des Verwalters Hause wohnte, so verursachten ihm die häufigen Besuche viel Druck und Kreuz und hinderten ihn, weil er als Drittelversorger auch viele andere Geschäfte hatte, daß er wenig schreiben konnte. Er ging daher, um niemand beschwerlich zu werden, im Sommer bei heiterem Himmel mit seinen Besuchern öfters in die herzoglichen Anlagen, welches ihm vergönnt war, und hielt da unter Bäumen und Sträuchern seine segensreichen Erbauungsstunden.«

Im Jahr 1803 ging ihm ein langgehegter Wunsch in Erfüllung: Er durfte in Sindlingen ein eigenes Haus bauen. Hier wohnte er bis an sein Ende. Als Mitarbeiter nahm er noch zwei Gesinnungsgenossen auf, die Brüder *Martin Schäffer* und *Martin Mager*. Im Jahr 1805 gesellte sich zu ihnen noch der geistesmächtige und tatkräftige *Anton Egeler*. Dieser wurde ihm bei seinen schriftlichen Arbeiten bald unentbehrlich.

Sein Wirkungskreis dehnte sich immer weiter aus, und Sindlingen wurde für viele Menschen ein gern aufgesuchter Wallfahrtsort, den sie nie ohne Segen verließen. Hahn widmete sich seinen Besuchern mit aller Treue. Nach der abendlichen Erbauungsstunde am Sonntag saß er oft bis Mitternacht mit ihnen im seelsorgerlichen Gespräch zusammen. Dabei dachte er von sich immer klein und demütig. Er konnte wohl klagen: »Um Gottes willen, was denken die Leute, daß sie ein solches Geläufe zu mir haben, da sie doch das, was sie bei mir finden, überall in Büchern, in Predigten ihrer Ortsgeistlichen oder durch herzliches Gebet in vorzüglicher Art finden könnten!« Aber der schlichte Mann im weißen Zwilchrock hatte etwas vom Hauch der Ewigkeit an sich, das die Menschen immer wieder anzog. Als einst ein Knabe zum erstenmal in eine seiner Versammlungen kam, war er von seinem Anblick so gebannt, daß er sich auf die ein wenig höhere Türschwelle des Nebenzimmers stellte und die ganze Stunde die Augen nicht von ihm abwandte. Hernach sagte er in seiner kindlich offenen Art zu ihm: »So wie du will ich auch einmal werden!« Es war der später in Hahn'schen Kreisen hochangesehene Bruder *Jakob Gengenbach* von Rohrau.

Hahn besaß in besonderer Weise die Gabe des Worts. Wie Gerhard Tersteegen konnte er in Versammlungen einige Verse einfach aus dem Stegreif vorsagen. Manchen Brief schrieb er in Versen nieder. Sie sind freilich weithin ohne besonderen dichterischen Wert, aber enthalten eine Fülle theologischer und theosophischer Erkenntnisse. Es seien hier nur einige Strophen aus einem Lied mitgeteilt, das er ums Jahr 1791 niedergeschrieben hat:

Als ich so einige Jahre gewesen,
hab' ich erfahren den heiligsten Kuß,
wie in dem Liede der Lieder zu lesen;
dieses war gar ein kraftvoller Genuß.
Ich sah mich gleichsam recht lieblich gestalten,
Einfluß vom lieblichsten Freund zu erhalten.

Jetzt waren rotweiße Farben zu sehen,
und ein lebendiger göttlicher Baum
tat in der Mitte der Menschheit aufgehen
in einem ganz leeren Ewigkeitsraum.
Dieser tat grünen und alsobald blühen
durch ein gewaltig tinkturisches Ziehen.

Jesus war wirksam, mein Geist hielt sich leidend,
Jesus mitteilte, mein Geist faßte auf;
Jesus war Hirte, mein Glaube war weidend,
nichts konnte hindern den heiligen Lauf.
Meine Tinktur wurde gänzlich durchdrungen
und in das Urbild der Menschheit verschlungen.

Alles, womit ich erkannt war von oben,
blühte an jenem lebendigen Baum,
hat sich beim Einfluß zum Reifen erhoben:
Dies waren Wesen, nicht Schatten und Traum.
Worte der Wahrheit mir waren entsiegelt,
mir war kein Wort in der Bibel verriegelt.

Einige seiner Lieder fanden in verschiedenen Gesangbüchern Aufnahme. Zwei Lieder »Herr, laß mich deine Heiligung ...« und »Jesu, Seelenfreund ...« sind von Albert Knapp bearbeitet worden. Das Lied »Eines wollen, eines wissen ...« gibt dem Fernerstehenden einen zuverlässigen Eindruck von Hahns Eigenart.

Eines wollen, eines wissen:
Jesum, Gottes Herrlichkeit;
alles andre fliehn und missen,
heißt mit Recht Einfältigkeit.
Ist ein Herze so gestellt,
dann gefällt es nicht der Welt.

Dies heißt Klugheit einer Seelen,
dies heißt geistlicher Verstand.
Wird ein Mensch das Beste wählen
und ausstrecken seine Hand
nach dem Lebensbaum allein,
könnte er dann weiser sein?

Einfalt ist es, eins erblicken,
das dem Herzen ist genug;

das, was ewig kann erquicken,
nur verlangen, das ist klug.
Sei man vor der Welt alsdann
wie ein Tor, was liegt daran?

Was die Menschen Klugheit nennen,
ist oft dümmster Unverstand.
Was ein Weltherz heißt »gewinnen«,
bringt um jenes Vaterland.
Sollte das nicht Torheit sein?
Dieses sieht die Einfalt ein.

Der, dem die Vergänglichkeiten
dieser Welt zu wenig sein,
hat das Licht der Ewigkeiten
schon gefaßt ins Aug' allein,
und wer nur dies Eine will,
hat der Einfalt rechtes Ziel.

Sollte das nicht Klugheit heißen,
sollte das nicht Einfalt sein?
Laß die Welt ums Eitle reißen,
wundermeinend, es sei fein!
Ihre Torheit kommt an Tag,
wenn es nichts mehr helfen mag.

Lieber aller Welt mißfallen,
als zum Himmel ungeschickt.
Was ist auf dem Erdenballen,
das den Seelengeist erquickt? –
Gar nichts ist in dieser Welt,
das der Einfalt wohlgefällt.

Menschenaugen, die noch schielen
hin und wieder in der Welt,
sind verkehrt vom falschen Willen,

der noch dies und jenes wählt.
Diese kommen nicht zur Rast,
ob's schon manchmal wird zur Last.

Läuft nicht alle Welt voll Narren,
die im blinden Unverstand
mit Vergänglichkeiten barren,
nämlich nur mit Kot und Sand?
Diese wollen weise sein,
bilden sich noch Klugheit ein.

Geht es aber an ein Scheiden
aus der Welt ins Geisterreich,
kommen haufenweis' die Leiden,
und man ist sich nimmer gleich.
Denn nun geht das Klagen an,
daß man nicht hat klug getan.

Klugheit weiß sich vorzusehen,
sammelt auf die Zeit der Not.
Wenn sie soll von hinnen gehen,
gehet sie nicht ohne Gott.
Dies ist Einfalt, das heißt klug;
denn wer Gott hat, hat genug.

Einfalt trachtet dem vor allen,
der sie teuer hat erkauft,
ihrem Jesu zu gefallen,
welchem sie entgegenlauft.
Es liegt wenig ihr daran,
ob sie jemand leiden kann.

Herzens-Jesu, meine Liebe
sei alleine dir geweiht;
meines Seelengeistes Triebe
lasse nimmer sein zerstreut!

Eines wollen, eines sehn,
heißt dem rechten Ziel nachgehn.

Kommt mir etwas unter Augen,
das mir wollte schädlich sein,
das dem Geiste nicht sollt' taugen,
das laß nicht in mich hinein,
ob es noch so scheinbar wär'!
Halte dir mein Herze leer!

Wohne du in meiner Seelen
und erfülle meinen Grund!
Hab' ich dich, kann mir nichts fehlen,
wenn ich krank bin und gesund.
Jesus, Herr der Herrlichkeit,
du bist meine Seligkeit.

Im Jahr 1813 ließ sich Hahn bewegen, eine zusammenhängende Darstellung seiner Gedanken niederzuschreiben. Es geschah dies in einer Anzahl von Briefen, die unter dem Titel »System seiner Gedanken von der ersten Offenbarung Gottes bis ans Ziel aller Dinge« zusammengefaßt wurden. Man hat diese Briefsammlung »das Herzblatt seiner sämtlichen Schriften« genannt. Um die Herausgabe seiner Schriften, die nach und nach in fünfzehn Bänden erschienen sind, haben sich besonders *Anton Egeler* und *Immanuel Kolb* verdient gemacht.

In seinen letzten Lebensjahren beschäftigte er sich viel mit dem Gedanken einer Gemeindegründung nach apostolischem Vorbild. In 64 kurzen Punkten legte er seine Ansichten über die geplante Gemeindegründung nieder. An eine Trennung von der evangelischen Kirche dachte er dabei nicht. Er ermahnte seine Freunde immer wieder, »die äußere Kirchenverfassung als die Mutter, welche sie erzogen, gepflegt und in der Erkenntnis Gottes und Christi gefördert habe, doch ja nicht zu hassen, noch viel weniger ihre Schwachheiten aufzudecken und ihre Mängel bloßzustellen und zu offenbaren, sondern viel lieber über ihre Gebrechen Leid zu tragen und für sie zu beten.« Er hat die Verwirklichung seiner Gedanken nicht mehr erlebt.

Hahn war seit Jahren leidend. Mit 48 Jahren zeigten sich bei ihm die ersten Anzeichen einer Brustwassersucht. Zu seiner Erleichterung mußte er seitdem eine Wunde am Fuß offen lassen. Seit dem Jahr 1813, da ihn ein schweres Nervenfieber befallen hatte, war seine Kraft gebrochen. Er litt sehr unter Gliederschmerzen und bemerkte einmal: »Obschon ich Elender bei weitem nicht den Grad von Erleuchtung wie der Apostel empfangen konnte, so ist mir doch auch ein starker Pfahl und Dorn ins Fleisch gegeben, nämlich eine große und starke Dosis von Schmerzempfindungen durch Rheumatismen, die mir oft das Leben sehr verbittern und mich auch sehr demütigen und herunterhalten, so daß ich oft Anstand nehme zu glauben, ob ich auch in Gottes Gnade und Huld sei. Ich bin oft unter alle anderen Menschen heruntergesetzt und denke, sie müßten bei Gott besser daran sein als ich, und ich finde, obschon ich oft auch um Befreiung bete, keine Hinwegnahme, oft aber allerdings Linderung, finde auch die heilsamen Wirkungen der Schmerzen hintendrein.«

Mit dem Beginn des Jahres 1819 verschlimmerte sich sein Zustand. Er muß selbst gespürt haben, daß der Herr mit ihm zum Ende eile; denn am 16. Januar bemerkte er nach dem Morgengebet: »Jetzt weiß ich gewiß, daß in den nächsten vierzehn Tagen mein Wunsch erfüllt wird.« Es stellte sich bald darauf ein schwerer Fieberanfall ein und auch Anzeichen der Brustwassersucht machten sich bemerkbar. Er blieb in den schwersten Leiden gelassen und einfältig wie ein Kind. Als ihm einer seiner Freunde den 116. Psalm vorlas, hörte er aufmerksam zu. Auf die Frage der Umstehenden, wie es ihm gehe, gab er zur Antwort: »Der Tod seiner Heiligen ist wert gehalten vor dem Herrn!« (Psalm 116, 15.)

Trotz aller Schwäche und zunehmender Atembeschwerden blieb er heiteren Gemütes. Ein Freund fragte ihn darum, ob er denn gar keine Furcht vor dem Tode habe. Er erwiderte darauf: »Nein, der Heiland hat das alles weggenommen und mich außerordentlich erquickt, so daß ich ganz getrost bin.« Als man ihm den Todesschweiß abwischte und dabei die Bemerkung machte, daß man sich über seine Freundlichkeit und Heiterkeit wundere, sagte er: »Ist das nicht billig, wenn man so viel an einem tut?« Mit aufwärts gerichteten Augen und betenden Lippen lag er da, bis er am 20. Januar 1819, abends um sieben Uhr, heimging.

In der alten Lebensbeschreibung findet sich ein schlichter, aber ergreifender Bericht über die für ihn abgehaltene Trauerfeier: »Sein Begräbnis wurde nach dem bürgerlichen Ortsgebrauch mit Gesang und Geläut, mit einer Leichenpredigt und Grabrede den 23. Januar vormittags um zehn Uhr unter zahlreicher Trauerbegleitung vollzogen, ohne daß etwas Besonderes dabei vorgenommen worden wäre. Ungeachtet der ziemlich schlimmen Witterung waren Leute aus allen Gegenden des Landes zwölf bis fünfzehn Stunden weit hergekommen. Nachdem es an diesem Vormittag bis um neun Uhr geregnet hatte, trug sich zu vieler Bewunderung folgende Lufterscheinung zu: Kaum eine halbe Viertelstunde, bevor der Sarg vor das Haus zum Gesang gestellt wurde, brach die Sonne durch das Gewölk hervor, und der schöne, bunte Regenbogen überwölbte als Gnadenzeichen die Leiche vor dem Haus, reichte in seiner Halbkreisform auch über das Grab und hielt so lange an, bis der Sarg ins Grab gesenkt war und die Trauerbegleitung sich von dem Totengarten wieder entfernt hatte.«

Sein Grab im Sindlinger Hof ist noch vorhanden. Auf dem Grabstein, den mehrere Freunde stifteten, finden sich zwei Verse aus einer Grabschrift, die Hahn einst für einen seiner Freunde verfaßt hatte:

Hier liegt sie, meine Wanderhütte,
nun habe ich ein himmlisch Haus,
nun bin ich fort aus eurer Mitte;
denn jetzt ist meine Wallfahrt aus.
Im Grabe kann ich nicht verderben,
das Leben fand ich ja im Sterben;

im Geistleib werd' ich auferstehn.
Ich werde meinem Jesus gleichen,
von dem ich hier nicht wollte weichen;
das sollet ihr dereinstens sehn.

Zerbrochen ist sie, meine Hütte,
sonst läge sie nicht hier im Grab;
was aber ich auf meine Bitte
von meinem Gott empfangen hab',
das hat mein Heiland hingenommen,
und nun bin ich dazu gekommen –
kein Tod und Hölle hält mich auf.
Ihr sollt euch nicht um mich betrüben;
kommt nur mir nach, ihr meine Lieben,
und endet gläubig euren Lauf!

Versuchen wir nun, uns in kurzen Zügen ein Bild von der Gedankenwelt dieses von Gott in besonderer Weise erleuchteten schwäbischen Gemeinschaftsmannes zu machen.

Schon in der Lehre von der *Dreieinigkeit* unterscheidet sich Hahn von der kirchlichen Auffassung. Er sieht Vater, Sohn und heiligen Geist nicht als drei unterschiedliche Wesen an, sondern als innergöttliche Offenbarungen der Herrlichkeit. Er sagt dazu: »Die eigentliche Geburtsoffenbarung Gottes ist ohne Anfang und ohne Ende in dem Allerinnersten des Lichtraums, der unzugänglich ist, da niemand zukommen kann. Dieser Lichtraum ist aber in allem und durch alles, unbetastlich, unberührlich, jungfräulich, von nichts ein- und ausgeschlossen, von nichts gefaßt oder gehalten ohne Raum oder Zeit, alldurchdringlich, tief innig in seiner Lichtskraft. Gott in demselben ist noch inniger und reiner als sein Lichthaus und Lichtskleid. So allgegenwärtig also die allwirksamen Kraftwirkungen und Eigenschaften Gottes sind, so allgegenwärtig sind auch im ganzen Schöpfungsraum die Offenbarungen des Dreieinigen tiefstinnig, ja allerinwendigst, allerheiligst. So ist die Offenbarung Gottes in ihm selbst und aus sich selbst.

Der unerschöpfliche und unermeßliche Reichtum Gottes ist Reichtum der Herrlichkeit, womit er sie, seine Herrlichkeit, als den Urgrund seines Ungrundes erfüllt, aus den unergründlichen Tiefen, damit durch sie alle Kreatur, die durch sie geschaffen ist, erfüllt werden kann.« Gott ist in einer beständigen Bewegung und Geburtsoffenbarung begriffen, vermöge deren er sich aus dem verborgenen Ungrund in einen lichten Urgrund einführt. Er offenbart sich aus sich selbst in sich selbst. »Die Offenbarung der Geburt aber geschieht ohne Anfang und Ende in der göttlichen Ewigkeit, im Lichtraum der Herrlichkeit und der Unzugänglichkeit, wenn sich Gott darin aus der unendlichen Ungründlichkeit, aus den Untiefen seiner Gottesalldurchdringlichkeit und Allenthalbenheit in einen Grund einführt und zu seiner Selbstoffenbarung im Wort und Licht des Lebens faßt und gleichsam begrenzt, doch so, daß der geborene Gott in allem und durch alles sein kann unberührlich, ohne alle Aus- oder Einschließlichkeit!« Aus dem Lichtraum seiner Herrlichkeit wird der eingeborene Sohn geboren und gezeugt. M. Hahn umschreibt dies Geheimnis in immer neuen Wendungen: »Der Sohn ist die Herrlichkeit Gottes, überall vom Vater in dem Schoß seiner Zentralkraft geboren, er ist das geborene Licht vom ungeborenen Licht, er ist die Zentralkraft der Herrlichkeit ... Im Sohn allein ist die Gottheit leibhaft, die außer ihm ein ewiger Geist ist, der nicht erreicht werden kann ... Gott wollte sich in seinen Ausgängen begrenzend, begreiflich und betastlich machen. Der erste Ausgang ist die himmlische Menschheit oder Gott in Menschengestalt, geboren von dem Ungeborenen ... Der Sohn ist Gottes Herrlichkeit; Gott selber hat alle reine Lust, in seiner Herrlichkeit zu wohnen, zu ruhen und zu wirken. Sie ist die jungfräuliche Leiblichkeit und das allerheiligste Wirkungsgefäß der göttlichen Kräfte ... Der Sohn ist die Herrlichkeit des Vaters, an der Gott ewig seine Herzenslust hat, in der er mit aller Wirkung seiner Kräfte ewig seine Ruhe hat und findet.« Aus der inneren Offenbarung Gottes geht die Schöpfung der unsichtbaren Welt hervor, und zwar aus Unsichtbarem, das in

Gottes Wesen als »lichtfeuriges Lebenswasser« vorhanden ist. Es verdichtet sich zu einem Stoff, der jungfräuliche Erde, auch jungfräuliche Tinkturleiblichkeit und, nach Offenbarung 4, 6 und 15, 2, das gläserne Meer genannt wird. Aus diesem Stoff sind die Engel- und Geisterwelten geschaffen worden.

Der eigentliche Sündenfall ist Luzifers Erhebung wider Gott. Damit ist Luzifer, der unter den Lichtsengeln ein Thronfürst, ein Abbild des Eingeborenen und die zentrale Lebensquelle seines Kreises war, der Urheber des Bösen geworden, so daß nun neben dem Reich des Guten das Reich des Bösen besteht. Aus diesen beiden unsichtbaren Reichen ist die sichtbare Welt zusammengesetzt. »Die sichtbare Welt mit ihren Kreaturen ist nicht unmittelbar aus Gott oder aus dem Wort des Lebens, sondern, weil der Engelfall vorhergegangen im Schöpfungsraum der sichtbaren Welt, so ist sie aus zwei unsichtbaren Welten, der Lichts- und finstern Welt zusammengesetzt, also aus böse und gut bestehend.« Sie wurde geschaffen, weil Gott seine Kraftausflüsse begrenzen und weil er, nachdem er bereits drei Welten geschaffen hatte im Raum der Herrlichkeit, im Raum der Engel und Geister und endlich im Element des Zorns durch den Satan in der Hölle, im Menschen ruhen wollte.

Eigenartig ist ferner seine Lehre von des Menschen Würde und Fall. Der Mensch war ursprünglich Träger einer jetzt zerstörten Gottesharmonie. In ihm war die männliche Feuertinktur vereinigt mit der weiblich-sanften Lichttinktur. Das Bindeglied zwischen Gott und dem Menschen war die Weisheit, die »himmlisch herrliche Jungfrau Sophia«. Von dem Menschen sollten Lebenseinflüsse ausgehen auf die übrige Natur. Adam sollte gleichsam der Erlöser der niederen Schöpfungswelten werden. Doch Adam, der die Kreatur hätte nach oben führen sollen, wandte sich selbst der Kreatur zu. Das Liebesspiel in der Tierwelt erweckte in ihm das Verlangen nach einem irdischen Gegenspiel. Sophia wich von ihm. »Das Rad seiner Seele wandte sich um, und Adam sah sich im Irdischen.« Aus dem verderbten Wesen der Elemente zieht er durch seine Willensbegierde so viel an sich, daß sich ein tierischer Leib mit grobem Fleisch und dickem Blut bildet. Nun erklingt der erste Mißton durch die Schöpfung. »Es ist nicht gut, daß der Mensch allein sei.« Die Tinkturen werden zerspalten in Mann und Weib, in seelischer und körperlicher Trennung. Das Essen vom verbotenen Baum vollendet den Fall, durch den die ersten Menschen ins Elend gestoßen werden. Seit dem Sündenfall herrscht die Sünde in der Menschheit zum Tode als ein physisches Übel, welches das moralische Übel hervorruft und Tod und Verderben zur Folge hat. Der Mensch hat durch das Essen vom Baum der Erkenntnis des Guten und des Bösen Todesgift empfangen. »Dadurch ist er, von der höllischen, teuflischen Tinktur angesteckt und infiziert, in die Herrschaft der Sünde und des Todes geraten mit allen seinen Nachkommen.« Sünde und Todesgift wird allen Menschen samentlich mitgeteilt. »In dem noch ungeteilten Adam sind samentlich alle Seelen gefallen, sintemal er der Stammvater aller seelischen Menschen ist.« Gott hat schon vor der Weltschöpfung den Fall und das Verderben der Welt vorausgesehen und deshalb die Aufhebung des Falls und die Vollendung der ersten Schöpfung durch eine zweite in der Geistleiblichkeit beschlossen. In Jesus Christus hat Gott den königlichen Hohenpriester zubereitet, durch den er seinen Liebesratschluß, die Wiederbringung und Vollendung der Kreatur vollzieht. Durch seine Fleischwerdung und sein Versöhnungsopfer am Kreuz hat Christus die Sünde und den Tod überwunden und Leben und Gerechtigkeit wiedergebracht. Der Mensch und das Kreuz stehen in einem geheimnisvollen Zusammenhang. M. Hahn entwickelt darüber folgenden schönen Gedanken: »Das Lebenszentrum stellt im Innersten einen sich durchkreuzenden Lichtstrahl vor, aus dessen Mittelpunkt, solange das Geschöpf in der göttlichen Ordnung steht, das Licht der Gottheit hervorströmt und den an sich finsteren Lebensgrund erleuchtet. Dieses Kreuz ist die Quelle alles wahren Lichtes, und o wie sanft, wie beseligend floß dieses Kreuz anfangs aus den Händen Gottes. Aber Luzifer und Adam haben es zum quälenden, alles Lichtes und aller Wahrheit beraubten Kreuz gemacht, woran wir nun unsere ganze Lebenszeit geheftet sind, und an welchem die Liebe selbst endlich sterben mußte, um das verblichene Licht an eben dem Kreuz wieder strahlend zu machen, an welchem es ehemals erlosch. Freilich mußte Jesus Christus das alles leiden, was er litt; denn am Kreuz ward das Leben aus Gott verloren und konnte daher auch nur am Kreuz wiedergebracht werden.«

Soll das hohepriesterliche Werk Jesu Christi dem Menschen zugute kommen, dann muß es von ihm im Glauben ergriffen werden: »Gott hat uns alle mit sich selber versöhnt; aber nur der hat teil daran und nur der macht Gebrauch davon, der im Glauben es anhört und annimmt. Denn wenn ein Arzt bekannt machen lassen könnte, er hätte die wahre Universalmedizin erfunden und es wäre nicht eine einzige Krankheit, die nicht damit kuriert werden könnte, auch hätte man gar nichts dafür zu bezahlen, man fordere auch gar nichts vom Patienten, als daß er das alles so glauben und sich so um die Universalmedizin bekümmern sollte, bis er sie bekäme. Wenn dieser nun nicht käme, entweder dem Arzt oder der Arznei nicht traute oder nicht glaubte, daß er krank wäre, also nichts annähme und sich nicht darum bekümmerte, mithin krank bliebe, was hülfe ihm der Arzt oder die Arznei? Ebenso hilft es denjenigen nichts, daß uns Gott mit sich selbst versöhnt und eine Universalmedizin für alle Seelenkrankheiten bereitet hat, der es nicht im Glauben anhört und annimmt und also keinen rechten Gebrauch davon macht. Also im Glauben annehmen, das ist die Sache des Menschen.«

Die *Rechtfertigung* des gefallenen Menschen ist für Hahn nicht nur eine Gerechtsprechung des Sünders durch Gott, sondern auch eine Gerechtmachung. Es genügt also nicht die äußerliche Zurechnung. Sie muß dem Menschen gleichsam geburtsmäßig zugute kommen. Der Christus *für* uns muß zum Christus *in* uns werden. »Die Kinder Gottes wollen nicht von außen, das heißt durch eine äußerliche Zurechnung gerecht sein, sondern gerecht geboren werden von innen.« Das in der Rechtfertigung empfangene neue Geistesleben ist im Anfang schwach und unvollkommen. Es wächst aber unter der Fürbitte und Pflege des himmlischen Hohenpriesters zur Vollkommenheit hinan. »Nicht wahr, aus Kindern sollen Jünglinge, und aus Jünglingen sollen Väter werden. Es muß also ein Wachstum stattfinden. Wir sollen nicht ein ewiges Einerlei bleiben; denn was nicht wächst, das verkrüppelt, und ein Stillestehen ist schon ein Zurückgehen.«

Der Wiedergeborene trägt in sich den lebendigen Heiligungstrieb, das treibende Geistesgesetz, vermöge dessen er darnach strebt, ausgeboren und verklärt zu werden in die Vollkommenheit der Ähnlichkeit seines Vorbildes Jesus, aus dem er geboren ist. »Christus ist Gottes Herrlichkeit. Durch seine Herrlichkeit und Tugend ist uns alles geschenkt; denn die Tugenden Jesu Christi sind die Strahlen der Herrlichkeit, sind also der Spiegel der Vollkommenheit. Wer davon gereizt ist und in diesen Vollkommenheitsspiegel geblickt hat, bis er gereizt war, von aller Finsternis auszugehen, dessen reine Lichtslust und heilige Tinkturbegierde hat in ihrer jungfräulichen Blüte das kraftvolle Wesen der Herrlichkeit empfangen; wer es aber empfangen hat, in dem entwickelt sich das Geistesgesetz in Jesusähnlichkeit und trachtet volljährig und ausgeboren zu werden, wird von allen Jesustugenden gereizt und sucht im Trieb des Geistes Jesum nachzuahmen. Und so eilt ein solcher dem Kleinod und der Ausgeburt alle Tage entgegen.« Die Heiligung wird so zur Weltentsagung, zur Überwindung der eingedrungenen Sinnlichkeit und zu einem Hineinwachsen des Menschen in die Geistleiblichkeit. Das Wesen der Lebensgerechtigkeit ist Heiligung. Sie steht immer wieder im Mittelpunkt der Hahn'schen Lehre. Hahn hat seine Gedanken über die Heiligung zum Beispiel in den folgenden Versen zum Ausdruck gebracht:

Ach, laß mich deine Heiligung
durch deinen Geist erlangen!
Du hast die Sinnesänderung
selbst in mir angefangen;

dein Geist wirkt Heiligung allein,
dein Blut allein macht Herzen rein,
seit du zum Vater gangen.

Die Lehre von der Heiligung bedeutete für Hahn nicht Gesetzlichkeit oder Enge. Man hat darauf hingewiesen, daß von ihm »hinreißende, beglückende und verwandelnde Kraft« ausging, die sich als »Freiheit und Freudigkeit« äußerte und vor allem in vielen seiner Lieder widerklingt, so zum Beispiel in seinem Gebetslied:

O Lebensmeer voll Gotteskraft,
zeuch unser Herz und Sinnen
in dich mit starker Gottesmacht,
belebe uns von innen!
Gib uns, was noch kein Aug gesehn:
die Kraft zum bald'gen Auferstehn!

O Kraftmagnet der Herrlichkeit,
zeuch uns in dir zusammen,
entreiß der Geistverzehrlichkeit
doch deinen Gottessamen!
Mach unser Auge rein und licht,
daß uns das Eitle blende nicht!

Fleuß aus mit siebenfacher Kraft
in unsre Christenseele,
und flöß in uns den Balsamsaft
der reinsten Tinkturöle,
daraus der Geist sein Wachstum hab!
So schreckt uns weder Tod noch Grab.

Laß uns allzeit gesinnet sein
nach deinem Sinn und Herzen!
Bewohne du uns nur allein!
Die Lust mach uns zu Schmerzen,

die ganze Eitelkeit zur Qual,
das Kreuz zum liebsten Freudenmahl!

Laß uns nichts wissen als nur dich,
nichts lieben noch verlangen;
durchdringe du uns inniglich,
an dir nur laß uns hangen!
O Lebenslicht, erfüll uns du!
Sonst fehlt uns ewig Fried' und Ruh.

Großen Wert legte Hahn auch auf die *Lehre von den letzten Dingen.* Er hielt streng an der Unterscheidung zwischen der ersten und zweiten Auferstehung fest. »Es ist doch einleuchtend, daß die einzelnen Menschen je nach ihrer Bekehrung und dem Eifer im Heiligungsgeschäfte verschieden rasch ihrer Vollendung entgegenreifen, und es läßt sich leicht denken, daß in der Welt der abgeschiedenen Seelen, im Totenreich, ähnliche Prozesse stattfinden werden, wie sie in der Pflanzenwelt stattfinden, in welcher gewisse Samen bälder und schneller, andere später und langsamer aufgehen, je nachdem die ihnen innewohnende Triebkraft stärker oder schwächer ist.« Wer die Vollendung der Wiedergeburt noch vor der Wiederkunft Jesu zur Hochzeit mit seiner Braut erlangt, hat Anteil an der ersten Auferstehung. »Und diese Auferstehung der Erstlinge des Herrn hob sich an mit der Auferstehung Christi und endet sich, wenn er zur Lammeshochzeit erscheint.« Alle anderen haben zu warten bis zum Abschluß dieser ganzen Auferstehungsperiode. Der neue Leib, der vollkommene Lichtleib wird »Jesus-ähnlich« sein. Hinsichtlich der Herrlichkeit und Größe wird ein Unterschied sein. »Aber ob dieser Unterschied nur bis an das Ziel der Ewigkeiten oder unendlich sein werde, das weiß ich nicht.« Vor der allgemeinen Auferstehung, dem Erdenbrand und dem jüngsten Gericht liegt die Zeit des Tausendjährigen Reiches. »Jesus kommt und hält tausend Jahre in der oberen Luftregion Hochzeit mit seiner Braut. Christus und seine Braut werden in der oberen Luft meines Erachtens Hochzeit machen, just über dem durch ein Erdbeben zum Vorschein gekommenen Berg Zion, auf dem das Jerusalem, das Hesekiel und andere Propheten beschreiben, stehen wird, wie auch der herrliche Tempel, welchen ebenfalls nach allen Teilen Hesekiel beschreibt, wie er ihn gesehen hat.«

Auf das Tausendjährige Reich folgt der Weltbrand. Das Gute, das heißt die aus Fleisch und Blut Jesu gebildeten Lichtstoffe bleiben in diesem Brand bestehen. Aus ihnen wird die neue Erde und aus dem Bösen der Feuersee geschaffen. Auch dieser Gerichtstag dauert tausend Jahre. Nach ihm beginnt die Verdammnis Satans und der Gottlosen. Sie dauert sieben Weltzeiten, das heißt sieben Ewigkeiten, von denen jede tausend Jahre dauert. Ihren Abschluß findet sie mit der Wiederbringung aller Dinge, während der alle Menschen und alle Geschöpfe Gottes selig werden. Es war eine Lieblingslehre Hahns, und wir wollen die Betrachtung seines Lebens und seiner Gedanken mit seinen eigenen Worten über die *Wiederbringung* schließen:

»Die Worte ›Wiederbringung aller Dinge‹ kommen in der Heiligen Schrift nicht vor, und doch ist sie voll von Sprüchen, welche die Lehre von der Wiederbringung klar ins Licht stellen. Ich glaube und bekenne daher die Wiederbringung aller Dinge, so gewiß ich einen gnädigen, barmherzigen Gott glaube, so gewiß ein Versöhner ist, der für unsre und aller Welt Sünde gestorben ist und für das ganze All den Tod geschmeckt hat. So wie die sündigen Menschen in Adam alle sterben, weil sie durch ihre Abstammung von diesem Tod und Sünde erbten, so gewiß werden sie in Christus alle wieder lebendig gemacht und in den dazu bestimmten Zeiten und Ewigkeiten aus ihm Glaubensgerechtigkeit zum ewigen Leben erben. Wer eine Verdammnis ohne Ende glaubt, kann nicht ruhig sein, es sei denn, daß er Gottes Liebe und Erbarmen noch zu wenig erfahren hat. Ich für meinen Teil wünschte lieber, nicht geboren zu sein, als keine Wiederbringung der Heiligen Schrift entnehmen zu können, obgleich ich mich für meine Person nicht auf eine solche verlasse. Ich freue mich aber über die

Wiederbringung für meine ungläubigen Mitmenschen, seien sie nun, wer und wo sie wollen ... Ich glaube also gewiß, daß Gott alles neu machen wird, und kann hievon auch die bösen Geister nicht ausschließen ... ›Der Herr ist allen gütig und erbarmt sich aller seiner Werke‹, das heißt doch wohl, daß es Gottes erbarmendem Herzen nicht möglich sei, nur *eine* seiner Kreaturen im Verderben liegen zu lassen. Rede mir ein Unbarmherziger, den die Kreaturen nicht so nahe angehen wie ihren Schöpfer, nichts anderes ein; denn es ist so, wie der Prophet sagt: ›Er erbarmet sich aller seiner Werke ...‹ Er läßt aber die Kreatur so lange unter dem Gericht seiner Gerechtigkeit liegen und schmachten, bis sie anfängt, zu glauben und sich nach seiner Barmherzigkeit zu sehnen ...

Ich glaube nicht, daß irgendein Mensch schrecklicher wider Gott und Gottes Wahrheit, wider sein Licht und seines Herzens Sinn zeugen kann als ein solcher, der keine allgemeine, alle angehende Erlösung glaubt und von unendlicher Verdammnis predigt; denn das heißt, den lieben Gott als ein großes, feindseliges, unbarmherziges Wesen vorstellen, welchen wir doch als den Allbarmherzigen kennen und als das liebreichste Wesen verehren. O Torheit, den ewig Barmherzigen mit seinen Erbarmungen in eine Zeitfrist von sechstausend Jahren einzuschränken!«

Männer aus dem Kreis um Michael Hahn

Anton Egeler (1770 – 1850)

Nach Hahns Tod war Anton Egeler aus Nebringen jahrzehntelang der anerkannte Leiter der ganzen Gemeinschaft. Ohne Zweifel war er eine bedeutende Persönlichkeit, von Natur streng und herb und doch wieder liebevoll und teilnehmend. Er besaß einen scharfen Verstand und eine große Willensstärke; er verstand es aber auch, sich selbst zu beherrschen.

Anton Egeler wurde am 16. August 1770 in Nebringen bei Herrenberg geboren. Nach seiner Konfirmation mußte er wider seinen Willen das Schneiderhandwerk erlernen. In Tübingen, wo er als Geselle arbeitete, besuchte er die Stunde und wurde mächtig von der Gnade Gottes ergriffen. Mancherlei Versuchungen, denen er sich in Tübingen ausgesetzt sah, wollte er dadurch entgehen, daß er in die weite Welt hinauszog. Da erreichte ihn die Nachricht, daß sein Vater, der in Nebringen das Amt eines Feldschützen und Nachtwächters ausgeübt hatte, gestorben sei. Er mußte nach Nebringen zurückkehren, um der Mutter beizustehen. Sechs Jahre lang versah er das Amt, das der Vater bis dahin innegehabt hatte; nach dem Tod der Mutter gab er es auf und arbeitete mit seinem Bruder Christoph zusammen auf dem Handwerk. Sein Bruder machte ihn mit den Schriften und Briefen Michael Hahns bekannt, den er von Nebringen aus häufig in Altdorf besuchte. Durch den Umgang mit ihm wurde sein inneres Leben mächtig gefördert.

Nach dem Tod seines Bruders verfiel er in eine gefährliche Krankheit, die ihn an den Rand des Grabes brachte. Durch sie wurde er so geschwächt, daß er auch nach wiedererlangter Gesundheit seinen Lebensunterhalt nur mühsam verdienen konnte. Er folgte daher dem Rat einiger Brüder und zog nach Sindlingen, wo er von *Michael Hahn* in seine Wohnung aufgenommen wurde. Dort übte er weiterhin sein Handwerk aus und schrieb für Hahn Briefe und Lieder ab. In dessen Auftrag unternahm er auch mancherlei Reisen, um auswärtige Gemeinschaften zu besuchen. Hahn hat ihm im Jahr 1804 den Brief »Von der fordernden Gerechtigkeit Gottes« geschrieben und ihm das Lied »Laß dir die Sonne der Lichtwelt beschreiben« gewidmet:

Laß dir die Sonne der Lichtwelt beschreiben
und das vollkomm'ne Gesetz stellen für!
Seele, du *kannst* nicht in Finsternis bleiben,
siehst du in etwas die offene Tür.
Strahlen der Herrlichkeit werden dich ziehen;
Dunkelheit wird vor denselbigen fliehen.

Jesus, der Herr, von dem Vater verkläret,
welcher die Fülle der Herrlichkeit faßt,
leuchtet in alle dem, was ihn begehret,
dem, was die Finsternis fliehet und haßt.
Leben und Licht, das von Jesus ausquillet,
hat auf der Erde schon manche erfüllet.

Mach dich herzu, du lichtliebende Seele,
nimm doch hier Anteil, genieße recht viel!
Denn sie fließt immer, dieselbige Quelle;
sie setzt dem Hunger nicht Schranken, noch Ziel.
Reines Verlangen kann vieles bekommen;
denn hier wird Gnade um Gnade genommen.

Wer im Gesetze der Freiheit gesehen
jene vollkommenen Strahlen des Herrn
und vor demselbigen lange blieb stehen,
weil er es sahe so herzlich und gern,
dieser ist freilich wie geistlich entzücket
und aus der Finsternis wirklich entrücket.

Im Jahr 1810 kehrte er nach Nebringen zurück und baute sich dort ein bescheidenes Heim. Da Nebringen nur eine halbe Stunde von Sindlingen entfernt ist, blieb er auch weiterhin in ständiger Verbindung mit Michael Hahn. Von einer schweren und langanhaltenden Krankheit, die ihn nach Hahns Tod befiel, durfte er wieder genesen. Er nahm nun *Christiane Dreher* als Hausschwester bei sich auf. Sie versorgte ihn treulich bis an sein Ende.

Seit dieser Zeit fing er an, in Nebringen selber eine Versammlung zu halten, die von Auswärtigen viel besucht wurde. Seine besondere Liebe galt dem Hohenlied, in dem er die Führungen des Herrn mit einer gläubigen Seele geschildert fand. Anton wurde mehr und mehr der Bruder in der Hahnschen Gemeinschaft, bei dem man sich seelsorgerlichen Rat und Weisung holte. Er konnte deshalb viel geben, weil er selber im Feuer der Trübsal bewährt und gestärkt war. Manchmal konnte er äußern: »Wenn andre Anfänger im Bekehren um Vorzüge der Herrlichkeit beten, so habe ich in meinem Anfang nur um Würdigkeit des Kreuzes gebeten, weil auf das Kreuz die Herrlichkeit von selbst folgt. Hier ist der Ort des Glaubens und Leidens; dort erst fängt das Schauen und Genießen an.«

Wie sehr er mit sich selbst ins Gericht ging und um Klarheit in seinem Glaubensleben rang, zeigt ein Brief aus dem Jahr 1839, den er an *Johannes Schnaitmann* in Fellbach geschrieben hat. Darin heißt es: »Was meinen Seelen- und Gemütszustand betrifft, so hat mich die Geschichte Abrahams im vorigen Winter sehr aufgerichtet. Der Herr belehrte mich, daß auch ich schuldig sei, ihm alles aufzuopfern, weil es ja ohnehin sein ist, und weil er noch weit mehr für mich getan hat als ich für ihn. Er beschuldigte mich zugleich des Mißtrauens gegen ihn: ob ich ihm, wenn er mich ausziehe, nicht auch ins Jenseits borgen und vertrauen könne? Unter all dem aber schwand mir der gefühlige Glaube immer mehr. Da dachte ich, ich wolle nur die gewisse Hoffnung des ewigen Lebens nicht fahren lassen; aber auch diese entschwand mir. Darauf kam ich noch mehr in Not. Ich wollte eben auch eine gefühlige Hoffnung oder ein Sehen übrigbehalten (aber verstehe mich wohl: im Innersten hatte ich unter allem den Frieden, nur ist auch dieser nicht Gefühlssache gewesen). Nach langer Turba (Unruhe) fiel mir endlich ein, was Paulus schreibt: ›Die Hoffnung, die man sieht, ist nicht Hoffnung; so man aber des hoffet, das man nicht sieht, so warten wir sein in Geduld‹ (Römer 8, 24. 25). Nun mußte ich auf alles verzichten und harren, und das muß ich heute noch.«

Mit scharfem Blick sah er die Nöte und Übelstände in der Kirche; aber er hat sich nicht von ihr getrennt. In einem Brief heißt es: »Du schreibst, wie es auch noch in Württemberg gehen werde? Da wird die Gemeine Jesu kein anderes Los bekommen, als wie es ihr Herr ihr verheißen: ›So euch die Welt hasset ...‹ Daß man euch hintansetzt und für entbehrlich gehalten, sehet es für kein Ohngefähr an! Mir scheint's, ihr habet schon lange auch zu viel an Babel geflickt; jetzt sehet ihr ja deutlich, daß sie unheilbar ist. Mir ist zwar das alles, was ihr getan, schätzbar, und solange Taufe und Abendmahl noch in der Kirche ist, ist sie mir bei allem Abfall schätzbar und möchte mich nicht von ihr trennen; aber daß die, die Säulen sein sollten, meistens in die Vielgeschäftigkeit sich einlassen, daß sie vor lauter Bäumen den Wald nicht sehen, ist allzu deutlich wahr.«

In seinem 72. Lebensjahr tat er einen solch unglücklichen Fall, daß er lange liegen mußte und sich nachher nur noch mühsam bewegen konnte. Als er wieder ausgehen durfte, setzte er seine Versammlungen fort. Zuletzt mußte er sich in das Versammlungshaus tragen lassen. Im Jahr 1849 erlitt er einen Schlaganfall und war seitdem ganz an das Haus gefesselt. Er wartete nun auf seinen baldigen Heimgang und bekannte, daß er sich auf ihn freue wie die Kinder auf den Christtag. Als die Schwester, die ihn pflegte, einmal zu ihm sagte: »Wenn dich nur der Heiland einmal erlöste!« antwortete er nur kurz: »O laß es sein!« Das waren seine letzten Worte. Am 23. September 1850 wurde er von allem Übel erlöst und durfte eingehen in das himmlische Reich.

Anton Egeler hat nach Hahns Tod über den Aufbau und die Ordnung in den Gemeinschaften mit besonderer Weisheit und Geschicklichkeit gewacht. Großen Wert legte er auf die regelmäßigen Konferenzen, mit deren Einführung man noch zu Hahns Lebzeiten begonnen hatte. Die führenden Brüder versammelte er viermal im Jahr um sich. Der geistig bedeutende Schulmeister *Immanuel Kolb* in Dagersheim war mit ihm innig verbunden und ordnete sich ihm gern unter.

Johannes Schnaitmann (1767 – 1847)

Auch in *Johannes Schnaitmann,* der am 15. November 1767 in Fellbach geboren wurde, begegnet uns ein Mann eigenster Prägung. Unerschrocken und freimütig gab er sich im Verkehr mit anderen, wie er war. Man hat ihm nachgerühmt, daß er in seinem Auftreten etwas Majestätisches gehabt habe, obwohl er klein und unscheinbar war.

Bis in sein 24. Lebensjahr hinein hielt er wenig vom christlichen Glauben. Bei allen mutwilligen Streichen seiner Jugendgenossen tat er mit und spielte dabei oft die führende Rolle. An Zoten, Possen und Kartenspiel fand er viel Freude. Allmählich kamen Gewissensregungen über ihn. Ein merkwürdiger Traum machte ihn nachdenklich. Es träumte ihm, er sehe beim Gang zum Abendmahl die, welche vor ihm zum Tisch des Herrn schritten, beim Altar in eine Grube hinunterstürzen. Als die Reihe an ihn kommen sollte, wachte er auf.

Im Jahr 1791 wollte er heiraten. Er erhielt aber auf seine Anfrage von dem Mädchen eine Absage. Nun beschloß er, ledig zu bleiben, mit dem seitherigen Leben zu brechen und die Versammlung im Ort zu besuchen. Als er unerwartet in der Versammlung auftauchte, meinte einer der Brüder zu einem anderen: »Diesen hat der Herr auch nicht erwählt!«

Mit seiner Umkehr vom seitherigen Weg war es aber Schnaitmann vollauf ernst. Seine Jugendsünden fielen ihm schwer aufs Gewissen. Lange Zeit war es ihm, als ob ihn der Böse selber verfolge. Er demütigte sich um seiner Sünden willen auch vor Menschen und durfte die Gewißheit erlangen, »daß ihm der Heiland vergeben und ihn durch sein Blut gereinigt habe«. Durch eine Frau, die in Fellbach bei der Ernte mithalf, wurde er auf *Michael Hahn* hingewiesen, mit dem er bald in nähere Verbindung trat.

Schnaitmann, der Weingärtner war, lebte in bescheidenen Verhältnissen. Lange Jahre hindurch versorgte er sich selbst. Endlich entschloß er sich, eine ledige Schwester, die keine Eltern mehr hatte, in sein Haus aufzunehmen und ihr die Führung des Haushaltes zu übergeben. Bei aller Armut war er in Geldangelegenheiten immer sehr großzügig, wenn es sich um das Reich Gottes handelte. Er gab anderen öfters den Rat: »Kehre, wenn es sich um deine eigenen Bedürfnisse handelt, den Kreuzer um, sieh aber den Gulden nicht an, wenn es das

Reich Gottes angeht!« Im Hinblick auf die christliche Liebestätigkeit konnte er sagen, das Geld müsse man nur nicht sparen, dann gehe es auch nicht aus.

Über vierzig Jahre lang wurde seine Gastfreundschaft sehr in Anspruch genommen; denn je mehr sich seine Geistesgaben entwickelten, desto weiter verbreitete sich sein Ruf. Immer wieder kamen Leute aus den verschiedensten Gegenden des Landes, die den originellen Mann kennenlernen wollten. Daher gab er, als er im fünfzigsten Lebensjahr stand, seinen Beruf als Weingärtner auf und widmete sich ganz der Pflege der Gemeinschaft. Er unternahm viele Reisen, um die Gemeinschaften bis ins Oberland zu besuchen.

Seine Ansprachen waren ungezwungen, seine Beispiele wirkten überzeugend, und oft konnte es geschehen, daß der eine oder andere Zuhörer meinte, Schnaitmann habe ihn im Auge gehabt. Dabei pflegte er sich selbst mit einem Pumpbrunnen zu vergleichen, aus dem man das Wasser mit Mühe heraufziehen müsse, während andere, in der Schrift wohl bewanderte Brüder einem laufenden Brunnen ähnlich seien, aus dem das Wasser von selbst fließe.

Mit besonderem Nachdruck betonte er das Recht der evangelischen Freiheit. Er wurde in dieser Haltung von anderen oft nicht verstanden. Manche nahmen an der naturwüchsigen Art des Mannes nicht geringen Anstoß. Michael Hahn schrieb ihm im Jahr 1809, daß er in seinem Verhalten vorsichtig sein und um der Schwachen willen alles unterlassen möge, was nicht frommt. Hahn bemerkt dazu, daß dies »die viel bedeutenden Aufopferungen der geistlichen Priester, die Verleugnungen der wahren Überwinder« seien. Schnaitmann konnte Brüdern, die mit seinem frohen und unbekümmerten Christentum nicht einig gingen, in seiner treffenden Art sagen: »Ich habe eben einen Davidsgott, und ihr habt einen Josephsgott. Ihr könnt einmal das Lied von der bewahrenden Gnade Gottes singen, und ich will nachher ein Lied von seiner errettenden Gnade anstimmen; denn ich bin in alles hineingekommen und aus allem wieder heraus.«

Im Umgang mit anderen war er sehr weitherzig. Da konnte er sagen: »Die Montur macht mir nichts aus. Ein gesunder Infanterist ist mir lieber als ein siecher Gardist oder Kavallerist. In der geringen Montur steckt oft ein sehr gesunder Sinn.« Ein anderes Mal meinte er: »Eine gerade Eiche im Wald ist mir lieber als eine krumme vor dem Haus.« Oft klagte er über den irdischen Sinn und das unentschiedene Wesen vieler Stundenleute: »Wie wird es aber den vielen Stundenleuten gehen, wenn der Antichrist kommt! Da wird mancher das Malzeichen annehmen, der lange in die Versammlung gegangen ist, während ein anderer, der nie eine Stunde besuchte, sein Leben lassen wird aus Liebe zum Heiland.«

Die letzten sieben Jahre seines Lebens wurde er noch durch eine besondere Leidensschule geführt. Er erblindete und empfand es schmerzlich, daß der Umgang mit den ihm anvertrauten Seelen dadurch so sehr erschwert wurde. Er pflegte nämlich die Menschen, mit denen er zu tun hatte, scharf ins Auge zu fassen. Bei dem mancherlei Kreuz und Leiden seiner letzten Lebenszeit hat er sich in Gottes Willen gefunden. In seinen seelsorgerlichen Gesprächen hatte er früher gern die alte Regel der Weingärtner beim Beschneiden der Reben angeführt: »Nur weg, immerhin weg, was keinen Wein gibt!« Nun handelte er selbst danach. Man hörte ihn oft beten: »Herr, wenn ich mich sträube, so sieh mich nicht an, und wenn ich winsle, so höre mich nicht an; wenn du nur deinen Zweck an mir erreichst.« Ein andermal fand man ihn weinend. Als man ihn nach der Ursache seiner Tränen fragte, erwiderte er: »Meine Unwürdigkeit und die unbeschreibliche Liebe Gottes, die er an mir tut, schmelzen mich so sehr.« Zuletzt war ihm ein ruhiges und stilles Ende beschieden. Am 11. Dezember 1847 durfte er heimgehen.

Martin Schäffer (1763 – 1851)

Im Gegensatz zu Johannes Schnaitmann war er eine liebestrahlende Persönlichkeit. *Martin Schäffer* wurde am 26. Juni

1763 in Unterjettingen bei Herrenberg geboren. Die Mutter gehörte der Gemeinschaft an, in der auch *Michael Hahn* öfters mit dem Wort diente. Sie versuchte ihren Sohn zu überreden, daß er mit ihr in die Versammlung gehe; sie konnte ihn aber lange nicht dazu bewegen. Er wurde zwar in seinem Herzen in wunderbarer Weise ergriffen, wenn die Mutter von den geistvollen Vorträgen Michael Hahns erzählte, meinte aber, er wolle warten, bis er sich einmal einen eignen Hausstand gegründet habe. Im Jahr 1789 trat er mit einer Verwandten in den Stand der Ehe. Er tat diesen Schritt mehr aus Gehorsam gegen die Mutter als aus eigner Neigung. Beide Eheleute hatten lange Zeit kein rechtes Verhältnis zueinander. Sie erkannten diese Not und wurden dadurch ins Gebet getrieben. Gott ließ sich von ihnen finden, und nun durften sie dem Herrn im Glauben nachfolgen. Schon im Jahr 1795 starb seine Frau.

Kurz vor ihrem Tod wurde auch er gefährlich krank, daß er sein Gut nicht mehr umtreiben konnte. Er verkaufte sein Haus und seine Güter und zog 1804 nach Sindlingen, um mit Michael Hahn einen gemeinschaftlichen Haushalt zu führen. Hier versah er hauptsächlich die Haus- und Gartenarbeiten und half Hahn beim Abschreiben seiner Schriften. Nach Hahns Tod hat er sich um die Drucklegung seiner Werke sehr verdient gemacht. Er hatte eine besondere, milde Art, mit den vielen Besuchern, die nach Sindlingen kamen, umzugehen. Ein Besucher kleidete diese Art einmal in den scherzhaften Vergleich, daß es ihm bei Bruder Martinus (Martin Schäffer) besser gefallen habe als bei Kaiser Antonius (Anton Egeler) in Nebringen.

Er hat lange Zeit sehr darunter gelitten, daß er sich so spät bekehrt hat. Öfters pflegte er zu sagen: »Alle Menschen sollten ein Exempel an mir nehmen und früher anfangen, sich zu bekehren, nicht wie ich warten, bis sie dreißig Jahre alt sind, und nicht so viel sündigen, daß sie nicht so viel durchs Feuer laufen müssen. Ich will einen jeden warnen, er sei jung oder alt, von der Sünde abzulassen. Nun wird freilich ein manches denken: Ja, wenn ich nur könnte! Ich rate aber jedem, zu seinem Herrn zu beten und ihn anzuflehen, er möge ihn von allen Sünden losmachen. Er hat es ja versprochen, und er hält sein Wort. Der Heiland hat gesagt: ›Alles, was ihr bitten werdet in meinem Namen, das will ich tun.‹ Er kann ja die Sünde selber nicht leiden; warum sollte er uns nicht losmachen von allen Sünden? Ich bin ein lebendiger Zeuge davon, daß er jedes losmacht, das los werden will; aber man muß auch von ganzem Herzen wollen.«

Längere Zeit hatte er durch ein Fußleiden viel Schmerzen auszustehen. Alle angewandten Mittel wollten nicht helfen. Die Ärzte glaubten, endlich gefunden zu haben, daß das Leiden auf mangelnde Bewegung im Freien zurückzuführen sei. Sie verordneten Martin Schäffer regelmäßige Spaziergänge. Michael Hahn ging selber täglich mit Martin Schäffer spazieren. Die Schmerzen aber nahmen ständig zu. Endlich vermochte Schäffer die Spaziergänge nicht mehr fortzusetzen. Er teilte es Michael Hahn mit, der ihm riet, sich zeitig zur Ruhe zu legen. Da konnte er zum ersten Mal seit langer Zeit die Nacht durchschlafen, ohne durch Schmerzen gestört zu werden. Am anderen Tag war das Leiden verschwunden. Es machte sich nicht mehr bemerkbar. Schäffer führte dies auf das glaubenskräftige Gebet von Hahn zurück. Es wurde ihm aber auch klar, daß diese Schmerzen ein Gericht waren, weil er vor seiner Bekehrung ganze Nächte durchgetanzt hatte.

Der Tod von Michael Hahn bereitete ihm viel innere Not. Er geriet in große Dunkelheit und Glaubensanfechtung, weil er fürchtete, daß er den Anforderungen, die von der Gemeinschaft an ihn gestellt wurden, ohne Hahn nicht genügen könne. Der Herr aber führte ihn auch aus diesem Elend heraus. Er durfte durch seine freundliche und herzgewinnende Liebe noch viele Besucher erquicken. Es wird von ihm berichtet, daß man sich in seinem Umgang unwillkürlich in das Reich des Lichts und der Seligkeit versetzt gefühlt habe. Martin Schäffer ist am 30. November 1851, dem Adventsfest, im hohen Alter von 88 Jahren entschlafen.

Adam Straub (1776 – 1857)

Er wurde als Sohn armer, aber gottesfürchtiger Schuhmachersleute am 24. Dezember 1776 in Aichelberg geboren. Der Vater stand mit den Herrnhutern in Verbindung und gab seinem Sohn das Beste mit, was Eltern ihren Kindern vermitteln können, nämlich eine christliche Erziehung. *Adam Straub,* der das Schuhmacherhandwerk erlernte, stand nach seinem Zeugnis in seinen Jünglingsjahren scharf unter der Zucht Gottes; er konnte sich aber nicht entschließen, die Stunde in seinem Heimatort zu besuchen, wiewohl er oft dazu einen geheimen Trieb empfand. Während seiner Wanderschaft, die damals noch jeder junge Handwerker unternahm, kam er nach Strümpfelbach im Remstal. Hier trat er in Verbindung mit der Hahnschen Gemeinschaft, die damals *Friedrich Mödinger* leitete. Mödinger (1764 – 1843) hatte Michael Hahn in Eßlingen kennengelernt. Er kam mit ihm in nähere Beziehung, las eifrig seine Schriften und gründete eine Hahn'sche Versammlung, von der viel Segen für Strümpfelbach und die Umgegend ausging. Im täglichen Umgang mit Mödinger und mit den Brüdern kam Straub zum Frieden mit Gott. Er erzählt darüber: »Wer nicht den Moses kennen gelernt hat, der lernt auch Christus nicht recht kennen. So tief meine Angst und Qual gewesen war unter dem Gericht, so groß war jetzt die Freude und Liebe, als ich vom Vater dem Sohne übergeben wurde. Die Liebe Jesu und die Gnade seiner Versöhnung und Erlösung faßte mich so stark, daß es mir im Element der Gnade vorkam, als ob ich gar nicht mehr von den Sündern abstamme. Ich weiß nun, was Rechtfertigung ist.«

Im Jahr 1800 mußte er Soldat werden. Er kam nach Ludwigsburg und besuchte auch hier die Versammlungen. Im Anfang fehlte es nicht an Spott, den er aber gering achtete. Er gewann bald die Achtung seiner Kameraden und das Wohlwollen seiner Vorgesetzten. Einen Monat später mußte er mit in den Krieg und wurde in der Schlacht bei Höchstett von den Franzosen gefangen genommen. Bei der Abgabe der Waffen verlor er auch seinen Tornister, in dem sein Neues Testament steckte. Er bat Gott, daß er ihm doch wieder ein Testament verschaffen möchte, und der Herr erhörte sein Gebet in kurzem. Nach einer Kriegsgefangenschaft von zehn Monaten, die er in Bayonne an der spanischen Grenze zubrachte, durfte er in die Heimat zurückkehren. Er übernahm das verschuldete väterliche Geschäft, auf dem von nun an sichtbar Gottes Segen ruhte. Jetzt besuchte er auch die Versammlung in Aichelberg und trat in persönliche Verbindung mit *Michael Hahn,* der ihm das Lied »So freut mich nichts auf dieser Erden« widmete. Man merkt es diesem Lied an, wie Hahn auf die einstmals so schweren Seelenkämpfe Straubs eingeht:

So freut mich nichts auf dieser Erden
wie, daß mein Herr allmächtig ist;
ich hoffe sündenfrei zu werden
durch meinen Heiland Jesus Christ.
Mein Herr läßt mich mit dieser Pein
nicht ewiglich gequälet sein.

Nein, nein, so gibt es keine Freude,
die dieser Freude käme gleich;
denn sie ist eine Geistesweide
und mehr wert als ein Königreich:
Daß man durch Jesu Geisteskraft
vom Sündendienst wird frei gemacht.

O, dürften wir nicht dieses hoffen,
wie übel wären wir daran:
In Sünden wie im Schlamm ersoffen,
da uns sonst gar nichts retten kann!
Gottlob, daß Jesus voller Kraft
von Sünden rettet und frei macht!

Im Jahr 1805 mußte Straub noch einmal mit dem württembergischen Truppenkontingent in den Krieg gegen Österreich ausrücken. Nach der Beendigung des Feldzuges blieb er einige Zeit bei den Truppen, die die neuwürttembergischen Landesteile besetzten. Als er vom Militär entlassen wurde, kam er gerade rechtzeitig nach Hause, um seine Mutter zu Grabe zu geleiten.

In Aichelberg schloß er sich zunächst wieder an die bestehende Gemeinschaft an. Bald aber wurde er von Gott so geführt, daß er eine eigne Gemeinschaftsstunde gründen mußte. Auch in verschiedenen Orten um Zell entstanden ähnliche Stunden, die Straub bediente und pflegte.

Im Hungerjahr 1816 durfte er erfahren, was *Philipp Friedrich Hiller* in seinem Liede sagt:

> Was speist euch doch, ihr Armen?
> Das göttliche Erbarmen!
> Das segnet ganz verborgen
> auch ohne eure Sorgen.

Straub erzählt aus jener Zeit: »Zu Anfang des Jahres kam jemand zu mir und sagte, der Heiland schicke ihn mit dem Auftrag, ich solle Dinkel aufkaufen; er werde im Preis sehr hoch steigen, und dann könne ich viel damit verdienen. Ich gab diesem Manne zur Antwort: ›Sage du deinem Heiland von mir einen Gruß, und wenn es auch mein Heiland ist, so sage ihm, er sei ja auch kein Kornhändler gewesen, als er auf Erden wandelte‹. Richtig wurde bald darauf von einem benachbarten herrschaftlichen Fruchtkasten ein bedeutendes Quantum Früchte dem Verkauf ausgesetzt. Meine Natur wiederholte mir gar eindringlich den nämlichen Antrag und malte mir vor, ich könnte wenigstens fünfhundert Gulden damit gewinnen, und diese könne ich als armer Mann wohl brauchen. Ich gab ihr aber die nämliche Antwort. Da wollte sie mir zumuten, ich solle wenigstens so viel kaufen, als ich für mich die teure Zeit über brauche. Nicht einmal so viel, sagte ich; schickt mein Heiland die teure Zeit, so soll und will ich mich auch in derselben leiden und sie erfahren. Als nun die teure Zeit kam, segnete mir Gott meine sparsame Kost so, daß wir, ich und mein Bruder, mit so wenigem, als in einen »Katzenscherben« (Katzenschüsselchen) geht, jedesmal völlig satt wurden und noch übrig war.«

Als im Jahr 1819 die Gemeinde Korntal gegründet wurde, zog er als einer der ersten Ansiedler mit seinem Bruder und seiner Schwester dorthin. Er wurde bald in den Gemeinderat gewählt und mußte das Amt des Gemeindepflegers versehen. Mit großer Pünktlichkeit und Genauigkeit hat er seinen Dienst 27 Jahre lang ausgeübt. An der täglichen Abendbetstunde nahm er regelmäßig teil. Es fiel ihm bei den mancherlei Aufgaben, die er in der Gemeinde zu erfüllen hatte, oft schwer, diese Stunde zu besuchen; er hielt aber an der Gewohnheit fest. Er erzählt darüber: »Meine Natur sagte zu mir: ›Aber du wirst doch nicht jeden Abend hinunter in den Betsaal gehen, wenn die Betstunde gehalten wird; du gehst ja in dein Kämmerlein zum Gebet, und das ist genug.‹ Da sagte ich zu ihr: ›Weißt du was, Natur? Weil du so eine große Freude am Gebet im Kämmerlein hast, so will ich jeden Abend mit dir ins Kämmerlein gehen; aber dann mußt du auch mit mir jeden Abend in den Betsaal zur Betstunde gehen‹. Über diesen Akkord ist sie so erschrocken, daß sie mir nicht mehr darein geredet hat.«

Er besaß in besonderer Weise die Gabe, anschaulich zu reden. Es mögen hier einige seiner Aussprüche folgen:

»Man soll die seligen Geistesgelüste nicht verschwätzen, sondern wohl zusammenhalten, weil man sie bei der nächsten Gelegenheit zum geistlichen Kampf braucht. Wenn wir Soldaten scharfe Patronen bekamen, dann wußten wir schon, daß es jetzt zur Schlacht geht.

In unsrem Bekehrungslauf kommen manche Umstände vor, durch die man sich hinausleiden und nicht hinausstreiten muß.

Gefährlichere Leute habe ich in dieser Welt keine kennen lernen als Stundenleute, die eine erweckte Ewigkeit haben und ihre Liebe doch nicht Gott aufopfern.

Ein Christ hält in allem Ordnung, im Leiblichen wie im Geistlichen.

Was mir in meinem Leben am niedrigsten und nachteiligsten geschienen hat, das ist nachher zu meinem größten Vorteil ausgefallen.

Am gottseligen Wandel eines Christen ist viel mehr gelegen, als wir es dafür ansehen. Durch diesen macht ein Christ viel tiefere Eindrücke auf andere, auch selbst auf Gottlose, als er nur weiß. Diese Eindrücke werden mit in die Ewigkeit genommen, und selbst das ewige höllische Feuer kann sie nicht auslöschen.

Ein Vogel ist ein Vogel, nur ist ein Zaunschlüpfer nicht so groß wie ein Adler. So muß man auch sagen: Selig ist selig; aber von der ersten Vergebungsgnade an bis zur Auferstehung im Geistleib sind viele Grade der Seligkeit; denn mit der letzteren erfolgt auch noch Herrlichkeit.«

Im Jahr 1831 besuchte der Pfarrer Ignaz Lindl, der früher katholischer Priester gewesen war, Korntal. Er hat sich später der Sekte der Nazarener angeschlossen. Viele Korntaler wünschten, daß man ihm das freigewordene Pfarramt übertrage. Adam Straub hatte mit seinem scharfen Blick in geistlichen Dingen den schwärmerischen Charakter Lindls sofort erkannt. Er setzte seinen ganzen Einfluß ein, damit Lindl nicht gewählt werde. Straub wurde das von vielen in der Gemeinde verargt; die Zukunft aber bewies, daß er doch richtig gehandelt hatte. Er freute sich, als endlich im Jahr 1833 *Sixtus Karl Kapff,* der spätere Prälat, zum Pfarrer der Gemeinde gewählt wurde.

Adam Straub war streng gegen sich selbst, aber voll Mitleid, wenn ihm irgendwo Not begegnete. Mit besonderer Freude konnte er von der Zukunft Christi und dem Tausendjährigen Reich sprechen. Er ließ es sich sein Leben lang nicht nehmen, daß Rußland der Bergungsort der Gläubigen vor der letzten Trübsal sei. Er hoffte, mit dem »Sonnenweib« dorthin entfliehen zu können.

Als einundachtzigjähriger Greis durfte er am 7. Februar 1857 zur Ruhe des Volkes Gottes eingehen.

Immanuel Gottlieb Kolb

der Schulmeister von Dagersheim (1784 – 1859)

Als im Jahr 1850 der geistesmächtige *Anton Egeler* heimgegangen war, entstand in der Hahn'schen Gemeinschaft eine große und schmerzliche Lücke. Dem damals schon betagten *Immanuel Kolb* wurde es von Gott geschenkt, mit seiner Weisheit und Organisationsgabe mancherlei Übelstände in den Gemeinschaften zu beseitigen und für eine sichere und geordnete Leitung zu sorgen. Er setzte es durch, daß eine »Ordnung für den Besuch der Gemeinschaften« aufgestellt wurde. Die Hahn'schen Gemeinschaften wurden in zwölf Bezirke eingeteilt und vierundzwanzig unverheiratete Brüder im Alter von vierzig Jahren und darüber gewählt. Je zwei Brüder hatten alljährlich zwei Bezirke zu besuchen. Dies geschah meistens im Frühling und im Herbst. Außerdem wurden vierundzwanzig Brüder als Ersatzmänner bestellt. Später wurden diese angewiesen, die erstgenannten Brüder zu begleiten und in der Arbeit zu unterstützen. Für die Besuchsarbeit waren folgende Grundsätze aufgestellt worden: »Die reisenden Brüder sollen es als ihre Hauptaufgabe betrachten, das Band der Liebe und des Vertrauens unter denen, welche auf einem Glaubens- und Hoffnungsgrunde stehen, zu erhalten und zugleich den Zustand der Gemeinschaften nach Lehre und Leben kennen zu lernen. Wenn sie demgemäß nachforschen, ob alles »ehrlich und ordentlich zugehe«, sollen sie besonders auch darauf achten, ob die einzelnen Glieder der Gemeinschaft der geistlichen und weltlichen Obrigkeit den durch das Wort Gottes gebotenen Gehorsam redlich leisten, ob sie das, was sie ihren Nebenmenschen schuldig sind, in christlicher Ordnung und gewissenhaft erfüllen und sich auch in ihrem äußeren Verhalten als Christen bezeugen. Weiter ist nachzufragen, ob der gesetzlichen Vorschrift nicht entgegengehandelt werde, nach der während des öffentlichen Gottesdienstes keine Versammlungen gehalten werden sollen, wie denn auch das Zusammenlaufen während der Dauer desselben zu vermeiden ist, damit kein Ärgernis gegeben werde.«

Immanuel Kolb ist wohl ohne Zweifel einer der bedeutendsten Schüler *Michael Hahns* gewesen. Als Sohn eines Lehrers wurde er im Jahr 1784 in dem Pfarrdorf Schönaich geboren. Er hat eine entbehrungsreiche Jugend durchmachen müssen. Im Elternhause ging es oft knapp her. Noch in seinem Alter wußte Kolb davon zu erzählen, wie die treue Mutter den Kindern die Kartoffeln vorzählte, damit keines eine zuviel oder zu wenig erhalte. Eine Zeitlang mußte die Familie sogar in einer Scheune wohnen, da es an einer Wohnung fehlte. So ist Kolb in der Schule der Armut groß geworden. Sein ganzes Leben hindurch hat er sich ein schlichtes und anspruchsloses Wesen bewahrt. Nach der Konfirmation wollte er das Bäckerhandwerk erlernen, da er gegen den Lehrerberuf eine Abneigung empfand. Er verlor aber bald die Lust an seinem Beruf, denn er war zu einem Meister gekommen, der viel fluchte. Darum bereitete er sich bei seinem Vater auf den Lehrerberuf vor. Schon mit sechzehn Jahren wurde er nach einer Prüfung, die er vor dem Dekan in Böblingen ablegen mußte, für befähigt erklärt, ein unständiges Schulamt zu versehen. Er kam als Lehrgehilfe nach Mähringen bei Tübingen. Seine Habe trug er in einem Sacktuch bei sich. Es ging nun auch wieder durch viel Not und Armut. Doch lassen wir ihn selber berichten: »Von Mähringen aus hatte ich alle Tage die Schule in dem eine halbe Stunde entfernten Filial Jettenburg zu versehen. Ich stand morgens um fünf Uhr auf, half dem Schulmeister bis um sieben Uhr beim Dreschen, solange dieses Geschäft währte; darauf frühstückte ich, zog die Kirchenuhr auf und eilte nach Jettenburg. Da es Winter war und ich, bloß mit Schuhen bekleidet, öfters durch tiefen Schnee zu gehen hatte, so mußte ich bisweilen den ganzen Tag mit nassen Füßen Schule halten. Auch hatte ich dort kein bestimmtes Kosthaus. Lud mich jemand zum Mittagessen ein, so war es gut; wo nicht, so speiste ich an dem Gesindetisch des Schultheißen. Abends kehrte ich wieder nach Mähringen zurück. Im kalten Dachkämmerlein wurde ich manchmal in meinem Bette überschneit, da die Dachziegel den Schnee ungehindert durchpassieren ließen; aber ich achtete dies nicht. Wenn ich von hier aus einen Besuch bei meinen Eltern machte, so kaufte ich mir auf dem Weg einen Wecken und trank an irgend einem Brunnen Wasser dazu. In diesem ganzen Halbjahr bekam ich dreizehn Gulden Gehalt. Da es nur ein sogenanntes Winterprovisorat war, so wäre an Georgi meine Zeit abgelaufen gewesen. Der Schulmeister aber, welcher mit mir zufrieden war, machte mir den Vorschlag, auch den Sommer über bei ihm zu bleiben, wogegen ich ihm versprechen sollte, den folgenden Winter auch noch auszuhalten. Jedoch mein Vater hatte mich bereits dem Schulmeister in Öschelbronn bei Pforzheim zugesagt, und so mußte ich abreisen.«

Im Alter von kaum zweiundzwanzig Jahren wurde er an Stelle seines kürzlich verstorbenen Onkels von der Gemeinde Dagersheim zum Lehrer gewählt. Im Februar 1807 hielt er seinen Aufzug. Die ganze Gemeinde kam ihm entgegen, und ein bekränztes Schaf wurde ihm als Gabe und Gruß übergeben. Es war eine sinnige Mahnung an das Wort des Herrn: »Weide meine Lämmer!« Die Gemeinde ist wahrlich in ihren Erwartungen nicht enttäuscht worden. Es brach für sie, wie es zweiundfünfzig Jahre später der Pfarrer an Kolbs Grab bezeugte, »das goldene Zeitalter ihrer Geschichte an«. Kolb hat die Stelle in Dagersheim bis zu seiner Versetzung in den Ruhestand im Jahr 1850 versehen.

Er war ein Lehrer von Gottes Gnaden. Seine Schüler wußten: Er steht immer vor Gott, er betet für uns. Noch in späteren Jahren bekannte der so demütige Mann: »Darin finde ich die größte Schuld in betreff meiner Amtsführung, daß ich nicht genug für meine Kinder gebetet habe. So oft mir aber beim Durchgehen meines ganzen Lebens dies einfällt, so eile ich sogleich für mich und diese zur Gnadenfülle und bitte um Erstattung.« Es traf aber gerade auf ihn das Wort zu, das er selbst oftmals anführte: »Der Treuste hält sich für den Untreusten.« Mit Freuden war er Lehrer, denn er wußte, »an Menschenseelen zu arbeiten, die zum Ebenbild Gottes bestimmt sind, das ist etwas Großes und Wichtiges«. Kann man schöner die Bedeutung und Wichtigkeit des Lehrerberufes beschreiben, als dies der siebzigjährige Immanuel Kolb in einem Brief an einen jüngeren Lehrer zum Ausdruck brachte: »Nehmen Sie lieber ein Kind auf den Arm und Schoß, als daß Sie ein Bücherwurm bleiben. Es sind um diese lieben Kleinen Engel, die sie bewachen und beschützen, und Sie müssen einst Rechenschaft geben.«

Mit seinem Amt war die Verpflichtung verbunden, jede Leiche auf den Friedhof zu geleiten und am Grab eine Rede zu halten. Er tat dies ganz im Licht des Wortes Gottes und im Blick auf die ernste Ewigkeit. Dabei enthielt er sich jedes Urteils über den Verstorbenen, um nicht in das göttliche Urteil einzugreifen. Später wurden 117 dieser Grabreden gesammelt und von einigen Freunden herausgegeben. Schwerer fielen ihm die Hochzeitsreden, die er auch zu halten hatte. Wenn der Hochzeitszug aus der Kirche zurückkam, so hatte der Lehrer die jungen Eheleute vor dem Wirtshaus mit einer Rede zu empfangen. Im Hintergrund standen die Tanzmusikanten und ließen ungeduldig bisweilen schon ihre Weisen erklingen. Kolb waren diese Reden eine schwere Last, da sich hier das Geistliche mit dem Weltlichen vermischte. Endlich erreichte er, daß er seine Reden ungestört halten konnte. Manche Brautleute verzichteten auf das tolle Tanzvergnügen und freuten sich, wenn Kolb ihr Fest auf einige Stunden besuchte.

Seit seinem sechzehnten Lebensjahr suchte er brüderlichen Anschluß. Als Provisor in Öschelbronn kam er auch einmal in das benachbarte Iptingen, wo der Inspirierte *Georg Rapp* durch seine feurige Redegabe und seine Weissagungen großes Aufsehen erregte. Als »Stundenhalter« sammelte er ein »Leibkorps des Heilands« um sich und erhielt viel Zulauf von auswärts. Er entfernte sich in seiner Lehre und in seiner Gemeinschaftsorganisation immer mehr von der Kirche. Die Kinder wurden nicht mehr getauft, nicht in die Schule geschickt und nicht konfirmiert. Man duzte jedermann und nahm vor Hochgestellten den Hut nicht ab. Bonaparte wurde als der Sohn Gottes angesehen, daher trug man französische Kokarden. Über die Eindrücke, die Kolb bei dem Besuch einer Versammlung der Inspirierten empfing, berichtet er: »Ich hörte damals Rapp mit majestätischen Worten über die heilige Offenbarung reden, so daß ich von diesem starken, feurigen Geist sehr angezogen wurde. Als ich jedoch später *Michael Hahn* kennen lernte, so stellte sich mir durch Vergleichung desselben mit Rapp der Mangel bei letzterem ins Licht, indem dieser nur von der Herrlichkeit und den großen Aussichten des Christen geredet hatte, ohne auch zugleich den Verleugnungs- und Demutsweg zu zeigen, der dazu führt.«

Der junge Kolb wurde bald der Liebling Hahns und blieb es bis zu dessen Tod. Er hat seinem hochverehrten Lehrer, diesem »königlichen Geist«, durch die Herausgabe seiner gesammelten Werke in fünfzehn Bänden ein schönes Denkmal gesetzt. In Dagersheim leitete er die Hahn'sche Gemeinschaft. Da bald keine Stube mehr, auch das Schulzimmer nicht, ausreichte, um alle Besucher zu fassen, mußte man einen eignen Saal für die Stunde erstellen. Kolb ging in seiner Verkündigung von dem Verderben aus, das über den Menschen durch die Sünde gekommen ist. Es kann daher dem Menschen nur durch eine Wiedergeburt und völlige Neuschöpfung von innen heraus geholfen werden. Die Wiedergeburt geschieht durch das Blut Christi in der Kraft des heiligen Geistes. So groß das Verderben des Menschen, so groß ist auch sein Verherrlichungsvermögen. Sein Ziel erreicht der Mensch nur in der Nachfolge Jesu. Die eigne Gerechtigkeit muß man ganz drangeben. Man kann nur auf Gnade trauen, wenn man innerlich Ruhe finden will. »Wer in seinen Augen alle Tage ein größerer Sünder wird, ohne ins Sündetun zu verfallen, der bekehrt sich recht. Die Frömmigkeit kriegt Löcher; man flickt sie mit noch frömmeren Vorsätzen, bis zuletzt kein Stich mehr hält und man sie fahren läßt. So ging's mir, und ich mußte zuletzt eben glauben an den, der die Gottlosen gerecht macht. Meine

Frömmigkeit hat mich viel gekostet, noch mehr aber das Verlieren derselben.« Mit besonderem Nachdruck betonte er den Demutsweg. »Je demütiger, je Jesus-ähnlicher! In der Demut liegen wir auf dem Boden, da gehen alle Schüsse des Teufels, die ›feurigen Pfeile des Bösewichts‹, über uns hinweg. Die Demut ist unter den christlichen Tugenden wie das Veilchen im Blumenstrauß: an sich die kleinste und bescheidenste von allen andern Blumen, aber ihnen allen den Duft gebend.«

In späteren Jahren verging kaum ein Tag, an dem nicht von weither Leute kamen, um sich bei ihm Rat und Trost zu holen. Er mußte sich ihrer oft erwehren, damit sie, wie er einmal sagte, ihn nicht wie »die Räuber ausplünderten und ihm alle Zeit wegstahlen«. Wo er aber ein Fragen und Suchen nach der Wahrheit wahrnahm, da war ihm kein Opfer an Zeit und Kraft zuviel. Das durfte einmal eine Diakonisse erfahren, die ihn aufgesucht und geklagt hatte, daß ihre späte Bekehrung sie sehr bedrücke. Kolb erwiderte ihr: »Wenn einer von hier nach Böblingen geht und sich erst ziemlich spät auf den Weg macht, aber immer tapfer weitergeht, dann kann er doch noch manchen überholen, der ihm zwar anfangs voraus war, aber nur langsam vorwärts kommt oder einkehrt oder sich sonstwie unterwegs aufhält. Du mußt nun eben desto mehr Fleiß tun, deinen Beruf und deine Erwählung fest zu machen (2. Petrus 1, 10). So sagt auch der Heiland: Es sind Letzte, die werden die Ersten, und sind Erste, die werden die Letzten sein (Lukas 13, 30).« Ein andermal konnte er sagen: »Es ist nie zu früh, aber auch nie zu spät zur Bekehrung. Wenn einer zu spät aufgestanden ist und jammert dann immer darüber, so verliert er ja noch mehr Zeit. So ist's auch beim Bekehren. Statt zu klagen, bete mehr; erkämpf den Sieg!« Und noch ein Wort von Kolb mag hier angeführt werden, das uns recht nachdenklich stimmen kann: »Kein Gebet um Bekehrung seiner selbst oder eines andern ist vergeblich. Wirkt's nicht sogleich, so wirkt's doch, wenn der andere sich nach zehn Jahren oder später bekehrt, oder wirkt es noch auf die Ewigkeit.«

Mit welch heißem Herzen er um die Bekehrung und Rettung der Menschen ringen konnte, zeigt ein schlichtes Lied, das er gedichtet hat:

Kurz ist die Zeit
und lang die lange Ewigkeit.
Drum, Seele, lasse dir doch raten,
bedenke doch vor allen Taten:
Kurz ist die Zeit
und lang die lange Ewigkeit.

O säume nicht!
Entschließe dich, dring ein ins Licht,
werd nüchtern, faß dich in der Stille,
daß kund dir werde Gottes Wille.
O säume nicht,
entschließe dich, dring ein ins Licht!

Betrogen ist,
wer nicht erkennt des Satans List.
Zu fürchten ist, daß ihn die Schlange
bezaubre, ja ihn gänzlich fange.
Betrogen ist,
wer nicht erkennt des Satans List.

Sieh auf das Ziel
und laß der Welt ihr Narrenspiel!
Dies wehrt der Flüchtigkeit der Sinnen;
sie können nicht mehr so zerrinnen.
Sieh auf das Ziel
und laß der Welt ihr Narrenspiel!

Ach Jesu, gib
in meine Seele deine Lieb'!
Laß mich von nichts mehr auf der Erden
verblendet und gefangen werden.

Ach Jesu, gib
in meine Seele deine Lieb'!

Nimm mich jetzt hin
aufs neu mit Herz, Gemüt und Sinn!
Mein Jesu, laß dein Blut mich heilen
und Kraft und Leben mir mitteilen.
Nimm mich jetzt hin
aufs neu mit Herz, Gemüt und Sinn!

Als Anton Egeler im Jahr 1850 heimgegangen war, lag die Leitung der Gemeinschaft auf seinen Schultern. Er gab daher sein Schulamt auf und widmete seinen Lebensabend der brüderlichen Gemeinschaftspflege. Seine letzten Lebensjahre brachten ihm viel Beschwerden und Leiden, die er aber geduldig aus Gottes Hand hinnahm. Wir haben von ihm manche köstlichen Worte über den Segen des Kreuzes und der Leiden. »Das Kreuz ist etwas Edles; wer Kreuz hat, ist ein Liebling Gottes. – Wenn einer nicht durch Leiden zu gehen hatte, so ist mit ihm nicht zu gehen.« Eines anderen Wortes von ihm erinnerte man sich gern in Brüderkreisen: »Dreierlei braucht der Christ: sein tägliches Brot, seine Arbeit und sein Kreuz. Wenn er das hat, so soll er zufrieden sein und seinen Ort nicht wechseln wollen.«

Einige Wochen vor seinem Ende stellte sich bei ihm eine zunehmende Schwäche ein. Der beengte Atem ließ eine Brustwassersucht befürchten. Der Herr aber verschonte ihn vor längerem Leiden. Eine Lungenlähmung setzte am 17. Februar 1859 seinem Leben ein Ende. Mit ihm war ein großer und doch demütiger Zeuge der Hahn'schen Gemeinschaft dahingegangen, ein Mann, der bei allem Ernst der Heiligung ein Herz voll Liebe hatte für alle Kinder unseres Gottes. Und was uns am meisten wundert, dieser so zurückhaltende Mann war der Vertreter eines fröhlichen Christentums. Von ihm stammt das Bekenntnis: »Wer's nicht mit dem alten Menschen hält, der hat ein fröhliches Christentum; wer's aber mit ihm hält, ein verdrießliches. Darum gibt's auch unter den Pietisten manche, die man mit Recht Kopfhänger heißt.«

Chr. G. Barth, mit dem Immanuel Kolb in Freundschaft verbunden war, widmete ihm einen Nachruf, in dem es heißt:

Ein milder Geist, ihr Brüder, ist geschieden;
das Scharfe und das Herbe war ihm fremd.
Er kämpfte stets für Liebe und für Frieden
und scheute, was den Bund der Eintracht hemmt.
Der Friedenskönig war sein Schild und Lohn;
der Friedenskönig reicht ihm einst die Kron'.

Christian Gottlob Pregizer und die Pregizerianer

Die Gemeinschaftsbewegung der Pregizerianer war schon vorhanden, bevor sie mit dem Namen Pregizers verbunden wurde. Ihr Ursprung geht auf separatistische Kreise zurück. Sie hielten sich vom Gottesdienst in den Gemeinden zurück und kamen höchstens, um am heiligen Abendmahl teilzunehmen. In ihren Versammlungen benützten sie nur das alte württembergische Gesangbuch und liebten es, unter der Begleitung von Zithern und Klarinetten zu singen. Sie unterschieden zwischen Glaubens- und Lebensgerechtigkeit. Hinsichtlich der Lebensgerechtigkeit gaben sie zu, daß sie in ihr noch nicht vollkommen seien. Sie räumten auch ein, daß sie noch Sünden begehen; aber auf Grund des Glaubens, in dem sie stünden, würden ihnen die Sünden nicht zugerechnet. Sie lehnten daher Beichte und Buße ab und freuten sich ihres immerwährenden Gnadenstandes. Zu ihrer Auffassung mag wohl die sogenannte »Gnaden- und Freudenbeichte« beigetragen haben, die *Phil. Dav. Burk* um das Jahr 1770 verfaßt hat. Sie lautet:

»Ich, in Jesu Christo reich gemachtes und gerechtfertigtes Kind Gottes, bekenne mich Gott, meinem himmlischen Vater, daß ich gottlob reichlich und höchlich begnadigt und beseligt worden, nicht allein mit äußerlichen leiblichen Wohltaten, sondern auch und noch viel mehr mit innerlichen und geistlichen Wohltaten, Erleuchtung des heiligen Geistes, Glauben, Friede, Freude und vielen andern Heilsgütern, wie das mein Herr und Gott an mir erkennt und ich leider so vollkommentlich noch nicht erkennen kann, also freuen sie mich eben und sind mir lieb, und begehre von Herzen immer mehr und mehr begnadigt und beseligt zu werden durch seinen lieben Sohn Jesus Christus.«

Durch *Christian Gottlob Pregizer* wurde diese Bewegung in kirchliche Bahnen gelenkt und vertieft. Pregizer, der im Jahr 1751 in Stuttgart geboren wurde, hatte sich bis in sein zwanzigstes Lebensjahr nicht um sein Seelenheil gekümmert. Er hatte sich aber trotzdem für das Studium der Theologie entschieden und war in das Tübinger Stift aufgenommen worden. Bei einer Abendmahlsfeier in Tübingen durchzuckte ihn plötzlich beim Anblick von zwei gläubigen Theologen der Gedanke: »Diese kann die Absolution wohl angehen, aber dich nicht.« Er wurde aus seiner Selbstsicherheit aufgeschreckt und mußte zwei Jahre lang schwere innere Kämpfe durchstehen. Die ganze Zeit über legte er sich die strengste Enthaltsamkeit von allen erlaubten Genüssen auf. Als Vikar scheint er zum Frieden mit dem Herrn gekommen zu sein, denn er gab die übertriebene Strenge in seiner Lebenshaltung auf und wurde wieder fröhlicher. In reichem Segen durfte er in Besigheim und Fichtenberg wirken. Von 1778–1783 war er Schloßprediger in Tübingen. Seine Predigten, die auf Bekehrung des Sünders drangen, wurden so gut besucht, daß man neue Sitze in der Kirche einrichten mußte. Im Jahr 1783 kam er als Pfarrer nach Grafenberg, wo er mit Eleonore Hörner in den Stand der Ehe trat. Beinahe zwölf Jahre hielt er in der ihm anvertrauten Gemeinde aus, wiewohl die Arbeit nicht immer leicht und nur wenig Frucht zu sehen war.

Im September 1785 wurde Pregizer nach Haiterbach im Schwarzwald versetzt. Hier entstand durch seine Predigten bald eine große Erweckungsbewegung, und ein Jahr später hielt man bereits in elf Häusern Erbauungsstunden. Er war ein volkstümlicher Prediger, zu dem die Leute oft von weit her kamen. An einem Ostermontag konnte er die Kirchenbesucher zum Aufhorchen zwingen, indem er rief: »Es brennt! Es brennt!« Und als alles auffuhr, sprach er mit aller Ruhe weiter: »Wo brennt's? In der Jünger Herzen!« (Lukas 24, 32.)

Es ist merkwürdig, wie schnell sich im Leben Pregizers ein Wechsel von der Fröhlichkeit des Glaubens zur tiefsten Niedergeschlagenheit vollziehen konnte. Im Jahr 1801 war ihm ein Wort des Selbstruhms über seine Predigtgabe entschlüpft. Von diesem Augenblick an war es ihm unmöglich, weiterhin zu predigen. Er mußte sich einen Vikar halten. Seine Seelenangst wurde immer größer. Er zitterte, wenn ein Mensch sich seinem Hause nahte. Ein benachbarter Studienfreund, der Pfarrer Sartorius in Grüntal, konnte ihn zuletzt in seinen schweren Anfechtungen trösten und aufrichten. Nach einem Besuch bei Sartorius trat er eines Tages in das Zimmer und sagte: »Frau, mein Trauergeist ist weg!« Pregizer verkündigte nun das Wort mächtiger denn zuvor. Er hielt sich fortan an sein »Taufrecht« und die ihm dadurch geschenkte Begnadigung und Beseligung. Eifrig las er nun die »Geistliche Schatzkammer der Gläubigen« von *Stephan Prätorius,* einem Erbauungsschriftsteller des 16. Jahrhunderts, und bekannte sich mit »Herz und Hand« zu der Gnaden- und Freudenbeichte von Phil. Dav. Burk.

Fleißig nahm er sich der Erbauungsstunden an, die mehr und mehr von seinem Geist geprägt wurden. Die Gemeinschaften der »freudigen Christen«, welche zum Teil seiner Tätigkeit ihre Entstehung verdankten, breiteten sich über den Schwarzwald und anderswo aus. Ärgernisse und Auswüchse, für die man Pregizer verantwortlich machte, blieben nicht aus. Er mußte sich mehrfach vor dem Konsistorium verantworten. In einem Glaubensbekenntnis, das er für die Behörde aufgesetzt hat, spricht er sich über die von ihm vertretene Gemeinschaftsrichtung aus. Es heißt darin: »Die heilige Taufe und das heilige Abendmahl sind die großen und gnadenreichen Kommunikationsmittel, wodurch er mir alle seine durch Tun, Leiden, Sterben und Auferstehen rechtlich erworbenen und erbeuteten Heilsgüter und Schätze, Regalien, Privilegien und Freiheiten wesentlich geschenkt hat, so daß ich mich mit allem Recht als ein hochbegnadigtes, selig-, heilig-, gerecht- und herrlichgemachtes Kind Gottes nennen darf. Durch die heilige Taufe trat ich in den ewigen Gnaden- und Friedensbund mit dem dreieinigen Gott, und durch das heilige Abendmahl wird mir solcher Bund bekräftigt. Ich glaube, daß Jesu ganzer Lauf mir und allen seinen Gläubigen wirklich schon zugut und zum gedeihlichen Segen komme, so daß ich durch meine Taufe auf ihn selig gemacht worden bin.«

Pregizer hat im übrigen nicht die Sündlosigkeit der Begnadigten gelehrt; dies geht aus seinem eignen Zeugnis hervor: »Ich glaube und bekenne, daß mein alter Mensch mit Christo gekreuzigt und zum Tod verurteilt worden; ich übergebe ihn also freiwillig in den Tod und will mich von allem, was ich von Adam ererbt, in der Kraft der neuen Geburt aus Gott geschieden halten.« Dazu noch ein Wort aus seinem Büchlein »Schriftmäßige Lehre vom Himmel und von dem seligen Zustand derer, die im Himmel sind«: »Diese großen Erstgeburtsrechte können von uns auch wieder verscherzt werden durch Leichtsinn, Unzucht, Fressen und Saufen, wie Ruben und Esau solche verscherzten (Hebräer 12, 16 – 17). Wir sollen also unsern Wandel, solange wir hier wallen, mit Furcht führen und der Heiligung nachjagen, die vorzüglich in der Nüchternheit und Keuschheit besteht.« Manchen Aufschluß über Pregizers Gedanken gibt die »Liedersammlung für gläubige Kinder Gottes, zusammengetragen von solchen, die durch Jesum Christum als ihrem einigen Erlöser das ganze Heil und ihre Seligkeit suchen, ihm glauben, froh und selig darin leben«, die 1827 in Nagold erschienen ist. Die meisten der Lieder sind von Pregizer. Was man in den Kreisen der Pregizerianer lehrte, mag etwa das Lied deutlich machen, aus dem hier einige Strophen folgen:

Christen, ihr seid Wunderleute,
die der Welt ein Rätsel sind;
ihr seid des Herrn Jesu Bräute,
wie das Hohelied euch nennt,
ob ihr gleich im Fleisch noch seid
und viel Erdennöte leid't.

Laßt euch nicht zu Sündern machen
von dem Armensünderg'schlecht,
die den Gnadenschatz verlachen,
weil sie davon denken schlecht,
ja, ihn gar nicht ästimier'n
und daher Spottreden führ'n.

O, wie weit ist das gefehlet!
Dies ist gar kein Christentum.
Wißt, daß Gott euch hat erwählet
ihm zur Zierde, Pracht und Ruhm,
ja, euch gar erfüllet hat
mit dem Reichtum seiner Gnad'.

Dies sollt ihr nicht nur erkennen,
daß ihr seid erfüllt mit Gnad',
sondern es auch frei bekennen,
daß Gott euch beseligt hat
und sogar mit Herrlichkeit
eure Seelen eingeweiht.

Ihr seid Heilige schon worden,
ihr seid schon gerecht gemacht,
ihr steht schon im Kinderorden,
ihr habt schon des Königs Pracht,
ihr seid schon in seinem Blut
göttlich schön, rein, hell und gut.

Ludwig Hofacker

So sprecht ihr nicht mehr vom *Werden,*
da ihr schon beseligt *seid;*
ihr beweist schon auf der Erden,
was ihr seid für sel'ge Leut',
und macht Gottes Gnadenbund
in der Näh und Ferne kund.

Pregizer wirkte 29 Jahre in Haiterbach. Im Jahr 1822 traf ihn ein Schlaganfall. Seit dieser Zeit bereitete er sich im stillen Umgang mit wenigen Freunden auf sein Ende vor, das am 30. Oktober 1824 erfolgte.

Nach Pregizers Heimgang lag die Leitung der Erbauungsstunden in den Händen von Laienbrüdern, die manche Auswüchse leider nicht zu verhindern vermochten. Es fehlte den Anhängern Pregizers zuweilen an geistesmächtigen Führern.

In späteren Jahren sind einige der leitenden Brüder der Pregizerianer über ihren Kreis hinaus bekannt geworden. Es war dies zunächst *»Vater« Mohl* in Dußlingen, dem *Otto Funcke* als Student in Tübingen begegnete und den er uns schildert als »einen 82jährigen Greis mit dem Morgenglanz der Ewigkeit über seiner klaren Stirn, dessen patriarchalische Erscheinung mir außerordentlich imponierte«. Ferner ist zu nennen *David Traub* aus Gaugenwald. In dem »Kurzen Entwurf von dem Glaubensgrund und der Entwicklung der Pregizerianer Gemeinschaft« (1915) heißt es über ihn: »In herzlichem Zutrauen wandten sich die Geschwister mündlich und schriftlich an ihn in jedem Anliegen und erhielten Trost und Rat. Mit priesterlichen Empfindungen trug er Sorge für alle und jede Gemeinschaft sowie für einzelne Seelen.« Er starb am 25. März 1889 im Alter von 46 Jahren. Nach seinem Tod erschienen seine Vorträge unter dem Titel »Erbauungsstunden«. Von weitreichender Bedeutung war auch *Jakob Kemmler* aus Wankheim. Nach David Traub übernahm er die Leitung der Gemeinschaft. Die beiden Bände »Erbauungsstunden«, die nach seinem Tod im Jahr 1919 erschienen, lassen erkennen, daß er in den Schriften der schwäbischen Väter wohl bewandert war.

Ludwig Hofacker

der Herold Gottes (1798 – 1828)

Th. Christlieb nennt in seiner »Geschichte der christlichen Predigt« Ludwig Hofacker »ein einzigartiges Phänomen am deutschen Predigthimmel des letzten Jahrhunderts, unerreicht unter den eindringenden, ja durchschlagenden Werbestimmen der neueren Zeit, ein Bekehrungsprediger kräftigster Art, wie solche uns sonst nur bei dem englischen Methodismus bekannt sind, und dabei nur etwas über vier Jahre wirkend, mit dreißig Jahren bereits im Sarg liegend.«

Ludwig Hofacker wurde am 15. April 1798 in Wildbad als Sohn des Pfarrers *Karl Friedrich Hofacker,* der mit *Friederike Klemm* verheiratet war, geboren. Der Vater war ein stattlicher Mann, in seinem Wesen von altem Schrot und Korn. Von *König Friedrich I.* von Württemberg wurde er als Amtsdekan nach Stuttgart berufen. Der Aufklärung seiner Zeit stand er zwar fern; aber zur vollen Erkenntnis des in Jesus Christus geschenkten Heils drang er erst auf dem Sterbebett durch. Als er am 27. Dezember 1824 mit 66 Jahren heimgegangen war, durfte ihm der Sohn das Zeugnis geben: »Er schlug wie Simson sterbend mehr Philister denn lebend.« Auch die Mutter verleugnete keineswegs einen ernsten und herben Zug in ihrem Charakter. Gleich ihrem Mann mußte sie durch eigne Krankheit und mancherlei Leid im Familienkreis für die Ewigkeit zubereitet werden. Am Himmelfahrtstag des Jahres 1827 durfte sie selig heimgehen. Ihr Sohn schrieb nach ihrem Tod: »Ach, aus wieviel Elend, Kummer und Not ist sie hinausentschlafen in das ewige Vaterland zu meinem seligen Vater hinüber, den sie unzählige Male um Verzeihung gebeten haben wird wegen, wie sie meinte, versäumter Liebe, zum treuen Heiland hinüber, der sie erkauft, erworben und gewonnen mit seinem eigenen Blute.«

Die Eltern hatten ihren Sohn zunächst für den Verwaltungsdienst bestimmt; jemehr aber der Vater seinen Sohn beobachtete, desto mehr drängte sich ihm der Gedanke auf, daß er für das Predigtamt berufen sei. Darum fragte er ihn nach seiner Konfirmation, ob er nicht doch lieber Theologie studieren wolle. Der junge Hofacker hat sich mit Freuden für das theologische Studium entschieden. Am Tage der Völkerschlacht bei Leipzig, am 18. Oktober 1813, trat er in das Seminar zu Schöntal ein. Im Jahr 1814 kam er in das Maulbronner Seminar. Zu seinen Mitschülern gehörte der später so bekannt gewordene Liederdichter *Albert Knapp,* mit dem ihn bald eine innige Freundschaft verband. Beide gerieten während ihrer Seminarzeit in ein sehr weltliches Wesen hinein. Hofacker muß am Ende gemerkt haben, daß ihm diese Art nicht förderlich war. Kurz vor seinem Abgang zur Universität Tübingen wanderte er noch einmal mit Albert Knapp durch den altvertrauten Klostergang in Maulbronn. Plötzlich fiel Hofacker seinem Freund Knapp um den Hals und rief: »Es nützt doch all dieses Leben nichts! Wir müssen uns eben bekehren, du und ich, sonst wird zeitlebens nichts Rechtes aus uns! Komm, bekehre dich!« Knapp erzählt in der Erinnerung an jene Stunde weiter: »Ich aber lachte und erwiderte: ›Bekehre du dich selber zuvor, du wirst's wohl brauchen können!‹ Er aber faßte mich heftiger und rief: ›Nein, beide müssen wir uns bekehren!‹ So umfaßten wir uns ringend und fielen zuletzt als närrische Jünglinge zu Boden, von dem wir uns friedlich erhoben, worauf Hofacker rief: ›Nun sind wir zwar gefallen, aber noch lange nicht bekehrt‹.«

Aus der Bekehrung wurde zunächst nichts. Auch auf der Universität als Student der Theologie blieb Hofacker in den alten weltlichen Geleisen. Er schreibt im Rückblick auf diese Jahre: »Ich lernte in dieser Zeit so mit dem großen Haufen dahin, war auch nicht sehr fleißig, weil ich meistens Studentengedanken im Kopf hatte. So ging's auch in den ersten zwei Jahren, die ich in Tübingen zubrachte. Ich hatte viele Kameraden und war ein Knecht des Zeit- und Studentengeistes. Ich schäme mich dieser Zeit. Ich war weit von Gott weggekommen und steckte in greulicher Sündenfinsternis. Ich wandelte in einem ständigen Traume.« Seine Studienfreunde waren eines Tages sehr überrascht, als sie hörten, daß Hofacker ein Pietist geworden sei. Er hatte lange mit sich gerungen, bis er endlich im Herbst 1818 erkannte, daß er sich Jesus ergeben müsse.

Unablässig hat er seit jener Stunde Gott um Kraft und Beständigkeit angefleht. In späteren Jahren bekannte er, oft so anhaltend gebetet zu haben, daß er meinte, ihm fiele das Haar vom Kopf. Der erst zwanzigjährige Jüngling vollzog einen radikalen Bruch mit der Vergangenheit. Sein Christentum hatte zunächst viel Gesetzliches; denn er meinte, er müsse dem Heiland etwas bringen, damit er ihn annehme. Kaum war er von dieser Not befreit, so geriet er in eine andere Gefahr. Er verfiel der Schwärmerei. Es waren hauptsächlich die Schriften von Jakob Böhme, die ihn in die Welt der Theosophie führten. Da schloß er sich ernsten Christen an. Mit Vorliebe besuchte er die sogenannte »Stunde«, wo er inmitten von Weingärtnern, Schneidern und Schustern Förderung für sein inneres Leben suchte.

Er trat in seiner Tübinger Studentenzeit nicht nur den bibelgläubigen Professoren *D. Flatt* und *D. Steudel* näher, sondern schloß sich auch einem Kreis erweckter Studenten an. Zu ihnen gehörten manche, die, wie *Chr. Gottl. Barth, Fr. Wilhelm Krummacher*[1] und *Andreas Bräm*[2] noch große Aufgaben im Reich Gottes erfüllen sollten. Sein neuerwachter Glaube suchte nach einem Betätigungsfeld. Er fand es, indem er sich der Stadtarmen und der gering geachteten Stiftsdiener annahm.

Kurz vor der Vollendung seines Studiums nahm ihn Gott in die Leidensschule. Bei einem Gang durch die Straßen Tübingens traf ihn an einem heißen Sommertag ein Sonnenstich. Er wurde ohnmächtig und fiel zu Boden. Bei dem Sturz verletzte er sich an der scharfen Spitze eines Blitzableiters. Es folgte ein langwieriges Nervenfieber. Die Mutter eilte aus

[1] (1796–1868) zuletzt Hofprediger in Berlin. Am bekanntesten ist sein Predigtbuch »Elias der Thisbiter«.

[2] (1797–1882) Gründer des Erziehungsvereins in Neukirchen, Kreis Mörs, aus dem sich ein großes Werk der Inneren Mission entwickelte.

Stuttgart herbei, um ihren Sohn zu pflegen. Nach längerem Krankenlager verließ er am 6. September 1820 Tübingen und kehrte in das Elternhaus zurück.

Sein erstes Vikariat versah er in Stetten im Remstal, wo er aber nur sechzehn Tage im Amt stand. Sein Weg führte ihn dann weiter nach Plieningen. Hier durfte er ein Vierteljahr in großem Segen wirken. In einem Brief berichtet er über seine erste Predigt in Plieningen und die ersten Schritte ins geistliche Amt: »Das erste Mal predigte ich hier am Andreasfeiertag. Ich ging mit schwerem Herzen auf die Kanzel und sagte meinen Zuhörern auf Grund des Evangeliums, daß ich gekommen sei, sie zu fischen, und sodann, wie ich sie fischen wolle. Weil ich mehr Freimütigkeit im Vortrag habe als mein Vorgänger im Vikariat, so erregte mein Vortrag nicht geringes Aufsehen. Am Advent war die Kirche voll Menschen, und bis daher nimmt die Menschenzahl nicht ab sondern zu, so daß viele Fremde aus benachbarten Dörfern in die Predigt kommen. Der Hunger nach dem Wort Gottes ist groß, aber wenige sind der Arbeiter. Herr, sende Arbeiter in deine Ernte! Die Leute machen viel aus mir, und ich gefalle mir nicht selten darin; es gibt aber keine größere Sünde für einen Prediger als Selbstgefälligkeit. Ich muß abnehmen, Christus muß zunehmen. So soll ein Knecht Christi denken.« Und weiter schreibt er in seinem Brief: »Große Erfahrungen mache ich auch am Krankenbette. Ich pflege sechs bis acht meiner Kranken an einem Nachmittag zu besuchen. Da kommt man freilich an gar verschiedenen Personen herum. Bei dem einen muß man geben, bei dem andern holen, doch meistenteils mehr geben als holen. Ich muß dabei manches reden, was nicht gerade aus dem Glauben, sondern aus dem Wissen geht. Da kann ich nichts sagen, als daß der Herr möge mein Elend und was ich schlecht gemacht habe, gutmachen. Doch wenn ich so oft am ärmsten bin, wenn mir aller helle Blick auf Gott und Ewigkeit weggenommen ist und ich den Herrn bitte, mir in meiner Armut etwas für die Kranken zu schenken, da geht's oft recht gut, manchmal viel besser, als wenn ich in halbem Vertrauen auf eigene Kraft oder auch nur in halber Zuversicht auf Gnade hingehe.«

Nach kurzer Tätigkeit war er gezwungen, die Arbeit aufzugeben. Er kehrte um seines leidenden Zustandes willen nach Stuttgart in das Elternhaus zurück. Mehr als zwei Jahre mußte er in der Stille bleiben und sich der treuen Pflege der Mutter anvertrauen. Im ersten Jahr seiner Krankheit war er unfähig zu lesen und zu schreiben, selbst das Sonnenlicht vertrug er nicht. In seiner Selbstbiographie schreibt er über diese Leidenszeit: »Ich probierte alles Mögliche, ich betete und flehte, daß doch die Krankheit weichen möchte; ich murrte, aber der Heiland ließ mich trotz allem Sträuben und Schreien nicht aus meinem Gefängnisse. Ich mußte in das väterliche Haus zurückkehren und mich kurieren lassen. Dieses Kurieren aber ging nicht so schnell, als ich es mir eingebildet hatte. Ich wartete von Woche zu Woche und von Monat zu Monat und mußte zwei Jahre warten. Wieviel Arbeit kostete es den Geist Gottes, bis er mir nur begreiflich machte, daß ich ein entbehrliches Werkzeug und daß es Gnade sei, wenn er mich brauche. Es war im Ganzen ein leidliches Gefängnis. Ich konnte außer dem Bett sein und ausgehen, man sah mir nicht viel Krankheit an; aber meine Kopfnerven waren so geschwächt, daß ich eine Ohnmacht befürchten mußte, wenn ich nur in ein Buch hineinsah. Schreiben konnte ich ohnehin nichts. Wieviel Ungeduld und Verzagtheit des Herzens ich in diesem Zustand erfahren, ist nicht auszusprechen. Es ging mir, wie ein gewisser Schriftsteller von sich sagte: »Ich starb fast vor Ungeduld, bis ich nur ein wenig Geduld lernte.« Zu seinem Freund Albert Knapp sagte er einmal in jenen Tagen: »Was meinst du, wie mir's zumute sei, wenn ich denke, der Heiland habe mich zum alten Eisen geworfen? Wahrlich, das ist kein Scherz, so bei lebendigem Leibe als ein Toter umhergehen zu müssen, arbeiten zu wollen und doch nichts arbeiten zu dürfen und sich von andern nur wie ein Kind in der Wiege erhalten zu lassen; das heißt sterben, und auch zu solchem Tode muß ich mich mit dem Heiland gepflanzt achten.«

Im Herbst 1822 konnte er die Arbeit wieder aufnehmen. Für seinen Vater, der damals schon leidend war, übernahm er die Grabreden und machte für ihn die Krankenbesuche. Am 31. Januar 1823 bestieg er zum ersten Mal wieder die Kanzel und hielt eine Bußtagspredigt, die tiefen Eindruck hinterließ. Im März wurde er seinem Vater, der einen Schlaganfall erlitten hatte, als Vikar beigegeben. Seit jener Zeit übte er seine Predigttätigkeit in der Leonhardkirche aus, die, wie Albert Knapp sagt, »einen ungewöhnlichen Lebenshauch durch Tausende von Seelen verbreitete«. Er hielt seine Predigten meistens am Sonntagnachmittag. Trotz der ungünstigen Zeit sammelten sich große Scharen um seine Kanzel. Über die Bewegung, die durch die Predigten des bis dahin unbekannten Vikars ausgelöst wurde, berichtet sein Freund Albert Knapp: »Gleich beim Eintritt in die Kirche ergriff mich die ernste Sammlung der gedrängt harrenden Gemeinde, und vor den geöffneten Türen sah man, so weit etwa die Stimme des Predigers reichen mochte, noch zahlreiche Volksmassen geschart. Der Gesang wogte feierlich durch die Gemeinde hin, sanft und andachtsvoll; man fühlte es, die Leute wußten, warum sie gekommen waren. Hofacker betrat die Kanzel, ein ernster, leidender Zug ging durch sein edles Angesicht, dem man die Trübsalsprobe wohl ansah, und er begann nach einem überaus würdig und kunstlos gesprochenen Gebet seine Predigt über 2. Korinther 3, 4 – 11, dieselbe, die in seiner Predigtsammlung gedruckt und von mir teils nach seinem Konzept, teils nach einer Nachschrift, teils aus klarer Erinnerung mit möglichster Treue und Vollständigkeit wiedergegeben ist. Allein dieses Gedruckte ist nur ein schwacher Widerhall dessen, was damals aus seinem Munde ging, gleichwie sich eine Silhouette von einem lebenden Antlitz unterscheidet ... Es lag eine Inbrunst, ein hinreißendes Feuer der Wahrheit und seliger Lebenserfahrung in seinem Zeugnis, wovon ich bis dahin gar keinen Begriff hatte, und ich war nicht der einzige, dem's also ging, sondern ein sehr ehrwürdiger, in Christo festgewurzelter Freund, welchen ich bald hernach aus einer ähnlichen

Predigt Hofackers nach Cannstatt begleitete, fragte mich mit dem nämlichen Eindruck unterwegs: »Sage einmal, hast du jemals geahnt, daß ein Mensch mit solcher Geistesmacht reden könne?« *C. A. Dann,* der damals einer der bekanntesten Pfarrer in Stuttgart war, sagte einem Freunde, nachdem er Hofacker am Vormittag in der Kirche gehört hatte: »Ich will sehen, ob der Herr mir's gelingen läßt, daß meine Predigt heute nachmittag ein schwacher Nachhall von dem mächtigen Zeugnis dieses Herolds sein möge!«

Wie Hofacker selber über seine Arbeit dachte, zeigt ein Brief, den er am 19. April 1823 an einen Freund schrieb: »Es ist mir bei meiner hiesigen Tätigkeit immer, als ob es hieße: »Rufe laut und schone nicht!« Weil ich hier, als Vikarius namentlich, nur eine Pilgerhütte aufgeschlagen habe, so trachte ich danach in jeder Predigt alles, den ganzen Weg des Lebens zu sagen und mit aller Macht, die mir der Herr schenkt, zu der gekreuzigten Liebe einzuladen. Ich könnte wohl auch oft speziellere Materien abhandeln, wenn ich's aber tun möchte, so schweben mir so viele arme Seelen vor, die oft genug Stroh statt Futter kriegen, und es tritt mir der Befehl des Herrn, Buße und Vergebung der Sünden in seinem Namen zu verkündigen, vor das Herz. Dazu kommt auch mein eigenes Unvermögen, solche spezielle Sachen abzuhandeln. Ich habe keine Gedanken über das, was sich nicht auf den Heiland oder nicht auf das innere Leben, insofern er sich darin gestaltet, und auf seine unaussprechliche Liebe bezieht.«

Gegen Ende des Jahres 1824 verschlimmerte sich der Zustand seines Vaters. Er empfahl den Schwerkranken der Fürbitte der Leonhardgemeinde. Es folgte zwar eine vorübergehende Besserung im Befinden des Kranken, doch am 27. Dezember 1824 ist der Vater selig entschlafen. Hofacker wurde vom Konsistorium beauftragt, die erledigte Stelle vorerst zu verwalten. Da zur selben Zeit eine zweite Stelle an der Leonhardkirche frei wurde, richtete man an die Behörde die Bitte, dem beliebten Prediger eine der beiden Stellen zu übertragen. In drei Tagen wurden nicht weniger als 1600 Unterschriften gesammelt. Der Wunsch weiter Kreise der Gemeinde ging leider nicht in Erfüllung. Hofacker aber schrieb das schöne Wort: »Meine Tage stehen in des Herrn Händen, und er stellt seine Leute, wohin er will.«

Im Oktober 1825 befiel ihn erneut ein schweres Nervenfieber, das ihn an den Rand des Grabes brachte. Damals reichte ihm Stadtpfarrer C. A. Dann das heilige Abendmahl. Im Rückblick auf die schwere Zeit schreibt er: »Der Arzt hatte mich aufgegeben, aber Gott noch nicht. Nach und nach brach die Krankheit, und ich fing an zu genesen. In welche Tiefe mich hier der Herr gestoßen hat, was ich namentlich auch an der Seele für Angst der Hölle erlitten, das wird mir wohl unvergeßlich bleiben. Aber die Liebe, die ich in dieser schweren Zeit in Stuttgart von so vielen Bekannten und Unbekannten erfahren habe, ist und bleibt mir auch unvergessen. Jesus wolle alles offenbaren und vergelten an seinem großen Tag.«

Nach der Wiederherstellung seiner Gesundheit bewarb er sich ohne Erfolg um die Pfarrstelle Stammheim bei Ludwigsburg. Eine erneute Bewerbung, diesmal um die Pfarrstelle Rielingshausen bei Marbach, führte dann zum Ziel. Im März 1826 wurde ihm die Stelle übertragen. Bevor er Stuttgart verließ, richtete er an seine dortigen Freunde ein Abschiedsschreiben. Darin heißt es: »Die lieben teuren Seelen, die so herzlichen Anteil an meinem und der Meinigen Schicksal genommen haben, die in unseren Trübsalen, ja in unsern schwersten Leidensstunden mit Trost, Rat und Tat uns beigesprungen oder auch für uns vor den Vater aller Barmherzigkeit und Gnade getreten sind – ich kenne sie bei weitem nicht alle; aber ich weiß, daß der Herr sie kennt, und es ist meines Herzens Wunsch, daß er sie alle auch als die Seinigen an jenem großen Tage erkennen möge. Blicke ich nun auf die Zeit zurück, welche ich in dieser Stadt zugebracht habe, so zeigt sich mir Unzähliges, darüber ich mich wundern, ja erstaunen und anbeten muß. Durch eine unmittelbare Hand Gottes hereingeführt, haben wir es in tausendfacher Beziehung erfahren, was der Allmächtige kann und welche Friedensgedanken er über die Menschenkinder hat. Unter diese Erfahrungen rechne ich auch das, daß ich nun bei meinem Abgang von hier die Hoffnung hegen darf, auch für andre nicht umsonst hier gewesen zu sein und nicht ganz vergeblich gearbeitet zu haben. Viel Samen des Wortes Gottes ist freilich auf den Weg, vieles unter die Sorgen und die Reichtümer dieses Lebens hineingefallen; manches ist auf Felsengrund geraten, wo es anfangs lustig aufging und gute Hoffnungen erregte, aber nach und nach verdorrte, weil es nicht Wurzel schlagen konnte. Indessen glaube ich doch, im Vertrauen auf die Verheißungen des lebendigen Gottes (Jesaja 55, 11), daß auch manches ein gut Land gefunden hat und noch seine Frucht tragen wird zu seiner Zeit in Geduld. Es ist der Wille des Vaters, daß der Sohn verklärt werde in den Herzen der Menschen durch den heiligen Geist, und diesen Liebeswillen hat er an manchen erfüllt und wird ihn noch an vielen erfüllen; denn seine Barmherzigkeit ist groß und sein Haus noch lange nicht voll. Doch lasset uns eilen hineinzukommen, ehe die Tür verschlossen wird! Lasset uns eilen, damit wir dem, der uns erkauft hat, den Lohn seiner Schmerzen und seiner Arbeit nicht entziehen!«

Am 1. Juli 1826 fuhr Ludwig Hofacker, kaum vom schweren Nervenfieber genesen, auf einem Wägelein seiner neuen Gemeinde entgegen. Ihn begleiteten seine Mutter und sein Bruder Max, der leider schon seit längerer Zeit geisteskrank war. Hofacker nennt Rielingshausen in einem Brief ein »Dörflein, freundlich und still in ein Tälchen hineingeworfen«. Im Jahr 1811 hatte die Gemeinde eine große, schöne Kirche gebaut, die eigentlich für die kleine Gemeinde zu groß war. Man kann sich des Eindrucks nicht erwehren, daß sie nach göttlicher Vorsehung eigens für den großen Zeugen Jesu Christi gebaut worden ist. In dieser Kirche hielt er am 2. Juli 1826 seine Antrittspredigt über die Worte: »So spricht der Herr, der Heilige in Israel, und ihr Meister: ›Fordert von mir die Zeichen; weiset meine Kinder und das Werk meiner Hände zu mir!‹« (Jesaja 45, 11). Mit dieser Predigt leitete er das große Werk ein, das nicht nur der Gemeinde Rielingshausen, sondern der ganzen schwäbischen Kirche zugute kommen sollte. Er hatte bald Gelegenheit, mit ganzem Ernst seinen Standpunkt zu vertreten. In Rielingshausen bestand die leidige Unsitte, daß man nach der Trauung in der Kirche sofort ins Wirtshaus ging und den Tag mit einem Tanzfest beschloß. Das erste Paar, das sich zur Trauung anmeldete, wollte trotz mehrfacher Mahnung Hofackers von dieser Sitte nicht lassen. Am folgenden Tag war alles im Wirtshaus hergerichtet, damit man aus der Kirche sofort auf den Tanzboden gehen konnte. Das Brautpaar erschien in der Kirche. Hofacker bestieg in aller Ruhe die Kanzel und sprach zunächst über die Heiligkeit und Wichtigkeit des Ehestandes, um dann in erschütternder Weise davon zu reden, was es heiße, seinen Ehestand im Namen des Heilandes zu beginnen und dann im Namen des Teufels zu führen und zu beendigen. Schon während der Predigt entfernte sich einer der Brautväter, um die Musik abzubestellen. Nachdem die große Versammlung das Gotteshaus verlassen hatte, löste sich der Brautzug still auf. Keiner hatte mehr Lust, in das Wirtshaus zu gehen. So lange Hofacker das Pfarramt in Rielingshausen verwaltete, ist auf keiner Hochzeit mehr getanzt worden. In ähnlicher Weise gelang es ihm, das Kirchweihfest zu veredeln, das bis dahin oft in ausgelassener Weise gefeiert worden war. Dafür erfreute Hofacker die Jugend an Weihnachten durch einen Tannenbaum und eine kleine Bescherung. Sie vergalt die Freundlichkeit ihres Pfarrers damit, daß sie in der Neujahrsnacht das Schießen unterließ. Dafür sang sie vor den Fenstern des Pfarrhauses in Gegenwart einer großen Menge die beiden Choräle »Nun danket alle Gott« und »Lobe den Herren, den mächtigen König der Ehren«.

Die kurze Zeit, die ihm in Rielingshausen beschieden war, benutzte Hofacker, um »seinen Schrei zu tun«. Und der Schrei wurde gehört. Aus der nächsten Nachbarschaft, aber auch aus der weiteren Umgebung kamen Sonntag für Sonntag große Scharen, um Hofacker predigen zu hören. Einem Bruderkreis schreibt er: »Am Sonntag ist Sturm. Stuttgarter und Leute aus der weiten Umgebung strömen hierher; sie wollen einander erdrücken um das Wort Gottes. Ich predige, was ich selbst brauche, Buße und Vergebung der Sünden, evangelischer als in Stuttgart; der Heiland gibt's mir. Ich bitte, ich flehe inständig: Lasset euch versöhnen mit Gott! Kommt, Sünder, und blicket dem ewigen Sohne ins Herz, in die Nägelmal', unter die Krone! Das ist also meine Hauptpredigt. Ich darf sagen, ich predige das Lamm, das geschlachtet ist. Das ziehet die Geister! Es ist schade um die vielen Worte, die man auf der Kanzel macht, die nicht auf ihn gehen.« Bei einer anderen Gelegenheit bemerkt er: »Es ist weit umher kein lebendiges Wort, darum die hiesige Kirche bis jetzt an den Sonntagen gepreßt voll, so daß die benachbarten Pfarrer fast leeren Bänken predigen, was mir von einer Seite her leid tut. Ach, daß sie alle weissagten! Auch regen sich die Totenbeine, und es sieht einem Gnadenjahr gleich. Ach, Herr, führe du deine Sache! Wir sind gar sicher, faul und kalt! Es ist mir merkwürdig, daß der Heiland sich solcher Werkzeuge bedient, dergleichen ich eines bin. Ich glaube aber doch nicht, daß er im Sinn hat, seine armen Werkzeuge, wenn sie gebraucht sind, ins Feuer zu werfen. Das traue ich dem Treuen nicht zu. Ich tue meinen Mund größtenteils mit Freudigkeit auf.« Damit er sich nun seiner Erfolge nicht überhob, schickte ihm der Herr mancherlei Trübsale. Da war zunächst sein Bruder Max, einst ein hochbegabter Student der Theologie und nun geisteskrank. Es war für Hofacker nicht leicht, diesen Bruder um sich zu haben, der bald stumm, bald tobend im Hause umherlief. So schrieb er einem Basler Missionsseminaristen: »Sehen Sie, wenn man so dasitzt auf dem Sofa drei Monate lang, an Leib und Seele geschwächt, um einen herum ein tobender Mensch oder der wenigstens in allem überzwerch ist, eingeschneit und so weiter, dann bekommt man ganz andere Gedanken als im Missionshause, von Brüdern umgeben und im Vollauf des göttlichen Wortes.«

Zu seinen sonstigen Leiden kam im Sommer 1826 während seines Aufenthalts in dem kleinen Bad Neustadt bei Waiblingen eine Entzündung am Goldfinger seiner linken Hand. Die eiternde Wunde hatte bereits das obere Gelenk der Hand angefressen. Er mußte am Ende den Finger durch eine Operation entfernen lassen. Am Himmelfahrtsfest des Jahres 1827 traf ihn neue Trübsal. Seine Mutter, die seit längerer Zeit an Wassersucht litt, starb an einem Schlaganfall. Der Heimgang der Mutter schmerzte ihn sehr. Er war mit ihr auf das innigste verbunden. Sie hatte ihn immer auf betendem Herzen getragen und mit herzlicher Liebe seinen Weg als Prediger verfolgt. Als eine besondere Wohltat empfand er es, daß sie ihm alle Sorgen für den Haushalt bisher abgenommen hatte. Seinem Freund Albert Knapp schrieb er nach dem Heimgang der Mutter: »So habe ich nun zwei ziemliche Geister in der Ewigkeit! Meine Mutter ist offenbar kein gewöhnlicher Geist gewesen, schon von Natur; in ihrer letzten Zeit noch mehr durch die Zucht des Geistes. Ich freue mich, bis ich sie wiedersehen, sie umarmen kann. Sie hat sich besonders meiner mit unaussprechlicher Liebe angenommen und mich mehr als mütterlich besorgt ... Meine Tante bleibt bei mir. So wenig sie den lebendigen Geist meiner Mutter hat, so hat sie doch vielen guten Willen, und es ist eine Zucht des heiligen Geistes in ihr. Mein armer Max bleibt bei mir nebst seinem Hüter. Dies ist mein tägliches Kreuz. Ich will aber, so viel an mir ist, Treue an ihm beweisen, was mir Gott schenken wolle.«

Der Tod der Mutter traf ihn in einer Zeit, da er selbst körperlich nicht auf der Höhe war. Von Februar bis Juli 1827 mußte er sich durch einen Vikar vertreten lassen. Die Leiden der letzten Jahre hatten in ihm den Gedanken an sein nahes Ende immer stärker werden lassen. Aber ebenso stark war der Wunsch, noch einige Zeit für das Reich Gottes wirken zu dürfen. So schrieb er einem Freund: »Ich möchte aber doch auch noch etwas nütze sein in dieser Welt und an dem Reich Gottes bauen helfen, so viel an mir ist, ehe mein Lauf zu Ende geht.«

Gott schenkte ihm in der Tat nocheinmal eine Zeit kraftvoller Arbeit. Den ganzen Winter über predigte er fast jeden Sonntag. Wieder wurde der Zulauf zu seinen Predigten sehr groß. In der Gemeinde setzte eine Erweckung ein, die Hofacker teils mit Freude, teils aber auch mit Sorge wahrnahm. Sie ist freilich berechtigt gewesen, denn die Erweckung war nicht von langer Dauer. Er berichtet einem Kreis von Brüdern: »Viele wachten vom Tode auf; aber wenn solch eine Erweckung geschehen ist, so legen sich die meisten, nachdem sie die Bekehrungsstränge etwas angeschnellt, bald wieder bequem zum vorigen Sündenschlaf nieder. Am Advent vorigen Jahres fing wieder etwas an. Sie errichteten eine neue Versammlung; alles wollte sich bekehren... Jetzt ist's wieder still.«

Den Winter über beschäftigte er sich auch mit der Herausgabe seiner Predigten. Es war vor allem der Gedanke an sein nahes Ende, der ihn zu dieser Arbeit drängte. Noch im Jahr 1827 konnte ein erstes Heft mit zehn Predigten herausgegeben werden, dem dann im Sommer 1828 ein zweites mit zwölf Predigten folgte. Die Herausgabe des dritten Heftes erlebte er nicht mehr. Sein Bruder *Wilhelm* hat dann den Rest der Predigten herausgegeben und damit der evangelischen Christenheit jenes Buch geschenkt, das seither so viel Segen verbreitet hat.

Am Osterfest des Jahres 1828 betrat Hofacker zum letzten Mal die Kanzel in Rielingshausen. Noch einmal legte er ein gewaltiges Zeugnis ab von Jesus Christus, dem Todesüberwinder. Gegen Ende der Predigt wies er auf den großen Ostertag hin, dem die ganze Schöpfung entgegengehe, an dem der Tod aufgehoben und der Sieg des Lebens vollends offenbar werde. Ohne es selbst zu ahnen, nahm er mit dieser Predigt Abschied von der Kanzel.

Noch in der Osterwoche erkrankte er an einer Brustentzündung, die dann in Brustwassersucht überging. Um jene Zeit besuchte ihn sein treuer Freund Albert Knapp, der einen ergreifenden Bericht über seine Begegnung mit Hofacker gegeben hat: »Welch eine Veränderung war mit diesem einst so blühenden, von Lebenskraft überwallenden Mann vorgegangen! Zwei Jahre vorher hatte er noch voll des heitersten Humors und über unser Wiedersehen herzlich vergnügt neben mir gesessen, als ich ihn kurz vor seinem Abzug nach Rielingshausen besuchte. Jetzt saß er bleich, mit eingefallenem Angesicht und matten, halberloschenen Augen, beklommener Brust und dickgeschwollenen Füßen vor mir in einem Lehnstuhl mit sanfter, heiserer Stimme mich willkommen heißend. So hatte ich mir meinen geliebten Louis nicht vorgestellt, als ich mit einem Stuttgarter Freund unter lachendem Sommerhimmel und durch prangende Fluren Rielingshausen entgegenfuhr, wo uns, je näher wir dem Ort kamen, die Leute mit um so milderen Zügen und freundlicheren Augen begrüßten, so daß wir zueinander sagten: ›Was gilt's? Diese sind von Rielingshausen, Schafe von Hofackers Herde!‹ Es befand sich auch so; als ich aber den Hirten dieser Schafe, den lebensmüden, im Feuertiegel des Elends sitzenden Freund meiner Jugend wiedersah, konnte ich mich der tiefsten Bekümmernis nicht erwehren; Tränen entstürzten meinen Augen, und ich konnte ihn lange nur schweigend anblicken. ›Gelt‹, sagte er, ›es ist ein anderes mit mir geworden! So weit bin ich heruntergebracht und liege nun wie Lazarus in des Heilands Händen da.‹ Ich mußte mich immer nur erholen und mich erst an seinen Anblick gewöhnen, der so außerordentlich verändert war; dann aber wurde mir auch jedes noch so einfach hingeworfene Wort seines Mundes zum Segen, und ich fühlte tief, was es ist, sich in keinerlei Weise, wie Paulus sagt, auf das Fleisch zu verlassen, sondern im Geiste zu leben und auch bei Zertrümmerung der irdischen Hütte *ein* Geist mit dem Herrn zu sein. Was Hofacker damals mit mir sprach, war durchaus ohne Schmuck, aber von der Art, daß man schon damals fühlte, wie nahe er der ewigen Heimat stehe.« Albert Knapp las bei jenem Besuch Hofacker sein schönes Lied vor:

Abend ist es; Herr, die Stunde
ist noch wie in Emmaus,
daß aus deiner Jünger Munde
jene Bitte fließen muß:
Bleib bei uns im Erdental,
halt mit uns dein Abendmahl,

und dein Friedensgruß erfülle
Herz um Herz mit heil'ger Stille!

Hingesunken ist die Sonne;
deine Leuchte sinket nicht!
Herrlichkeit und ew'ge Wonne
sind vor deinem Angesicht.
Weithin schimmert Stern an Stern;
aber du, o Glanz des Herrn,
überstrahlest alle Sterne
in der weiten Himmelsferne.

Selig, wem du aufgegangen,
wem du in der armen Welt,
wo nur eitle Lichter prangen,
friedlich seinen Geist erhellt!
Wenn die Tage nun entflohn,
blickt er auf zu deinem Thron,
und auch auf den dunkeln Wegen
strahlt ihm Gottes Heil entgegen.

Der schwerkranke Hofacker fand noch die Kraft, an die Brüder im Land Briefe zu schreiben, in denen er zur Glaubenstreue ermahnte. Es möge hier ein Brief vom 20. September folgen:

»Liebe Brüder! Ob ich Euch noch einmal hier im Erdental sehen werde, weiß ich nicht. Es wäre nicht unmöglich, doch ist's eben nicht wahrscheinlich. Ich wünsche, daß Jesus Euch und mich unsere paar Lebenstage hindurch vollends an der Hand behalten möge. Die Umstände jedes Einzelnen sind so verschieden; auch geht die Menschheit Zeiten entgegen, die voll der wichtigsten Veränderungen, aber auch voll Jammers sein werden. Da kann man einander nichts Besseres wünschen, als: nur nicht von der Hand Jesu gewichen! Dieses werde an uns wahr! Jesus, mache es wahr! Immanuel!

Euer Hofacker

Albert Knapp

Kennzeichnend sind die schlichten Zeugnisse, die er einige Tage vor seinem Tod auf kleine Papierstreifen niedergeschrieben hat. Am 6. November 1828 lautet seine Aufzeichnung: »Gestern abend wollte ich ins Bett, um besser zu ruhen; aber wen Gott in den Sessel gesprochen hat, der soll nicht ins Bett wollen. Ich werde wohl im Sessel sterben müssen. Um zehn Uhr saß ich schon wieder im Sessel wegen furchtbarer Schmerzen. O Herr, gib Geduld und einen Sinn, der da spricht: Wer seinen Hochzeitstag schon vor sich sieht, der ist um andern Tand nicht mehr bemüht!« An seinem letzten Leidenstag, dem 18. November, hat er noch mit zitternder Hand geschrieben: »Die mit Tränen säen, werden mit Freuden ernten. Mein Gott, führe mich zu deiner Freudenernte, nachdem du mich in diese schwere Tränensaat geführt hast! Es ist genug, Herr, so nimm nun meine Seele!«

Dann bat er seinen Bruder: »Bitte nun den Heiland, daß er mich bald auflöse; denn jetzt kann ich es nicht mehr aushalten!« Als darauf sein Bruder erwiderte: »O Lieber, werde nicht mehr zaghaft, da du nun so nahe am Ziele bist! Der Herr ist bisher so treu gegen dich gewesen und hat dich nicht über Vermögen versucht werden lassen; auch durch diese paar Stunden hilft er dir gewiß vollends hindurch«, da glitt eine Träne über seine Wange und er sprach: »Ach, daß ich nur so etwas Ungeduldiges denken, geschweige denn reden konnte!«

Gegen Nachmittag fühlte er den Tod nahen. Er sprach: »Ich wandle im Todestal.« Mühsam versuchte er die Hände zu falten. Leise flüsterte er: »Betet! Betet!« Unter Handauflegung wurde zuerst der Segen des dreieinigen Gottes über ihm gesprochen, und dann betete man einige Liederverse. Als sein Bruder Wilhelm in dem Vers »Wenn ich einmal soll scheiden« sich versprach und sagte: «... kraft deiner Todespein«, verbesserte ihn der Sterbende: «... kraft deiner Angst und Pein«. Zuletzt betete man ihm noch die Verse von *Phil. Friedr. Hiller* vor:

Wenn mein Herz bedenkt,
daß es ist besprengt
mit des Heilands Blut,

hoch es sich erfreut
und den Tod nicht scheut,
stirbt mit gutem Mut.

Seine letzten Worte, die er mit erbleichenden Lippen noch sprach, lauteten: »Heiland – Heiland – Heiland!« So ist der edle Zeuge mit der Anrufung des Namens heimgegangen, den er zu seinen Lebzeiten so oft seinen Zuhörern verkündigt hat.

Am 21. November trug man ihn zu Grabe. Am Eingang zum Friedhof steht eine Inschrift, die den Besucher wohl nachdenklich stimmen mag:

O Wandrer, stehe still, bedenke, wer du bist!
Dem Leibe wird allhie die Ruhstatt zugerüst't.
Wo ist der Seelen Ort? Wo wird sie hingetragen?
Das mag dir Gottes Wort und dein Gewissen sagen!

Von nah und fern hatten sich außer den Amtsbrüdern viele Freunde und dankbare Predigthörer eingefunden. Diakonus *Heim* von Winnenden, der spätere Dekan von Tuttlingen und Verfasser einer tiefgründigen Auslegung des ersten Buches Mose, sprach ein Gebet. Pfarrer *Rommel* von Winterbach hielt über Epheser 2, 8. 9 die Leichenpredigt. Eine eiserne Platte, auf der neben den Lebensdaten die Worte aus Psalm 126, 5, »Die mit Tränen säen, werden mit Freuden ernten«, stehen, deckt sein Grab, das man ihm neben dem seiner Mutter bereitet hatte. Zwei mächtige Fichten, die zu Füßen der Grabstätte emporragen, sind ein Sinnbild dafür, daß bei Glaubensmenschen das Leben über den Tod den Sieg behält.

An Ludwig Hofacker

Einst blühten wir fröhlich in Jugendgestalt,
du prangtest, von glänzenden Locken umwallt,
ein stürmischer Jüngling, den Freunden so lieb;
doch irrte geblendet dein feuriger Trieb.

Da tat dein Versöhner die Augen dir auf,
und siehe, du wandtest dich plötzlich im Lauf!
Was einst dich bezauberte, warfest du hin,
was Schaden dir deuchte, das ward dir Gewinn.

»Durch Sterben zum Leben«, das wurde dein Gang,
von innen so selig, von außen so bang.
Im Tiegel der Trübsal geläutert so heiß
erstandest du herrlich, dem Mittler zum Preis.

Ein Zeuge, der Tausende flammend berührt
und priesterlich sie zu dem Kreuze geführt,
wo unsere Sünden der Eine gesühnt,
aus dem nun das ewige Leben ergrünt.

O seliger Wechsel, o himmlische Kraft,
die solches in dir uns zum Segen geschafft,
zum Segen auch mir, den am dämmernden Rand
dein Arm einst so liebend und rettend umwand!

Heil dir zu den Tränen, die hier du geweint,
zum Glauben, womit du dich Jesu vereint,
zur Liebe, womit du die Seelen umfingst,
zur Hoffnung, womit zur Vollendung du gingst!

Nun schlummerst du lange schon tief in der Erd',
ein Sieger, vom Sturme des Kampfes verzehrt;
doch über dir tönet das ewige Wort,
und mächtiglich redet dein Glaube noch fort.

So zeuge, mein Bruder, auch hier in dem Buch[1]:
wie Jesus nur tilget den menschlichen Fluch,
wie er nur die Sünder zum Himmel erhebt,
und ewig in seinen Erlöseten lebt!

[1] gemeint ist Hofackers Predigtbuch

Ich alt're; doch kann ich vergessen sie nie,
des Bruderbunds heilige Lenzmelodie,
und inniglich leg' ich, wie Gott ihn mir gab,
den Ehrenkranz auf dein geheiligtes Grab.

Albert Knapp

Hülben und die Lehrerfamilie Kullen

Ein Brennpunkt geistlichen Lebens war im 19. Jahrhundert das Dorf *Hülben,* das etwa eine Stunde von der Stadt Urach entfernt liegt. Hier hatten im 18. Jahrhundert zwei treue Seelsorger das Predigtamt versehen, nämlich *Friedrich Christoph Steinhofer* und *Johann Ludwig Fricker*. Durch ihr Zeugnis war in Hülben geistliches Leben entstanden. Von besonderer Bedeutung war die Tätigkeit von Fricker gewesen; denn durch seine Predigt hatten sich der Schulmeister *Wilhelm Kullen* und seine Frau bekehrt. Der Sohn der beiden, *Jakob Friedrich Kullen* (1758 – 1818) suchte schon in jungen Jahren den Herrn. Durch einen Traum war er zur Bekehrung gelangt. Es träumte ihm eines Nachts, der jüngste Tag sei hereingebrochen und alle Menschen seien in den Himmel gekommen, nur er und sein liebster Schulkamerad nicht. Auf die Fürbitte anderer, besonders aber seiner frommen Eltern, seien sie beide dann noch vom Heiland eingelassen worden. Im Himmel entdeckten sie nun eine prächtige, ungewöhnlich lange und spiegelblanke Schleifbahn. Sofort eilten sie darauf zu und schliffen lustig dahin. Plötzlich tat sich vor ihnen ein großes Loch auf, und der Kamerad verschwand darin. Auch Jakobfrieder drohte das gleiche Schicksal. Im letzten Augenblick gelang es ihm, sich an einem emporragenden Baumstumpf anzuklammern; doch von unten zog eine dunkle Gestalt an seinen Beinen und wollte ihn zu sich hinabreißen. Da erschien ein freundlicher Mann, in dem er Jesus zu erkennen glaubte, ergriff ihn bei den Armen und brachte ihn in Sicherheit. Dieser Traum wurde für sein Leben entscheidend. Er zog sich vom Umgang mit leichtsinnigen Kameraden zurück und schloß sich der Gemeinschaft an.

Im Jahr 1784 übernahm er nach dem Tod der Eltern das Amt des Vaters und das ansehnliche Bauerngut, das von der Familie bis dahin bewirtschaftet worden war. Er mußte nun die Schwester ausbezahlen. Sie forderte für ihren Anteil 800 Gulden. Der Gemeinderat meinte zwar, sie solle, da die Güter nicht so viel wert seien, ihre Forderung um fünfzig Gulden ermäßigen. Sie wollte aber nicht. Da ließ man den Bruder aufs Rathaus kommen und legte ihm die Sache vor. Er aber sagte: »Nicht fünfzig Gulden weniger, sondern fünfzig Gulden mehr gebe ich der Schwester; denn der Teil, der das Hauswesen überkommt, ist immer besser daran als der wegziehende.« So zahlte er ihr 850 Gulden aus.

Um jene Zeit entstand in Hülben eine Erweckung, die von Dettingen ausging. Der junge Lehrer bekannte sich als erster zu ihr. Sein Haus wurde im Lauf der Jahre ein Mittelpunkt des geistlichen Lebens auf der Alb.

Nun hatte er an einem Sonntag über die Speisung der Fünftausend geredet und dabei auf die geheimnisvollen, aber immer gnadenreichen Wege Gottes hingewiesen. Am Abend kamen einige Brüder zu ihm, die im Einverständnis mit ihm bei Pfarrer *Eytel* in Neubulach wegen einer Ehefrau für ihn um Rat gefragt hatten. Eytel hatte ihnen die Antwort gegeben: »Die Magd meiner Schwiegermutter, der Frau Pfarrer Fricker in Neuffen, würde eine treffliche Ehefrau für Kullen abgeben.« Der aber wies den Vorschlag mit Entrüstung zurück. »Wie?« sagte er, »ich, der ich ein Schulmeister und zudem ein vermöglicher Bauer bin, soll eine ganz arme Person, die noch dazu eine simple Magd ist, heiraten? Die Brüder sind nicht recht gescheit.« Aber dann kam ihm die Stunde am Nachmittag in den Sinn, in der er gesagt hatte: »Was der Vernunft am widersinnigsten vorkommt, das eben ist der göttliche Weg.«

Dieser Satz ließ ihn nicht mehr zur Ruhe kommen. Nach langem Kampf fand er endlich die Freudigkeit, zu dem Vorschlag von Pfarrer Eytel ja zu sagen. Es wurde eine überaus glückliche Ehe.

Unter den Gemeinschaftsleuten fühlte er sich am meisten mit dem alten Bäckermeister *Handel* in Dettingen verbunden, der noch durch Pfarrer Steinhofer erweckt worden war. Als Steinhofer nach vierjähriger Tätigkeit wieder versetzt wurde, herrschte in der Gemeinde große Trauer. Handel aber meinte im Blick auf seine Bekehrung: »Mir geht er wohl; ich habe mein Teil empfangen!« Vielleicht hatte Kullen auch ihn im Auge, als er einmal sagte: »Die alten Brüder sind wie die Lagerbücher, aus denen man die Grenzsteine der Felder am besten ersehen kann.« Handel war in der Tat für viele »ein Vater in Christo«. Mit ihm zusammen besuchte Kullen oft den Spezial (Dekan) *Karl Friedrich Harttmann* im benachbarten Neuffen und holte sich viel Gewinn aus dessen Predigten. Jakob Friedrich Kullen starb im Jahr 1818 im Alter von sechzig Jahren.

Sein Sohn *Christian Friedrich Kullen* (1785 – 1850) folgte ihm im Amt nach. Er nahm seinen Beruf sehr ernst. In seine Unterrichtsstunden ging er nie ohne Gebetsvorbereitung; »denn ohne Gebet«, pflegte er zu sagen, »ist das Herz wie ein Garten ohne Zaun, in den alles Geschmeiß den Eingang findet.« Auch er stand treu zu den Versammlungsleuten. Die Stunde ging unter seiner Leitung nicht zurück, wie er anfangs nach dem Tod seines Vaters gefürchtet hatte. Es kamen sehr häufig Gäste von nah und fern, unter ihnen auch manche Studenten aus Tübingen, die sich an den kernigen Reden des Hausvaters erquickten. Besonders gut waren das ganze Jahr hindurch die Monatsversammlungen besucht. Zwei wichtige biblische Tatsachen stellte er immer wieder in den Mittelpunkt seiner Reden: das menschliche Verderben und die Gnade Gottes in Jesus Christus. Im Blick auf diese scheinbare Einseitigkeit sagte er gern: »Ich pflege den Baß zu singen; aber aus dem Generalbaß entwickelt sich die ganze Harmonie.« Denen, die dem Evangelium fernstanden, kam er mit großer Liebe entgegen, um sie für Jesus zu gewinnen. Bei der Tauffeier in einem sehr weltlich eingestellten Haus sagte er einmal: »O ihr Herren, ich habe ein Herz wie ein Scheunentor, und was mich betrifft, so möchte ich Sie alle mit mir in den Himmel nehmen.«

Anders als der bekannte »Pietistengeneral« *Gottlieb Scholl* hielt er sich vom öffentlichen Leben fern. Mit der Politik wollte er nichts zu tun haben. Die Bestrebungen der Revolution des Jahres 1848 waren ihm in der Seele zuwider. Die Trennung von Staat und Kirche erfüllte ihn mit Schmerz. Was er darüber gedacht hat, darf als typisch für viele Stundenleute um die Mitte des 19. Jahrhunderts gelten: »Wenn auch die äußere Kirche ihren Boden verliert und vielleicht auch bald den Schutz des Staates nicht mehr genießt, so halten die lebendigen Glieder dennoch zur Kirche; aber dem Staat geht es dann wie oftmals einem Mann, der seine Frau nicht mehr hat – er wird vollends liederlich.«

Am 30. April 1850 hielt er die letzte Stunde. Von da an mußte er sich legen. Still und gefaßt sah er seinem Ende entgegen. Er sagte öfters: »Wenn ich nach meinen Sünden sehen will, so ist's gerade, als ob der Heiland die Hand darüber hielte, so daß ich sie nicht sehen kann.« Am 12. Juni 1850 durfte er heimgehen.

Der Sohn *Johannes Kullen* (1827 – 1905) führte das Werk des Vaters fort. So leicht ihm die Übernahme des Schulamtes wurde, so schwer trug er unter der Last, die ihm mit der Leitung der Stunde auferlegt wurde. Er hat sich darüber in seinem Lebenslauf ausgesprochen: »Die Besorgung des Lehramts machte mir wenig Sorge; aber der Blick darauf, daß ich nun als Nachfolger meines Vaters auch die Stunden halten und leiten sollte, bereitete mir viel Sorge und Kümmernisse. Es war auch nicht leicht, den Heimgegangenen zu ersetzen. Er hatte eine besondere Gabe, lieblich zu reden und die Wahrheiten des Reiches Gottes durch Erfahrungen und Erlebnisse recht eindringlich zu machen; besonders konnte er meisterhaft erzählen. Da wäre ich oft lieber nach Amerika ausgewandert oder Stallknecht in einem Wirtshaus geworden. Den Propheten Jona, ›der floh vor dem Herrn‹ (Jona 1, 3), konnte ich wohl verstehen. Da tröstete mich einmal eine Verwandte mit den Worten: ›Es heißt ja öfters im Alten Testament: Dieser oder jener König starb, und sein Sohn ward König an seiner Statt.‹ Und der alte Onkel Barner von Korntal sagte zu mir: ›Dein Vater hat Christian Friedrich geheißen, und du heißt Johannes. Nun mußt du nur nicht meinen, du müßtest der Christian Friedrich Kullen sein, sondern bleibe du nur der Johannes Kullen. Ein jeglicher diene mit der Gabe, die er empfangen hat (1. Petrus 4, 10).‹ Das nahm ich mir zu Herzen, und es ging bald auch besser, als ich erwartet hatte.«

Pfarrer *Friedrich Baun* von Nabern, der ihn noch gekannt hat, schreibt über ihn: »Kullen hatte so gar nichts von der neuerdings beliebten und geübten Aufdringlichkeit an sich, die den Leuten gleichsam die Pistole auf die Brust setzt und sie zur Bekehrung zwingen will; er glich vielmehr dem still wärmenden Ofen, an den die Leute von selber näher heranrücken, wenn's um sie her kalt ist.« In der heiligen Schrift und in den Zeugnissen der Schwabenväter war er wohl bewandert. Vor allem liebte er die »Betrachtungen zum Neuen Testament« von *Karl Heinrich Rieger*. Er war ein treues Glied seiner Gemeinde, der er lange Jahre als Kirchengemeinderat und als Organist diente. Es war ihm daneben ein Herzensanliegen, fleißig Kranken- und Armenbesuche zu machen. Da er sechzig Jahre lang als Lehrer in Hülben tätig gewesen war, kannte er die meisten Einwohner von ihrer Kindheit an. Für jeden hatte er ein Herz voll Liebe. Er konnte einmal in seiner kindlichen Art sagen: »Ich glaube, ich habe bis jetzt alle meine Sterbenden gut in die Ewigkeit hinübergebracht.« Bei aller Wertschätzung, die er besonders in den Kreisen der Stundenleute genoß, blieb er ein demütiger Christ. Man hat mit Recht über ihn geurteilt: »Es ist gar keine Kunst, über Kullen hinaufzukommen; ob aber schon einer unter ihn hinuntergekommen ist, bezweifle ich.«

Bis zum 6. Februar 1905 ging er noch immer in seine geliebte Schule und unterrichtete. Bis zuletzt stieg er am Stock ins Schulzimmer hinunter, um dort Stunde zu halten. Endlich mußte er seinem geschwächten Körper nachgeben und sich legen. Er wartete geduldig auf seines Leibes Auflösung und bekannte in getrostem Glauben: »Ich darf bald heim – zur Herrlichkeit!« Am 4. März 1905 ist er im Herrn entschlafen. Nach seinem Heimgang schrieb ein früherer Lehrer an den Sohn *Albrecht* Kullen einen Brief, der uns so recht einen Blick tun läßt in ein Stundenhaus vor mehr als achtzig Jahren: »Ich erinnere mich in diesen Tagen lebhaft an meinen ersten Besuch in Hülben in Deinem Hause. Es war Sonntagmittag, als ich mit einigen anderen vor Hülben ankam. Was nun tun? ›Natürlich‹, hieß es, ›müssen wir den Albrecht besuchen. Ja, aber, wenn nur sein Vater nicht wäre! Der soll ja ein großes Pietistenhaupt sein.‹ Davor grauste uns. Wir wurden aber bemerkt. Es war gerade Versammlung im Hause. Du saßest am Fenster und sahst uns, und bald saßen wir um Deinen Familientisch herum. Soweit war es ja gut. Wenn nur schon der gefürchtete Augenblick vorbei gewesen wäre, wo wir vor den stolz und kalt blickenden Augen in unsres Nichts durchbohrendes Gefühl versinken mußten! Die Tür ging auf, und herein kam – ja herein kam der sonnigste Sonnenstrahl, ein Abglanz der Güte und Leutseligkeit unsres Gottes, Dein Vater. Wir wurden aufgenommen, als ob wir Engel wären. Und dann – keine Predigt, nein! ›Wie, Kinder, habt ihr noch keinen Most geholt? Unsre Gäste sind durstig. Bringt doch auch Brot und Butter!‹ Dann wollte er unsre weiteren Reisepläne wissen. Wir sagten ihm, daß wir bald weitergehen wollten; aber das fand keine Gnade vor seinen Augen. Es wurde der Vorschlag gemacht, daß Du uns noch auf die Ruine Neuffen führest und daß wir die Nacht in Hülben blieben. Und so geschah es. Wir hatten immer noch ein wenig Angst. Wir wußten, daß abends Familienandacht gehalten werde. Da muß er uns doch den Leviten verlesen, dachten wir. Was wäre denn sonst eine Andacht? Auch das geschah nicht. Wir saßen nach unsrem Ausflug noch einige Stündchen beisammen. Ich erinnere mich nicht mehr, was im einzelnen gesprochen wurde. Es waren allerlei lehrreiche Geschichten; aber als wir am andern Morgen weiterzogen, war unser aller Eindruck: Das ist ein rechter Mensch, und so sollte man auch sein!«

Zu dem Kreis der Hülbener Schulfamilie gehört auch jener andere *Johannes Kullen* (1787–1842), der Mitbegründer von Korntal und langjähriger Vorsteher des dortigen Institutes war. Als das dritte Kind von Jakob Friedrich Kullen kam er am 20. Oktober 1787 zur Welt. Nach seiner Konfirmation wurde er einem Lehrer in Grabenstetten zur Ausbildung anvertraut. In damaliger Zeit, als es noch keine Lehrerbildungsanstalten gab, war dies der übliche Weg der Vorbereitung für den Lehrerberuf. Von Neuffen, seiner ersten Stelle, wurde er nach Lauffen versetzt, wo seit einigen Jahren der geistvolle Pfarrer Karl Friedrich Harttmann als Spezial wirkte. Er war der Vorgesetzte und zugleich auch der väterliche Freund des jungen Mannes, dem er bereitwillig sein Haus öffnete. Mit Eifer besuchte er die Gemeinschaften, die unter der Wirksamkeit von Harttmann aufgeblüht waren. Harttmann zog den jungen Lehrer gern zur Mitarbeit in den Stunden heran. Dieser schrieb nun seinem Vater eines Tages: »In dem benachbarten Orte N. habe ich unlängst nach Kräften evangelisiert, und alle sind wohlauf gewesen.« Dem Vater gefiel das nicht. Er teilte seinem älteren Sohn Christian Friedrich mit: »Unser Johannes will ältere Brüder evangelisch machen; das gefällt mir nicht. Es wäre mir lieber, er hätte geschrieben, er habe seinem Herrn einen Tag Holz gespalten. Ich schrieb an Herrn Spezial Harttmann und befahl ihm die Sache an; denn ich habe Sorge für ihn, der Feind, der alles zu verschlingen sucht oder der Sache Christi doch Flecken und Schande anhängen möchte, könnte ihn auf des Tempels Zinne stellen, daß er einen Fall tut.«

Im Herbst 1809 kam er an die Knabenschule nach Metzingen. Auch hier widmete er sich der Gemeinschaftspflege. Es ist seinen Bemühungen zu verdanken, daß Metzingen lange Zeit ein Mittelpunkt und Hort des Gemeinschaftswesens für die

Umgebung wurde. Hier gab er auch seinen »Verbesserten Gemeinschaftsplan für die Gemeinschaften auf der Alb und in der Gegend von Tübingen« heraus.

Im Jahr 1815 wurde er zum Militärdienst eingezogen. Er brauchte nur ein halbes Jahr zu dienen, da der »Epilog der Hundert Tage« mit der Niederlage Napoleons bei Waterloo ein rasches Ende fand. Kullen kehrte nach Metzingen zurück und fand nun eine Anstellung als Lehrer an der Mädchenschule. Im Jahr 1819 wurde er von *Gottlieb Wilhelm Hoffmann* nach Korntal berufen, um dort die Lateinschule einzurichten und zu leiten. Mit dreizehn Schülern eröffnete er die Anstalt, die er durch mancherlei Schwierigkeiten und Nöte fünfzehn Jahre lang betreute. Beachtenswert sind die Erziehungsgrundsätze, die er als ein bewußter Pietist vertreten hat: »Eine frömmelnde Erziehung fürchte ich fast noch mehr als Vernachlässigung im Geistlichen.« In fünfzehn Jahren, so erzählte er gern, habe er nur einmal etwas erlebt, was man eine Erweckung nennen könne. Darum vertrat er als Erzieher gern den Grundsatz: »Demut und Liebe bilden die einzigen echten Elemente aller wahren Bildung. Diese aber reifen langsam wie die Winteräpfel.« Im Jahr 1835 übertrug ihm die Gemeindeleitung den etwas leichteren Posten eines Vorstehers der höheren Töchterschule. Unter seiner Leitung blühte die Schule so sehr, daß sie bei seinem Tod hundert Schülerinnen zählte. Er besaß eine feine Art, mit den Mädchen umzugehen. Wenn etwa eine Schülerin vom Heimweh geplagt war, konnte er ihr sagen: »Schreib schnell deinen Eltern einen Brief und packe das Heimweh hinein! Sag ihnen, das könnest du bei dir nicht brauchen, es mache dir nur deinen Weg recht schwer.« Für den Unterricht stellte er die Regel auf: »Erst das Nötige, dann das Nützliche und endlich das Schöne.«

Auch den Lehrern und Lehrerinnen, die ihm in der Erziehungsarbeit halfen, suchte er es leicht zu machen. Über Fehler und Mängel, die in ihrer Erzieherarbeit offenbar wurden, sprach er mit ihnen in aller Freimütigkeit. Er tat es aber als einer, der sich seiner eignen Schwachheit und Unzulänglichkeit bewußt war. Auch die »Kinder in der Küche«, so nannte er die Hausangestellten, suchte er in sein Familienleben mit hineinzuziehen.

Im Jahr 1840 begab er sich im Auftrag der Korntaler Gemeindeleitung nach Wilhelmsdorf, um dort verschiedene Mißstände zu beheben. Es gelang ihm, den Frieden in der Gemeinde wieder herzustellen. Die Wilhelmsdorfer hätten ihn nun gern zu ihrem Vorsteher gewählt; aber die Gemeinde in Korntal wollte ihn nicht aus dem Dienst als Leiter ihrer Töchterschule entlassen. Zwei Jahre später traten die Wilhelmsdorfer noch einmal an ihn heran und baten ihn, das Pfarramt bei ihnen zu übernehmen.

Es sollte aber nicht mehr dahin kommen. Durch jahrelanges Arbeiten, ohne sich die nötige Entspannung zu gönnen, war seine Kraft schon gebrochen, als er kaum das fünfzigste Lebensjahr überschritten hatte. Er konnte sich zeitweilig nur noch am Stock fortschleppen. Ein Kuraufenthalt in Bad Teinach stärkte ihn zwar, brachte aber nicht die gewünschte Heilung. »Die seligste Badekur ist«, sagte er, »wenn es einem vergönnt ist, sich in dem Meer des göttlichen Erbarmens unterzutauchen.«

Mehr und mehr sehnte er sich nach der Ruhe des Volkes Gottes und wurde immer demütiger und kleiner. Er konnte scherzhaft sagen: »Zur Demut mahnt mich schon mein Name; denn auf Kullen reimt sich nur Nullen.« Am 5. September 1842 kam sein letztes Stündlein schnell herbei. Er war bei seinem Tod noch nicht ganz 55 Jahre alt. Unter großer Beteiligung von Brüdern und Schwestern – es sollen über 2000 gewesen sein – wurde er am 8. September zur letzten Ruhestätte auf dem Korntaler Friedhof geleitet. Die Grabrede hielt ihm der damalige Pfarrer *Sixt Karl Kapff*. Nach seinem Tode gab sein Sohn im Jahr 1852 aus dem Nachlaß des Vaters »Fünfundfünfzig Erbauungsstunden« heraus, denen sein Schriftchen »Briefwechsel über die Sprüchwörter Salomos« und »Ein Brief an die Gemeinschaft in Metzingen über den Wandel im Fleisch« aus dem Jahr 1812 beigefügt ist.

Die Brüdergemeinde Korntal

und Gottlieb Wilhelm Hoffmann

Mit der Entstehung der Gemeinde *Korntal,* die ein Brunnquell christlichen Lebens im Schwabenland werden sollte, ist unzertrennlich der Name von *Gottlieb Wilhelm Hoffmann* (1771 – 1846) verbunden. Er war der Sohn eines Pfarrers in Ostelsheim. Als Stadtschreiberlehrling in Calw führte er ein ziemlich lockeres Leben und ließ sich sogar verleiten, Schulden zu machen. Eines Tages unternahm er mit seinen Genossen einen Ausflug nach Malmsheim. Unter den leichtfertigen Gesprächen im Wirtshaus überfiel ihn eine große Unruhe. Er machte sich darum auf den Heimweg ohne Hut; denn seine Kameraden hatten ihn versteckt, um ihn am Fortgehen zu hindern. Er aber ließ sich nicht aufhalten und eilte in einem heftigen Schneegestöber nach Hause. Da das Unwetter zunahm, bat er im letzten Haus des Dorfs um eine Mütze. Der Besitzer des Hauses, den man allgemein den Jörgle nannte, schaute ihm ins Gesicht und sagte dann: »I trau ihm, er bringt se wieder!« Hoffmann merkte, daß er es mit einem Stundenmann zu tun hatte. Er faßte später ein herzliches Zutrauen zu dem Mann und ließ sich von ihm in die christlichen Wahrheiten einführen und mit anderen Stundenleuten bekannt machen. Merkwürdigerweise kam er nach seiner Erweckung in eine gewisse Übergeistlichkeit hinein. Er beschäftigte sich viel mit grüblerischen Spekulationen über 1. Mose 1 und versuchte in die verborgenen Grundkräfte der Natur einzudringen. Dabei glaubte er, über das Erlösungswerk hinaus zu sein. Ein Traum half ihm wieder zurecht. Es schien ihm, als sehe er eine Bibel vor sich, die ihm mehr gebe als die gewöhnliche Bibel. Er fuhr auf sie zu und sah, daß der Römerbrief aufgeschlagen war. Er dachte, das weißt du schon lange, und fing an, vorne zu blättern; aber da waren die ersten Seiten der Bibel herausgerissen. Von da an erkannte er, daß man über all den Spekulationen der Grundwahrheiten der Schrift verlustig gehen kann. Seit dieser Zeit entwickelte er sich zu dem biblisch nüchtern und klar denkenden Christen, der er zeitlebens geblieben ist.

Er nahm dann eine Gehilfenstellung beim Leonberger Stadtschreiber an und trat in den Stand der Ehe. In Leonberg pflegte er vertrauten Verkehr mit den Stundenleuten. Durch seine Frau wurde er mit ihrem Onkel, dem Pfarrer *Flattich* bekannt. Hoffmann war in der Tat ein Mann der Freundschaft und der Gemeinschaft. So darf es uns nicht wundernehmen, daß er mit vielen führenden Männern der damaligen Zeit in Verbindung kam. Er wurde bekannt mit *Karl Heinrich Rieger, Michael Hahn, Karl Friedrich Harttmann* und mit vielen anderen Persönlichkeiten. Besonders herzlich war er mit Pfarrer *Gottlieb Friedrich Machtolf* von Möttlingen (1735 – 1800) verbunden, den er gern seinen geistlichen Vater nannte. Wie hatte es ihn doch einst ergriffen, als der alte Machtolf ihm auf einem Marsch von vier Stunden in einem Zwerchsack zehn schwere Bände von Luthers Schriften brachte! Er hatte ihn auf Luther hingewiesen; nun brachte er ihm die wichtigsten seiner Schriften, damit er sich einlese. Hoffmann war noch nicht lange in Leonberg, da verlor er seine Frau und sein Kind. Nach geraumer Zeit fand er eine neue Lebensgefährtin in *Friederike Löffler,* der Tochter eines Schneidermeisters. Noch vor der Auflösung des heiligen römischen Reiches deutscher Nation erhielt er um seiner Leistungen willen den Titel eines kaiserlichen Notars. In Leonberg wählte man ihn zum Amtsbürgermeister (Verwaltungsaktuar).

Seine große Lebensaufgabe sollte aber erst noch kommen, nämlich die Gründung der Gemeinde Korntal. Zu Anfang des 19. Jahrhunderts wurden die schwäbischen Stundenleute im Zusammenhang mit dem Auftreten Napoleons stark von endgeschichtlichen Erwartungen bewegt und umgetrieben. Veranlassung dazu gaben vor allem die endzeitlichen Berechnungen Bengels. Auch die mancherlei Bedrückungen, die die Kirche und besonders auch die Stundenleute von seiten des Staates damals zu ertragen hatten, bestärkten viele in ihrer Meinung, daß das Ende nicht mehr fern sei. Der Gedanke einer Auswanderung nahm in weiten Kreisen greifbare Gestalt an. Das Ziel, das ihnen vorschwebte, war das heilige Land. Hier glaubte man die Zufluchtsstätte des Volkes Gottes bei den herannahenden Verfolgungen des Antichristen sehen zu dürfen. Andere, die sich ebenfalls auf Andeutungen von Bengel und besonders von Jung-Stilling stützten, glaubten im Schwarzmeer- und Kaukasusgebiet den Bergungsort der Kirche, des vom Drachen verfolgten Sonnenweibes (Offenbarung 12, 13 bis 17), zu finden. Hier werde, meinten sie, die Herabkunft des wiederkommenden Heilandes erfolgen und von hier aus das Tausendjährige Reich seinen Ausgang nehmen. Etwa seit dem Jahr 1800 bildeten sich hin und her im Lande die sogenannten »Auswanderungsharmonien der Kinder Gottes«, die in Scharen die Donau hinab zogen dem südlichen Rußland zu. Besonders stark setzten die Auswanderungen im Hungerjahr 1816 ein. Die Regierung erließ darum an die Oberämter eine Verfügung, daß man die Leute vor unüberlegter Auswanderung warnen solle. Hoffmann nahm die Verfügung zum Anlaß, über die Ursachen der Auswanderung und über die Mittel zu ihrer Abstellung nachzudenken. In einem Bericht, den er dem König einreichte, unterschied er drei Gruppen von Auswanderern, einmal ausgesprochene Schwärmer und Separatisten, dann Verarmte und in Not geratene Bürger und zuletzt solche, die sich in einer Art von Gewissenszwang befinden, »die nämlich die neue Liturgie, die erst seit sieben Jahren eingeführt ist, nach ihrer Überzeugung nicht nach der alten lutherischen Glaubenslehre verfaßt finden, deswegen solche nicht annehmen, von ihren geist- und weltlichen Vorstehern aber öfters mit Geld- und Leibesstrafen dazu gedrungen werden«. Er macht deshalb den Vorschlag, gerade die letzte Gruppe der Auswanderer dem Land durch die Gründung eigener Gemeinden zu erhalten. Es heißt in seinem Bericht: »Von diesen könnte ein großer und vermöglicher Teil dadurch von dem Vorsatz auszuwandern abgehalten werden, wenn ihnen die Anlegung eigener Gemeinden im Königreich gestattet würde, wie solche der sogenannten Brüdergemeinde in Königsfeld vor wenigen Jahren zur Zeit, als solches noch zum Königreich gehört hatte[1], zugestanden wurden.« Diese Eingabe an den König stammt vom 28. Februar 1817. Am 1. April erhielt Hoffmann durch das Ministerium des Kirchen- und Schulwesens den Auftrag, seine Gedanken näher zu entwickeln. Er tat dies in seinem ausführlichen Bericht »Entwurf zur äußern und innern Einrichtung religiöser Gemeinden, nach dem Muster der sogenannten Brüdergemeinden entworfen, zufolge allergnädigster Resolution d. d. 1. April 1817 auf den unterm 28. Februar 1817 unmittelbar eingereichten Vorschlag zur Verminderung der Auswanderung von dem Bürgermeister Notar Hoffmann zu Leonberg«. Die staatliche Entscheidung über den Hoffmann'schen Plan wurde immer wieder hinausgezögert. Viele Auswanderer verloren die Geduld und verließen Württemberg. Im Herbst 1818 traf endlich die ersehnte Genehmigung zur Gründung der Gemeinde ein. Man kaufte daraufhin für 115 000 Gulden das in der Nähe von Leonberg gelegene Rittergut Korntal und begann bald mit der Ansiedlung der ersten Familien. Hoffmann sammelte um sich ein Kollegium von sechzehn Repräsentanten der verschiedenen Gemeinschaften in der evangelischen Landeskirche, um von vornherein seine Idee ihrer Verschmelzung und gegenseitigen Ergänzung durch die neue Gemeinde zum Ausdruck zu bringen. Der Regierung war als Bekenntnis der Gemeinde die Augsburgische Konfession mit unwesentlichen Abänderungen übergeben worden. Ein ordinierter Prediger sollte die Gemeinde nach der altwürttembergischen Ordnung mit Wort und Sakrament bedienen, aber auch befähigte Gemeindeglieder konnten zur Wortverkündigung zugelassen werden. Der Gemeindevorstand hatte über das christlich-sittliche Verhalten der Gemeindeglieder zu wachen. In politischer Hinsicht besaß die Gemeinde dem Staat gegenüber keinerlei Vorrechte

[1] Königsfeld hatte im Jahr 1810 im Zug der endgültigen Gebietsregelungen an Baden abgetreten werden müssen.

vor anderen. Die Gemeinde bestand aus den Ansiedlern, die das Rittergut Korntal gemeinsam gekauft hatten und nun »solidarisch« hafteten, und den übrigen Gemeindeeinwohnern. Der Ausschluß aus der Gemeinde war möglich. Die Gemeindeglieder wählten ihre geistlichen und weltlichen Vorsteher selbst. Diese Bestimmungen wurden im Jahr 1819 durch ein königliches Privilegium bestätigt. Gleichzeitig wurde die Gemeinde von der kirchlichen Aufsicht befreit und dem Ministerium des Kultus unmittelbar unterstellt.

Am 9. Juli 1819 konnte Hoffmann den Grundstein zur Errichtung eines Gemeindehauses legen, das im Herbst desselben Jahres eingeweiht wurde. Zu dieser Feier strömten über 8000 Menschen aus dem ganzen Land zusammen. Als Vorsteher der Gemeinde war ursprünglich Michael Hahn vorgesehen gewesen. Gott aber hatte ihn bereits am 20. Januar 1819 heimgerufen. Statt seiner wurde nun *Israel Kaufmann* von Plieningen, einer der nächsten um Michael Hahn, gewählt. Hoffmann berichtet über ihn: »Er besaß das Vertrauen der ganzen Gemeinde, und seine Liebe und Freundlichkeit floß unparteiisch auf alle. Das Kind ehrte ihn wie der Jüngling, Mann und Greis, und nie maßte er sich vermöge seines Amtes oder seines gereiften Christentums auch nur den geringsten Vorzug an, sondern betrug sich als der Niedrigste von allen. So schied er von uns, indem er in den letzten Stunden seines Lebens sagte: ›Ich weiß nichts als: das Blut Jesu Christi, des Sohnes Gottes, macht uns rein von aller Sünde‹.« Er starb im Jahr 1820. Da sein Nachfolger, der Kaufmann *Metzger* in Böblingen, durch eigene Geschäfte vielfach verhindert war, ließ sich Wilhelm Hoffmann endlich bewegen, das Vorsteheramt zunächst stellvertretend zu übernehmen. Er hat es dann beinahe 25 Jahre ausgeübt. Mit dem Amt war keinerlei Einnahme verbunden. Hoffmann aber wagte den Schritt im Vertrauen auf Gottes Hilfe und wurde nicht enttäuscht. Durch die Verwaltung einer großen Pflegschaft fand er sein tägliches Brot und hatte dabei noch Mittel übrig, um andern zu helfen.

Über den Rahmen seiner Verwaltungsarbeit hinaus war er auf dem Gebiet tätig, das wir heute unter dem Namen der Inneren Mission zusammenfassen. Von *Zeller* in Beuggen wurde er angeregt, auch in Korntal ein Rettungshaus für verwahrloste Kinder zu errichten. Mit der Anstalt ging es durch manches Gedränge. Gott aber half immer wieder durch. So waren eines Tages in der Anstalt alle Lebensmittel aufgebraucht. Geld war auch nicht mehr vorhanden. Da kam der Hausvater *Barner* zu Hoffmann und meinte, jetzt müsse man Geld aufnehmen. Hoffmann aber wehrte ab und sagte: »Entlehnen ist nicht nötig; es ist schon unterwegs, was wir brauchen.« In der Tat kam am Abend ein vierspänniger Wagen vor das Haus gefahren und brachte von der Alb Mehl und Frucht und außerdem etwas Geld.

Des Sonntags hielt Hoffmann gern Erbauungsstunden ab, die zahlreich besucht wurden. Korntal übte auf die Stundenleute im Land eine große Anziehungskraft aus. Sie sahen hier ihr Gemeindeideal einigermaßen erfüllt, und auch jene, die nicht nach Korntal übersiedeln konnten, kamen doch von Zeit zu Zeit wieder nach Korntal, um sich hier aus dem Reichtum des göttlichen Wortes zu erquicken. Ein schlichter Bruder von der Alb meinte einmal, es werde ihm ganz eigen und weihevoll zu Mute, wenn er in die Nähe Korntals komme und das glänzende Türmlein über dem Gemeindesaal schimmern sehe. Er müsse dann immer an die Zinnen des himmlischen Jerusalems denken. Von besonderem Interesse ist auch die Schilderung, die *Heinrich Bräunlein,* ein Dienstknecht aus dem Fränkischen, über seinen ersten Besuch in Korntal gibt: »Als ich einst meinen Bruder in Stuttgart besuchte, erfuhr ich dort von einem Mann, daß zwei Stunden davon vor einigen Jahren eine neue Gemeinde »Korntal« gegründet worden sei, wo lauter Pietisten und sehr fromme Leute seien. Wer war begieriger als ich, diesen Ort und diese Leute zu sehen! Stracks richtete ich mein Angesicht nach diesem Ort. In Korntal angekommen, ging ich zuerst ins Gemeindegasthaus und fand dort den alten Hoffmann. Und was hörte ich da bei den vielen

Brüdern! Lauter Worte des Lebens für meinen hungernden, neu erwachten inneren Menschen. Sie erzählten allerlei Glaubensproben von den Vätern und Brüdern. Da dachte ich: »Ihr seid meine lieben Brüder und habt den rechten Glauben, auf den man sich gründen kann. Aber wer bin ich? Ein Mensch voller Sünden, der nicht wert ist, mit euch zu reden.« Ich blieb noch länger, da zwei Feiertage kamen. Man ging vor der Kirche in die Andachtsstunde, dann in die Predigt. Da hörte ich Pfarrer *Friederich*, den majestätischen Mann. Ich kann ihn heute, nach 45 Jahren, noch vor mir sehen. Dann ging's in die Privatversammlung und wieder in die Kirche, dann wieder in die Versammlung und so diese zwei Tage fort, und jedesmal hatte ich einen unbeschreiblichen Eindruck erhalten. Die Tränen rollten mir oft über die Wangen herunter. Ich war wie schon halb im Himmel bei den seligen Geistern, war so mürbe und zusammengeschmolzen wie Wachs, recht arm und niedergeschlagen in mir selber, und doch recht hoffnungsvoll aufs weitere. Das waren mir unvergeßliche Tage in dieser Himmelsluft.«

Das Jahresfest wurde für die Gemeinschaftsleute weit und breit zu einer Wallfahrt. »Wir kommen nach Korntal«, sagte einst ein Besucher, »wie die Kaufleute auf die Frankfurter Messe. Da kauft man große Ballen Tuch ein, die man nachher wieder ellenweise verkauft.«

In den ersten beiden Jahrzehnten des Bestehens der Gemeinde brachte man auch gern Geisteskranke und »Besessene«, über denen dann Hoffmann unter Handauflegung und der Anrufung des Jehovanamens betete. Hoffmann hielt viel von dem Namen Jehova, seitdem er einst in Oetingers biblischem und emblematischem Wörterbuch gelesen hatte: »Daß aber dennoch in den Buchstaben selbst, sie mögen ausgesprochen oder geschrieben werden, eine große Kraft liege, wenn sie mit geistlichem Verstand gebraucht werden, ist daraus klar, weil Sacharia 14 gesagt wird, daß dieser Name, auf den Zilzelim, das heißt den Schellen der Rosse, und auf den Kesseln gezeichnet, werde so große Kraft haben.« Hoffmann war oft wunderbarer Erfolg beschieden. Als aber die Sache Anstoß erregte, wurden solche Kranken nicht mehr aufgenommen. Aus den Zeiten seiner Krankenheilung stammt folgendes Lied von ihm:

Großer Heiland, Hoherpriester,
mächtiger Herr Zebaoth,
Tod- und Teufelsüberwinder,
steh uns bei in unsrer Not!
Hilf uns, diesen Feind bekämpfen,
seine böse Tücke dämpfen,
sprich dein Machtwort: Fahre aus!
Komme nicht mehr in dies Haus!

Laß die Kraft von deinem Namen,
wundergroßer Siegesheld,
durchs Gebet von deinem Samen
dringen in dies Staubgezelt!
Ja, zerstör des Teufels Werke
durch dein Blut in Lebensstärke,
brich des Satans Macht entzwei,
mache diesen Menschen frei!

Doch soll nur dein Will' geschehen,
weil ja dieser nur ist gut;
laß uns deine Wunder sehen,
unser Glaub' auf dir beruht!
Du hast ja die Macht gegeben
noch bei deinem Erdenleben,
daß in deinem Namen muß
Satan fallen dir zu Fuß.

Hoffmann hat mit starker Hand die Gemeinde jahrelang geführt. Sein Wille gab in den meisten Fällen im Gemeinderat und im Brüderkollegium, das sich aus führenden Stundenleuten des ganzen Landes zusammensetzte, den Ausschlag. Das war vor allem der Fall bei der Gründung der Gemeinde

Wilhelmsdorf. Man hatte an die Regierung die Bitte gerichtet, eine zweite Gemeinde nach dem Vorbild und mit den Privilegien Korntals errichten zu dürfen. Die Bitte war abschlägig beschieden worden mit der Bemerkung, »es wäre denn, daß die Gemeinde Korntal mit der Anlegung einer neuen Kolonie zugleich einen gemeinnützigen, nationalwirtschaftlichen Zweck verbinden und etwa in Oberschwaben die Abtrocknung einer sumpfigen Fläche oder die Urbarmachung eines noch nicht zur Kultur gebrachten Distrikts dabei zur Ausführung bringen wolle.« Als *König Wilhelm I.* der Gemeinde den Vorschlag machte, das Lengenweiler Ried zu entsumpfen und dort eine neue Kolonie zu gründen, war das ganze Brüderkollegium dagegen; Hoffmann aber, der sich dem König gefällig erweisen wollte, setzte den Plan durch. So wurde denn im Jahr 1824 unter großen Schwierigkeiten die Kolonie Wilhelmsdorf angelegt. Sie sollte für Hoffmann ein Schmerzenskind besonderer Art werden, das die letzten Jahre seines Lebens verdüsterte und ihm manchen Seufzer ausprеßte. Wie armselig es in den ersten Jahren in Wilhelmsdorf zuging, hat Direktor *Ziegler* in seinem Buch »Ein Königskind« geschildert. Die Kolonisten verstanden den Anbau des sauren, unfruchtbaren Rieds nicht; daher folgte eine Mißernte auf die andere. Der Besitz galt als gemeinsam. Alle öffentlichen Ausgaben wurden aus der Gemeindekasse bestritten. Man mußte Geld aufnehmen, um die Kolonie über Wasser zu halten. Hoffmann selber hatte fast sein ganzes Privatvermögen in die Gemeinde gesteckt. Es kann nicht wundernehmen, daß auch ihm, dem glaubensstarken Mann, manchmal der Mut entsinken wollte. Zu seinem Freund *Joh. Schnaitmann* trat er eines Tages in die Stube mit den Worten: »O Bruder Hannesle, mit Wilhelmsdorf ist's gefehlt!« Dann fielen die beiden Männer einander um den Hals und weinten wie die Kinder. Als nun Wilhelmsdorf im Jahr 1846 am Rande des wirtschaftlichen und moralischen Bankrotts stand, lag die Last mit besonderem Gewicht auf dem alt und müde gewordenen Hoffmann. Noch sterbend schrieb er mit dem Finger auf seine Bettdecke das Wort Wilhelmsdorf.

Unter schweren Leiden sehnte er oft den Heimgang herbei. Als ein alter Bruder zu ihm sagte, er werde sich freuen, daß jetzt das Gericht noch recht über sein Fleisch gehe, erwiderte er ihm unter großen Schmerzen: »Ich halte nichts für ein Gericht, was an den Kindern Gottes geschieht. Es ist alles Erziehung. Das Gericht ist am Sohne Gottes vollzogen worden; darum bin ich frei.« Es möge hier noch der Bericht des Sohnes Christoph über das Sterben seines Vaters folgen:

»Vom Herbst 1845 an verschlimmerte sich der Gesundheitszustand meines Vaters so rasch, daß er sich nur noch dem Abschluß seiner Fürsorge für Wilhelmsdorf widmen konnte. Gerne leistete ich ihm hierin Hilfe, und um Weihnachten diktierte er mir vom Bett aus seinen letzten Aufsatz, worin er diese Angelegenheit den Häuptern des württembergischen Pietismus anempfahl. Mir sagte er dabei, daß er seinen Kindern fast nichts hinterlassen könne, weil ihn die Tätigkeit für so viele allgemeine Zwecke und besonders für Wilhelmsdorf mehr und mehr in Anspruch genommen habe. Es war mir rührend, daß sich ein solcher Mann bei mir gewissermaßen entschuldigte, daß er uns kein Vermögen hinterlasse, und ich beruhigte ihn darüber und übernahm für mich und meinen Bruder die Sorge für die Ausführung seines letzten Willens in Betreff Wilhelmsdorfs. So seiner letzten Sorge enthoben, wendete er seine Gedanken ganz der Ewigkeit zu und erquickte sich in seinen letzten Stunden dadurch, daß er sich das Lied ›Stille Schar‹ vorsingen ließ.«

Unter Gesang und Gebet vieler Freunde und Gemeindeglieder ging er am 29. Januar 1846 heim. Am 2. Februar fand nach der Begräbnisordnung der von ihm gegründeten Gemeinde die Trauerfeier statt. Mehr als dreitausend Männer und Frauen aus Württemberg und auch aus weiter Ferne folgten unter strömendem Regen dem Sarg. In der »Sprechstunde« nach der Beerdigung wurde Psalm 126 verlesen. Es sprachen dann *Albert Knapp, J. H. Staudt, C. G. Barth* und der älteste Sohn des Entschlafenen. Er verlas auch in der Trauerversammlung das Testament Hoffmanns über Wilhelmsdorf. Es machte großen Eindruck, und die Freunde der Gemeinde haben das in sie gesetzte Vertrauen gerechtfertigt. Die Hahn'sche Gemeinschaft nahm sich der Angelegenheit tatkräftig an. *Immanuel Kolb* und der neue Vorsteher *Johannes Daur* erließen Aufrufe. Die Sammlung ergab etwa vierzigtausend Gulden, eine für die damalige Zeit beachtenswerte Summe. Wilhelmsdorf war gerettet.

Hoffmann hatte zehn Kinder, von denen ihn aber nur drei überlebten. Der Sohn *Wilhelm* starb im Jahr 1873 als Oberhofprediger in Berlin. Er war maßgeblich an der Errichtung des Berliner Domkandidatenstiftes beteiligt. Die Tochter *Friederike* heiratete einen Apotheker Paulus. Am bekanntesten wurde der Sohn *Christoph* (1815 – 1885). Nach dem Studium der Theologie in Tübingen war er 1837 als Lehrer in das Paulus'sche Knabeninstitut in Korntal eingetreten. Das Institut wurde später nach Ludwigsburg verlegt. Hier war er bis 1853 tätig. Im Jahr 1845 gründete er die pietistische Zeitschrift »Süddeutsche Warte«. Als konservativer Abgeordneter vertrat er den Wahlkreis Ludwigsburg in der Frankfurter Nationalversammlung. Er kehrte 1849 enttäuscht in die Heimat zurück. Umso eifriger widmete er sich nun dem Gedanken einer Erneuerung der Kirche. Er schreibt: »Das Gefühl drängte sich mir auf, daß es von außerordentlichem Wert wäre, wenn sich eine Anzahl geistig tüchtiger Leute in einem ihnen eigenen Lande irgendwo in der Welt zu einem Volk vereinigten und ein gesundes soziales Leben verwirklichten.« Er kam dann zu der Überzeugung, daß »Palästina das vorherbestimmte Land sei, wo man eine Reinkultur christlichen Volkslebens pflanzen müsse.«

Im Jahr 1854 schlossen sich die »Jerusalemsfreunde« zusammen, um Hoffmanns Plan auszuführen. Sie erwarben den Weiler Kirschenhardthof bei Backnang und gründeten dort zwei Erziehungsanstalten unter Hoffmanns Leitung. Da sich Hoffmann und seine Anhänger, die sogenannten »Hardthöfer«, immer mehr von der kirchlichen Lehre entfernten, wurden sie im Jahr 1859 aus der Landeskirche ausgeschlossen.

Sie bildeten nun eine eigne Gemeinschaft, den »Deutschen Tempel«, die heutige Tempelgesellschaft. Unter der Führung von Hoffmann und *G. D. Hardegg* aus Eglosheim zog ein großer Teil der Gemeinde nach Palästina und gründete in Haifa die erste Ansiedlung, der bald weitere in Jaffa, Sarona und Jerusalem folgten. Hardegg, der anfänglich die Siedlung in Haifa geleitet hatte, trennte sich im Jahr 1874 von Hoffmann, dem nun die Gesamtleitung der Tempelgesellschaft übertragen wurde. Hardegg gründete 1878 den sogenannten »Tempelverein«, der aber keine weitere Bedeutung erlangt hat, da sein Gründer bereits am 11. Juli 1879 gestorben ist.

Hoffmann siedelte 1878 nach Jerusalem über. Zunehmende Altersschwäche zwang ihn 1884, sein Vorsteheramt niederzulegen. Er ist am 8. Dezember 1885 gestorben. Hoffmann ist einstmals vom Pietismus ausgegangen. Ihm verdankte er das Ideal der Sammlung des Volkes Gottes. Aber er hat sich im Lauf der Jahre mehr und mehr von der biblischen Lehre entfernt und ist darum auf Irrwege geraten.

Albert Knapp

der Sänger im Heiligtum Gottes (1798–1864)

In *Albert Knapp* begegnet uns ein Christ von echter und tiefer Frömmigkeit. *Eugenie Dietzsch,* die ihn in ihrer Jugend noch kennenlernte, hat über ihn das schöne Wort geschrieben: »Von ihm ging, ohne daß es ihm selbst bewußt war, göttliche Reinheit und Weihe aus ... In Knapps Leben spielte das Kreuz Christi die größte Rolle. Sein Erlöser von Golgatha war ihm das Höchste.« Mit besonderer Liebe versenkte er sich in das Schrifttum der württembergischen Väter. Vor allem verleugnete er nicht seine Abhängigkeit von der großen Erweckungsbewegung in Württemberg, die durch das Wirken seines Freundes Ludwig Hofacker entstanden war.

Er wurde am 25. Juli 1798 in Tübingen als der älteste Sohn des Hofgerichtsadvokaten Gottfried Knapp geboren und empfing die heilige Taufe in der altehrwürdigen St. Georgskirche. Die Schwester des Dichters *Ludwig Uhland* trug ihn zur Taufe. Der Vater wurde bald nach der Geburt seines Sohnes als Amtmann nach Alpirsbach versetzt. Hier verbrachte Albert Knapp seine Jugendjahre. Alpirsbach besitzt eine romanische Säulenbasilika und ein ehemaliges Benediktinerkloster mit dunklen Hallen und alten Grabdenkmälern. Diese Bauwerke inmitten der schönen Umgebung machten auf den Knaben einen tiefen Eindruck. Er hat es in späteren Jahren oft betont, daß die Schwarzwaldlandschaft seine innere Entwicklung nachhaltig beeinflußt habe. In seinen »Kindeserinnerungen« schreibt er: »Der Ort, wo ich als Kind mit tausend stillen Geistesahnungen mich entwickelt habe, ist der Schwarzwald, ein schönes, gewaltiges Gebirge, wenn man die rechten Vertiefungen und Hochflächen kennt, die noch etwas vom Gepräge der Urnatur an sich tragen. Der geistige Grundcharakter jener stillen, majestätisch einsamen Waldhöhen ist eine feierliche Melancholie, eine schwermutvolle Erhabenheit. Jene bald wellenförmigen, bald mit schroff abstürzenden Waldgehängen besäumten Hochflächen des Schwarzwaldes mit ihren tiefen, kühn zwischendurch gesprengten Schluchten und Tälern zeigen bei klarer Witterung ein hehres, unbeschreiblich ergreifendes Stilleben der Natur, und was ihnen den edelsten Reiz verleiht, das ist der blaue, hoch über das Immergrün der riesigen Tannenwälder sich so weithin ausbreitende Himmel. Da liegt die Welt an einem stillen Frühlings- oder Sommertage so mild und herrlich vor dem Geist ausgegossen da; der Mensch ist mit sich selbst und seinem Gott hier völlig allein.«

Diese Jugendeindrücke haben Knapp sein Leben lang begleitet. In stillen Stunden sehnt er sich nach Alpirsbach im lieblichen Tal der Kinzig. So singt er in seinem Gedicht »Wiedersehen der Kindesheimat«:

Dich kenn' ich noch, o Waldespracht!
Hab' einst dich oft gesehn,
gleich einer stolzen Heeresmacht
im Frühlingssturme wehn
und dann im Herbste trauern.
Ihr schlanken Wipfel seid sehr hoch
gewachsen unterdes!
Wir altern; aber Kraft ist noch
in Gottes Goldgefäß.

Im Elternhaus wurde dem Knaben und seinen acht Geschwistern eine verständige Erziehung zuteil. An seinem Vater hing er mit besonderer Verehrung. Er schildert ihn mit folgenden Worten: »Es ist mir ein süßes Gefühl, von ihm bezeugen zu dürfen, daß ich niemals, auch im Scherze nicht, ein unwahres oder zweideutiges Wort aus seinem Munde gehört und ihn nie anders als innerhalb der Grenzen strengster Mäßigkeit gesehen habe. Das sind Gnaden für ein Kinderherz.« Über seine Mutter aber schreibt er: »Diese liebende Mutter betete früh und sonderlich beim Schlafengehen mit ihren Kindern. Noch fühle ich ihre gefalteten Hände auf meiner Brust, wenn sie meine Hände in die ihrigen schloß, und danke es ihr ewiglich, daß ich nie ohne Gewissenspein einschlafen konnte, wenn ich ohne Gebet einschlief. Gottes Geist unterstützte sie hierbei auf mancherlei Weise und gab mir einen tiefen Eindruck von der Wichtigkeit des Gebetes.«

Im Jahr 1814 wurde er nach wohlbestandenem »Landexamen« in das theologische Seminar zu Maulbronn aufgenommen. Zu seinen Schulkameraden gehörte auch der nachmals so berühmte Erweckungsprediger *Ludwig Hofacker*. Zwei Jahre später trat er in das Tübinger Stift ein und begann mit dem Studium der Theologie. Während seiner ganzen Studienzeit hatte sein Wesen etwas Unausgeglichenes. Mit jugendlichem Eifer gab er sich der burschenschaftlichen Bewegung hin. Bei der Waterloofeier des Jahres 1819 trug er mit Begeisterung ein Festgedicht vor, das er selber verfaßt hatte. Den theologischen

Wissenschaften vermochte er wenig Geschmack abzugewinnen. Mit Vorliebe widmete er sich dem Studium der deutschen Literatur. Albert Knapp verließ nach beinahe vierjährigem Aufenthalt im Herbst 1820 die Universität Tübingen, »von einer ziemlichen Anzahl seiner Jugendgenossen in mehreren Wagen bis Echterdingen begleitet, wo das alte Burschentum noch zum letztenmal in heiterem, aber gedämpftem Feuer aufloderte«.

Nach dem Abschluß seiner Tübinger Studentenzeit erhielt Knapp durch Vermittlung der Uhlandschen Familie eine Anstellung als Vikar bei Pfarrer Schmid in Feuerbach. Mit Bangen und Zagen trat er seine neue Stellung an; denn er war sich im klaren, daß er der Gemeinde nichts zu geben habe. Er mußte von sich sagen, daß er nur »als ein jämmerlicher Strohmann« auf der Kanzel stehe. Gott aber erbarmte sich seiner und schenkte ihm Frieden durch Jesus Christus.

In der von ihm verfaßten Lebensgeschichte seines Freundes Ludwig Hofacker gibt er eine anschauliche Schilderung der großen Wende in seinem Innern. Er hatte sich in den letzten Jahren von Hofacker zurückgezogen. Während einer Krankheit seines Freundes besuchte er ihn in Tübingen nach zwei Jahren zum erstenmal wieder. Hofacker war krank, und die treue Mutter pflegte ihn. Knapp las seinem Freund einen Abschnitt aus *Jean Pauls* »Vorschule der Ästhetik« vor, in dem der große Dichter das Lebensbild Herders zu zeichnen versuchte Er las den Abschnitt mit Begeisterung vor und war erstaunt, als sein Freund ihm erwiderte: »Das wäre alles ganz schön und erhaben, wenn Herder nur nicht ein armer Sünder gewesen wäre!« Eine weitere Auseinandersetzung machte Hofackers Mutter unmöglich, die Knapp bat, ein Kapitel aus der Offenbarung des Johannes vorzulesen. Das war ihm höchst unangenehm. Er wußte von dem Buch kaum mehr, als daß darin ein Drachen erwähnt wird, der ein unschuldiges Kind verschlingt. Aber er las die ersten Verse: »Gnade sei mit euch und Friede von dem, der da ist und der da war und der da kommt, und von den sieben Geistern, die da sind vor seinem Stuhl, und von Jesus Christus, welcher ist der treue Zeuge und Erstgeborene von den Toten und der Fürst der Könige auf Erden, der uns geliebt hat und gewaschen von den Sünden mit seinem Blut.« Es war Knapp, als drängen Posaunenstimmen an sein Ohr. Mit Tränen in den Augen ging er weg.

Die Stunde des vollen Heils sollte noch kommen. Von Feuerbach aus besuchte Knapp einige Wochen später seinen Freund Hofacker in Stuttgart. Es war ein trüber, regnerischer Tag, der keine rechte Unterhaltung aufkommen lassen wollte. Beim Abschied am alten Vereinshaus in der Hirschstraße faßte Hofacker die Hand Knapps, sah ihm in die Augen und fragte: »Wie geht es Dir mit Deinem Herzen?« – »So passabel« war die Antwort. »Und was predigst Du denn?« – »Evangelium!« – »So, das würde mich sehr freuen! Aber ist's auch wahr?« Noch einige herzliche Worte, und Knapp kehrte ins Herz getroffen nach Feuerbach zurück. Hofacker sandte ihm mit einem Begleitschreiben zwei Bücher von Dann und Martin Boos, die er mit Interesse las. Was weiter an jenem Tag geschah, berichtete Knapp seinem Freund in einem Brief vom 21. November 1820: »Ich hielt hernach eine Betstunde, wobei mir die Stimme immer zitterte, ich wußte lange nicht warum. Nach derselben ging ich mit schwerem Herzen in der Sakristei auf und ab – es war mir, als hielte mich etwas am Haar; aber ich hätte vergehen mögen vor Schmerz und Wehmut und weinte heftig. Da sah ich unter der Treppe ein Christusbild am Kreuz, und die Worte wurden immer deutlicher in mir: ›Siehe, Herr, ich bin auch ein Saulus gewesen, dein Feind, dein Todfeind, und doch lässest du nicht ab von mir!‹ Zu Hause betete ich um Trost, der auf mein Herz paßte, und schlug, wie zufällig, Lukas 12 auf und sodann Römer 6. Es fiel mir in die Hand. – Nun sitze ich hier und bin immer noch nicht so keck, fröhlich zu werden, denn mein Glaube an Christus war bisher, das heißt seit weniger Zeit (denn vorher glaubte ich gar nichts) nur halb, nicht warmgründig – und doch winkt mir aus der Ferne her eine so unendlich tiefe Freude.« Die Stunde in der Sakristei, die er den »lichten Ausgangspunkt eines neuen unvergänglichen Lebens« nennt, war der Anfang eines neuen

Weges. Mit großem Eifer verkündigte er nun das Evangelium. Der Erfolg blieb nicht aus, denn es scharte sich bald eine Gemeinde andächtiger Hörer um seine Kanzel.

Im Jahr 1821 wurde er nach Gaisburg versetzt. Er berichtet in seinen Erinnerungen von einer merkwürdigen Vision: »Im Traum hatte ich das liebliche Dorf Berg (das zu Gaisburg gehörte), welches mir noch unbekannt war, vorher gesehen und erstaunte freudig, als dasselbe nun auf meinem ersten Besuchsgang nach Gaisburg im Sonnenlicht so hell vor meinen Augen stand.« Damals grüßte ihn der Müller *Joh. Georg Bolay*, das Haupt der Berger Brüder, mit den Worten: »Es freut mich, Herr Vikarius, daß Sie etwas von der neuen Geburt wissen, denn ohne diese ist das evangelische Predigtamt wohl nicht zu führen. Wer unsterbliche Seelen zu Gott leiten soll, muß selbst etwas Göttliches in der Seele haben.«

Hier in Gaisburg erfuhr sein Glaubensleben leider eine schmerzliche Trübung. Er kam in eine strenge Gesetzlichkeit hinein und versuchte, durch übertriebene Heiligung Gott die »Versieglungsstunde« abzuringen. Dabei verfiel er in ein solch krankhaftes Wesen, daß er sein Klavier fortschaffen ließ, weil sein Herz daran hing. Zuletzt empfand er jedes heitre Wort, jeden unbewachten Blick und eine allzu schnelle Bewegung als Sünde.

In jener Zeit verbrannte er alle seine Gedichte, »weil sie zum Teil gegen, zum Teil nicht für Jesus oder wenigstens nur poetisch fromm« gewesen seien. Über sein ganzes vorheriges Leben sprach er das Verdammungsurteil aus:

> Jahrelang bin ich gestorben,
> habe keinen Tag gelebt,
> habe keinen Schatz erworben,
> habe nichts als Traum gewebt …

Durch den Umgang mit Freunden und besonders mit Ludwig Hofacker, der damals bereits ein sterbenskranker Mann war, kam er zur rechten Zeit von diesem Irrweg wieder ab. Viel verdankte er auch dem frommen Fabrikaufseher *Phil. Eberhard Wörner.* Dieser gehörte der Gemeinschaft in Berg an. In schweren Leidenszeiten war er zu einem tiefgegründeten Christen herangereift. Hofacker sagte von ihm: »Ich kenne nicht einen einzigen seinesgleichen.« Mit Albert Knapp blieb er bis an sein Ende durch Besuche und Briefe verbunden. Wörner leitete damals Knapp aus seiner verkrampften Haltung auf den Weg evangelischer Glaubenserfahrung. Er hat ihm diesen Dienst nie vergessen und später über den heimgegangenen Wörner das schöne Wort gesprochen: »Er war nicht auf irgendwelchen fremdartigen Stamm in eigner Wahl gepfropft, sondern ein aus dem unmittelbaren Kern der heiligen Schrift gezogener Baum der Gerechtigkeit, ein einfältiger, inniger Bibelchrist.«

Während seiner Gaisburger Zeit entstand eines seiner schönsten Lieder, das heute in keinem evangelischen Gesangbuch fehlt. Es ist das ergreifende Passionslied:

Eines wünsch' ich mir vor allem andern,
eine Speise früh und spät;
selig läßt's im Tränental sich wandern,
wenn dies eine mit uns geht:
unverrückt auf einen Mann zu schauen,
der mit blut'gem Schweiß und Todesgrauen
auf sein Antlitz niedersank
und den Kelch des Vaters trank.

Über die Entstehung des Liedes schreibt Knapp folgendes: »Dieses Lied verfaßte ich meinem Freunde Wilhelm *Gruner,* einem Sachsen aus Saalfeld, der es für die Konfirmation der Tochter seines Schlossermeisters in Stuttgart etwa am 23. April 1823 von mir begehrte. Ich hatte mit dem nun heimgegangenen Freunde eine stille Gebetsgemeinschaft, und er wußte meine gesetzlichen Seelenkämpfe, die mich mehrere Male dermaßen in Verzweiflung brachten, daß ich trotz aller Gebete und Bemühungen tagelang nicht drei Linien einer Predigt zustand brachte, weil ich den geistlichen Bann und Eigensinn in mir trug, kein Wort predigen zu wollen, das ich nicht in den Freuden des heiligen Geistes empfangen hätte. Da kam es einmal, daß ich nach einer halbdurchweinten Nacht morgens noch kein Thema zur Predigt wußte und mich in äußerster Seelenangst langhin vor Gott auf den Boden legte, bis Gruner kam, der dann mit mir zu Christus seufzte und mit mir zur Kirche ging, wo ich ganz in der Todesangst und aus dem Stegreif predigte. Unter solchen Beängstigungen wurde auch das Lied geboren. Ist etwas Gutes daran, so ist's wahrhaftig nicht mein Verdienst; denn ich sprach darin nicht aus, was ich im Gefühl genoß, sondern was ich in äußerster Verlassenheit von Gott wünschte. Ich mußte mich, da ich vor jener Jammerzeit stets erschrak, nachgehends nur wundern, daß man so etwas auf jene einfältigen Zeilen hatte, und habe auch an deren Aufnahme in das württembergische Gesangbuch nicht den geringsten Anteil, sondern der selige Dekan *F. J. Ph. Heim* von Tuttlingen hat sie hineinvotiert. Mir ist's wunderlich und ein Zeichen von ihm, der aus nichts etwas macht, daß jenes in äußerster Schwachheit empfangene Lied jemand erbauen darf, und wenn's geschieht, so gehört die Ehre dafür einzig dem Herrn.«

Ein neuer Lebensabschnitt begann für Knapp, als er im Jahr 1825 zum zweiten Pfarrer von Sulz am Neckar berufen wurde. Zwei Jahre später trat er mit *Christiane von Beulwitz*, der Tochter eines verstorbenen württembergischen Generals, in den Ehestand. Sie war eine Schülerin des auch von Knapp hochverehrten Stadtpfarrers C. A. Dann. Nach der Geburt des ersten Kindes fing sie an zu kränkeln. Jahre hindurch lebte er nun mit ihr als »einer am Rande des Todes Wandelnden in innigster Herzensgemeinschaft, aber unter unaussprechlichen Leiden«. In Sulz erschien eine Sammlung seiner Gedichte. Er hatte sich nur ungern zu dieser Veröffentlichung bereit gefunden, da ihm »vor der natürlichen Eitelkeit des alten Menschen bangte, der bei der Entwicklung eines Talentes so leichthin von Leidenschaft und Ehrsucht sich dahinnehmen läßt«. Es bedurfte erst des Drängens und der Mitarbeit seiner

Basler Freunde, bis er 1829 zwei Bände seiner »Christlichen Gedichte« herausgab. Eine zweite Auflage der Gedichte erschien 1834/35. Er wurde durch die Gedichte in kurzer Zeit im evangelischen Deutschland weithin bekannt.

In der Sammlung begegnet uns ein großer Teil seiner schönsten Lieder. Wir finden hier seine Missionslieder, wie »Einer ist's, an dem wir hangen« und »Der du zum Heil erschienen der allerärmsten Welt«. Unter den übrigen ist sein ergreifendes Passionslied »Dem ewigen Hohenpriester« zu nennen. Er hat es 1828 in Sulz gedichtet und seiner Frau gewidmet. *Hermann von Bezzel* hat es sehr geschätzt und Strophen aus ihm in seinen Predigten angeführt. Wenigstens eine sei hier mitgeteilt:

An dein Bluten und Erbleichen,
an dein Opfer ohnegleichen,
an dein priesterliches Flehen
mahnet mich des Geistes Wehen.
Und so wünsch' ich, ew'ge Güte,
für mein Leben eine Blüte,
einen Ruhm an meinem Grabe:
daß ich dich geliebet habe.

In Kirchheim/Teck, wohin er 1831 versetzt worden war, verband ihn eine herzliche Freundschaft mit *Jonathan Bahnmaier*, dem Dichter des Liedes »Walte, walte nah und fern, allgewaltig Wort des Herrn«. Mit seinem Bruder unternahm er im Jahr 1834 eine Reise in die Schweiz. Sie führte über Konstanz und Basel bis nach Zürich, wo er Gelegenheit hatte, eine Tochter Lavaters kennenzulernen. In ihrer Bibliothek konnte er einen reichen Schatz an Handschriften und Briefen aus dem Besitz ihres berühmten Vaters bewundern.

Im folgenden Jahr starb seine geliebte Gattin. Er widmete ihr nicht nur das schöne Büchlein »Denkmal der Liebe« sondern auch das Lied:

Wir wollen dich nicht halten;
geh still zum Grabe hin!

Vor göttlichen Gewalten
muß hier der Glaube knien.

Nur stille Liebestränen,
und frommen Dank allein,
und milder Hoffnung Sehnen
will unser Herz dir weihn.

Wir wollen ihn erheben,
den Heiland Jesus Christ,
zu dessen ew'gem Leben
du heimgezogen bist.

Sein Blut hat dich gereinigt;
schlaf wohl, du bist nicht tot.
Du wirst mit ihm vereinigt
im Ostermorgenrot.

Das Lied wurde am Grab von Knapps Gattin und später an seinem eignen gesungen.

In Kirchheim faßte er den Entschluß, die sogenannte »Christoterpe (Christenfreude) – ein Taschenbuch für christliche Leser« herauszugeben. Es erschien zum ersten Mal 1833. Albert Knapp hat die Herausgabe trotz mancher Mühen und Schwierigkeiten bis zum Jahr 1853 betreut. Er mußte es dann wegen seines vorgeschrittenen Alters und der veränderten Zeitverhältnisse eingehen lassen. Das Taschenbuch hat für die evangelische Christenheit damaliger Zeit große Bedeutung gehabt. Männer wie *E. M. Arndt, Bahnmaier, Barth, Preiswerk, Puchta, Spitta, Stier, V. v. Strauß* und andere haben sich mehr oder weniger mit Beiträgen beteiligt. Knapp hat viele seiner Gedichte in den einzelnen Jahrgängen des Taschenbuches veröffentlicht und eine Reihe gehaltvoller Aufsätze beigesteuert. Es sei hier erinnert an die Biographien von *Friedrich Christoph Steinhofer* (1837), *Ludwig Hofacker* (1844–1846), *C. A. Dann* (1847) und *Ph. E. Wörner* (1850). In den Jahren 1844 und 1849 erschienen in der Christoterpe seine »Kindeserinnerungen« und die »Monologe über die Versöhnung in Jesu Christo«.

Am 4. Mai 1836 wurde er auf Bitte und Wunsch vieler Gemeindeglieder zum Pfarrer an der Hospitalkirche in Stuttgart ernannt. Er verheiratete sich im gleichen Jahr mit *Emilie Osiander,* der Witwe des Pfarrers *C. A. Osiander* in Maichingen. Aus dieser Ehe gingen elf Kinder hervor. Nach einjähriger Tätigkeit an der Hospitalkirche wurde ihm die Stelle eines Oberhelfers (erste Pfarrstelle) an der Stiftskirche übertragen. Acht Jahre lang hat er dieses Amt mit großer Treue verwaltet und dann eine Pfarrstelle an der Leonhardskirche übernommen. Damit stand er nun auf der Kanzel, auf der sein Jugendfreund Ludwig Hofacker von 1822–1824 in so gewaltiger Weise vor Tausenden das alte Evangelium von Jesus Christus verkündigt hatte. Trotz seiner umfangreichen Amtstätigkeit fand er noch Zeit für mancherlei dichterische und schriftstellerische Arbeiten. Eine besondere Freude bereitete ihm im Jahr 1854 die Herausgabe seiner »Gesammelten Gedichte«. Aus der reichen Fülle seines dichterischen Schaffens im Verlauf von 34 Jahren wählte er 282 seiner besten Gedichte aus. Er schreibt über den Gedichtband: »Die Lieder zusammen bilden im Keim eine stille Biographie für mich selbst. Das ganze Buch ist ein Auszug meiner inneren Erlebnisse.«

Knapps weltliche Dichtung ist leider mehr oder weniger der Vergessenheit anheimgefallen. Sie hat dieses Schicksal nicht verdient. Unter seinen Gedichten finden sich manche Perlen, über deren Glanz man sich heute noch freuen darf. Es sei hier nur an seine Ballade »Die Einladung« erinnert mit ihrem festtäglichen Eingang:

Ein frommer Landmann in der Kirche saß;
den Text der Pfarrer aus Johanne las
am Ostermontag, wie der Heiland rief
vom Ufer: Kindlein, habt ihr nichts zu essen?
Das drang dem Landmann in die Seele tief,

daß er in stiller Wehmut dagesessen.
Drauf betet er: »Mein liebster Jesu Christ,
so fragtest du! O, wenn du hungrig bist,
so sei am nächsten Sonntag doch mein Gast,
und halt an meinem armen Tische Rast!

Man fand das Gedicht vor einigen Jahrzehnten noch in vielen Lesebüchern. Es ist schade, daß es unsrem jungen Geschlecht unbekannt geworden ist.

Bis in sein letztes Lebensjahr hinein widmete Knapp seine Kraft einem Werke, das seinen Namen in weiten Kreisen der evangelischen Christenheit bekannt gemacht hat. Es ist dies der »Evangelische Liederschatz für Kirche und Haus – eine Sammlung geistlicher Lieder aus allen christlichen Jahrhunderten«. Die erste Auflage des Werkes erschien 1837 in der Cottaschen Buchhandlung. Aus einem Bestand von 80 – 100 000 evangelischer Lieder hat er 3572 ausgewählt. Dazu kam 1841 noch ein Nachtrag von 250 Liedern. Über die Gesichtspunkte, die ihn bei seiner Arbeit geleitet haben, spricht er sich im Vorwort aus. Ihm ging es nicht nur um die Auswahl und Aufnahme älterer Lieder und Gesänge, sondern vor allem auch darum, das zeitgenössische Liedgut der Gemeinde nahezubringen. In seinem Vorwort heißt es: »Wer unsere evangelische Kirche vorzugsweise mit alten, in der Form verkommenen Gesängen erbauen will, scheint mir einem Mann ähnlich, der den Königen und reicheren Bürgern zumutet, ihre Schlösser und Wohnungen aus dem verwitterten Gestein alter Ritterburgen zu bauen, und der keinen Quaderstein für schön gelten läßt, außer wenn Moos darauf gewachsen ist. Die Kirche Christi, die sich, obwohl zu einzelnen Zeiten unterdrückt und von Menschen verwahrlost, doch in ewiger Jugendfrische stets wieder verjüngt und befruchtet – sie würde sich wahrlich ein trauriges Armutszeugnis ausstellen, wollte sie sich in den Mitteln ihrer Erbauung fort und fort an menschliche Vorzeit zumeist gebunden erachten, als ob der sie beseelende Geist nichts Neues und Lebendiges erzeugen könnte.«

Allerdings ist die Arbeit des Hymnologen (Liederforschers) Knapp schon zu seinen Lebzeiten umstritten gewesen. Jene Richtung, welche grundsätzlich jedes Recht einer Veränderung des Originaltextes bestritt, mußte das Werk ablehnen. Stip, der Herausgeber des »Unverfälschten Liedersegens«, warf Knapp vor, daß er in den sieben Strophen des Liedes »Wie schön leuchtet der Morgenstern« nicht weniger als 157 Veränderungen vorgenommen habe. Knapp dagegen verwahrte sich gegen die Auffassung, daß »Rost, Schimmel, Staub und Puder ohne weiteres auch zur unantastbaren Originalität der Geister gerechnet wird«. Wie man auch zu dem Werk Albert Knapps stehen mag, man muß ihm das Verdienst zuerkennen, daß er manches kostbare Lied der evangelischen Christenheit wieder zugänglich gemacht hat. So verdanken ihm die Lieder »Es glänzet der Christen inwendiges Leben« und »O Durchbrecher aller Bande« ihre Aufnahme in die meisten evangelischen Gesangbücher. Eine dritte Auflage seines Liederschatzes bearbeitete er noch kurz vor seinem Tode. Es war ihm nicht vergönnt, den Neudruck des Werkes zu erleben.

Sein Lebenstag neigte sich dem Ende zu. Am 15. Februar 1863 hielt er seine letzte Predigt über das Wort vom Kreuz. Zu Anfang des Jahres 1864 brach die Krankheit mit Macht über ihn herein. Atemnöte und Herzbeschwerden, die mit einer sich bildenden Wassersucht zusammenhingen, untergruben mehr und mehr seine Gesundheit. Vier Monate lang kam er in kein Bett mehr. Unter dem Druck solcher Leiden drang mancher Seufzer über seine Lippen. Er mußte es lernen, sich in den heiligen Willen Gottes zu finden. Durch Gottes Gnade durfte er still werden und bekennen: »Mein ganzes Leben liegt hinter mir wie ein zerbrochener Scherben – alle meine Gerechtigkeit möchte ich in den tiefsten Pfuhl werfen. Der zweite Artikel des Katechismus ist ganz für mich gemacht. Ich unterschreibe ihn von Herzensgrund, denn auch ich bin ein verlorener und verdammter Mensch, der die Hölle verdient hat.« Wie ernst er mit sich selber ins Gericht ging, zeigt der Wunsch, daß seine Verse:

Eines schenke mir hienieden,
deinen Geist und deinen Frieden,
und den Ruhm an meinem Grabe,
daß ich dich geliebet habe,

geändert werden möchten in: »Und den Ruhm an meinem Grabe, daß er mich geliebet habe«.

Je mehr er seinem Ende entgegenging, desto mehr schwand alle Todesfurcht. Er konnte sprechen: »Ich hätte nicht gedacht, daß ich mich vor dem Tode nicht fürchten muß.« Der Gedanke: »Ich bin erkauft« und die Geschichte von der ehernen Schlange bewegten ihn immer wieder in seinen letzten Tagen. Am 18. Juni 1864 ging er ruhig und still ein zur Ruhe des Volkes Gottes, und am 21. Juni wurde er auf dem Fangelsbachfriedhof in Stuttgart beigesetzt. Seinen einfachen Grabstein ziert eine Leier zum Zeichen, daß hier ein Dichter ruht. Die schlichten Worte: »Acquiesco in sanguine Christi« (Ich ruhe aus im Blut Christi) verkünden, daß ein Jünger Jesu Christi auf den großen Tag der Auferstehung von den Toten wartet.

Christian Gottlob Barth

der Volksschriftsteller und Missionsfreund (1799 – 1862)

Im Jahr 1819, als Hoffmanns Plan zur Gründung von Korntal die Gemüter stark bewegte, erschien eine kleine Schrift »Über die Pietisten«. In ihr wurden die Grundgedanken des Pietismus dargelegt und gegen mancherlei Entstellungen verteidigt. Ein Jahr später erschien ein Büchlein »Hoffmännische Tropfen wider die Glaubensohnmacht«. Sein Verfasser nahm sich in besonderer Weise der Gemeinde Korntal an und zeigte, daß ihre Gründung im Blick auf die bevorstehenden Scheidungszeiten gerechtfertigt sei. Der ungenannte Verfasser der beiden Schriften war ein junger Mann namens *Christian Gottlob Barth.* Er wagte es, im Geisteskampf der Zeit als Rufer im Streit eine Lanze für den vielgeschmähten Pietismus zu brechen.

Er stammte aus Stuttgart und war dort im Kriegsjahr 1799 als Sohn eines Handwerkers und Stundenmanns geboren worden. Vater und Mutter gehörten zu den »Stillen im Lande«. Beide hielten sich zu der Stunde, die von dem in Stuttgart hochgeschätzten Schullehrer *Johann Christian Gundert* gehalten wurde. Als Christian Gottlob Barth zwölf Jahre alt war, verlor er seinen Vater. Die Mutter machte es möglich, daß er das Gymnasium besuchen konnte. Es waren damals bewegte Zeiten. Die Napoleonischen Kriege bestärkten die Gläubigen in ihrer Meinung, daß die Wiederkunft des Herrn nicht mehr fern sei. Ihren Höhepunkt erreichte die Spannung, als Napoleon mit der großen Armee nach Rußland zog. Auch die Schüler des Gymnasiums standen damals oft zusammen und sprachen miteinander über die Weissagungen im Buch Daniel und in der Offenbarung des Johannes. Im Jahr 1817 wurde er in das theologische Stift in Tübingen aufgenommen. Von den philosophischen und theologischen Vorlesungen der damaligen Professoren hatte er wenig Gewinn. Umso eifriger versenkte er sich in das Studium rabbinischer Schriften und theosophischer Werke von *Fr. Chr. Oetinger* und *Franz von Baader;* außerdem hielt er sich zur Studentenstunde. Man kam in der Woche zweimal zusammen. Im Jahr 1819 nahm diese Stunde einen neuen Aufschwung durch den Eintritt des später so reich gesegneten Zeugen Gottes, *Ludwig Hofacker.* Noch während seiner Studentenzeit wurde Barth auch mit dem Basler Missionswerk bekannt. Mit dem Grafen *Felician Zaremba,* der den russischen Staatsdienst mit dem Dienst in der Mission vertauscht hatte, schloß er einen Freundschaftsbund. Der erste Besuch des Basler Missionsfestes gewann sein ganzes Herz für diese Gottessache.

Im Herbst 1821 verließ Barth die alte Musenstadt Tübingen, um in den Dienst seiner Heimatkirche einzutreten. Sein erstes Vikariat erhielt er in Neckarweihingen bei Ludwigsburg. Von dort führte ihn sein Weg nach Dornhan bei Sulz, wo sich ihm die Herzen der Gemeindeglieder in besonderer Weise öffneten. Er nahm sich vor allem auch der Männerwelt an. Manchmal beschritt er ungewohnte Wege, um das Evangelium unter die Männer zu bringen. Einmal hatte er am Schluß einer Predigt das in der Gemeinde noch unbekannte Lied von *J. G. Schöner* »Himmelan, nur himmelan« mit der ihm eigenen Feierlichkeit gesprochen. Die Zuhörer waren ganz ergriffen, und viele äußerten den Wunsch, eine Abschrift des Liedes zu erhalten. Sie bekamen es nach wochenlangem Warten in Gestalt von großen runden Schnupftabaksdosen, auf denen das ganze Lied schön gedruckt zu lesen war. Nachdem er noch in den beiden Gemeinden Effringen und Schönbronn bei Nagold gewirkt hatte, drängte es ihn in die Weite. Im Mai des Jahres 1824 machte er sich auf den Weg. Er kam über Nürnberg und Dresden nach dem stillen Herrnhut, wo am Grabe von *Zinzendorf* sich ihm die Worte der Grabinschrift einprägten: »Dieser war gesetzt, Frucht zu bringen, eine Frucht, die da bleibt.« Dann ging es über Berlin in das damals so gesegnete Wuppertal. Auf dem Rückweg von der Nordsee her begrüßte er den bereits vierundachtzigjährigen Vater *Oberlin* inmitten seiner Gemeinde. Er hatte draußen viel christliches Leben kennengelernt und dabei manche Verbindungen anknüpfen dürfen, die für sein künftiges Leben von Bedeutung werden sollten.

Kaum war er von der Reise zurückgekehrt, da wurde er am Ende des Jahres zum Pfarrer von Möttlingen ernannt. Die Gemeinde hatte eine Reihe treuer Pfarrer und Seelsorger gehabt, unter ihnen auch den so demütigen und lauteren *Gottlieb Friedrich Machtolf*. Er soll vor seinem Sterben gesagt haben, daß er noch im Himmel den Herrn um gute Pfarrer für Möttlingen bitten werde. Die Gemeinde kam Barth mit großen Erwartungen und mit viel Liebe entgegen. Er war mit ihr bald herzlich verbunden. »Die Blumen gehen auf im Lande«, durfte

Barth 1825 in einem Brief berichten. Seine Predigten, die mit ihrer Kürze und der Schlagkraft ihrer Gedanken die Herzen trafen, fanden solchen Beifall, daß an jedem Sonntag sich auch viele Zuhörer von auswärts einfanden. Von seiner Predigttätigkeit hat man geurteilt: »Barth wirkte in erster Linie als Erweckungsprediger auf seinen Pfarrstellen kreuz und quer im Lande in der rechten Einsicht, daß nur ein lebendiges, voll vertrauendes Christentum imstande ist, die Zwiespälte und Ungerechtigkeiten der Welt zu lösen.« In seinen Predigten sprach er auch über die Enderwartung, ohne sich auf bestimmte Berechnungen einzulassen. Viele Christen waren damals durch die Zeitbestimmung von *J. A. Bengel* mit Bangigkeit erfüllt. Bengel hatte ja die Wiederkunft Christi auf das Jahr 1836 errechnet. Dem Erscheinen Christi gehe ein Fürstenkongreß voraus, der am 14. Oktober 1832 stattfinden werde. Auf dem Kongreß werde der Antichrist vor aller Welt auftreten. Barth nahm in zwei Schriften »Der 14. Oktober 1832« und »Das Jahr 1836« zu diesen Fragen Stellung. Er warnte vor dem Geist der Unruhe und des Aufruhrs, der dem Antichristen den Weg bereite, und ermahnte die Gläubigen, auf Christus zu vertrauen: »Jener wird uns nie zu spät, dieser nie zu früh kommen; beide aber kommen gewiß.«

Bereits in der Zeit von Barths Amtstätigkeit zeigten sich in der Gemeinde Möttlingen dämonische Einflüsse. So wurde im Jahr 1828 ein elfjähriges Mädchen von krampfartigen Anfällen heimgesucht. Durch fremdartige Stimmen erklangen aus dem Mund des Kindes lästerliche Worte. Da der Geist vorgab, der Sohn Gottes zu sein, sprach Barth zu ihm: »Du bist der verlorene Sohn, nicht der Sohn Gottes.« Die Heilung des Kindes übte einen wohltätigen Einfluß auf die ganze Gemeinde aus. Es kamen verschiedene Erweckungen vor, die zur Folge hatten, daß die ärgerlichen Kirchweih- und Hochzeitstänze in Abgang kamen.

Im Jahr 1825 wurde auf Barths Veranlassung ein »Verein zur Rettung verwahrloster Kinder« gegründet. Die Anregung, einen solchen Verein zu gründen, hatte er in Beuggen empfangen, wo er öfters von Basel aus den edlen *Christian Heinrich Zeller* (1779–1860) besuchte, der eine private Lehrerbildungsanstalt gegründet und zu hoher Blüte gebracht hatte. Dieser Mann waltete wie ein liebevoller Vater inmitten seiner Schar armer, verlassener Kinder. Barth gewann Pfarrer *Johann Georg Handel* in Stammheim (1777–1856) für seinen Plan. Ein Haus war auch bald in der Gemeinde gemietet. Es zeigte sich aber, daß das Haus nach kurzer Zeit für die Kinderschar, die man aufgenommen hatte, zu klein war. Man brauchte ein eigenes Haus. Aber woher die Mittel nehmen? Barth schrieb ein Schriftchen, das die Herzen warm und die Hände willig zum Geben machte. Es war sein berühmtes »Bärenbüchlein«. Auf der Außenseite des Heftchens war ein eindrucksvolles Bild. Es zeigte den Propheten Elisa mit ausgerecktem Arm und vor ihm zwei Bären, die böse Buben in ihren Klauen hatten. Das Bild sollte an eine Geschichte aus dem Alten Testament erinnern, in deren Mittelpunkt der Prophet Elisa stand. Er war auf dem Weg nach der Stadt Bethel. Da riefen ihm böse Buben zu: »Kahlkopf, komm herauf! Kahlkopf, komm herauf!« So verspotteten sie immer wieder den Mann Gottes. Aber was geschah? Unversehens liefen da zwei große wilde Bären aus dem Walde und zerrissen die unartigen Spötter (2. Könige 2, 23–25). In schlichten Versen wird diese Geschichte in dem Büchlein erzählt. Barth fährt dann fort: »Ohne Zweifel sind diese Buben verwahrloste Kinder gewesen, die entweder keine Eltern mehr hatten oder schlecht erzogen wurden. Hätte es nun in Bethel ein Rettungshaus für verwahrloste Kinder gegeben wie in Beuggen, so wären diese unglücklichen Knaben nicht von den Bären zerrissen worden. Denn wenn auch aus unseren Wäldern keine Bären mehr herauslaufen, so gibt es doch noch böse Tiere genug, welche die armen, verlassenen Kinder innerlich und äußerlich zerrütten und zerreißen.« Barth schließt mit den Worten:

Wir suchten offne Herzen und haben sie gefunden,
wir suchten eine Herberg' und haben sie gefunden,

wir suchten einen Hirten und haben ihn gefunden,
wir suchten irre Schafe – und haben sie gefunden,
und eine eigne Hütte, die sollten wir nicht finden?
O höret unsre Bitte und reicht von nah und ferne
uns eure Steine gerne.
Zum Bau in seinem Namen
fügt sie der Herr zusammen.

Das »Bärenbüchlein« brachte dem Verein manche Gaben und treue Freunde. Zwei Jahre nach der Veröffentlichung des Büchleins, am 29. Mai 1829, konnte die Anstalt in Stammheim feierlich eingeweiht werden. Das Jahresfest, das meistens am Pfingstmontag gehalten wurde, gestaltete sich unter Barths Mitwirkung mehr und mehr zu einem christlichen Volksfest, das man gern besuchte. Nach dem Jahresfest zog Barth regelmäßig weiter zur Basler Festwoche, und wenn er dann heimkam, setzte er sich landauf, landab für die Missionssache ein. Den größten Dienst leistete Barth der Mission durch die Herausgabe des Calwer Missionsblattes, das seit 1828 erschien. Am Ende des ersten Jahrs hatte das Blatt bereits dreitausend Bezieher. Barth wollte durch sein Blatt über die Ereignisse auf den Missionsfeldern unterrichten; zum andern wollte er die Herzen willig machen, die Mittel für die Fortführung und Ausbreitung der Missionsarbeit darzureichen. Es war ihm gegeben, in volkstümlicher Weise zu werben und zu sammeln. So schreibt er einmal: »Kann man doch für Eisenbahnen, Dampfschiffahrten, Kanalbauten große Summen zusammenbringen, warum nicht auch für *die* Bahnen, die dem Herrn bereitet werden, für die Schiffahrt zu den fernen Heiden, denen das Evangelium gebracht, für die Kanäle, durch welche das Lebenswasser in die Wüsten und Einöden der Erde geleitet werden soll? Du sagst: Dort bekommt man Prozente, hier nichts. Ja, du weißt's schon; meinst du, der reiche König Himmels und der Erden würde sich nicht schämen, auch nur einen Groschen von dir zu nehmen, den er nicht hundertfältig wieder heimzahle? Er, der jeden Becher kalten Wassers vergilt!

Aber freilich die Menschen, die nur aufs Sichtbare sehen und säen, weisen jeden Wechsel, der auf die Ewigkeit oder auf die reiche Bank des unsichtbaren Königs ausgestellt ist, mit Protest zurück. Mögen sie! Wir werden schon noch sehen, welche Kapitalien am längsten halten!«

Seine Liebe zur Mission kommt besonders in vielen seiner Lieder zum Ausdruck. Als kostbares Reisegeschenk brachte er der Basler Missionsgemeinde gern eines seiner für das Fest gedichteten Lieder mit, das dann von Tausenden von Stimmen im Chor gesungen wurde. So erklang beim Fest des Jahres 1827 zum erstenmal sein Lied, das seitdem in vielen Gesangbüchern Eingang gefunden hat:

Der du in Todesnächten erkämpft das Heil der Welt
und dich als den Gerechten zum Bürgen dargestellt,
der du den Feind bezwungen, den Himmel aufgetan:
dir stimmen unsre Zungen ein Halleluja an.

Seit mehr als einem Jahrhundert wird bei der Einsegnung der Brüder, die auf das Missionsfeld hinausziehen, sein Streiterlied gesungen:

Zieht fröhlich hinaus zum heiligen Krieg!
Durch Nacht und durch Graus erglänzet der Sieg.
Ob Wetter auch toben, erschrecket nur nicht!
Blickt immer nach oben; bei Jesus ist Licht!

Und ob auch das Herz sich dunkel umzieht
mit trübendem Schmerz, der Friede entflieht;
wenn Mißmut und Zagen die Freudigkeit bricht:
o stillet die Klagen; bei Jesus ist Licht!

Wenn rings um euch bang die Götzenmacht steht,
und würd's euch zu lang, bis daß sie vergeht,
so sei euer Hoffen nach oben gericht't!
Der Himmel bleibt offen; bei Jesus ist Licht!

Eine Sammlung seiner Lieder erschien im Jahr 1836 unter dem Titel »Christliche Gedichte«. Barth dachte gering von seiner dichterischen Begabung: »Ich kenne mein geistiges Naturell zu gut, als daß ich mich für einen Dichter im vollen Sinn des Wortes halten sollte. Die Poesie ist weder ein Ergebnis meines innern, noch meines äußern Berufs, und um ihre Palme ist mir nicht zu tun; aber wenn in meinem Kohlgarten hie und da nebenher eine Reseda oder eine Jerusalemsblume wächst, so mag ich sie doch auch nicht verderben lassen, sondern binde sie in einen Strauß und biete sie den Vorübergehenden an.«

Seine Lieder »Gold'ne Abendsonne, wie bist du so schön« und »Der Pilger aus der Ferne« haben dazu beigetragen, daß sein Name mit Ehren unter den christlichen Volksdichtern genannt wird. Das Pilgerlied findet sich in seiner Erzählung »Der arme Heinrich oder die Pilgerhütte von Weißenstein«. Es wird im Schwabenland und anderswo auch heute noch gern gesungen:

Der Pilger aus der Ferne zieht seiner Heimat zu.
Dort leuchten seine Sterne, dort sucht er seine Ruh.

Sein Sehnen geht hinüber, sein Liebstes liegt im Grab;
die Blumen wachsen drüber, die Blumen fallen ab.

In Königsstädten schimmert des Goldes reiche Pracht,
und morgen sind zertrümmert die Städte und die Macht.

Die Ströme ziehn hinunter ins wogenreiche Meer;
die Welle geht drin unter, man sieht sie nimmermehr.

Der Harfenton verklinget in stillem Windeswehn;
der Tag, den er besinget, muß heute noch vergehn.

Der von dem Honigseime der Ewigkeit geschmeckt,
der Pilger ist daheime nur, wenn das Grab ihn deckt.

Drum weckt ihn auch hienieden das Heimweh früh und spät;
er sucht dort oben Frieden, wohin sein Sehnen geht.

Barth ist unverheiratet geblieben; aber auch als Junggeselle hat er sich ein Herz voll Liebe für die Kinderwelt bewahrt. Ihr galt ein großer Teil seiner schriftstellerischen Arbeiten. Um die Weihnachtszeit erschien viele Jahre hindurch ein Jugendbüchlein aus der fleißigen Feder Barths. So unvollkommen auch manchmal die Schriften mit ihren groben Holzschnitten erscheinen mögen, sie sind von der damaligen Kinderwelt fleißig gelesen worden. Seit 1836 gab er monatlich die sogenannten »Jugendblätter« heraus. Ein besonderer Erfolg war seinen »Zweimal zweiundfünfzig biblischen Geschichten« beschieden. Sie waren eine der ersten Veröffentlichungen des von ihm ins Leben gerufenen Calwer Verlagsvereins. Für die Geschichte des württembergischen Pietismus bleibt seine Sammlung der »Süddeutschen Originalien« wichtig, eine inhaltsreiche Heftreihe, die bisher nicht gedruckte Aussprüche schwäbischer Gottesmänner wie Bengel, Oetinger, Flattich und anderen enthielt.

Sein Wirken ging im Lauf der Jahre in die Weite. Um sich seiner schriftstellerischen Tätigkeit, vor allem aber der Missionsarbeit ungehinderter widmen zu können, legte er im Jahr 1838 sein Pfarramt nieder und zog nach Calw. Es war für ihn eine besondere Freude, daß *Johann Christoph Blumhardt* sein Nachfolger wurde, unter dessen Wirksamkeit dann einige Jahre später die so bekannte Erweckung ausbrach. Barth schrieb im Blick auf die Möttlinger Bewegung: »Wir streuen jahrelang den Samen aus und wissen, daß wir guten Samen gehabt und nicht vom Samenhändler uns haben betrügen lassen, und doch will nichts aufgehen, und die Leute sind einmal wie das anderemal. Aber es ist nichts verloren; nur braucht's gute Weile, bis etwas herauskommt.«

Von Calw aus unternahm er viele Reisen auf dem Kontinent und nach England und Schottland. Wir finden ihn bald in Ungarn, bald in England, wo er in London an der ersten Tagung der evangelischen Allianz teilnahm. Dann führt ihn eine Kollektenreise nach Schottland. Er besucht die Kirchentage in Bremen und Berlin und kehrt am Ende dankbar in sein

Heim zurück. An äußeren Ehren fehlt es auch nicht. *König Wilhelm I.* von Württemberg verleiht ihm das Ritterkreuz der württembergischen Krone, die theologische Fakultät in Greifswald zeichnet ihn mit der Würde eines Doktors der Theologie aus, und die mathematisch-physikalische Abteilung der Akademie in München ernennt ihn zum korrespondierenden Mitglied. König *Friedrich Wilhelm IV.* von Preußen zieht ihn an die königliche Tafel. Die in Stuttgart weilende *Königin der Niederlande* und der blinde *König Georg* von Hannover lassen ihn zu sich rufen. Im Jahr 1854 unternimmt er seine letzte Reise, die ihn noch einmal nach London führt.

Die Schatten wurden merklich länger. Zunehmende Beschwerden, Brustschmerzen, Kopfweh und Herzleiden plagten ihn. Von Schonung wollte er nichts wissen. »Mir ist in der Schrift nur eine einzige Stelle vom Schonen bekannt, und dort ist der Teufel dahinter gestanden.« Er war nun mehr denn zuvor an sein Arbeitszimmer gebunden, das einem kleinen Museum glich. Er gibt in einem Brief an einen Freund eine humorvolle Schilderung seines Studierzimmers: »Eine Schildkröte aus Nazareth krabbelt unter meinen Füßen herum, auf dem Tisch stehen, der Beschauer harrend, Pflanzen vom Sinai, Hebron, Bethlehem, Jerusalem, Tabor, Nazareth, Kana, Libanon. Pistazien vom Libanon und Mandeln vom Sinai stehen daneben. Des polvere d'Ireos aus der großen Apotheke in Florenz nicht gedenkend, nenne ich nur den Balsam von Jerusalem, Balsam aus Mekka, Öl von Gethsemane, Manna von der arabischen Wüste, und viele andere Sachen lasse ich ungenannt.« Trotz der vielen körperlichen Gebrechen arbeitete er fleißig weiter. Im Jahr 1854 erlebte er die Freude, daß seine »Biblischen Geschichten« die hundertste Auflage erlebten. Nicht weniger freute es ihn, daß um jene Zeit das Büchlein in fünfzig Sprachen übersetzt worden war. Schließlich mußte er sich nach einem Gehilfen umsehen. Er gewann den aus Indien zurückgekehrten Missionar *Dr. Hermann Gundert,* den Großvater des Dichters Hermann Hesse. Barth selbst fühlte, daß es mit raschen Schritten bei ihm der Heimat zugehe. Er konnte den Freunden schreiben: »Mein Päckchen ist bald genug gemacht. Ich habe auch nichts, was mir den Heimgang schwer macht; denn ich weiß, daß mein Erlöser lebt und meine Schuld erlassen ist.« Am 12. November 1862 traf ihn ein leichter Schlag. Ohne allen Kampf schlief er zuletzt ein.

Drei Tage später bewegte sich ein langer Leichenzug von Calw nach Möttlingen; denn Barth hatte bestimmt, daß man ihn in seiner alten Gemeinde beisetze. Er wünschte auf dem Friedhof zu ruhen, wo seine frommen Amtsvorgänger, die Pfarrer Groß und Machtolf, und seine eigene Mutter dem großen Auferstehungsmorgen entgegenschliefen.

Gottlieb Scholl

Pietist und Mann der Öffentlichkeit (1803 – 1873)

Das Revolutionsjahr 1848 verlief in Württemberg ruhiger als in dem Nachbarland Baden, wo es zu schweren und blutigen Auseinandersetzungen kam. Es hat damals freilich in Württemberg Wochen und Monate gegeben, da das innere Gefüge des Staates zu wanken drohte, und auch König Wilhelm I. mochte zweifeln, ob die Verse aus dem Lied von Justinus Kerner »Preisend mit viel schönen Reden ...« in seinem Lande noch gelten:

Eberhard, der mit dem Barte,
Württembergs geliebter Herr,
sprach: »Mein Land hat kleine Städte,
trägt nicht Berge silberschwer;

Doch ein Kleinod hält's verborgen:
daß in Wäldern noch so groß

ich mein Haupt kann kühnlich legen
jedem Untertan in Schoß.«

Es siegte aber in jenen Revolutionstagen der nüchterne und klare Sinn der Württemberger. Man hat mit Recht darauf hingewiesen, daß die ruhige und stille Art der Gemeinschaftsleute einen spürbar wohltätigen Einfluß auf die öffentliche Ordnung ausgeübt habe. Es war vor allem der Apotheker Gottlieb Scholl, der damals den Gemeinschaftskreisen immer wieder deutlich machte, daß sie am öffentlichen Leben teilnehmen müßten, um nicht den Feinden Christi das Feld zu überlassen.

Gottlieb Scholl wurde am 5. März 1803 in Backnang geboren. Nach dem Abschluß seiner Schulzeit trat er bei einem Apotheker seiner Vaterstadt in die Lehre. Seit dem Ende der zwanziger Jahre war er in Göppingen angestellt. Von hier aus besuchte er einmal eine Pfarrkonferenz in Adelberg auf dem Schurwald, wo Pfarrer *Gottlob Lechler*, ein Verwandter von ihm, tätig war. Als die Brüder eben von der Gnade redeten, die uns in Jesus Christus geschenkt worden ist, rief der junge Apotheker, der bis dahin schweigend zugehört hatte: »Ja, ihr Brüder, so ist mir's! Jetzt wird mir alles klar! Ich bin durch Christi Blut versöhnt, meine Sünden sind mir vergeben, und ich bin Gottes Kind.« Die Brüder sahen ihn verwundert und erfreut an, und Lechler, der Hausvater, sagte: »Du bist aber ein Glückskind! So leicht wird es nicht jedem, zum Glauben durchzudringen.« Ebenso schnell und entschieden vollzog sich auch seine äußere Scheidung von der Welt. Seinen seitherigen Göppinger Bekannten erklärte er, daß er den Heiland gefunden habe und nun entschlossen sei, ihm allein zu dienen. Seien sie darin mit ihm einig, so sei es gut, wenn nicht, dann könne auch die seitherige Verbindung mit ihnen nicht fortbestehen. Als einige ihre Verwunderung aussprachen, daß er in jungen Jahren schon so entschieden seinem christlichen Glauben leben wolle, erwiderte er: »Warum sollte ich denn erst alt werden, um mich zu bekehren? Ich weiß ja nicht, ob ich morgen noch lebe. Und warum soll ich's anstehen lassen, mich meinem Heiland hinzugeben, bei dem man es so gut hat?«

Im Jahr 1832 kaufte er die Apotheke in Leonberg. Kurz zuvor hatte er sich mit *Karoline Schmid* verheiratet, in der er eine Lebensgefährtin fand, die mit ihm auf dem gleichen Glaubensgrund stand. Er hat seinen Beruf fünfzehn Jahre lang ausgeübt. Seinen Kunden gab er gern zu den Arzneimitteln einen passenden Spruch oder Liedervers mit. Die Kranken, deren Namen ihm durch die Rezepte bekannt geworden waren, pflegte er treulich zu besuchen. Am liebsten verkehrte er im Kreis der altpietistischen Gemeinschaft in Leonberg. Im Lauf der Jahre wurde er besonders mit den Brüdern in Stuttgart bekannt, die seine innere Stellung und seine Gaben schätzen lernten. Sie legten ihm nahe, sich ganz der Sache des Reiches Gottes zu widmen. So verkaufte er denn seine Apotheke und siedelte nach Stuttgart über.

Hiei fand er ein reiches Arbeitsfeld vor. Im Jahr 1830 war von *Dr. Christoph Ulrich Hahn* ein »Verein für Verbreitung kleiner religiöser Schriften für Lausanne und Eßlingen« gegründet worden, aus dem die »Evangelische Gesellschaft« in Stuttgart hervorging. Das Revolutionsjahr 1848, das so manche Not im kirchlichen Leben hatte sichtbar werden lassen, führte dazu, daß die Evangelische Gesellschaft aus der Enge in die Weite hinaustreten mußte. Scholl wurde im Jahr 1849 zum Vorstand der Gesellschaft gewählt. In dieser Stellung, die er ehrenamtlich ausübte, hat er bis zu seinem Tod eine segensreiche Tätigkeit entfaltet. Daneben lag ihm die stadtmissionarische Arbeit sehr am Herzen. Wo sich ihm Gelegenheit bot, da trat er in den Riß. Jahrelang hat er in der Militärstrafanstalt, im Zuchthaus und in den Kasernen Bibelstunden gehalten und Seelsorge getrieben. Die Kirchenleitung, die seine Arbeit sehr schätzte, hatte ihm die Berechtigung erteilt, in den Kirchen zu reden. So kam es, daß er bei vielen Missions- und Jahresfesten als gern gehörter Redner mitwirken durfte.

Mit besonderer Liebe nahm er sich der altpietistischen Gemeinschaften an. Er drang auf gründliche Vertiefung in die Schrift, auf sorgfältige Vorbereitung der Stundenhalter und auf eine geordnete Gemeinschaftszucht. Im Jahr 1857 wurde eine erste Organisation der altpietistischen Gemeinschaften durch Errichtung eines Gemeinschaftsausschusses in Stuttgart geschaffen. Das Ziel des Ausschusses wurde dahin umschrieben, daß er »weder polemisieren noch zentralisieren, sondern nur die Brüder und die Gemeinschaften stärken« wolle. Seit Oktober 1858 wurde von Pfarrer *Karl Werner* in Fellbach, dem wir das dreibändige Werk »Christian Gottlob Barth, Doktor der Theologie, nach seinem Leben und Wirken gezeichnet« verdanken, ein Gemeinschaftsblatt, die sogenannten »Erbaulichen Mitteilungen« herausgegeben. Zu den eifrigen Mitgliedern des Gemeinschaftsausschusses gehörte auch Gottlieb Scholl. Er war es, der die Gemeinschaften aus ihrer beschaulichen und der Welt gegenüber zurückhaltenden Art herauszuführen versuchte. Gerade die Revolution von 1848, die er in Stuttgart miterlebt hatte, bestärkte ihn in seiner Auffassung, daß die Gemeinschaften sich von der allgemeinen Politik nicht fern halten dürften. Er verwendete seinen großen Einfluß, der ihm den Namen eines »Pietistengenerals« eingetragen hatte, gern dazu, die Gemeinschaftsleute an die Wahlurnen zu bringen und für die Mitarbeit in Staat und Gemeinden zu gewinnen. Auch am Leben der Kirche nahm er eifrigen Anteil. Er sah die großen Gefahren, die der Kirche aus ihrer zu starken Verflechtung mit dem Staat erwuchsen. So trat er für eine Befreiung der Kirche von der staatlichen Bevormundung, für die Einführung einer zweckmäßigen kirchlichen Verfassung und für stärkere Mitarbeit der Nichttheologen in der Kirche und Gemeinde ein. Als dann im Jahre 1851 Pfarrgemeinderäte eingeführt wurden, stellte sich Scholl sofort für ein solches Amt zur Verfügung. In seiner freundlichen Haltung zur Kirche ist er ohne Zweifel dadurch sehr bestärkt worden, daß er mit dem Prälaten Sixt Karl Kapff brüderlich verbunden war.

Es war Scholl in besonderer Weise die Gabe der schlagfertigen Rede und Antwort zu eigen. So befand er sich eines Abends in einem größeren Gasthof auf dem Schwarzwald. Unter den Gästen herrschte ein ziemlich leichtfertiges Gespräch, an dem auch die Wirtin teilnahm. Als es nun ein Arzt gar zu bunt trieb, sagte die Wirtin: »Sie sind heute wieder recht leichtsinnig, Herr Doktor«. – »Was«, gab er ihr zur Antwort, »ich bin gar nicht so leichtsinnig, ich bete ja alle Tage.« – »Wie, Sie beten?« riefen einige Gäste; »was beten Sie denn?« Der Arzt antwortete ein wenig verwirrt und stockend: »Ich bete alle Tage den 6. Vers vom 70. Psalm.« – »Und wissen Sie auch, wie der heißt?« fragte ihn Scholl, der schon länger mit Unwillen zugehört hatte. Als nun der Arzt die Frage verneinen mußte, erwiderte Scholl: »Er heißt: Herr, ich bin elend und arm, eile zu mir!« Der Arzt aber gestand: »So wie Sie möchte ich die Psalmen auch kennen.« – »Lernen Sie sie nur«, antwortete ihm dieser, »es wird Ihnen nur von Nutzen sein.«

Wenn es nötig war, konnte er auch den Spöttern energisch den Mund stopfen. Während einer Eisenbahnfahrt hörte er einst einen Studenten mit seinen Begleitern ein sehr anstößiges Gespräch führen. Scholl stand zuletzt auf und bat den Studenten, mit dem Geschwätz nun endlich aufzuhören. Der entgegnete darauf, daß ihm hier niemand zu befehlen habe. »Eben deshalb bitte ich Sie«, sagte Scholl; »denn wenn ich hier zu befehlen hätte, so hätte ich Sie schon längst hinauswerfen lassen.« Der Student versuchte es noch einmal im alten Ton, dann aber besann er sich eines Besseren und setzte sich mit den Worten: »Es ist wahr!« Nun ging das Schelten der Mitreisenden über die Frechheit des Studenten los. Scholl hörte es sich eine kurze Zeit an, dann sagte er: »Ihr lieben Leute, ich bitte euch – er ist jetzt still, so seid ihr auch still!« Und man gehorchte sofort.

Im Jahr 1871 erlebte er noch die Freude, daß in seinem früheren Wohnort Leonberg ein Magdalenenasyl für gefallene Mädchen gegründet werden konnte. Die Gewinnung einer

Hausmutter bereitete ihm große Mühe. Gerade als seine letzte Krankheit begann, konnte sie gefunden werden.

Im November 1872 stellte sich bei ihm ein schmerzhaftes Blasenleiden ein, zu dem im Frühjahr noch eine Magenkrankheit trat. Als ihm ein Freund seine Teilnahme bezeugte, konnte er ihm erwidern: »O saget nicht davon! Der Heiland könnte mir kein lieblicheres Krankenlager bescheren.« Still, ohne besondere Anfechtungen ging er aus der Zeit in die Ewigkeit. Es erfüllte sich an ihm das Wort, das er einstmals gesprochen hatte: »Man geht, wenn man stirbt, aus dem Vorzimmer hinein in den Hochzeitssaal!«

Wilhelm Hofacker

der treue Anwalt des Pietismus (1805 – 1848)

Wilhelm Hofacker hat das Erbe seines Bruders, des großen Erweckungspredigers, in aller Treue verwaltet und verteidigt. In den Tagen von *Strauß* und *Vischer* ist er mannhaft für die Sache des Pietismus eingetreten. Er erblickte im Jahr 1805 im Pfarrhaus zu Gärtringen das Licht der Welt. Im sechsten Lebensjahr kam er mit den Eltern nach Oeschingen bei Tübingen. Nach kaum einjähriger Tätigkeit im neuen Wirkungsort wurde der Vater nach Stuttgart versetzt. Hier besuchte Wilhelm Hofacker das Gymnasium. Über seine Jugendjahre hat *S. K. Kapff* berichtet: »Seine Jugendzeit verfloß meist ruhig, ohne außerordentliche Erfahrungen, beherrscht von dem gewaltigen Gesetzesstab des Vaters, der mit aller Strenge auf Ordnung, fleißiges Lernen und Rechtschaffenheit drang, aber auch von der energischen, doch echt evangelischen Frömmigkeit der Mutter, die als das stärkste und zugleich süßeste Lebensgesetz die Liebe zum Heiland mit Lehre und Beispiel dem Knaben einprägte. Dazu kam das herrliche Vorbild seines Bruders Ludwig, das eine heilige Anziehungskraft ausübte, die wohl auch nicht ohne Einfluß auf die besondere Erweckung Wilhelms bei dem Abendmahlsgenuß in seinem fünfzehnten Jahr geblieben sein mag.« Hinzu kam noch der Einfluß des schlichten und doch geistgewaltigen Lehrers *Jeremias Flatt,* dessen Erbauungsstunden er in seinen Jünglingsjahren besuchte. Er gestand später, daß ihm Flatt durch seinen Wandel in besonderer Weise den Adel und die Seligkeit eines treuen Zeugen und Dieners Jesu Christi vorgelebt habe. Über eine wunderbare Errettung Hofackers aus großer Lebensgefahr berichtet Kapff folgendes: »Bei einem Spaziergang an den Bärensee im Park Solitude gelüstete es den jungen Wilhelm, von der Gesellschaft sich trennend, einen Nachen zu besteigen. Durch eine unglückliche Wendung verlor er das Gleichgewicht und stürzte ins Wasser. Vergebens suchte er den Kahn wieder zu erreichen und sich hineinzuschwingen. Immer mehr sah er sich hingetrieben zu der wirbelnden Ablaufschleuse und wußte, daß er dort angekommen, rettungslos verloren wäre. Während er in Todesangst um sein Leben rang, hielt ihm von der herbeigeeilten Gesellschaft ein guter Alter eine derbe Strafpredigt, daß er sich aufs Wasser gewagt und so ungeschickt gewesen sei. Das machte auf das Gemüt des von Todesangst Gepeinigten einen wehtuenden Eindruck, und er dachte: Hilf du mir, das wäre besser als das Zanken. Endlich vermochte einer aus der Gesellschaft den Nachen zu erreichen und im entscheidenden Augenblick Wilhelm herauszuziehen.«

Im Herbst 1823 bezog er die Universität Tübingen. Er fand Aufnahme im theologischen Stift. Von dem weltlichen Treiben, vor allem von dem unmäßigen Kneipleben seiner Mitstudenten fühlte er sich bald abgestoßen. Einmal setzte er sich abends zu seinen Stubengenossen, die beim Bier theologische Gespräche führten und mit ihren Witzen nicht sparten. Plötzlich stand Hofacker auf und verließ das Zimmer mit den Worten: »Ich mag nicht sitzen, wo die Spötter sitzen!«

Von diesem Augenblick an hatte er, den man als Pietisten belächelte, es im Stift leichter. Er war aber doch dankbar, als er ein Jahr später sich ein eignes Zimmer in der Stadt mieten konnte.

In den Gottesdiensten fand er nicht, was er suchte. Es herrschte in den Kirchen eine geistliche Dürre. Umso dankbarer war er, daß eine Gemeinschaft gläubiger Studenten entstand, die in seiner Stube zusammenkam und bald mehr als dreißig Teilnehmer zählte. Ein Besuch von Ludwig Hofacker hinterließ tiefen Eindruck. Er ermahnte die jungen Leute mit eindringlichen Worten, rechte Knechte des Herrn zu werden, denn es herrsche im Land ein großer Mangel an ihnen. So gingen die Studienjahre schnell dahin. Im März 1828 verließ er die Universität. Den letzten Abend in Tübingen brachte er in Gemeinschaft mit seinem Freund Kapff zu. Sie lasen miteinander die Abschiedsreden des Herrn und beteten zusammen.

Auf Wunsch seines kranken Bruders kam er im Frühjahr 1828 als Vikar nach Rielingshausen. Am Osterfest jenes Jahres hielt Ludwig Hofacker seine letzte Predigt. Nun mußte er für diesen die gesamte Gemeindearbeit übernehmen. Nach dem Heimgang des Bruders blieb er noch acht Monate in Rielingshausen.

Im August 1829 trat er die übliche »wissenschaftliche Reise« an. Sie führte ihn nach Norddeutschland. Am wohlsten fühlte er sich im Wuppertal, wo ihn *Friedrich Wilhelm Krummacher* tief beeindruckte. An Kapff schrieb er damals: »Die freie Verfassung der Kirche im Bergischen hat mir besonders wohlgetan. Die Wahl der Prediger steht ganz bei der Gemeinde; die Wahl der Dekane und Superintendenten ganz bei den Geistlichen, und so ist der oft so knechtische Subordinationsgeist, der bei uns häufig zu treffen ist, weggebannt. Der Generalsuperintendent des Herzogtums Berg sprach immer per »Herr Bruder« mit mir und behandelte jeden Pastor als seinesgleichen, während ja unsere Prälaten einen armen Kandidaten, wenn sie könnten, öfters zur Tür hinausblasen würden vor Würde und Gravität. Bruder, wenn man uns in Württemberg einmal nicht mehr brauchen kann als Leute, an denen Hopfen und Malz verloren ist, dann gehen wir in das freie bergische Land und lassen uns zu Predigern wählen. Mein Hauswirt wollte mich bereits anwerben, aber ich mußte ziehen meine Straße.« Er kehrte in die Heimat mit dem Eindruck zurück, daß »es sich regt in unserem Deutschland und daß es auch noch gescheite Leute gibt, die mehr glauben, als wir in unserem Tübingen gelehrt wurden, und daß wir Toren sind, wenn wir durch Menschenfurcht uns eindämmen lassen«.

Nach einer längeren Tätigkeit als Repetent in Tübingen wurde er 1833 zum Stadtpfarrer in Waiblingen ernannt. Am Tage nach seiner Amtseinführung trat er mit *Luise von Weckherlin* in den Stand der Ehe. Über seine Tätigkeit in der Gemeinde schreibt er später: »In Waiblingen hatte ich den großen Vorschub, daß ich ein still und mild bebautes Arbeitsfeld antreten konnte; ich durfte nur fortmachen.« Mit *S. K. Kapff* und *W. Hoffmann* verwandte er viel Mühe auf die Herausgabe des »Wilhelmsdorfer Predigtbuches«. Es enthielt eine Sammlung von Predigten verschiedener Pfarrer. Der Erlös aus dem Verkauf des Buches war für die arme Gemeinde Wilhelmsdorf bestimmt. Nur zweieinhalb Jahre war er in Waiblingen tätig. Über die Veranlassung zu seinem Weggang erzählt er folgendes: »Als im Lauf des Jahres 1835 das Diakonat an der St. Leonhardskirche erledigt wurde, forderten mich manche alten Freunde meines elterlichen Hauses auf, den Versuch einer Meldung um diese Stelle zu machen. Sie versicherten mich, daß das vom Vater und Bruder hier auf mich vererbte Vertrauen der Gemeinde nachsichtig und unterstützend mir entgegenkommen werde. Ich tat jenen Schritt mit Bangigkeit, weil ich die Anforderungen kannte, die der Herr und die Gemeinde an einen Prediger dieser Stadt zu machen berechtigt ist; ich tat ihn aber mit Ergebung in den väterlichen Willen meines Gottes und Heilandes, der mit großer Treue mich bisher geleitet und den Ruhm sich nicht nehmen läßt, der Helfer der Elenden und die Kraft der Schwachen zu sein. Und siehe da, der huldvolle Wille des Königs und durch denselben Gottes Gnade[1] berief mich in unerwarteter Weise zu dem Amte!« Damals lebte noch der alte Stadtpfarrer *C. A. Dann*, der den jungen Amtsbruder mit herzlicher Liebe aufnahm. Es hat Hofacker schmerzlich bewegt, daß er Dann schon nach anderthalb Jahren die Grabrede halten mußte. Mit *Albert Knapp*, der von Kirchheim unter Teck nach Stuttgart versetzt worden war, verband ihn bald herzliche Freundschaft. Beide standen mit den pietistischen Kreisen der Landeshauptstadt in engster Fühlung. Zu dem Freundeskreis gehörten der Weißgerber *Emanuel Josenhans*, der Rotgerber *Christoph Roser* und der Kaufmann *Johann Jakob Häring*. Im Kirchenregiment hatten sie an dem Prälaten *Klaiber*, dessen Bruder *Johann Christoph Gottlob* in Böblingen (1788 – 1873) der Hahn'schen Gemeinschaft angehörte, einen freundlichen Berater. Wegen des Einflusses, den Hofacker und mit ihm der Brüderkreis auf die Besetzung der Pfarrstellen in Stuttgart hatten, nannte man sie gern scherzhaft »das kleine Konsistorium«. Seit 1831 stand ihnen in dem »Christenboten«, den Pfarrer *D. Chr. Burk* in Großbottwar gegründet hatte, ein eignes Sonntagsblatt zur Verfügung, dessen Bedeutung sich in den mancherlei Kämpfen der kommenden Jahre zeigen sollte.

Im Jahr 1835 ließ *David Friedrich Strauß*, der damals Stiftsrepetent in Tübingen war, den ersten Teil seines Buches »Das Leben Jesu« erscheinen. Es erregte ungeheures Aufsehen. Strauß erklärte Jesus für einen bloßen Menschen mit der Begründung (im Sinne des Philosophen *G. W. F. Hegel*), daß die »Idee« es nicht liebe, ihre ganze Fülle in ein einziges Exemplar auszugießen und den anderen gegenüber zu geizen. »Des Menschen Sohn« ist ihm nicht ein einzelner Mensch, sondern die Idee der Menschheit. Für sie treffen die Eigenschaften zu, welche die Kirchenlehre Jesus beilegt. Die Menschheit ist die Sterbende, Auferstehende und zum Himmel Fahrende. Durch die Aufhebung ihrer Endlichkeit wird ihre Vereinigung mit dem Unendlichen verwirklicht. Die Berichte der Evangelien

[1] Hofacker will damit sagen, daß sich Gott des Königs bedient habe, um ihn nach Stuttgart zu rufen.

sind Mythen, das heißt Schöpfungen der dichtenden Phantasie der gläubigen Gemeinde. Der Christus, der in den Evangelienberichten erscheint, ist also keine geschichtliche Person, sondern der Christus des frommen Glaubens, dessen »liebstes Kind« das Wunder ist. Noch nie war mit solcher Heftigkeit an den Grundlagen der christlichen Lehre gerüttelt worden. Dabei blieb das beklemmende Gefühl, daß der Mann, der den Angriff unternahm, aus den Reihen der württembergischen Theologen kam.

Der Pietismus hat zu diesem Angriff nicht geschwiegen. In verschiedenen kleineren und größeren Artikeln nahm er zu den Fragen des Glaubens und des Unglaubens Stellung. *G. Binder* antwortete darauf mit einer Schrift »Der Pietismus und die moderne Bildung« (1838). Gründlicher und schärfer als Binder ging der Calwer Diakonus *Chr. Märklin* in seiner Studie »Darstellung und Kritik des modernen Pietismus« (1839) vor. Er anerkannte, daß der Pietismus es in der Lebensführung mit der Religion und der Sittlichkeit ernster nehme als der große Haufe. Im Gegensatz zu einer toten Orthodoxie versuche er das Dogma zu verinnerlichen; denn er betone nicht nur den »Christus *für* uns«, sondern auch den »Christus *in* uns«. Er bleibe aber auf halbem Wege stehen; denn er lasse neben dieser Verinnerlichung noch die äußeren Tatsachen einer göttlichen Offenbarung, eines Versöhnungstodes, einer Auferstehung Jesu und so weiter bestehen. Man müsse das alles im Sinn der modernen Theologie als Tatsachen aufheben und in innere geistige Vorgänge verwandeln. Der Pietismus ist gleichsam eine Mittelstufe zwischen kirchlicher Orthodoxie und moderner Theologie, die überwunden werden müsse.

W. Hofacker trat Märklin zunächst durch einen Aufsatz im Christenboten und dann mit einer besonderen Schrift »Bekenntnis und Verteidigung« entgegen. Es heißt in ihr: »Unsere Zeit ist auf dem religiösen Gebiet eine Zeit der Scheidung und Entscheidung. Spekulative Theologie und Pietismus, oder anders ausgedrückt, wissenschaftlicher Unglaube auf der einen, biblischer Kirchenglaube auf der andern Seite rüsten sich zu einem entscheidenden Gang. Mag er enden, wie er will: *ein* Goldkorn wird der schlammig aufgeregte Strom jedenfalls mit sich führen; *ein* Ergebnis wird nicht ausbleiben: das, daß es auf dem religiös-kirchlichen Gebiet wieder wahrer und entschiedener zugeht, daß die streitenden Parteien freier gegeneinander die Visiere öffnen und deutlich und allgemein verständlich ihre Parole sagen müssen, damit man nicht in Zukunft, wie es leider bisher manchmal der Fall war, irrtümlicherweise einen für einen Bundesgenossen hält, der doch in Wahrheit ein Gegner ist, und umgekehrt nicht einen als Gegner behandelt, der doch zu den Bundestruppen gehört.« Märklin hatte sich darüber beklagt, daß Hofacker den Streit um Wert und Unwert des Pietismus durch seinen Beitrag im Christenboten in die kirchliche Öffentlichkeit gebracht habe. Hofacker erwiderte darauf mit Worten, die auch heute noch ihre Gültigkeit besitzen: »Gebührt einer protestantischen Gemeinde, die am Worte Gottes festhält, nicht auch ein Prüfungsrecht gegenüber den Ansichten ihrer Theologen und Prediger? Wer will es ihr denn streitig machen, seitdem Luther es ihr errungen und die Blutströme des Dreißigjährigen Krieges es ihr besiegeln halfen? Sollen denn die Diener der Kirche glauben, lehren und schreiben dürfen, was sie wollen, ohne daß ihre Gemeinden im einzelnen und die Landeskirche, der sie angehören, im großen nur auch mit einem Wörtlein darnach zu fragen das Recht hätten?«

Noch einmal mußte Hofacker auf den Plan treten, nachdem der Dichter und Schriftsteller *Fr. Th. Vischer* in einer akademischen Antrittsrede am 21. November 1844 offen gegen das positive Christentum Stellung genommen hatte. Sie enthielt nicht nur ein Bekenntnis zum Pantheismus, sondern auch die Erklärung offenen Hasses gegen den Pietismus. Besonders feindlich hatte er sich über den Pietismus in seinen »Kritischen Gängen« geäußert. Er nannte ihn eine »Krätze, welche die edelsten Säfte des Geistes in Eiterung setzt«. An anderer Stelle sagte er: »Mit einem Pietisten ist daher schlechterdings nicht fortzukommen, zu sprechen, zu leben; er nimmt nichts, wie es ist, er sieht alles gebrochen wie im Wasser, er ist absolut geschmacklos, aberwitzig, pervers, er ist wahnsinnig.« In seiner Predigt am 4. Advent sprach sich Hofacker entschieden gegen Vischer und seine Gedankengänge aus. Die Pfarrer *Knapp, Schwab* und *Dettinger* folgten seinem Beispiel. Ihre Predigten wurden gedruckt, und in einer beigefügten Erklärung erhoben sie Einspruch gegen Vischers Auftreten. Die Erregung in christlichen Kreisen war so stark, daß die Regierung Vischer für zwei Jahre von seinem akademischen Lehramt beurlauben mußte.

In den nächsten Jahren hatte Hofacker in der eignen Familie viel Not durchzumachen. Ein Rückenmarksleiden nötigte seine Frau jahrelang, sich morgens im Rollstuhl in die Wohnstube und abends ins Schlafzimmer fahren zu lassen. Die Badekuren verschlangen viel Geld. Zu allem kam noch, daß seine Frau in ihrer Krankheit immer wieder mit Anwandlungen von Schwermut zu kämpfen hatte. Auf ihm selbst lastete überdies die umfangreiche Gemeindearbeit, die seine Kräfte vorzeitig verzehrte. Seit Februar 1846 stellten sich wiederholt Schwindelanfälle bei ihm ein. Eine Reise ins Seebad Ostende brachte ihm Kräftigung und Stärkung der Gesundheit. Die Revolution, die im Jahr 1848 ausbrach und deren Folgen sich auch in Württemberg bemerkbar machten, verfolgte er mit gespannter Aufmerksamkeit. Inmitten dieser bewegten Zeit schrieb er: »Es ist hoch von Nöten, daß wir uns den Blick auf das unbewegliche Reich unseres Herrn und Heilandes Jesu Christi nicht trüben lassen; denn es muß alles also gehen, auf daß offenbar werde, was ewigen Lebens Grund in sich schließt. Die Spreu wird verweht; nur der göttliche Lebenskern in Kirche, Staat und Haus wird sich durcharbeiten und in seiner Solidität bewähren. Wie mir das Wort Gottes so teuer wird in seiner Einfachheit und großartigen Perspektive, die es eröffnet! Ich freue mich, daß mir der Glaube an dasselbe immer unerschütterlicher sich bewährt und eine königliche Ruhe in seinem Gefolge hat, die mir der Herr bewahren und auch im Augenblick der Anfechtung nicht sinken lassen wolle. Wohl uns unseres guten und treuen und allmächtigen Herrn!«

Am 31. Juli wohnte er noch einer Konferenz auf dem Schaichhof bei Böblingen bei. Nach seiner Rückkehr erkrankte er an einem Nervenfieber, das nach neun Tagen zu seinem Ende führte. Eines seiner letzten Zeugnisse lautete: »Ich freue mich! Gelobt sei der Herr Jesus Christus, der ewige, eingeborne Sohn Gottes, der Hohepriester und die Majestät! Er lebt, und ihm dürfen wir auch leben, ihm dürfen wir angehören in Ewigkeit; seiner freue ich mich! Ihn, den Hochgelobten, sollen wir loben.« Unter den segnenden Händen von *Albert Knapp* ist er selig entschlafen.

Samuel Hebich

Freund und Kritiker des Pietismus (1803 – 1868)

Es ist merkwürdig, wie sehr die Persönlichkeit von *Samuel Hebich* schon zu seinen Lebzeiten umstritten war. Die einen sahen in ihm einen Propheten, den sie liebten, und die anderen einen Schwärmer und Verführer, den sie ablehnten. Hebich ist beides nicht gewesen; er war und blieb ein »Zeuge Jesu Christi«, wie er sich in einem Brief nennt, den er kurz vor seinem Tod geschrieben hat.

Er wurde am 9. April 1803 als Pfarrerssohn in Nellingen auf der Schwäbischen Alb geboren. Im Elternhaus herrschte der Geist der Aufklärungszeit; dies macht verständlich, daß der junge Hebich in seinen Kinderjahren nie etwas von Jesus gehört hat. Nach seiner Konfirmation kam er zu seinem um vierzehn Jahre älteren Bruder, der in Lübeck eine Konditorei besaß. Durch seine Vermittlung konnte er bei einem Kaufmann eine vierjährige Lehre durchmachen. Während seiner

Lehrzeit geriet er in ein weltliches Treiben hinein, das ihn am Ende recht unglücklich machte. Darüber schreibt er: »Es war eine harte Zeit; ich hatte durch Sünde den ewigen Tod verwirkt. Das Gewissen verdammte mich und ließ mir keine Ruhe mehr; denn auch das Gesetz Gottes bestätigte diese Verdammung. Nun fing die Seele an zu zagen und zu trauern; denn es war in ihr keine Hoffnung mehr auf einen gewissen Trost. Mein Herz erkannte die Heiligkeit und Gerechtigkeit des großen Gottes und Schöpfers, und das durch Sünde von ihm getrennte Auge wagte nicht mehr, zu dem Heiligen sich zu erheben. Es wurde eine schreckliche Finsternis in mir: Sonne, Mond und Sterne verbargen ihren Schein, und das Innerste meiner Seele rief mit Zittern und Bangen: ›Ihr Berge, fallet über mich! Erde, öffne dich und verschlinge mich! Denn die Missetat meiner Sünden ist offenbar geworden vor dem heiligen Gott, und wer verbirgt mich vor seinem schrecklichen Angesicht und seinem alldurchdringenden Auge?‹«

Mehr als acht Tage dauerte dieser Zustand tiefster Seelenangst. Da machte er im Juni 1821 mit seinem Bruder einen Abendspaziergang. Sie besuchten miteinander ein Volksfest. Hebich berichtet: »Da ich mich eben in der größten Bedrängnis befand und durchaus keine menschliche Hilfe hatte, begab es sich, daß ich an einem allgemeinen Volksfeste im Juni 1821 abends auf Veranlassung meines Bruders spazieren ging. Mit beklommenem, aber schon, als ich aus dem Hause trat, durch einen Strom von Tränen erleichtertem Herzen drang ich, ganz in mich selbst eingekehrt, durch die Menge des Volkes und kam, ohne es zu wissen, auf ein mit Kohl bepflanztes, freies und stilles Land. Da war es, wo ich zum erstenmal wieder meinen sündigen Blick zu dem Reinen und Heiligen emporzuschlagen wagte. Auf meine Knie niedersinkend, betete ich im Staube den an, der mich mit seinem heiligen Geist überschattete. Die Last meiner Sünden ward mir abgenommen, und ich durfte mit den Augen meines inwendigen Menschen meinen Heiland sehen. Einen irdischen Freund hatte ich gesucht; nun aber fand ich den ewigen Freund, den ich nicht suchte, der auch mein Gott ist.« Von diesem Tag an war Hebich ein anderer. Durch eifriges Lesen der Bibel und durch die Predigten des gläubigen Pfarrers *Geibel* (Vater des Dichters), der an der reformierten Gemeinde in Lübeck wirkte, fand er nun alles, was ihn fördern konnte. Der Bruder war mit seiner Entwicklung unzufrieden, und auch der Vater schrieb ihm einen unfreundlichen Brief, in dem er ihm zurief: »Sohn, Du bist auf Abwege geraten!« Hebich ließ sich jedoch nicht beirren; er blieb auf dem eingeschlagenen Weg. Durch seinen Anschluß an einen Missionsverein wurde in ihm der Wunsch lebendig, Missionar zu werden. Pastor Geibel aber riet ihm zu warten, bis ihm der Herr deutlich seinen Willen zeige.

Hebich folgte dem Rat, vollendete seine kaufmännische Lehre und trat darauf in einer Lübecker Firma eine Stellung als Buchhalter und Reisender an. Große Geschäftsreisen führten ihn nach Finnland und Schweden. Als der Drang zur Mission in ihm immer stärker wurde, schrieb er Ende 1830 nach Basel und bat um Aufnahme in das Missionsseminar. Aus Mangel an Mitteln war es dem Komitee zunächst aber nicht möglich, dem Wunsch zu entsprechen. Hebich wiederholte sein Gesuch im Sommer 1831, worauf er eine Zusage erhielt. Am Weihnachtsabend jenes Jahres traf er im Missionshaus ein.

Dort entsprach manches zunächst nicht seinen Erwartungen. Es kam ihm alles so klein vor, und die Zöglinge, unter denen er einer der ältesten war, schienen ihm großenteils noch sehr unreif. Zudem wurde er sich seiner mangelhaften Schulbildung und seiner geringen Begabung für Sprachen bewußt. Nach einer Ausbildungszeit von zweieinviertel Jahren wurde er im Jahr 1834 auf das indische Missionsfeld entsandt. Er war erfüllt von brennendem Eifer und ausgestattet mit besonderer Kraft, den Menschen das Heil in Christus nahezubringen. Das bewies er in ununterbrochenem fünfundzwanzigjährigem Missionsdienst in Indien. Nicht nur den Heiden, sondern auch den Europäern, vor allem den englischen Kolonialsoldaten, versuchte er, das Wort des Lebens zu verkündigen.

Wegen seines unerschrockenen Auftretens als Prediger und Seelsorger auf indischen Götzenfesten war oft sein Leben bedroht. Seine Arbeit in der Gemeinde Kannanur war sichtlich von Gottes Segen begleitet. Großen Einfluß gewann er im Lauf der Jahre auf die englischen Soldaten und Offiziere. In Kannanur lag immer ein englisches Regiment; außerdem gab es dort zwei Eingeborenenregimenter und eine Abteilung Artillerie. Es entstand bald eine Militärgemeinde, deren Mitglieder sich zum größten Teil unter seiner Predigt bekehrt hatten. Mit vielen Soldaten, die ihren Standort hatten wechseln müssen, blieb Hebich noch jahrelang in seelsorgerlichem Briefwechsel.

Ein Paar Beispiele mögen zeigen, wie er bei seinen Hausbesuchen vorging, um Menschen für Jesus zu gewinnen. In Koimbatur gab ein Offizier, der gegen den schlichten Deutschen eine starke Abneigung hatte, seinem Diener den Befehl, den Alten niemals ins Haus einzulassen. Eines Tages sieht ihn Hebich im Hof und geht sofort auf ihn zu. Der Offizier flieht ins Haus, schlägt die Tür vor ihm zu und verschließt sie. Hebich jedoch läßt sich nicht leicht abweisen. Er geht ums Haus herum; es sind alle Türen verschlossen. Was tun? Er entdeckt ein offenes Fenster. Er steigt hinein und tritt vor den Offizier. Mit erbarmender Liebe richtet er die Frage an ihn: »Mein Sohn, warum fliehst du vor deinem Vater? Ich liebe dich. Komm, laß mich mit dir beten!« Die Sanftmut und Geduld des alten Gottesmannes überwand das Herz des Offiziers. Er war bald in Tränen aufgelöst, bekannte seine Sünden und schrie zu Gott um Gnade. Er wurde ein treuer Jünger des Herrn.

Bei einem Regimentsessen, an dem Hebich als Militärpfarrer teilnehmen mußte, gebrauchte ein Tischnachbar, ein junger Leutnant namens *Parker,* seine scharfe Zunge. Laut höhnte er: »Herr Pastor, Sie wissen selbst, daß das, was Sie predigen, nicht wahr ist. Es gibt keinen Gott. Es gibt keine Seele. Es gibt kein Jenseits. Alles ist Stoff, und Stoff ist alles. Ob wir stehen oder fallen, das hat alles nichts zu sagen.«

Hebich ließ ihn zunächst reden; dann erhob er sich, ergriff schweigend einen Stuhl, legte ihn auf den Boden und stellte ihn wieder an seinen Platz. Darauf trat der hünenhafte Mann vor den Offizier, faßte ihn, hob ihn frei hoch und legte ihn ebenfalls mit dem Rücken auf den Boden; dann stellte er ihn wieder auf die Füße. Wutentbrannt zog der Leutnant seinen Degen und wollte sich auf Hebich stürzen. Die anderen Offiziere, die sich sofort erhoben hatten, versuchten, ihn zu beruhigen. In den Tumult hinein gab Hebich in vollkommener Ruhe die Erklärung für sein Verhalten: »Meine Herren«, rief er, »Leutnant Parker wünschte eine Auseinandersetzung mit mir, und ich habe ihm Antwort gegeben. Er sagte, ein Mensch sei eben Stoff, sei auch nur eine Sache wie ein Stück Holz oder Stein. Wenn das wahr ist, wie kann er dann behaupten, ich hätte durch meine Tat seine Ehre angegriffen? Ich hob diesen Stuhl auf, legte ihn auf den Fußboden und stellte ihn wieder auf die Beine. Der Stuhl wurde nicht zornig darüber und protestierte auch nicht. Wenn dieser junge Mann keinen Geist hat und nichts als Stoff, nichts als eine Sache ist, warum will er denn protestieren und zornig werden, wenn ich ihn gerade so behandle wie einen Stuhl? Er ist allem nach doch nicht überzeugt davon, daß er keinen Geist hat; warum wäre er sonst auch so unwillig? Eine Sache kann doch nicht unwillig werden oder eine Beleidigung rächen!«

Der junge Offizier mußte die Antwort schuldig bleiben; er ging heim und dachte über die von Hebich erhaltene Lektion gründlich nach. Er fragte sich: »Wenn ich eine Seele habe, was muß ich dann tun, daß sie gerettet wird? Ist sie unsterblich, wo bringe ich dann die Ewigkeit zu?« Er suchte Hebich auf und fand Licht und Frieden in Jesus. Beim Sturm auf Delhi am 14. September 1857 wurde er tödlich verwundet. Kurz vor seinem Sterben zog er sein Notizbuch aus der Tasche, reichte es einem Freunde und sagte: »Bitte, sende es meiner lieben betenden Mutter nach England mit der Versicherung der herzlichsten Liebe ihres einzigen Sohnes! Sage ihr, daß ich im festen Glauben an Jesus, meinen Heiland und Herrn,

D. Christian Gottlob Barth

sterbe! Dann habe ich noch einen Wunsch: Sende herzliche Grüße und meinen Ausdruck größter Hochachtung an Herrn Hebich und sage ihm, daß ich es ihm mit meinem letzten Hauche danke, daß er mich zur Erkenntnis Jesu gebracht hat.«

Da Hebich eine Abnahme seiner Kräfte verspürte, kehrte er im Jahr 1859 vom Missionsfeld in die Heimat zurück, wo er fortan Missions- und Evangelisationsvorträge in Süddeutschland und in der Schweiz hielt. Seine ganze Erscheinung, seine hohe Gestalt, sein ungekünsteltes Auftreten und seine massive Sprache zog zunächst in Basel die Leute an. Er wurde rasch zum Stadtgespräch. In den Zeitungen und Witzblättern beschäftigte man sich mit seiner Person. Als er am 24. Januar 1860 in der Leonhardskirche seine Predigt in einen Bußruf an die Stadt Basel ausklingen ließ, empörten sich viele in der Gemeinde. Man hörte in dem Stimmengewirr die Worte: »Abe mit em! Use mit em!« (Herab mit ihm! Hinaus mit ihm!). Er mußte abbrechen und einen Vers singen lassen. Da die Unruhe immer bedenklicher wurde, schloß er den Gottesdienst mit einem kurzen Gebet. Nachher wunderte er sich, daß es in der frommen Stadt Basel ebenso gefährlich zu predigen sei, wie in Indien auf einem Götzenfest. Auch an anderen Orten, in Bern, Zürich, Schaffhausen und Neuchâtel machte sich Widerstand gegen seine Verkündigung bemerkbar. Im Jahr 1860 kam er nach Ulm, wo er ebenfalls wenig Entgegenkommen fand. Umso größer war der Zulauf zu seinen Vorträgen, die er in einer Stuttgarter Kirche hielt. Er hatte bis dahin immer gehofft, daß er wieder auf das indische Missionsfeld zurückkehren könne. Als ihm der Arzt erklärte, daß er an eine Wiederaufnahme seiner Arbeit in Indien nicht mehr denken dürfe, fügte er sich in Gottes Willen. Im Herbst 1862 wurde er von dem Komitee der Basler Missionsgesellschaft in den Ruhestand versetzt. Er benützte ihn, um das Evangelium zu verkündigen, solange es seine körperlichen Kräfte noch erlaubten. Mit seiner Arbeit fing er wieder in der Schweiz an. In Bern wurden seine Vorträge gern gehört. Da man in Basel neue Unruhen befürchtete, redete er dort nur in Privatversammlungen. Auch in Schaffhausen, wo ihm die Kirchen verschlossen blieben, konnte er nur in kleinen Kreisen sprechen. Als er im Jahr darauf nochmals einen Besuch in Schaffhausen machte, kam es während seiner Vorträge zu einem förmlichen Aufruhr, bei dem er selbst in ernste Gefahr geriet. Er berichtet darüber: »Am 19. September wollten sie mich in Sch. umbringen; daß es nicht geschehen ist, ist nicht ihre Schuld – es war schrecklich!« Am Tag darauf reiste er nach Stuttgart, wo er bis zu seinem Lebensende wohnen blieb. Er arbeitete nun hauptsächlich in Stuttgart und Umgebung.

Hebich sah die Christenheit in der Heimat mit den Augen des Missionars. Was er wahrnahm, erinnerte ihn an das Heidentum, das er in Indien kennengelernt hatte. Er fand eine »ganz erstorbene Christenheit« vor. Die Gemeinschaftskreise, von denen er so viel erwartet hatte, waren oft ohne tiefere Lebenskraft. Wenn er in Stuttgart und im schwäbischen Land herumwanderte, fand er überall Leute, die zwar einmal selig werden wollten, aber nicht selig sein mochten in dieser Zeit. »Es gibt viel eingeschlafene Pietisten, weil die Bibel nicht von ihnen gelesen wird. Alte Pietisten können schwätzen von Gottes Wort, aber es ist kein Saft und Kraft darin, keine innerliche Erfahrung, und wenn junge Pietisten so zu alten Pietisten kommen, dann lernen sie es, gerade so zu schwätzen.« In seinen »Zwanzig Vorträgen über die Offenbarung nach St. Johannes« sagt er: »Es hat sich ein Geist eingeschlichen, der mit der Welt durchaus Freundschaft haben will, und der ist eingeschlichen bei den Pfarrherrn, Stundenhältern, Pietisten, bei den Frommen insgesamt; alles ist betrunken. Es ist das ein verfluchter Geist, die Betrunkenheit von der Hure. Man muß zart sein, muß die Leute sanft behandeln, niemand vor den Kopf stoßen. Es ist so ein allgemeines Christentum. Rechte Pietisten, die nach dem Wort Gottes leben wollen, gibt es keine mehr. Es ist keine Lebensfrische mehr da, alles nur Spekulation. ... Das Wort: ›Rein ab und Christus nach‹ hört man bald nirgends mehr.« Er will darum mit den Pietisten ein

Wörtlein reden; denn sie haben einen »lieben Heiland«; aber »mit diesem lieben Heiland können sie noch ein Räuschle saufen, stehlen, lügen, betrügen, huren, ehebrechen (natürlich ganz im stillen)«. Er wirft ihnen vor, daß sie »auch Geld wollen, ein erkleckliches Vermögen«. Die Ursache für die Schläfrigkeit der Pietisten fand er in einer Verkündigung, die Friede ruft, wo doch kein Friede ist, und die in den Himmel hineintröstet, wo noch gar keine Beunruhigung da ist. Er will die Pietisten aus ihrer Selbstsicherheit aufschrecken. Das war in kurzen Worten die Botschaft Hebichs an den schwäbischen Pietismus, und er hat sie mit unermüdlichem Eifer immer wieder vorgetragen. Hebich ist sicherlich in der Beurteilung des schwäbischen Pietismus seiner Zeit zu weit gegangen; man spürt aber aus seinen Worten einen ehrlichen Willen, dem Pietismus zur Besinnung auf seine wesentliche Aufgabe zu verhelfen.

Man hat Hebich, der in seiner Verkündigung in den Bahnen Hofackers und Henhöfers wandelte, den Prediger der Heiligung genannt. Er hat selber einmal die Eigenart seines Zeugnisses mit folgenden schlichten Worten umschrieben: »Das Evangelium besteht in Nummer eins: Jesus haben. Nummer zwei ist, kurz gesagt: Sieh zu, daß du ihn nicht verlierst! Wenn du das tun willst, mußt du alles lassen, alles hassen; so mußt du in seine heiligen Wege eingehen.«

In einem Brief nach Basel vom 16. April 1868, dem er 368 Gulden für die Mission beilegen konnte, schrieb er, daß er gedenke, am 7. Mai nach Karlsruhe zu fahren und danach für vierzehn Tage nach Basel zu kommen. Doch der Herr wollte es anders. Am 6. Mai mußte sich Hebich mit Leberschmerzen legen. Er fühlte bald, daß seine Sache, wie er sich ausdrückte, am Ende sei. Er hatte aber noch schmerzensreiche Wochen durchzumachen, die er geduldig ertrug. Oft standen ihm seine indischen Gemeindeglieder vor Augen, mit denen er im Dämmerzustand redete: »Liebe Kinder, sechsundsechzig Jahre hat mich der Herr getragen! Das ist doch groß! Was ist es aber doch, den Herrn Jesum und in ihm das ewige Leben haben.

In meinem Geiste habe ich gar kein Leiden, nur in meinem Fleische; innerlich ist lauter Friede und Freude im heiligen Geist. Jesus hat alles für mich getan und wird's tun bis ans Ende. Bleibt treu und wahrhaftig und gebt eure Herzen ganz dem Herrn Jesu und nicht dem Teufel!« In der Morgenfrühe des Himmelfahrtsfestes 1868 kam das Ende. Er schlug noch einmal die Augen auf und rief mit leuchtendem Blick und ganz lebhaft: »Nicht wahr? Malabar?« Darauf breitete er seine Arme aus und sagte: »Komm! komm!« Der Atem wurde leiser, und wenige Minuten darnach war er selig entschlafen.

Sein Leib wurde, wie er es gewünscht hatte, nach Korntal überführt und ohne Ansprache, nur mit einem kurzen Gebet, bestattet. Auf seinem einfachen Grabstein steht die Inschrift: »Ein Zeuge Jesu Christi aus der Heidenwelt – Samuel Hebich, Missionar, geboren 9. April 1803 in Nellingen, entschlafen 21. Mai 1868 in Stuttgart.«

Sixt Karl Kapff

der Vertreter des Pietismus im Kirchenregiment (1805 – 1879)

Man hat ihn den »Felsen des Pietismus« im 19. Jahrhundert genannt. Mit ihm, der im Jahr 1850 Prälat und Mitglied des Konsistoriums in Stuttgart wurde, hielt der Pietismus seinen vollen Einzug ins Kirchenregiment. Kapff besuchte alle Monate einmal die Hahn'sche Stunde in Stuttgart und sagte gelegentlich gern: »Unter euch, ihr Brüder, ist mir's eben immer am wohlsten!« So sehr er den stillen Dienst der Gemeinschaften bejahte und förderte, so sehr war ihm auch daran gelegen, daß die Kirche »als Heilsanstalt der Masse des Volkes erhalten« werde.

Sixt Karl Kapff wurde am 22. Oktober 1805 in dem Städtchen Güglingen als Sohn des dortigen Präzeptors und nachmaligen Dekans von Tuttlingen *Carl Friedrich Kapff* geboren. Schon früh regte sich in dem Knaben der Wunsch, Pfarrer zu werden. Nach der Übersiedlung des Vaters auf die Pfarrstelle Winterbach erhielt er den ersten Unterricht in der Lateinschule zu Schorndorf. Am selben Tag, da der Vater die Mitteilung von seiner Ernennung zum Dekan in Tuttlingen erhielt, traf auch die Nachricht ein, daß sein Sohn in das Seminar zu Maulbronn aufgenommen sei. Es wurde dem jungen Kapff nicht leicht, sich in die ungewohnten Verhältnisse einzuleben. Gleich seinen Kameraden erschien ihm das im Kloster untergebrachte Seminar wie ein »Zwangsarbeitshaus«. Im Rückblick auf jene Zeit schreibt er: »Wir waren völlig uns selbst überlassen, hatten gar keine andere Welt als unser Kloster und uns untereinander, und diese Welt wurde nach jeder Vakanz, wo man Tübinger Studenten und überhaupt das Leben nach seiner heiteren Seite kennengelernt hatte, verderbter, ausgelassener und irreligiöser, so daß mir's unter ihnen immer unwohler wurde.«

Im Herbst 1823 kam er in das Tübinger Stift. Mit Eifer widmete er sich theologischen und philologischen Studien. Von dem Tübinger Studentenleben fühlte er sich abgestoßen. Es glich, wie er schreibt, »einem in hohen Wogen daherbrausenden Strom. Fleißiges Studium war das, was die Studenten am wenigsten anfocht, wie wenn dieses Wort gleichbedeutend wäre mit Biertrinker, Faulenzer, Geldverputzer, Hundedressierer. Sogar im Stift wurden zwei oder drei Nachmittage der Woche dem Biertrinken gewidmet.«

Während seiner Tübinger Zeit mußte er den Heimgang seiner Mutter beklagen. Sie starb am 18. April 1825. Er hatte im Zusammenhang mit dem Sterben der Mutter ein merkwürdiges Erlebnis. In seinem Tagebuch berichtet er darüber: »Um viereinhalb Uhr höre ich dreimal meinen Namen mit einer ganz besonderen, etwas gedämpften, aber ziemlich hellen Stimme rufen, ich sehe zum Fenster hinaus, erblicke nirgends etwas, und dann höre ich noch zweimal meinen Namen. Beim zweiten Mal dachte ich plötzlich an meine liebe Mutter, und da ich schon gehört habe, daß Verstorbene unmittelbar nach ihrem Abscheiden denen, die ihnen besonders teuer waren, sich auf irgendeine Art kund tun, so wurde ich voll Sorgen und Unruhe; ich dachte, ob nicht dies ein Zeichen von meiner lieben Mutter sei, die mich von ihrem schnellen Heimgang zum Vater benachrichtigen wolle. Ich bete viel, aber kann nicht recht beten ... Mittags läßt mich Herr Professor Schmid zu sich kommen und bereitet mich allmählich vor auf die schmerzliche, höchst traurige Nachricht, die er mir auf meines lieben Vaters Bitte zu geben hatte. Mein Vater schrieb mir, daß die liebe, teure Mutter von aller Not und Elend dieses Lebens plötzlich infolge eines Schlaganfalls befreit worden sei.« Der Tod der Mutter beeindruckte ihn tief. In späteren Jahren sagte er über die Bedeutung dieses Erlebnisses für sein Glaubensleben: »Wenn ich eine Zeit angeben soll, wo ich eine Wiedergeburt erfahren, so ist es die Zeit, da meine Mutter starb; doch ging alles unmerklich und nur nach und nach. Insofern war es nicht sowohl Geburt als Anderswerden.«

Er empfand es dankbar, daß die Studentenvereinigung wieder ins Leben gerufen wurde, die einstmals in den Tagen, da *Ludwig Hofacker* in Tübingen studierte, in hoher Blüte stand. Sie wurde regelmäßig in der Stube von *Wilhelm Hofacker* abgehalten. In Erinnerung an die gesegneten Stunden in diesem Kreis gläubiger Studenten schreibt er: »Hofackers Studentenstübchen, wo die Versammlung gehalten wurde, war mir eine liebe Heimat. Wie oft floß mir aus diesen schönen Stunden ein erquickendes Lebenswasser, wenn wir unbefriedigt von einer trocknen Predigt kamen, wie oft wehte der Geist der Gemeinschaft uns glaubensstärkend an, wenn wir in der zu dünnen Luft auf den Füßen der Wissenschaft schwerer atmeten.«

Nach dem Abschluß seiner Studienzeit in Tübingen stand er zunächst seinem Vater einige Monate als Vikar zur Seite; dann nahm er einen Ruf als Religionslehrer an dem Fellenbergischen Institut in Hofwyl bei Bern an. Er hatte aber um seines entschiedenen Glaubens willen bei den älteren Schülern der Anstalt keine leichte Stellung. Im Frühjahr 1830 bestand er sein theologisches Examen und wurde als Repetent an das Tübinger Stift berufen. Hier traf er wieder mit seinem Freund *Wilhelm Hofacker* zusammen. Zu jener Zeit war auch *Friedrich David Strauß* im Stift. Kapff hatte mit ihm manches Gespräch über Christi Person und Werk. Es zeigten sich aber in der Folgezeit zwischen beiden so große Verschiedenheiten in der theologischen Auffassung, daß Kapff weiteren Begegnungen auswich. Er fühlte sich in der Nähe von Strauß unheimlich. Am Ende seiner Repetentenzeit verlobte er sich mit Marie, der ältesten Tochter des Obertribunalrates *Kapff,* eines entfernten Verwandten.

Er brauchte nicht lange auf eine feste Anstellung zu warten. Man war in der Brüdergemeinde Korntal auf ihn als den geeigneten Mann für die seit dem Tod von Pfarrer *Friederich* (1827) nicht wieder besetzte Pfarrstelle aufmerksam gemacht worden. Der Brüderrat setzte sich mit ihm in Verbindung. Kapff bemerkte in seinem Antwortschreiben, daß er mit der Lehre der Gemeinde nicht in allen Dingen einig gehe. Vor allem könne er sich nicht zu der Lehre von der Endlichkeit der Höllenstrafen und von der Wiederbringung bekennen. Man sah jedoch darüber in Korntal hinweg, da man hoffte, daß sich Kapff zu diesen Lehren im Lauf der Zeit auch noch durchringen werde. Wenn auch Kapff der Wiederbringungslehre gegenüber eine gewisse Zurückhaltung bewahrte, so hat er doch die in Korntal mit besonderer Liebe betonte Lehre von der ersten und zweiten Auferstehung angenommen. Man versteht unter der ersten Auferstehung eine fortgehende, nicht erst am Weltende stattfindende Auferstehung der wahrhaft Geheiligten. Die zweite Auferstehung aber ist die allgemeine Auferstehung aller Menschen am Jüngsten Tag. Kapff sagt: »Mir ist diese Lehre so köstlich, daß ich sie durchaus nicht mehr aus dem Zusammenhang meiner christlichen Gedanken fallen lassen möchte. Sie ist nicht unlutherisch und nicht neu. Sie ist allerdings von Hahn besonders ausgedehnt und weiter als der Schriftgrund geht, ausgewickelt worden. Aber vor ihm hatten Pfarrer Philipp Matthäus Hahn, Fricker, Harttmann, noch mehr aber Oetinger und seine Geistesverwandten die Lehre ganz entschieden ... Der Auferstehungskeim ist jetzt schon in uns, bei einem reifer, beim andern unentwickelter, je nachdem das Fleisch beherrscht ist vom Geist. Je mehr Geist in unsrer Seele, desto mehr auch in unsrem Leib, und desto bälder reift der Auferstehungsleib, der ja ein geistlicher heißt. Die Seligkeit verdanken wir ewig und einzig nur der freien Gnade, aber die Stufen, Grade und Zeiten der Herrlichkeit hängen von unsrer Treue ab.«

Durch einen Besuch in Korntal wurden vollends alle Bedenken zerstreut, die er bis jetzt noch gegen die Annahme der Pfarrstelle gehegt hatte. Er wurde fast einstimmig zum Pfarrer gewählt und zog am 27. Februar 1833 mit seiner ihm acht Tage zuvor angetrauten jungen Frau in Korntal ein. Am Eingang des Ortes begrüßten ihn die Kinder der Rettungsanstalt. »Schön«, meinte Kapff, »daß die Armen mich zuerst empfangen und meine Dienste begehren«. Zehn Jahre hindurch hat er der Gemeinde als Prediger und Seelsorger gedient. Seine Predigten, von denen er »80 Predigten über die alten Episteln aller Sonn-, Fest- und Feiertage, gehalten in Korntal« 1846 herausgab, wurden gern gehört. Auch von auswärts kamen all die Jahre hindurch viele Zuhörer. Man mußte oft froh sein, wenn man nur ein Plätzchen auf der Treppe zur Orgel erlangte. Während seiner Korntaler Tätigkeit gab er noch das »Kommunionbuch« (1840) heraus, das gleich dem später erschienenen »Kleinen Kommunionbuch« viele Auflagen erlebt hat. Kapff war gern in Korntal. Das zeigt seine Äußerung aus dem Jahr 1837: »Am 27. Februar sind es fünf Jahre, daß ich hier bin, und in dieser Zeit hatte ich nie Ursache, die Annahme der hiesigen Stelle zu bereuen. Es sind viele wackere alte Brüder hier, von denen ich herzliche Liebe und mannigfache Anregung zu genießen habe. Die Handreichung des Geistes durch das Gebet der Brüder darf ich besonders beim Predigtamt lieblich erfahren. Bei Hausbesuchen predigen mir die Leute mehr als ich ihnen. In den meisten Häusern ist offene Empfänglichkeit für alles Gute und eine Zucht des heiligen Geistes.« So ist es geblieben bis zu seinem Weggang im Jahr 1843. Er war zum Dekan in Münsingen ernannt worden. Bei seiner Einführung ins Amt gab er einen kurzen Überblick über sein seitheriges Leben und seine Tätigkeit. Er bekennt: »Soll ich von meinem Leben ein kurzes Bild entwerfen, so kann ich es vergleichen mit einem Schifflein, das auf stillem Strom ruhig dahinfuhr an lieblichen und fruchtbaren Ufern vorbei, und auf dem Schifflein war immer der Heiland, und wenn er auch manchmal zu schlafen schien, so wachte er doch, und den Sturm, der sich erhoben hatte, brachte er bald wieder zur Ruhe, und von der Sandbank, auf die ich geraten war, half er wieder hinweg, und die Überschwemmung dämmte er ein, und zuletzt führte er in den sicheren Friedenshafen und schenkte mir mehr, als ich wünschen durfte.« In Münsingen traf er ein Arbeitsfeld an, das mit Korntal nicht verglichen werden konnte. Die Gemeindeglieder wußten mit kirchlichem Sinn auch allerlei weltliche Vergnügungen zu verbinden. Die Wirtshäuser besaßen eine große Anziehungskraft, und die sogenannten Tanzhochzeiten zeigten manche unliebsamen Begleiterscheinungen. Kapff arbeitete mit aller Treue und Hingabe durch Predigt und Seelsorge. Gegen Ende seiner Tätigkeit entstand in Münsingen eine Erweckung.

Wegen des rauhen Klimas auf der Alb bewarb er sich um die Dekanatsstelle in Herrenberg. Seinem Gesuch wurde entsprochen, und am 1. August 1847 konnte er seine Einführungspredigt halten. In Herrenberg hatte einst von 1759 – 1766 *Fr. Chr. Oetinger* als Dekan gewirkt. Im Dekanatshause war im großen Hausflur des ersten Stocks noch ein eigentümlich konstruierter kaminartiger Herd vorhanden, der der Überlieferung nach Oetinger für seine alchimistischen Versuche gedient haben soll. In der Nähe von Herrenberg liegt Sindlingen, wo *Michael Hahn* fünfundzwanzig Jahre im Segen gewirkt hatte. Damals lebte noch Hahns langjähriger Hausgenosse und Mitarbeiter *Martin Schäffer*. Mit ihm und *Anton Egeler* in Nebringen pflegte Kapff manchen Gedankenaustausch. In Herrenberg war er in herzlicher Gemeinschaft verbunden mit dem

Schreinermeister *Christian Heckenhauer,* der einst durch Michael Hahn zur Heilsgewißheit gekommen war und als Mitglied der Hahn'schen Gemeinschaft nicht nur in Herrenberg, sondern auch im ganzen Land hohes Ansehen genoß. Es ist wenig bekannt, daß Heckenhauer der geistliche Berater jener Katholiken in Bietenhausen war, die nach ihrer Erweckung und Bekehrung zur evangelischen Kirche übertraten. Dieser Kreis ist der Ursprung der heute sehr ausgedehnten hohenzollerischen Diaspora geworden. Inmitten der Revolutionswirren des Jahres 1848 traf Kapff besonders schmerzlich die Nachricht vom Heimgang seines Freundes *Wilhelm Hofacker* in Stuttgart. Unter dem Eindruck der Trauerbotschaft schrieb er: »Die Welt ist mir noch nie so klein und arm erschienen wie seit diesem Tode. Der Herr wolle mich dadurch immer fester mit sich vereinigen und mich erst in der Ewigkeit zu Hause sein lassen!«

Im Sommer 1849 wurde er als Vertreter des Bezirks Leonberg in die Ständeversammlung gewählt, die eine Revision der württembergischen Verfassung durchführen sollte. Später ließ er sich auf dringendes Bitten seiner Freunde hin noch einmal bewegen, einen Abgeordnetensitz in der zweiten Kammer anzunehmen. Als die Kammer nach einem Vierteljahr wieder aufgelöst wurde, lehnte er eine erneute Wahl ab. Über die Beteiligung von Geistlichen an der Politik hat er sich auf dem Stuttgarter Kirchentag von 1850 in folgender Weise ausgesprochen: »Es kann verschiedene Fälle geben: es gibt Zeiten, wo man vor Gott verpflichtet ist, am politischen Leben teilzunehmen, aber auch Zeiten, wo es Pflicht ist, sich davon zurückzuziehen. Drei Dinge müssen uns gewiß machen: Gebet, um einzig nach Gottes Weisung zu gehen, sodann der Rat entschiedener Brüder und äußere Umstände; treffen diese drei zusammen, dann frisch daran und die Pflicht geübt als Christ und Bürger!«

Seine Ernennung zum Prälaten von Reutlingen mit dem Sitz in Stuttgart und zum Mitglied des Konsistoriums kam für ihn selbst überraschend. In seinen neuen Ämtern entfaltete er bald eine rege Tätigkeit. Als geistliches Mitglied des Studienrates, der sogenannten Aufsichtsbehörde über die höheren Schulen, drang er mit Erfolg darauf, daß an sämtlichen Latein- und Realschulen der Religionsunterricht wieder eingeführt wurde. Kraft seines Amtes war er nun erneut Mitglied der Abgeordnetenkammer. Sein Antrag, jede Sitzung der Kammer mit Gebet zu eröffnen, ging zwar durch; die Sitte schlief aber wieder ein, da es in der Kammer an der nötigen Freudigkeit und Bereitschaft fehlte. Kapff war dankbar, daß er im Mai 1852 zum Prediger an der Stiftskirche ernannt wurde. Er behielt als Prälat seinen Sitz im Konsistorium, aber die Generalsuperintendentur und den Sitz im Landtag konnte er an seinen Freund *Chr. Fr. Dettinger* abgeben. Beinahe siebenundzwanzig Jahre hat er sein Amt als Stiftsprediger zum Segen der Gemeinde verwalten dürfen. Verschiedene Predigtbände hat er in den Jahren seiner Tätigkeit an der Stiftskirche erscheinen lassen. Es seien hier genannt: »Weg zum Himmel« (1864) und »Passions-, Oster- und Bußpredigten« (1866). Weithin bekannt wurde er durch seine kleine Schrift »Warnung eines Jugendfreundes« und durch sein »Gebetbuch«.

Als eine seiner wichtigsten Aufgaben im Konsistorium sah er es an, zwischen der Kirche und den bestehenden Gemeinschaften ein Vertrauensverhältnis herzustellen. Seinem Einfluß ist es zu verdanken, daß sich die Gemeinschaften klar gegen die Kirschenhardthöfer, die sich später Templer nannten, und gegen die in Württemberg eindringenden Methodisten abgrenzten.

Bei den mancherlei kirchenregimentlichen Aufgaben fand er noch Zeit, der ihm anvertrauten Gemeinde nachzugehen. Mit Freuden tat er seinen Predigtdienst. Er konnte nach einer Predigt mit freudestrahlendem Antlitz ausrufen: »Es ist doch eine Gnade, wenn man jeden Sonntag das Wort Gottes verkündigen darf; ich möchte auf der ganzen Welt mit niemand tauschen.« Als Seelsorger wurde er von vielen geschätzt. Tag für Tag kamen Leute, die seinen seelsorgerlichen Dienst in Anspruch nahmen. Sie durften dabei sicher sein, daß sie immer freundlich und liebreich aufgenommen wurden. Er selbst besuchte seine Gemeindeglieder, sooft er konnte. Man hat die Zahl seiner Hausbesuche, die er regelmäßig in einem Jahr machte, auf dreitausend geschätzt.

Mit ihm gehört auch *Charlotte Reihlen* zu den Gründern des Stuttgarter Diakonissenmutterhauses. Sie wurde im Jahr 1805 im Pfarrhaus zu Kemnat geboren. In ihrer Jugend stand sie stark unter dem Einfluß von Stadtpfarrer *Dann* und erlebte durch eine seiner Predigten ihre Bekehrung. Seit dem Jahr 1823 war sie mit dem Kaufmann *Friedrich Reihlen* verheiratet. Im Ehestand hatte sie lange Jahre viel zu tragen, da ihr Mann von den revolutionären Gedanken seiner Zeit ergriffen war. Während seines Aufenthaltes in Amerika wurden ihm die Augen für seinen verlorenen Zustand geöffnet. Er fand Frieden durch Jesus und suchte Anschluß an die Kreise der Gläubigen. In den ersten Jahren ihrer Ehe mußte Charlotte Reihlen auch noch ihre Mutter pflegen, die infolge epileptischer Anfälle zum Trübsinn neigte. Wilhelm Hofacker, mit dem sie einmal über die Not der Mutter sprach, sagte zu ihr das schöne Wort: »Ein solches Seelenleben ist wie ein Garten, um den zum Schutz eine hohe Mauer gezogen ist, über die man nicht hineinsehen kann. Aber von Zeit zu Zeit hört man an den rauschenden Baumwipfeln, daß herrliche Pflanzen darin stehen, die durch einen lebendigen Wind bewegt werden.« In Verbindung mit dem Lehrer *Friedrich Weidle* faßte sie den Plan, eine selbständige Privatschule für Mädchen zu errichten. Das Institut fand viel Anklang und zählte um 1856 etwa 500 Schülerinnen. Nach dem Heimgang von Wilhelm Hofacker übernahm Prälat Kapff den Vorsitz im Aufsichtsrat. Im Jahr 1873 erlebte er die Freude, daß er mit einer Festrede ein zeitgemäßes Schulgebäude für die Anstalt einweihen durfte, die inzwischen in »Evangelisches Töchterinstitut« umbenannt worden war. Dem eifrigen Einsatz von Charlotte Reihlen verdankt auch das Stuttgarter Diakonissenmutterhaus seine Entstehung. Sie hatte im Jahr 1851 beim Missionsfest in Basel Gelegenheit gehabt, mit Pfarrer *Härter*, dem Gründer und Vorsteher des Diakonissenmutterhauses in Straßburg, ihren Plan zu besprechen. Er ermunterte sie, das Werk in Angriff zu nehmen. Die Ausbildung der ersten Schwestern für Stuttgart sollte in seiner Anstalt erfolgen. Sie gewann für ihren Gedanken auch Prälat Kapff und Pfarrer *Bührer,* die ihr beide mit Rat und Tat zur Seite standen. Die Regierung überließ dem neugegründeten Verein für 14000 Gulden das damalige Hofkrankenhaus. Im Sommer 1854 zogen die vier ersten in Straßburg ausgebildeten Schwestern in das Haus ein und übernahmen die Pflege der Kranken. Das Haus wurde am 18. März 1855 unter Mitwirkung von Pfarrer Härter eingeweiht. Von ihm stammt das in das Gesangbuch von 1912 aufgenommene Lied »Heimat meiner Liebe«. Das alte Haus in der Büchsenstraße erwies sich auf die Dauer für die Sache eines Diakonissenmutterhauses als zu klein. Charlotte Reihlen erlebte es noch, daß im Jahr 1864 in der Forststraße ein neues Gebäude erstellt werden konnte. Auf sie geht auch der Gedanke zur Herstellung des Bildes »Der schmale und der breite Weg« zurück, das man in vergangenen Jahrzehnten in vielen evangelischen Familien antreffen konnte. Sie war befreundet mit *Wilhelm Hofacker* und *Albert Knapp.* Mit Prälat *Kapff* war sie in späteren Jahren durch verwandtschaftliche Beziehungen verbunden. Ihre Tochter *Maria* verheiratete sich mit dem Helfer (Pfarrer) *Kapff* in Winnenden, einem Sohn des Prälaten. Gern besuchte sie die Hahn'sche Gemeinschaft in Fellbach. Viel Anregung und Segen erwuchs ihr aus dem Umgang mit *Johannes Schnaitmann,* den man meistens »Bruder Hannesle« nannte. Bis kurz vor ihren Tod galt ihre Sorge dem Diakonissenmutterhaus. In einem ihrer letzten Briefe bemühte sie sich noch um den Bau einer Kirche für die Anstalt. Nach kurzem Leiden ist sie am 21. Januar 1868 entschlafen. An ihrem Grab sprach Kapff über das Wort Lukas 2, 49: »Er hat große Dinge an mir getan, der da mächtig ist und des Name heilig ist.«

Im März 1871 mußte Kapff den Heimgang seiner Gattin beklagen. Unter großer Anteilnahme der Gemeinde durfte er im Mai 1877 sein 25jähriges Amtsjubiläum als Stiftsprediger feiern. Er schreibt darüber: «Mein Jubiläum ist mir tief beschämend. Ich kann dem Herrn nicht genug danken für die Gnade, womit er mich bisher getragen hat. Aber auch die Frage drängt sich mir auf: Was ist herausgekommen bei all meiner Arbeit? Hat sie auch Frucht für die Ewigkeit gewirkt? Mein Grundgefühl ist, daß ich nicht wert bin aller Barmherzigkeit und Treue, die der Herr an mir getan hat, und: Herr, gehe nicht ins Gericht mit deinem Knecht!«

Sein Lebensabend neigte sich dem Ende zu. Im Februar 1879 zeigten sich die ersten Anzeichen einer ernsten Lebererkrankung. Die Kuraufenthalte in Karlsbad und Peterstal brachten keine Besserung. Am 17. August predigte er zum letztenmal mit matter Stimme über das Thema: Jesus weint über Jerusalem. Bei einem Vorbereitungsgottesdienst für fünfundzwanzig Diakonissen, die am darauffolgenden Sonntag eingesegnet werden sollten, brach er zusammen. Nach neuntägigem Krankenlager ist er am 1. September 1879 zur Ruhe des Volkes Gottes eingegangen. Die Bedeutung des edlen Mannes für seine Zeit, für Kirche und Pietismus hat eine schlichte Bauersfrau nach der Beerdigung in die Worte gekleidet: »An diesem Grabe hat man's doch gesehen, daß der Glaube noch eine Macht ist!«

Johann Christoph Blumhardt

der Pfarrer von Möttlingen und Bad Boll (1805 – 1880)

Mit *Johann Christoph Blumhardt* begegnet uns eine der interessantesten Persönlichkeiten aus der Geschichte des religiösen Lebens in Württemberg. Man wird ihn freilich nicht ohne weiteres als schwäbischen Pietisten ansprechen dürfen; doch gibt es zwischen ihm und dem Pietismus seines Heimatlandes so viel Berührungspunkte, daß er in der Reihe der schwäbischen Väter nicht fehlen darf.

Er wurde am 16. Juli 1805 als Sohn eines Handwerkers in Stuttgart geboren. In seiner Jugend mußte er durch viel Not und Bedrängnis hindurchgehen, bis er endlich als Stiftler in Tübingen sein Studium vollenden durfte. Sein Glaubensleben erfuhr von seinen Kindertagen an eine stete Weiterentwicklung. Das Universitätsstudium vermochte die im Elternhaus und auf der Schule empfangenen religiösen Eindrücke nicht zu erschüttern. Im Mittelpunkt seines Studiums stand allezeit die Heilige Schrift, deren Zeugnis er so annahm, »wie es dasteht«. Später sagte er einmal im Hinblick auf das Verständnis der Heiligen Schrift: »Einfachheit ist das Kennzeichen des Göttlichen.«

Nach dem Abschluß seiner Studien in Tübingen kam er als Vikar nach Dürrmenz-Mühlacker, wo er die »Süßigkeiten des Seelsorgerberufes« schmecken lernte. Von dort aus wurde er als Lehrer an das Missionsseminar in Basel berufen, wo er sechseinhalb Jahre blieb. Als er in den württembergischen Kirchendienst zurückkehrte, kam er zunächst nach Iptingen, dem Hauptsitz des sogenannten Separatismus. Von Iptingen aus war der Sattler *Georg Rapp* mit einem Teil der Gemeindeglieder nach Amerika ausgewandert und hatte dort die Gemeinschaft der Harmonisten gegründet. Die zurückgebliebenen Anhänger Rapps hatten sich mehr und mehr vom kirchlichen Leben abgewandt. Sie standen in bewußtem Gegensatz zur Gemeinde und zum Pfarrer. Blumhardt gelang es, einen großen Teil dieser Leute wieder für die Kirche zu gewinnen. Viele empfingen seit Jahrzehnten zum erstenmal aus seinen Händen das heilige Abendmahl. Schon in Iptingen übten seine Predigten und seine Seelsorge eine große Anziehungskraft aus. Nicht nur aus der näheren Umgebung sondern auch aus dem Badischen kamen sonntags große Scharen in seine Gottesdienste.

Im Jahr 1838 wurde Blumhardt zum Pfarrer von Möttlingen ernannt. Sein Amtsvorgänger war der bekannte Missionsmann *Chr. Gottlob Barth* gewesen. Blumhardt fand anfangs nur schwer den Weg zu den Herzen der Gemeindeglieder, da seine schlichte Predigtweise allzu sehr gegen die originelle Art von

Barth abwich. Da brachte ein Ereignis von weitgreifender Bedeutung eine Wendung in seinem Verhältnis zur Möttlinger Gemeinde.

Im Jahr 1840 begann die schwere und rätselhafte Krankheit eines 25 jährigen Mädchens seiner Gemeinde, namens *Gottliebin Dittus*. Aus der sonst so freundlichen Gottliebin war ein Mensch mit abstoßendem Benehmen geworden. Seltsame Krankheitserscheinungen folgten wie Zittern, Krämpfe, grell geöffnete Augen, verzerrte Gesichtszüge und vor allem eine feindselige Haltung gegen den Pfarrer. Am Ende eines solchen Anfalls schlug sie mit großer Gewalt die Arme auf das Bett nieder. Es sah dann aus, als ob eine unsichtbare Macht aus den Fingerspitzen ausströme. Bei einer solchen Gelegenheit packte Blumhardt, da er keinen Rat wußte, ein heiliger Zorn. Er sprang zu, ergriff die starren Hände der Kranken, zog ihre Hände gewaltsam zum Gebet zusammen und rief ihr ins Ohr: »Lege die Hände zusammen und bete: ›Herr Jesu, hilf mir!‹ Wir haben lange genug gesehen, was der Teufel tut; nun wollen wir auch sehen, was der Herr Jesus vermag.« Nach wenigen Minuten erwachte sie, sprach die Gebetsworte nach und die Krämpfe hörten auf.

Die Not der Krankheit war aber damit nicht behoben; sie nahm vielmehr immer größere Ausmaße an. Wir lassen hier Blumhardt über einen der nächsten Anfälle selber berichten: »Plötzlich war's, als führe es in sie, und ihr ganzer Leib geriet in Bewegung. Ich sprach sodann einige Worte als Gebet und erwähnte dabei des Namens Jesu. Sogleich rollte sie die Augen, schlug die Hände auseinander, und eine Stimme ließ sich hören, die man augenblicklich für eine fremde erkennen mußte, nicht sowohl wegen des Klanges, als wegen des Ausdrucks und der Haltung in der Rede. Es rief: ›Den Namen kann ich nicht hören!‹ Alle schauderten zusammen. Ich hatte noch nie etwas Derartiges gehört und wandte mich in der Stille zu Gott, er möge mir Weisheit und Vorsicht schenken und namentlich mich vor unzeitiger Neugier bewahren. Endlich wagte ich etliche Fragen mit dem bestimmten Vorsatz, mich

Johann Christoph Blumhardt

nur auf das Notwendigste zu beschränken und auf meine Empfindungen zu merken, wenn es etwa zu viel wäre, zunächst mit Bezug auf jenes Weib (das kurz zuvor der Gottliebin Dittus sich mit einem Kind auf dem Arm gezeigt hatte) etwa so: »Hast du denn keine Ruhe im Grabe?« – »Nein.« – »Warum nicht?« – »Das ist meiner Taten Lohn.« – »Hast du denn«, fuhr ich fort, nur still voraussetzend, daß es jene Person sei, »nicht alles gestanden?« – »Nein, ich habe zwei Kinder gemordet und im Acker begraben.« – »Weißt du denn jetzt keine Hilfe mehr, kannst du nicht beten?« – »Beten kann ich nicht.« – »Kennst du denn Jesum nicht, der Sünden vergibt?« – »Den Namen kann ich nicht hören.« – »Bist du allein?« – »Nein.« – »Wer ist denn bei dir?« Die Stimme antwortete zögernd, zuletzt rasch herausfahrend: »Der Allerärgste!« So ging das Gespräch noch eine Weile fort, und die Redende klagte sich auch der Zauberei an, um derentwillen sie des Teufels Gebundene sei. Schon siebenmal – sagte sie – sei sie ausgefahren, jetzt gehe sie nicht mehr. Ich fragte sie, ob ich für sie beten dürfe, was sie erst nach einigem Bedenken gestattete, und ich gab ihr endlich zu verstehen, daß sie im Leibe der Gottliebin nicht bleiben dürfe. Sie schien wehmütig zu flehen, dann wieder trotzig zu werden; ich aber gebot ihr auszufahren, jedoch nicht im Namen Jesu, was ich lange nicht wagte, worauf sich schnell die Szene änderte, indem Gottliebin die Hände stark aufs Bett schlug, womit die Besitzung vorüber zu sein schien.«

Die Angriffe der unsichtbaren, aber höchst realen Dämonen steigerten sich in schauerlichster Weise. Blumhardt erwähnt in seinem Bericht an das Konsistorium, daß grauenerregende Dinge bei der Kranken zum Vorschein kamen: Nadeln, Nägel, Eisenstücke lösten sich aus ihrem Körper; selbst lebendige Schlangen und andere Tiere verließen sie durch den Mund. In Gegenwart von Blumhardt stießen die Dämonen bald höhnische, bald verzweiflungsvolle Worte aus. Wohl hundertmal sank die Gottliebin Dittus wie tot um. Dann wurde sie zu Selbstmordversuchen oder zu Angriffen auf ihre Angehörigen getrieben. Blumhardt sah sich in jenen Tagen mit Unerbittlichkeit vor die Frage gestellt, wer mächtiger sei, der lebendige Gott oder die dämonische Gewalt. Blumhardt rüstete sich für die Kämpfe mit jenen dämonischen Kräften durch Fasten, nachdem ihn ein Freund auf das Wort des Herrn aufmerksam gemacht hatte: »Diese Art fährt nicht aus denn durch Beten und Fasten.« Seine Erfahrungen faßt er in die Worte zusammen: »In der Tat wurden mir dadurch die nachfolgenden Kämpfe außerordentlich erleichtert; ich konnte viel ruhiger, bestimmter und fester reden, hatte auch nicht mehr nötig, so lange Zeit zu verweilen; ja ich fühlte, daß ich, ohne da zu sein, wesentlich einwirken konnte. Und wenn ich kam, gewahrte ich oft in wenigen Augenblicken bedeutende Resultate.« Besonders wichtig war ihm das Gebet. Er hatte mit dem Schultheißen des Ortes und einigen gefestigten Christen eine Gebetsgemeinschaft gegründet. Sie kamen in seinem Studierzimmer zusammen. Er schreibt: »Unvergeßlich sind mir die heißen Gebete, die hier diese Männer zu Gott emporschickten um Weisheit und Kraft und Hilfe. Wir durchsuchten miteinander die ganze Heilige Schrift und bestärkten und ermahnten einander, ja nicht weiter uns gehen zu lassen, als die Heilige Schrift uns führe. Daß wir Wunder tun wollten, kam uns nicht entfernt in den Sinn. Tief bekümmert aber waren wir, daß der Teufel sollte so viele Macht noch haben, und daß solche von niemand erkannten Satansnetze über die Menschheit sollen ausgebreitet sein. Unser herzliches Mitleiden betraf so nicht bloß die arme Person, deren Jammer wir vor uns sahen, sondern wir jammerten und seufzten vor Gott über die Millionen, die, von Gott abgewichen, in die heimlichen Bande der Zauberei verstrickt waren. Wir beteten, daß Gott doch wenigstens in diesem Falle uns den Sieg geben und den Satan unter unsere Füße treten lassen wolle.«

Je stärker die dunklen und unheimlichen Mächte sich auswirkten, desto mehr durfte Blumhardt die Gnadengegenwart Jesu Christi spüren. Seinem Freund Barth schrieb er: »Sooft ich den Namen Jesu schreibe, durchdringt mich ein heiliger

Schauer mit freudiger Inbrunst des Dankes, dieses Jesum mein zu wissen. Was wir an ihm haben, weiß ich erst jetzt recht.«

Weil er nur Gottes Ehre suchte und keine andere Waffe benützte als das Wort und das Gebet, durfte er am Ende den Sieg Jesu erleben. Der von ihm so sehr ersehnte Abschluß dieser Kämpfe fand in der Weihnachtszeit des Jahres 1843 statt. In einer der letzten Nächte erklang um Mitternacht eine Viertelstunde lang ein Schrei der Verzweiflung mit erschütternder Stärke aus dem Mund der Gottliebin Dittus. Äußerungen von Angst und Leid mischten sich in der dämonischen Stimme mit solchen des Trotzes und der Herausforderung an Gott, ein Zeichen zu tun, damit der Dämon nicht so gemein wie andere Sünder zur Hölle fahren müsse. Endlich um zwei Uhr brüllte der Satansengel mit unmenschlicher Stärke die Worte: »Jesus ist Sieger! Jesus ist Sieger!« Der Bann war gebrochen, und der Heilungsprozeß machte bei der Gottliebin Dittus langsame, aber stetige Fortschritte.

Nach beinahe 37 Jahren hat Blumhardt in einer seiner letzten Predigten, die er in Boll gehalten hat, den Sinn und das Ergebnis dieses Kampfes mit folgenden Worten zusammengefaßt: »Das war ein persönlicher Kampf mit den Persönlichkeiten der Finsternis, da wir miteinander eindreiviertel Jahre gerungen haben, um zu sehen, wer der Herr würde, ich im Namen des Herrn Jesus oder sie in ihrer alten Widersetzlichkeit gegen den lebendigen Gott. Ich war mutig geblieben auf den Herrn Jesus hin, und wenn es gleich durch herbe Dinge durch ging, da es oft fast nicht mehr durchzumachen zu sein schien und ich aufs äußerste getrieben wurde, so hat der Gedanke an Jesus, den Anfänger und Vollender des Glaubens, der nach blutigem Kreuzestod zur Rechten Gottes erhöht worden ist, mich stark erhalten, und zuletzt hat, ohne daß ich recht wußte, um was es sich handelte und wie es stand, auch die Finsternis müssen, vielleicht zum erstenmal, ausrufen: Jesus ist Sieger! Und damit bin ich fertig gewesen. Jesus war Sieger; und alle seine Feinde mußten es laut, so daß es fast durch den ganzen Ort gehört wurde, schreien: Jesus ist Sieger! Ihr könnt euch denken, mit welchen Gefühlen ich dann eben den Tag darauf auf die Kanzel trat, da alles voll Erwartung war, wie es noch mit dem Kampf hinauslaufen würde. Aber kühn und mutig konnte ich sagen: Es ist gewonnen!«

Die Losung seines Lebens vom Sieg Jesu klingt wieder in seinem Lied »Jesus ist der Siegesheld«. Blumhardt hat es auf dem Rückweg von einem Missionsfest in der Umgebung von Möttlingen gedichtet. Als er den ersten Vers mit seinen Begleitern nach der Melodie »Großer Gott, wir loben dich« sang, war es mit einemmal, als fielen vom nahen Wald her Hunderte von Stimmen jubelnd ein, und zwar so gewaltig, daß die begleitenden Möttlinger vor innerer Bewegung verstummten. Heimgekehrt, teilte ihm die Gottliebin mit bewegtem Herzen den Vers mit, den er soeben gedichtet und gesungen hatte:

Jesus ist der Siegesheld,
der all seine Feind' besieget;
Jesus ist's, dem alle Welt
bald zu seinen Füßen lieget;
Jesus ist's, der kommt mit Pracht
und zum Licht führt aus der Nacht!

Auch das andere Lied »Daß Jesus siegt« ist von der gleichen Gewißheit des Sieges getragen:

Daß Jesus siegt, bleibt ewig ausgemacht,
sein wird die ganze Welt;
denn alles ist nach seines Todes Nacht
in seine Hand gestellt.
Nachdem am Kreuz er ausgerungen,
hat er zum Thron sich aufgeschwungen.
Ja, Jesus siegt!

Ja, Jesus siegt! Sei's, daß die Finsternis
im Trotzen wütend schnaubt,
sei's, daß sie wähnt, mit ihrem gift'gen Biß
hätt' sie ihm viel geraubt:

die Seinen läßt in Not und Grämen
sich unser Held doch niemals nehmen.
Ja, Jesus siegt!

Ja, Jesus siegt, obschon das Volk des Herrn
noch hart darniederliegt.
Wenn Satans Pfeil ihm auch von nah und fern
mit List entgegenfliegt,
löscht Jesu Arm die Feuerbrände;
das Feld behält der Herr am Ende.
Ja, Jesus siegt!

»Ja, Jesus siegt!« seufzt eine große Schar
noch unter Satans Joch,
die sehnend harrt auf das Erlösungsjahr,
das zögert immer noch.
So wird zuletzt aus allen Ketten
der Herr die Kreatur erretten.
Ja, Jesus siegt!

Ja, Jesus siegt! Wir glauben es gewiß,
und glaubend kämpfen wir.
Wie du uns führst durch alle Finsternis,
wir folgen, Jesu, dir;
denn alles muß vor dir sich beugen,
bis auch der letzte Feind wird schweigen.
Ja, Jesus siegt!

Die Frucht des Kampfes, der im 19. Jahrhundert einzig dasteht, war eine tiefgehende Erweckung der Gemeinde. Sie fing bei den Konfirmanden an. Zu Anfang des Jahres 1844 kamen die Alten nach. Der erste, der kam, war der Spaßmacher des Dorfes. Er wollte sich in Blumhardts Gegenwart nicht auf einen Stuhl setzen, weil er auf das Armsünderbänklein gehöre. Unter Handauflegung durch Blumhardt wurde er seiner Sündenvergebung gewiß. Er brachte bald andere mit, die auch ihre Sünden bekannten. Die Bußstimmung kam vollends zum Durchbruch, als Blumhardt am Buß- und Bettag, dem 25. Januar 1844, über Psalm 77, 11: »Die rechte Hand des Höchsten kann alles ändern« predigte. Bis zur Osterzeit war fast das ganze Dorf zum Pfarrer gekommen. Alle bekannten ihre Sünden und fanden Vergebung und Frieden durch Jesus. Die Bewegung griff auch auf die Nachbarorte über. Das Geheimnis dieser großen Bußbewegung, die uns in jener Zeit übrigens auch in den Gemeinden von Büchsel und anderen begegnet, hat Blumhardt in die Worte gefaßt: »Was aus eigener Buße fließt, wirkt wieder Buße, auch wenn's lauter Evangelium ist. Was aber nicht aus eigener Buße heraus geredet ist, wirkt wie Seifenblasen gegen Festungsmauern.«

Mit der Erweckung geschahen auch Wunder; denn viele erlebten unter Blumhardts Handauflegung nicht nur Befreiung von Sünde und Schuld, sondern auch Heilung von körperlichen Leiden. Seit dieser Zeit kamen viele Kranke, darunter auch Geisteskranke, zu ihm. Er liebte es allerdings nicht, wenn man von Geisteskrankheit sprach: »Des Menschen Geist im biblischen Sinne, als das Heilige, Gottentstammte in ihm, ist unsterblich, und was nicht sterben kann, ist auch nicht krank.« Zu denen, die in Krankheitsnot bei Blumhardt Heilung suchten, gehörte auch der schwäbische Dichter *Eduard Mörike*. Er kam im August 1848 nach Möttlingen. In einem Brief von *Klara Mörike* wird der Aufenthalt des Dichters im Möttlinger Pfarrhaus lebendig geschildert: »Im Gasthaus zu Möttlingen angekommen, schrieb Eduard an Blumhardt ein Zettelchen. Der kam gleich selbst und hatte eine Freude wie ein Kind an seinem alten Freunde. Er zog uns mit sich in sein Haus; der Kutscher wurde entlassen, und bald standen wir vor seiner Frau, einem sanften, liebevollen Gesicht. Beide berieten sich, wie sie uns noch unterbringen möchten. So ward ausgemacht, daß mein Bette des Nachts auf dem Sofa im Wohnzimmer gerichtet werde, und Eduard kam in das Haus einer Frau Schulzin zu logieren, wo bereits noch ein Gast vom Pfarrhause eingewiesen war. Ich sah wohl so hin und wieder ein fremdes

Gesicht; wie erstaunte ich aber, als ich zum Nachtessen kam und etliche zwanzig Personen versammelt fand. Dabei war eine englische Familie. Der Pfarrerin äußerte ich meine Verwunderung; da zeigte sie ins Nebenzimmer, da war nochmal eine Tafel voll, Kinder, Mädchen und ältere, zum Teil kranke Personen aller Art. Nach dem Essen las der Herr Pfarrer ein Kapitel im Neuen Testament; dann sangen sie einen Vers, den Blumhardt strophenweise vorsagte, endlich stand alles auf, kniete nieder, und Blumhardt sprach ein inniges Abendgebet. Ich ging dann, um nach Eduard zu sehen, und bis ich wiederkam, hatte sich die Gesellschaft so ziemlich zerstreut. Da saß ein braungelocktes Mädchen mit einem Knaben und spielte Schach, dort saß eine Partie, welche Brett spielte. Wieder ein Frauenzimmer las in einer englischen Bibel für sich, andere stickten: so trieb jedes ungezwungen, was es wollte ...

Blumhardt erzählte Eduard und zeigte ihm viele höchst denkwürdige Sachen und ließ ihn tiefe Einblicke in seine ganze Anschauungsweise, inneres Leben und Wirksamkeit tun. Am ersten Abend, vielmehr nachts um zehn Uhr, als ihn der Freund unter dem schönsten Sternhimmel durch die dörflichen Straßen in sein Quartier begleitete, sagte Eduard ihm, er fühle sich auf eine auffallende Art gekräftigt für diese Spätabendzeit. Der andere lächelte, als hielte er es nicht für ungewöhnlich; es sei etwas Besonderes in der Möttlinger Luft, er solle hier bei ihm bleiben, er finde es nirgends besser.

Eduard wollte Dir sagen, daß er sich körperlich schon durch Blumhardts physische Nähe sehr gestärkt gefühlt habe; vor dem Abschied aber hat ihm Blumhardt auf Eduards ausdrücklichen Wunsch auch noch die Hand aufgelegt.«

Der Dichter selbst schreibt in einem Brief an seinen Freund *Hartlaub*: »Vom Aufenthalt in Möttlingen kann ich Dir viel erzählen; er wird mir ewig denkwürdig bleiben. Über manche Punkte, zumal auch über den ersten unfaßlichen Schritt meiner Besserung, glaube ich ohne Dich gar nicht ins klare zu kommen. Ein Gotteswerk war diese Reise jedenfalls.«

Es waren wunderbare Erfahrungen, die Blumhardt mit den Kranken machen durfte. Er sah darin ein Wiedererwachen der Geistesgaben der ersten Christenheit. Darum lebte in ihm eine große Sehnsucht und Hoffnung auf eine neue, allgemeine Ausgießung des heiligen Geistes. Umso schmerzlicher war es ihm, daß er in Möttlingen statt des Fortschreitens im Zusammenhang mit der Revolution von 1848 einen Rückgang des Glaubenslebens feststellen mußte. Nach mancherlei vergeblichen Versuchen, auf eine andere Pfarrstelle zu kommen, ermöglichte es *König Wilhelm I.* von Württemberg, daß Blumhardt das Bad Boll übernehmen konnte. Für viele Jahre wurde nun Boll ein Quellort inneren Lebens. Hunderte suchten dort für Leib und Seele Erquickung und Frieden. Höhepunkte waren für die Gäste die Morgenandachten und Predigten, die Blumhardt jeden Donnerstag und Sonntag in der aus einem ehemaligen Tanzsaal hergerichteten Kapelle hielt.

In seiner geistlichen Tätigkeit war er allem Gemachten abhold. Wo er falsche Geistlichkeit witterte, da konnte er streng und abweisend sein. Er liebte eine einfache und natürliche Art, die auf so viele Leidgedrückte und Bekümmerte befreiend wirkte. Sein Wort bleibt wegweisend: »Der Mensch muß sich zweimal bekehren, einmal vom natürlichen Menschen zum geistlichen und dann wieder vom geistlichen Menschen zum natürlichen.« Einer Frau, die vor überschraubter Geistlichkeit nicht mehr essen wollte, gebot er in gebieterischem Ton: »Das erste Gebot in der Bibel lautet »Iß!« (1. Mose 2, 16). Sie gehorchte Blumhardt, und es wurde von der Zeit an mit ihr besser. Blumhardt wahrte bei der Behandlung der ihm anvertrauten Kranken immer die nüchterne biblische Linie. Er hat sich darüber sehr ausführlich in seiner Schrift »Die Heilung von Kranken durch Glaubensgebet« ausgesprochen. Mit den Behauptungen so vieler moderner Gesundbeter, die die Unheilbarkeit einer Krankheit auf mangelnden Glauben zurückführen wollen, hat Blumhardt nichts gemein. In einer Hausandacht sagte er einmal: »Ich habe noch keinen mir wehtuenderen Satz gehört als den: Wer nicht gesund wird, der glaubt eben nicht recht.« Er wollte nichts anderes, »als daß der Arzt und der Kranke sich unter die allmächtige Hand Gottes demütige und jener nicht zu weit greife und sich nicht das Ansehen gebe, als wolle und könne er eine Heilung erzwingen, dieser nicht seine Hoffnung auf menschliche Kunst oder die Natur setze«. Das Schlußwort jener Schrift gewinnt in unseren Tagen erneute Bedeutung: »Aber sonnenklar ist's, daß der Menschheit in unserer Zeit etwas abgeht, das sie in tausend Fällen haben sollte: die unmittelbare Einwirkung des Herrn, der uns mit seinem Blut erkauft hat; und kommt die, so ist's allerdings ein Wunder, aber ein nötiges Wunder, ohne das wir nicht bestehen, nicht unsres Glaubens froh werden können, ein Wunder aber, das nebenbei auch dazu dienen muß, wie bei dem Blindgeborenen (Johannes 9, 3), ›daß die Werke Gottes offenbar werden‹!«

Im letzten Jahrzehnt seines Lebens wurde Blumhardt nocheinmal eine besondere Fülle des Glaubenslebens geschenkt. Seine Hoffnungen gingen in die Weite und in die Tiefe. In den Kreis seiner Hoffnungen schloß er nun nicht nur die Lebenden, sondern auch die Toten ein. In verborgenen Kämpfen wurde es ihm zur Gewißheit, daß die Macht Jesu, Sünden zu vergeben, in ausgedehnter Weise auch den Toten gelte. »Ich glaube an Jesus Christus, der vom Himmel kommen wird, zu richten die Lebendigen und die Toten – aber wohlgemerkt nicht hinzurichten, sondern herzurichten.« So wollte er der Erlösungsgewalt Jesu Christi auch rückwirkende Kraft zuerkannt wissen. Allerdings konnte er sich nicht dazu entschließen, die Lehre von der Wiederbringung aller Dinge anzunehmen.

Umsomehr wuchs in den letzten Jahren seines Lebens die Sehnsucht nach dem Kommen der großen Gnadenzeit: »Wir aber sollen das Kommen dieser großen Erlösungszeit beschleunigen durch sehnsüchtiges Harren und hoffnungsfreudiges Bitten. Inzwischen arbeitet der Herr selbst im Verborgenen fort, bis auf einmal seine Herrlichkeit offenbar wird über seiner ganzen erneuerten Schöpfung.«

Seine Hoffnung, daß er diese Gnadenzeit noch erleben werde, sollte nicht in Erfüllung gehen. An Weihnachten 1879 fing er an zu kränkeln. Ein hartnäckiger Husten führte zu einer Lungenentzündung. *Friedrich Zündel* schreibt über die letzten Tage Blumhardts: »Durch seine wahrhaft himmlisch verklärte Freundlichkeit, die schon auf seinem Angesichte wie ein Sonnenglanz ruhte, machte er noch in seinen letzten Lebenstagen viele, ja alle, die ihm nahe kamen, glücklich.« Die Geborgenheit in Jesus spricht auch aus den beiden Gebeten, die er kurz vor seinem Tod gesprochen hat: »Wir bitten dich, liebreicher Heiland, du wollest uns helfen. Wir sind in großer Schwachheit vor dir; aber deine Barmherzigkeit kann uns helfen, daß es doch recht wird. Segne uns Kleine und Große, und laß uns unter allem Schweren doch immer die Gewißheit haben, daß du es zum Sieg bringst. Ja, Herr, unser Erbarmer, du bringst es zum Sieg. Amen.« Und das andere: »Ja, Herr, unser Erbarmer, wir bauen auf dich und verlassen uns auf deine Stärke; denn du bist unsere Zuversicht und wirst es vollbringen, daß alle Welt sich verwundern wird über dein Tun. Ach, Herr, du wollest auch unter Angriffen der Finsternis und Krankheiten aller Art uns behüten und deine Barmherzigkeit über uns auftun. Herr Jesu, wir bauen auf dich; laß uns nicht! Amen.«

An seinem Sterbetag legte er mit äußerster Anstrengung seinem Sohn *Christoph* die Hand auf und sprach: »Ich segne dich zum Siegen!« Eines seiner letzten Worte lautete: »Der Herr wird seine milde Hand auftun zur Barmherzigkeit über alle Völker.« Am Abend des 25. Februar 1880 ist Blumhardt friedlich eingeschlafen.

Man hat Blumhardt zu seinen Lebzeiten und auch nach seinem Tode nicht immer verstanden und in seiner biblischen Bedeutung nicht zu würdigen vermocht. Uns, die nun schon acht Jahrzehnte von seinem Heimgang trennen und die wir die Vergänglichkeit dieser Welt besser verstehen als vergangene Geschlechter, ist Blumhardt zu einem Zeugen Gottes geworden, der ganzen Ernst machte mit dem Glauben und den

Kräften, die eben doch das Wesen des Urchristentums ausmachen.

Auf seinem Grabstein steht das Wort von Jesus Christus, der am Kreuz Sieger geblieben ist und es bleiben wird in alle Ewigkeit:

> Das Kreuz, dran du gehangen,
> stürzt siegreich Satans Macht,
> bis alle vor dir prangen
> im Licht aus grauser Nacht.

Schlußwort

Eine Fülle geistesmächtiger Persönlichkeiten aus der Geschichte des schwäbischen Pietismus ist uns in diesem Buch begegnet. Es waren unter ihnen Männer, deren Name und Lebenswerk auch heute noch große Bedeutung hat. Zu ihnen gesellten sich andere, von denen wir, wiewohl ihr Leben einfach und still verlaufen ist, es uns gern sagen lassen:

Eins ist not! Ach Herr, dies Eine
lehre mich erkennen doch!
Alles andre, wie's auch scheine,
ist ja nur ein schweres Joch.

Es hätte ohne Zweifel noch von manch treuem Zeugen aus der Schar der württembergischen Väter berichtet werden können. Wir denken dabei an *Israel Hartmann,* den langjährigen Lehrer am Ludwigsburger Waisenhaus, mit dem *Jung-Stilling, Lavater, Ph. M. Hahn* und andere bedeutende Männer seiner Zeit befreundet waren. Es sei ferner erinnert an *Beate Paulus,* deren Lebensgeschichte bis in unsere Zeit hinein immer wieder gern gelesen wird, an *Johann Friedrich Emendörfer, Heinrich Zeller, Louis Widman,* an den *Hansmartin von Mägerkingen, Schultheiß Klaß* von Beuren, *den Karle von Beuren* und viele andere.

Seit dem Ende des neunzehnten Jahrhunderts hat sich das Bild, das bis dahin der schwäbische Pietismus bot, in vielem gewandelt. Der verdiente Geschichtsschreiber des schwäbischen Pietismus, der ehemalige Oberhofprediger und Prälat *von Kolb,* hat einmal mit Recht bemerkt, daß der Name der »Stillen im Lande« nicht mehr ganz zu allen Gemeinschaften passe. Hinzu kommt, daß in den letzten Jahrzehnten neue Gemeinschaftsrichtungen entstanden sind wie zum Beispiel die »Süddeutsche Vereinigung für Evangelisation und Gemeinschaftspflege«.

Die alten und die neuen Gemeinschaften werden gut tun, wenn sie die Väter nicht vergessen nach dem Wort des Propheten Jesaja: »Schauet den Fels an, davon ihr gehauen seid, und des Brunnens Gruft, daraus ihr gegraben seid!«

Beim Heimgang des edlen *Immanuel Kolb* im Jahr 1859 sandte *Chr. G. Barth* dem Hahn'schen Brüderkreis einen Nachruf, in dem es heißt:

> O daß doch Väter in der Brüder Kreise
> nachwachsen möchten, wie die Zeit sie braucht,
> geübt, bewährt, gesalbet, treu und weise
> und ganz in Geist und Leben eingetaucht!

Dies vom Herrn zu erbitten, sollte stets ein Anliegen derer sein, die Kirche, Gemeinde und Gemeinschaft liebhaben.

PERSONENREGISTER

BILDNACHWEIS

Die Reproduktionen zu den Bildern von Philipp Matthäus Hahn und Johann Christoph Blumhardt sind nach Aufnahmen der Landesbildstelle Württemberg entstanden. Für die Wiedergabe Johann Albrecht Bengels wurde in dankenswerter Weise ein im Familienbesitz befindliches Originalgemälde zur Verfügung gestellt. Als Vorlage zu dem Bild von Friedrich Christoph Oetinger diente ein Ölgemälde von Karl Möhrle. Das sogenannte Fünfbrüderbild vor Seite 211 ist vor etwa 100 Jahren aus Einzelporträten zusammengestellt worden.

LITERATURVERZEICHNIS

Zur württembergischen Kirchengeschichte:

C. Römer: Kirchl. Geschichte Württembergs, 2. Aufl. – 1865

Württ. Kirchengeschichte, herausgegeben vom Calwer Verlagsverein – 1893

Heinrich Hermelink: Geschichte der evang. Kirche in Württemberg von der Reformation bis zur Gegenwart – 1949

J. Schoell und J. Rauscher: Aus dem Leben der Kirche. Kirchengeschichtliche Einzelbilder – o. J.

J. Schoell und J. Rauscher: Aus dem Leben der Kirche. Einzelbilder für den evang. Religionsunterricht in Württemberg – o. J.

Gottlob Schrenk: Gottesreich und Bund im älteren Protestantismus bei Coccejus – 1923

L. Hofacker: Ein güldenes Jubiläum. Geschichte der 50jährigen Wirksamkeit der Ev. Gesellschaft in Stuttgart mit Anhang: Vorbilder aus dem Leben der Väter – 1880

Martin Remppis: In Gottes Rüstung vorwärts. Aus hundertjähriger Geschichte der Evang. Gesellschaft in Stuttgart – 1930

Viele Saaten. Eine Ernte. Festschrift zum hundertjährigen Bestehen des Calwer Verlagsvereins – 1933

Zur Geschichte des württembergischen Pietismus:

Chr. G. Barth: Süddeutsche Originalien, Band 1–4 – 1828–36

Albert Knapp: Gesammelte prosaische Schriften, 2 Teile – 1870

Christian Palmer: Die Gemeinschaften und Sekten Württembergs – 1877

Albrecht Ritschl: Geschichte des Pietismus, 3. Band – 1886

Chr. Kolb: Die Anfänge des Pietismus und Separatismus in Württemberg – 1902

Chr. Dietrich und Ferd. Brockes: Die Privaterbauungsgemeinschaften – 1903

W. Claus und Fr. Buck: Württembergische Väter, Band 1-4 – 1904 ff

L. Tiesmeyer: Die Erweckungsbewegung in Deutschland während des XIX. Jahrhunderts, Heft 7 – 1906

Chr. Kolb: Die Bibel in der evang. Kirche Altwürttembergs – 1917

Chr. Kolb: Vom württ. Pietismus (in: Von der evang. Kirche Württembergs) – 1921

Karl Müller: Die religiöse Erweckung in Württemberg am Anfang des 19. Jahrhunderts – 1925

Fr. Jehle: Der Brunnen der Weisheit. Vom schwäbischen Biblizismus und biblischen Realismus – 1928

Fr. Baun: Das schwäbische Gemeinschaftsleben in Bildern und Beispielen gezeichnet, 2. Aufl. – 1929

Joh. Herzog: Weisheit im Staube. Ein Lesebuch der Schwabenväter: Bengel, Oetinger, Fricker, Ph. M. Hahn, Michael Hahn – 1927

Ernst Müller: Stiftsköpfe. Schwäbische Ahnen des deutschen Geistes aus dem Tübinger Stift – 1938

Fr. Hauß: Die uns das Wort Gottes gesagt haben. Lebensbilder und Glaubenszeugnisse aus dem schwäbischen Pietismus – 1939

J. Rauscher: Aus dem Land von Brenz und Bengel – 1946

Fr. Fritz: Altwürttembergische Pietisten – 1. Heft 1950, 2. Heft 1956

A. Köberle: Das Glaubensvermächtnis der schwäbischen Väter – 1959

Zu den einzelnen Persönlichkeiten:

Andreä, Johann Valentin

Paul Wurm: Johann Valentin Andreä, ein Glaubenszeuge aus der Zeit des dreißigjährigen Krieges – 1887

Barth, Christian Gottlob

Karl Werner: Christian Gottlob Barth, Doktor der Theologie nach seinem Leben und Wirken, 3 Bände – 1865–1869

Wilhelm Kopp: Christian Gottlob Barths Leben und Wirken – 1886

Otto Schuster: Dr. Christian Barth, der Jugend- und Missionsfreund – 1949

Karl Frohnmeyer: Christian Gottlob Barth – 1956

Chr. G. Barth: Christliche Gedichte – 1836

Chr. G. Barth: Der Pietismus und die spekulative Theologie. Sendschreiben an Herrn Diakonus Dr. Märklin in Calw – 1839

Chr. G. Barth: Zweimal zweiundfünfzig Geschichten, 476. Aufl. – 1933

Chr. G. Barth: Tausend biblische Fragen und Antworten, 8. Aufl. – 1929

Bengel, Johann Albrecht

Joh. Chr. Fr. Burk: Dr. Johann Albrecht Bengels Leben und Wirken, meist nach handschriftlichen Materialien bearbeitet – 1831

Joh. Chr. Fr. Burk: Johann Albrecht Bengels literarischer Briefwechsel – 1836

Joh. Chr. Fr. Burk: Johann Albrecht Bengels hinterlassene Predigten – 1839

Oskar Wächter: Johann Albrecht Bengel. Lebensabriß, Charakter, Briefe und Aussprüche nebst einem Anhang aus seinen Predigten und Erbauungsstunden – 1865

Johann Albrecht Bengel. Leben und Auswahl seiner Schriften (herausgegeben von Palmer in der Evang. Volksbibliothek, Bd. IV Seite 335 ff) – 1868

H. von der Goltz: Die theologische Bedeutung Johann Albrecht Bengels und seiner Schule – 1861

K. Chr. E. Ehmann: Dr. Johann Albrecht Bengels Tischreden – 1869

Oskar Wächter: Bengel und Oetinger. Leben und Aussprüche zweier altwürttembergischer Theologen – 1886

Eberhard Nestle: Bengel als Gelehrter. Ein Bild für unsere Tage (in: Marginalien und Materialien) – 1893

Friedrich Nolte: Dr. Johann Albrecht Bengel. Ein Gelehrtenbild aus der Zeit des Pietismus – 1913

Friedrich Baun: Johann Albrecht Bengel, der Vater des schwäbischen Pietismus, 4. Aufl. – 1922

Rudolf Barteld Evenhuis: Die biblizistisch-eschatologische Theologie von Johann Albrecht Bengel – 1931

Adolf Neeff: Bengel/Oetinger. Weg und Wort der beiden Schwabenväter – 1933

Karl Hermann: Johann Albrecht Bengel, der Klosterpräzeptor von Denkendorf – 1937

Otto Schuster: Johann Albrecht Bengel, ein Mann der Schrift – 1937

Wilhelm Keller: Johann Albrecht Bengel, ein Schüler und Meister der Schrift – o. J.

G. Keller: Johann Albrecht Bengel. Ein unermüdlicher Schriftforscher und Mann großen Glaubens, aufs neue dargestellt – 1948

Martin Haug: Bengel und die Bibel – 1952

Ernst Ludwig: Schriftverständnis und Schriftauslegung bei Johann Albrecht Bengel – 1952

G. Geiß: Johann Albrecht Bengel. Gottesgelehrter und Ewigkeitsmensch – 1953

J. A. Bengel: Gnomon. Auslegung des Neuen Testaments in fortlaufenden Anmerkungen, deutsch von C. F. Werner, 6. Aufl. – 1959ff

J. A. Bengel: Von göttlichen Dingen. Drei Aufsätze über Bibel und Gebet mit seinem selbstverfaßten Lebenslauf – herausgegeben von Wilhelm Keller – 1937

Blumhardt, Johann Christoph

Friedrich Zündel: Johann Christoph Blumhardt, 16. Aufl., neubearbeitet von Dr. Heinrich Schneider – 1954

Friedrich Seebaß: Johann Christoph Blumhardt. Sein Leben und Wirken, mit einer Auswahl seiner Schriften – 1954

Christoph Blumhardt: Die Heilung von Kranken durch Glaubensgebet, herausgegeben von L. Wittekind – 1922

J. C. Blumhardt: Die Krankheitsgeschichte der Gottliebin Dittus in Möttlingen. Der Tatsachenbericht an die vorgesetzte Kirchenbehörde 1844 – neu herausgegeben 1950

Walter Baudert: Das Möttlingen Blumhardts – o. J.

L. Ragaz: Der Kampf um das Reich Gottes in Blumhardt, Vater und Sohn und weiter! – 1922

E. Jäckh: Blumhardt Vater und Sohn und ihre Botschaft, 2. Aufl.

J. Chr. Blumhardt: Gebetswinke für das Arbeitsfeld der inneren Mission – 1855

J. Chr. Blumhardt: Fünfzehn Predigten über die drei ersten Adventsevangelien – 1864

J. Chr. Blumhardt: Übersichtliche Auslegung der Bergpredigt Jesu, Matthäus 5–7 in kurzen Vorträgen – o. J.

J. Chr. Blumhardt: Berufen zum Himmel. Predigten und Andachten – o. J.

J. Chr. Blumhardt: Kurze Besprechung des Vaterunsers oder des Reichsgebets – o. J.

J. Chr. Blumhardt: Psalmlieder oder die Psalmen in singbare Lieder umgesetzt – 1848

J. Chr. Blumhardt: 76 Bibellieder nebst 17 neuen Gesängen zum Gebrauch in Bad Boll – 1876

J. Chr. Blumhardt: Besprechung wichtiger Glaubensfragen – 1888

J. Chr. Blumhardt: Der Heiland kommt! Predigten herausgegeben von E. Jäckh – 1925

Eugen Jäckh: Doris Blumhardt, die Gehilfin eines Gottesmannes – 1956

Brastberger, Immanuel Gottlob

I. G. Brastberger: Evangelische Zeugnisse der Wahrheit zur Aufmunterung im wahren Christentum, 83. Aufl. – 1883

Burk, Philipp David

Ph. D. Burk: Evangelischer Fingerzeig und Casualpredigten in einem vollständigen Auszug, herausgegeben von N. H. Härlin – 1852

Ph. D. Burk: Rechtfertigung und Versicherung (im Auszug herausgegeben von Ernst Kern) – 1854

Ph. D. Burk: Sammlungen zur Pastoraltheologie (herausgegeben von Oehler) – 1867

Dann, Christian Adam

Denkmal der Liebe für den vollendeten M. C. A. Dann, Stadtpfarrer bei St. Leonhardt in Stuttgart – 1837

Chr. A. Dann: Christl. Sonntagsblätter eines Landpredigers an seine Gemeinde zu einem Zeugnis für beide, 1. und 2. Blatt – 1816 u. 1829

Chr. A. Dann: Christl. Sonntagsblätter eines Predigers an seine Gemeinde, 3. Blatt – 1836

Chr. A. Dann: Bitte der armen Tiere, der unvernünftigen Geschöpfe, an ihre vernünftigen Mitgeschöpfe und Herrn, die Menschen – 1822

Chr. A. Dann: Früchte meines Nachdenkens, gesammelt auf dem schmalen Wege – 1823

Chr. A. Dann: Meine Bekenntnisse und Verpflichtungen. Dem erneuerten und erweiterten Nachdenken christlicher Jugend bestimmt – 1829

Chr. A. Dann: Heil mir, ich bin ein Christ! 3. Aufl. – 1840

Egeler, Anton

Anton Egeler: Kurzer Lebensabriß nebst Betrachtungen, Briefen und Liedern – 1851

Flatt, Jeremias

Albert Knapp: Jeremias Flatt. Eine biographische Skizze (in Christoterpe 1852, S. 97–127) – 1852

Flattich, Johann Friedrich

Karl Friedrich Ledderhose: Leben und Schriften des M. Johann Friedrich Flattich, 5. Aufl. – 1873

G. Weitbrecht: Johann Friedrich Flattich, Pfarrer in Münchingen. Ein Lebensbild aus dem 18. Jahrhundert – 1873

Willy Friedrich: Die Pädagogik Johann Friedrich Flattichs im Lichte ihrer Zeit und der modernen Anschauung – 1908

W. Jörn: Johann Friedrich Flattich, ein alter Meister der Erziehungskunst – o. J.

Fr. Roos: Leben und Schriften des M. Johann Friedrich Flattich, von K. Fr. Ledderhose neu bearbeitet – 1926

Georg Schwarz: Tage und Stunden aus dem Leben eines leutseligen, gottfröhlichen Menschenfreundes, der Johann Friedrich Flattich hieß – 1940

Fricker, Johann Ludwig

Karl Christian Eberhard Ehmann: Johann Ludwig Fricker. Ein Lebensbild aus der Kirchengeschichte des 18. Jahrhunderts – 1864

Unvollständige, jedoch brauchbare Überbleibsel aus den hinterlassenen Handschriften eines einsichtsvollen und erfahrungsvollen Mannes, des sel. Herrn Pfarrers Johann Ludwig Fricker (1775), 3. Aufl. – 1855

Johann Ludwig Fricker: Dr. Joh. Albrecht Bengels Zeitrechnung, übersichtlich dargestellt – 1875

Hahn, Johann Michael

Etwas aus dem Leben des seligen Johann Michael Hahn von einer Gesellschaft wahrheitsliebender Freunde verfasset (Hahns Schriften, 1. Teil, 1. Abt.) – 1819, 2. Auflage 1957

Haug: Die Sekte der Michelianer (in: Studien der evang. Geistlichen Württembergs) – 1839

W. F. Stroh: Die Lehre des württembergischen Theosophen Johann Michael Hahn – 1859

Die Hahnsche Gemeinschaft. Ihre Entstehung und seitherige Entwicklung, 2 Bände – 1877, 2. Aufl. – 1949 und 1951

Gottlob Lang: Michael Hahn. Einführung in seine Gedankenwelt mit einer Auswahl aus seinen Werken – 1922

Johann Michael Hahns Schriften, herausgegeben von einer Gesellschaft wahrheitsliebender Freunde, Band 1–15 – 1819ff

Johann Michael Hahn: Auszug aus Johann Michael Hahns Schriften in zwei Bänden – 1857–1858

Joh. Mich. Hahn: »Ausgewählte Betrachtungen«, 2 Bände, Band I 2. Aufl. 1926, Band II 2. Aufl. 1959

Die Schriftauffassung Joh. Mich. Hahns von der Wiederbringung aller Dinge, von der ersten Auferstehung und vom 1000-jährigen Reich – 1930

Johann Michael Hahn: Geistliches Liederkästlein oder kurzer Auszug aus den sämtlichen Liedern (die kurzen Schriftbetrachtungen stammen von J. G. Kolb) 3 Teile, in mehreren Auflagen erschienen

Johann Michael Hahns Leben und Lehre, 2. Aufl. – 1952

Martin Haug: Festpredigt am 2. Februar 1958 in der Kirche in Altdorf, anläßlich des 200. Geburtstages von Michael Hahn – 1958

Carl Krauß: Michael Hahn und die Anfänge der seinen Namen tragenden M. Hahn'schen Gemeinschaft in seiner Heimat, dem Kreis Böblingen – 1958

Hahn, Philipp Matthäus

Chr. G. Barth: Süddeutsche Originalien (Heft 2, 3 und 4) – 1829/36

E. Ph. Paulus: Ph. M. Hahn, ein Pfarrer aus dem vorigen Jahrhundert nach seinem Leben und Wirken – 1858

M. Engelmann: Leben und Wirken des württ. Pfarrers und Feinmechanikers Ph. M. Hahn – 1923

J. Roessle: Ph. M. Hahn. Ein Leben im Dienst am Königreich Gottes in Christus – 1929

G. Sauter: Ph. M. Hahn, der Uhrmacher und Mechanikerpfarrer – 1939

W. Ludwig: Theozentrische Predigt (illustriert an Ph. M. Hahn in »Pastoraltheologie« Heft 8/9) – 1931

Th. Wurm: Zum Gedächtnis von Philipp Matthäus Hahn. Predigt bei der Zweijahrhundertfeier in Onstmettingen am Totensonntag – 1939

J. Roessle: Phil. Matth. Hahn, Gottesgelehrter und Erfinder – 1958

Theodor Heuß: Philipp Matthäus Hahn (in: Schattenbeschwörung) – 1959

Ph. M. Hahn: Erbauungsreden über den Brief Pauli an die Kolosser – 1931

Ph. M. Hahn: Erbauungsstunden über den Brief an die Epheser – 1928

Ph. Paulus: Leitfaden zum Verständnis der Offenbarung von Ph. M. Hahn und ein Wort über unsere Zeit – 1851

Ph. M. Hahn: Die Lehre Jesu und seiner Gesandten – 1856

Ph. M. Hahn: Das Württ. Konfirmationsbuch – 1863

Ph. M. Hahn: Betrachtungen und Predigten für Freunde der alten Schriftwahrheit (mit einer Lebensbescheibung von Ph. M. Hahn herausgegeben von Paul Wurm), 8. Aufl. – 1896

Ph. Paulus: Beate Paulus geb. Hahn, oder: Was eine Mutter kann, 8. Aufl. – 1929

Harttmann, Karl Friedrich

Rede nach der Beerdigung des H. C. Fr. Hartmann, gehalten in Tübingen von Prof. Wurm nebst Nachricht der Lebensumstände des Seligen aus seinen eigenen Aufsätzen – 1815

K. Chr. E. Ehmann: Karl Fr. Harttmann. Ein Charakterbild aus der Geschichte des christlichen Lebens in Süddeutschland – 1861

K. Fr. Harttmann: Leichenpredigten – herausgeg. von Ehmann – 1864

K. Fr. Harttmann: Predigten über die Sonn-, Fest- und Feiertagsevangelien, 4. Aufl. – 1877

K. Fr. Harttmann: Der Brief an die Ebräer – 1866

K. Fr. Harttmann: Passionspredigten – 1872 (2. Aufl. herausgegeben von Schott – 1890)

K. Fr. Harttmann: Beichtreden – 1860 (3. Aufl. herausgegeben von T. Weitbrecht – 1890)

Hebich, Samuel

Samuel Hebich. Ein Beitrag zur Geschichte der indischen Mission, von zwei Mitarbeitern des Verewigten – 1872

J. Jauß: Samuel Hebich, ein Zeuge Jesu Christi aus der Heidenwelt – 1922

W. Jörn: Samuel Hebich, der große Seelengewinner. Züge aus seinem Leben und Wirken – o. J.

Johannes Grauer: Samuel Hebich, ein Missionar ohne Furcht – 1954

Samuel Hebich: 15 Vorträge, gehalten in Stuttgart (mit Lebensabriß) – 1861

Samuel Hebich: Zwanzig Vorträge über die Offenbarung St. Johannes – 1864

Hedinger, Johann Reinhard

Johann Reinhard Hedinger: Christlich wohlgemeinte Erinnerungen, die Unterrichtung der Jugend in der Lehre von der Gottseligkeit betreffend, neu herausgegeben von Ludwig Friedrich Staib – 1858 und 1863

Johann Reinhard Hedinger: Das Neue Testament unseres Herrn und Heilandes Jesu Christi – herausgegeben von Carl Friedrich Ledderhose – 1863

Johann Reinhard Hedinger: Passionsspiegel oder zwölf andächtige Betrachtungen über das Leiden und Sterben Jesu Christi, herausgegeben von Carl Friedrich Ledderhose – 1863

über Hedinger siehe auch A. Knapp: Ges. Schriften, 1. Teil

Hiller, Philipp Friedrich

K. Chr. E. Ehmann: Ph. Fr. Hillers sämtl. geistl. Lieder nebst einem Lebensabriß – 1858

Über Hiller s. a. A. Knapp: Ges. Schriften, 1. Teil

Ph. Fr. Hiller: Neues System aller Vorbilder Jesu Christi durch das ganze alte Testament (herausgegeben von A. Knapp) – 1858

Ph. Fr. Hiller: Die Vorbilder der Kirche des neuen Testaments im alten Testament (herausgegeben von A. Knapp) – 1859

Ph. Fr. Hiller: Kurze und erbauliche Andachten bei der Beichte und dem heil. Abendmahl – 1868

Ph. Fr. Hiller: Geistliches Liederkästlein zum Lobe Gottes, bestehend aus zweimal 366 kleinen Oden über so viel biblische Sprüche, Kindern Gottes zum Dienst aufgesetzt, 11. Aufl. – 1958

Hofacker, Ludwig

Theodor Jäger: Ludwig Hofacker, ein Herold des Evangeliums – 1910

Albert Knapp: Leben von Ludwig Hofacker, weil. Pfarrer zu Rielingshausen, 7. Aufl. – 1923

Jesus allein! Erinnerungen an das Hofacker-Jubiläum, gefeiert in Rielingshausen am 18. 11. 1928

J. Roessle: Ludwig Hofacker. Ein Lebensbild – 1946

A. Pagel: Ludwig Hofacker. Gottes Kraft in einem Schwachen – 1952

Ludwig Hofacker: Predigten für alle Sonn-, Fest- und Feiertage nebst einigen Buß- und Bettagspredigten und Grabreden, 49. Aufl. – 1930

G. Klett: Ludwig Hofacker, Pfarrer in Rielingshausen, Erbauungs- und Gebetbuch für alle Tage, 7. Aufl. – 1902

Hofacker, Wilhelm

Ludwig Hofacker: Wilhelm Hofacker. Ein Predigerleben aus der ersten Hälfte dieses Jahrhunderts – 1872

Wilhelm Hofacker: Bekenntnis und Verteidigung. Erstes und zweites Wort gegen Dr. Märklins Schriften: Darstellung und Kritik des modernen Pietismus und das Ketzergericht des Christenboten – 1839

Wilhelm Hofacker: Die vier letzten Predigten des Seligen – 1848

Wilhelm Hofacker: Tröpflein aus der Lebensquelle – 1864

Wilhelm Hofacker: Predigten für alle Sonn- und Festtage mit Mitteilungen über seinen Lebensgang, 3. Aufl. – 1880

Hoffmann, Christoph

Chr. Hoffmann: Mein Weg nach Jerusalem – 1881 und 1884

Fr. Lange: Geschichte des Tempels – 1899
C. Rohrer: Die Tempelgesellschaft – 1920

Hoffmann, Gottlieb Wilhelm

Zum Andenken an den vollendeten G. W. Hoffmann – 1846

Erinnerungen an G.W.Hoffmann (im Christenboten 1870 Seite 183ff)

J. Ziegler: Wilhelm Hoffmann, der Gründer von Korntal und Wilhelmsdorf (in: Grüne Blätter, Band 2) – 1895

Hülben und die Familie Kullen

Fr. Baun: Die Familie Kullen. 200 Jahre im Dienst der Schule (1722 – 1922) – 1922

Fr. Baun: Johannes Kullen. Ein schwäbischer Stundenhalter – 1922

Johannes Kullen: Fünfundfünfzig Erbauungsstunden des entschlafenen Johannes Kullen (enthält eine ausführliche Lebensbeschreibung) – 1852

S. Kullen: 40 Erbauungsstunden des J. Kullen über Evangelien und Episteln und freie Texte samt kurzer Biographie – 1887

Kapff, Sixt Carl

Carl Kapff: Lebensbild von Sixt Carl Kapff, 2 Bände – 1881

S. C. Kapff: Das kleine Communionbuch, 23. Aufl. – 1898

S. C. Kapff: Warnung eines Jugendfreundes vor dem gefährlichsten Jugendfeind, 11. Auf. – 1870

S. C. Kapff: Achtzig Predigten über die alten Episteln – 1846

S. C. Kapff: Die Revolution, ihre Ursachen, Folgen und Heilmittel – 1851

S. C. Kapff: Der religiöse Zustand des ev. Deutschland – 1856

S. C. Kapff: Predigt zur Eröffnung des Kirchentags in Stuttgart (mit Anhang über Chr. Hoffmann und die Tempelgemeinde) – 1857

S. C. Kapff: Zwei Predigten mit Bezug auf Schiller – 1859

S. C. Kapff: Gewünschtes und Geschmähtes in 15 Predigten – 1859

S. C. Kapff: Weg zum Himmel in achtzig Predigten über die Evangelien – 1864

Knapp, Albert

Joseph Knapp: Lebensbild von Albert Knapp – 1867

K. Gerok: Albert Knapp als schwäbischer Liederdichter – 1879

M. Knapp: Albert Knapp als Dichter und Schriftsteller mit einem Anhang unveröffentlichter Jugendgedichte – 1912

J. Roessle: Albert Knapp, Schwabens geistlicher Liederdichter – 1947

Albert Knapp: Christl. Gedichte, 2 Bände – 1829

Albert Knapp: Herbstblüten. Gedichte – 1859

Albert Knapp: Bilder der Vorwelt. Ein Cyklus von Gedichten

Albert Knapp: Württ. Kirchweihe – o. J.

Albert Knapp: Gesammelte prosaische Schriften, 2 Teile – 1870

Albert Knapp: Evangelischer Liederschatz, 2. Aufl. – 1850

Kolb, Immanuel Gottlieb

Kurzer Lebensabriß von I. G. Kolb, Schulmeister in Dagersheim, nebst einer Sammlung von Betrachtungen, Briefen usw., 12. Aufl. – 1952

Fr. Baun: Schulmeister Kolb von Dagersheim (1784–1859) – 1958

J. Hahn: Der kleine Kolb oder Perlen der Wahrheit aus Reden und Briefen des seligen I. G. Kolb, 3. Aufl. – o. J.

I. G. Kolb: Einhundertundeinundsiebzig Grabreden. Nebst einer zweiten Nachlese kurzgefaßter Gedanken von seinen Freunden herausgegeben – 1861

Korntal, Die Brüdergemeine

S. v. Kapff: Die württembergischen Brüdergemeinden Korntal und Wilhelmsdorf – 1839

Joh. Hesse: Korntal einst und jetzt – 1910

Joh. Daur: Aus Korntals Vergangenheit – 1925

Fritz Grünzweig: Die evangelische Brüdergemeinde Korntal. Weg, Wesen und Werk – 1958

Machtolf, Gottlieb Friedrich

Karl Friedrich Ledderhose: Leben und Schriften des Gottlieb Friedrich Machtolf, Pfarrers in Möttlingen – 1862

Moser, Johann Jakob

Karl Friedrich Ledderhose: Züge aus dem Leben Johann Jakob Mosers – 1843

A. Schmid: Das Leben Johann Jakob Mosers – 1868

J. Herzog: Moser – Vater und Sohn. Zwei Lichtgestalten aus dem 18. Jahrhundert nach ihren Selbstzeugnissen dargestellt – 1905

Oetinger, Friedrich Christoph

Fr. Chr. Oetinger: Sämtl. Schriften, I. Abt. Homiletische Werke, Band 1–5 (herausgegeben von K. Chr. E. Ehmann) – 1858

Fr. Chr. Oetinger: Sämtl. Schriften, II. Abt. Theosophische Schriften, Band 1–6 (herausgegeben von K. Chr. E. Ehmann) – 1858–64

Fr. Chr. Oetinger: Die Theologie aus der Idee des Lebens (übersetzt und herausgegeben von J. Hamberger) – 1852

Fr. Chr. Oetinger: Biblisches Wörterbuch (herausgegeben von J. Hamberger) – 1849

Fr. Chr. Oetinger: Das Geheimnis von dem Salz (herausgegeben von G. Wohlbold) – 1924

C. G. Barth: Süddeutsche Originalien (Heft 1–3) – 1828/32

K. Chr. E. Ehmann: Fr. Chr. Oetingers Leben und Briefe – 1859

Carl August Auberlen: Die Theosophie Fr. Chr. Oetingers nach ihren Grundzügen – 1859

G. Közle: Fr. Chr. Oetingers historisch-moralischer Vorrat von katechetischen Unterweisungen – 1872

A. Pilet: Oetinger, sa théologie – 1899

J. Herzog: Fr. Chr. Oetinger. Ein Lebens- und Charakterbild aus seinen Selbstbekenntnissen und Schriften – 1902

Fr. Baun: Prälat Oetinger, der Theosoph des Schwabenlandes – 1922

J. Hahn: Oetinger, der Geisterprediger – o. J.

Otto Herpel: Fr. Chr. Oetinger. Die heilige Philosophie – 1923

C. Dyrssen: Hamann und Oetinger – 1925

J. Beck: Die Lehrtafel der Prinzessin Antonia in Teinach, 3. Aufl. – 1958

S. Schaible: Fr. Chr. Oetingers Leben von ihm selbst beschrieben – 1927

J. Herzog: Die christliche Theosophie Oetingers und die heutige Anthroposophie – 1929

Elis. Zinn: Die Theologie des Fr. Chr. Oetinger – 1932

Otto Riethmüller: Mit Gott wirken. Fr. Chr. Oetingers Gebete – 1934

R. Geiges: Die Auseinandersetzung zwischen Fr. Chr. Oetinger und Zinzendorf (in: Blätter für württ. Kirchengeschichte 1935 Heft 3/4 und 1936 Heft 1/2)

W. A. Hauck: Das Geheimnis des Lebens. Naturanschauung und Gottesauffassung Fr. Chr. Oetingers – 1947

Fr. Seebaß: Fr. Chr. Oetinger: Denker und Seelsorger – 1953

Pregizer und die Pregizianer

Christian Gottlob Pregizer: Schriftmäßige Lehre von dem Himmel und von dem seligen Zustand derer, die im Himmel sind – o. J.

Nanz: Pregizers Lehre von der Seligkeit des gläubigen Christen nach seinen eigenen Werken – 1843

Sammlungen geistlicher Lieder zum Gebrauch für gläubige Kinder Gottes. Zusammengetragen von verschiedenen Verfassern – 1821

Liedersammlung für gläubige Kinder Gottes – 1827

St. Prätorius: Geistliche Schatzkammer der Gläubigen, herausgegeben mit Vorwort und Biographie von J. H. Staudt (Korntal) – 1848

Kurzer Entwurf von dem Glaubensgrund und der Entwicklung der Pregizianer Gemeinschaft – 1915

Jakob Kemmler: Erbauungsstunden (über das Neue Testament) – 1919 – 1927

Reihlen, Charlotte

Fr. Baun: Charlotte Reihlen. Ein Frauenbild aus den Stuttgarter Gemeinschaftskreisen – 1922

Rieger, Carl Heinrich

C. H. Rieger: Kurze Betrachtungen über die Psalmen und die kleinen Propheten – 1835

C. H. Rieger: Betrachtungen über das Neue Testament (5. Aufl. mit einem kurzen Lebensbild des Verfassers, Band 1 und 2) – 1875

F. Drehmann: Wasser aus dem Heilsbrunnen (Tägl. Andachten aus Riegers Betrachtungen über das Neue Testament mit einem Vorwort von F. v. Bodelschwingh) – o. J.

Rieger, Georg Konrad

K. F. Klaiber: Evang. Volksbibliothek, Band 4, Seite 505 ff – 1864

Reinhold Rieger: Georg Cunrad Riegers Predigten nach Form und Inhalt untersucht – 1952

G. K. Rieger: Predigten über auserlesene Stellen des Evang. Matthäi (mit einem Vorwort von W. Hofacker), 3 Bände – 1843–1846

G. K. Rieger: Die heilige Osterfeier oder heilsame Betrachtungen über die Auferstehung Jesu Christi – 1858

G. K. Rieger: 34 auserlesene Hochzeitspredigten, 2. Aufl. – 1870

G. K. Rieger: Herzens-Postille (herausgegeben von J. H. Volkening) – 1843

G. K. Rieger: Kleinere Herz- und Handpostille. Predigten zur Fortpflanzung des wahren Christentums (herausgegeben von Th. Schmalenbach) – 1891

G. K. Rieger: Die Verklärung Christi auf dem heiligen Berge. Predigten nach Matth. 17, 1–9 – 1907

Rieger, Phil. Friedrich

F. H. Eickhoff: Leben Philipp Friedrich Riegers – 1851

Chr. Fr. Dan. Schubart: Leben und Gesinnungen (gekürzte Ausgabe von Robert Walter) – 1924

Roos, Magnus Friedrich

M. Fr. Roos: Die Lehre und Lebensgeschichte Jesu Christi – 1847

M. Fr. Roos: Christl. Gedanken von der Verschiedenheit und Einigkeit der Kinder Gottes – 1850

M. Fr. Roos: Einleitung in die biblischen Geschichten (enthält eine kurze Selbstbiographie von Roos und Ergänzungen seines Lebenslaufes durch seinen Sohn Joh. Fr. Roos) – 1857

M. Fr. Roos: Grundzüge der Seelenlehre aus heiliger Schrift – 1857

M. Fr. Roos: Christliche Glaubenslehre (mit Vorwort von J. T. Beck), 3. Aufl. – 1860

M. Fr. Roos: Das Wort vom Kreuz – 1863

M. Fr. Roos: Beweis, daß die ganze Bibel von Gott eingegeben sei – 1866

M. Fr. Roos: Auslegung des Briefes an die Römer – 1860
M. Fr. Roos: Kurze Erklärung der Briefe des Jakobus und Johannes – 1869
M. Fr. Roos: Kurze Erklärung der zwei Briefe des Apostels Petrus und des Briefs des Apostels Judas – o. J.
M. Fr. Roos: Christliches Hausbuch, welches Morgen- und Abendandachten auf jeden Tag des ganzen Jahres nebst beigefügten (Hillerschen) Liedern enthält – neu aufgelegt 1910
M. Fr. Roos: Kreuzschule oder Anweisung zu einem christl. Verhalten unter dem Leiden, 8. Aufl. – 1896

Schäffer, Johann Martin

Johann Martin Schäffer: Lebenslauf, 2. Aufl. – 1956

Scholl, Gottlieb

Gottlieb Scholl, Ein Lebensbild – 1873

Steinhofer, Friedrich Christoph

K. Chr. E. Ehmann: Süddeutsche Originalien neue Folge, 1. Heft 1870 (enthält Aufsätze und Briefe von Steinhofer)
über Steinhofer s. a. A. Knapp: Ges. pros. Schriften, 1. Teil
F. Chr. Steinhofer: Evangelischer Glaubensgrund in der heilsamen Erkenntnis der Leiden Jesu Christi – 1834
F. Chr. Steinhofer: Die Haushaltung des dreieinigen Gottes in seinen inneren Verhältnissen und besonderen Wirkungen zum Heil der Menschen – 1837
F. Chr. Steinhofer: Evang. Glaubensgrund in Predigten (herausgegeben von Albert Knapp) – 1846
F. Chr. Steinhofer: Neue Predigten über die sonn-, fest- und feiertäglichen Evangelien und andere Texte (Herausgegeben von Albert Knapp) – 1846
F. Chr. Steinhofer: Erklärung der Epistel Pauli an die Römer – 1874
F. Chr. Steinhofer: Der erste Brief Johannis erbaulich erklärt – 1856
F. Chr. Steinhofer: Tägl. Nahrung des Glaubens nach der Epistel an die Hebräer (mit der Selbstbiographie Steinhofers) – 1859
F. Chr. Steinhofer: Christologie oder die Lehre von Jesu Christo, dem Sohne Gottes, unserm Herrn – 1864
F. Chr. Steinhofer: Christl. Reden über den Gnadenstand der Gläubigen nach den Zeugnissen des Briefes Pauli an die Römer – 1871
F. Chr. Steinhofer: Reden über die Versöhnung der Welt mit Gott – 1874
F. Chr. Steinhofer: Die dreißigjährige Stille unseres Herrn und Heilandes Jesu Christi auf Erden, 4. Aufl. – 1895

Storr, Johann Christian

J. C. Storr: Das christliche Hausbuch zur Übung des Gebets – 1846

J. C. Storr: Beicht- und Kommunionbuch, 10. Aufl. – 1838

Straub, Johann Adam

Johann Adam Straub: Lebenslauf, 3. Aufl. – 1953

Sturm, Beata

Karl Friedrich Ledderhose: Beata Sturm, genannt die württembergische Tabea nach ihrem Leben dargestellt, 2. Aufl. – 1855

H. Merz: Christliche Frauenbilder – Band 2 – 1869

Urlsperger, Samuel

Armin Stein: Samuel Urlsperger. Ein Lebensbild – o. J.

L. Renner: Lebensbilder aus der Pietistenzeit – 1886

S. Urlsperger: Der Kranken Gesundheit und der Sterbenden Leben. Ein Buch für Kranke und Sterbende (herausgegeben von K. F. Ledderhose) – 1857

Wilhelmsdorf, Die Brüdergemeinde

W. F. Thumm: Durch tiefe Wasser. Geschichte der Gemeinde Wilhelmsdorf seit 1824–1875

Johannes Ziegler: Wilhelmsdorf, ein Königskind

Jakob Ziegler: Die Geschichte der Brüdergemeinde Wilhelmsdorf – 1929

Das Literaturverzeichnis beschränkt sich auf eine Auswahl von Büchern und Schriften aus der Zeit nach 1800. Es zeigt, daß eine Bibliographie des schwäbischen Pietismus eine lohnende Aufgabe darstellen würde. Die in dem vorliegenden Buch angeführten Zitate aus den Schriften der Württembergischen Väter sind hie und da der Sprache unserer Tage behutsam angeglichen worden.